불교, 교양으로 읽다

불교, 교양으로 읽다

초판 1쇄 발행 | 2007년 10월 10일
초판 3쇄 발행 | 2018년 04월 15일

지은이 | 화령 이중석(華靈 李重碩)

펴낸이 | 윤재승
펴낸곳 | 민족사

주간 | 사기순
기획편집팀 | 사기순, 최윤영
영업관리팀 | 김세정

출판등록 | 1980년 5월 9일 제1-149호
주소 | 서울 종로구 삼봉로 81 두산위브파빌리온 1131호
전화 | 02)732-2403, 2404 팩스 | 02)739-7565
홈페이지 | www.minjoksa.org
페이스북 | www.facebook.com/minjoksa
이메일 | minjoksabook@naver.com

ISBN 978-89-7009-416-8 03220

※ 글쓴이와 협의하에 인지는 생략합니다.
※ 책값은 뒤표지에 있습니다. 잘못된 책은 바꿔 드립니다.
※ 저작권법에 의하여 보호를 받는 저작물이므로 무단으로 복사, 전재하거나 변형하여 사용할 수 없습니다.

불교, 교양으로 읽다

화령 지음

민족사

머리말

　불법의 바다는 너무나 넓고 깊다. 불교는 시간적으로도 2500년이라는 역사를 가지고 있고, 공간적으로도 인도와 중국 그리고 중앙아시아라는 거대한 영토를 기반으로 변화해 왔기 때문에 매우 다양한 모습을 하고 있다. 경전만 해도 기독교 성경의 수천 배에 달하는 분량이 되며, 상좌부불교에서부터 부파불교와 대승불교에 이르기까지 그 시대별 변천 또한 천차만별이다. 사상적으로도 근본불교에서 시작하여 반야사상에서 중관 · 유식 · 여래장사상에 이르기까지 호한하기 짝이 없으며, 종파적으로도 천태 · 화엄 · 정토에 선종과 밀교까지 더하면 도대체 불교공부를 어디에서부터 시작해야 하며 어느 것이 참으로 성불로 이끄는 가장 빠른 지름길인지 저마다의 주장이 달라 도무지 갈피를 잡지 못하는 것이 현실이다. 그렇기 때문에 뜻있는 사람들이 불교를 공부하려고 해도 도대체 어디서부터 시작해야 할지 모르겠다고 한다.

　그러나 모든 일에는 근본이 있듯이 불교공부에도 근본이 되는 것이 있다. 그것은 곧 불교를 창시하신 석가모니 부처님의 말씀을 근본으로 삼아야 한다는 것이다. 이론적으로는 연기와 공을 바탕으로 삼법인·사성제·팔정도의 기본 바탕 위에서 청정한 계율을 지키도록 노력하고, 자기의 근기에 맞는 수행방법을 찾아 정진하는 것이 정석일 것이다. 부처님의 근본 가르침을 제쳐두고 엉뚱한 것에서부터 불교공부를 시작하여 불교의 근본 목적도 망각한 채 그것이 마치 불교의 전부인 양 알고서 허송세월을 보내는 것을 보면 안타깝기 짝이 없다.

이번에 민족사에서 이 책 『불교, 교양으로 읽다』를 기획한 것도 불교 공부에 갈피를 잡지 못하는 사람들을 위하여 뭔가 길잡이가 되는 역할을 해 줄 것으로 생각하고 시도한 것이다. 또한 제목 그대로 교양으로서 불교의 근본 줄기를 파악하고자 하는 분들을 위하여서도 이 책은 유용할 것으로 믿는다.

필자는 가능한 쉬운 용어, 쉬운 비유로써 불교의 근본이 되는 석가모니 부처님의 가르침의 핵심을 드러내려고 했다. 이 책이 불교의 모든 것을 말하기에는 부족하지만 불교의 근본이 되는 핵심사상을 전달하는 데에는 어느 정도 역할을 할 것으로 생각된다. 아무쪼록 이 책이 독자 여러분들께 불교공부의 바른 방향을 제시하고 성불의 인연이 될 수 있다면 필자로서는 무한한 영광이 될 것이다.

불기 2551년 여름 유가실(瑜伽室)에서
화령(華靈) 합장

차례 | 불교, 교양으로 읽다

머리말 ... 4

제1부 · 정보화 사회와 불교의 역할 ... 13

제1장 정보화 사회와 종교 ... 15

1. 정보화 사회와 인간   15
   1) 사회의 발전과 인간성의 상실   15
   2) 정보화 사회와 '자아'의 발견   17
2. 인생이란 무엇이며 종교란 무엇인가   19
   1) 인간이란 무엇인가?   19
   2) '나'는 누구인가!   21
3. 행복의 추구와 불교의 이상   25
   1) 행복의 추구와 종교의 선택   25
   2) 그릇된 종교의 해악   26
   3) 완전한 행복과 불교의 이상   29

제2장 불교의 특징 ... 32

1. 불교는 지혜의 종교   32
   1) 지혜로운 종교생활은 어떻게 하는가?   32
   2) 불교는 미신과 맹신을 배격한다   34
   3) 불교의 믿음과 지혜   38

2. 불교는 자비와 평화의 종교 … 41

   1) 자비와 평화가 있는 불교 … 41

   2) 불교의 포용성과 관용성 … 43

3. 불교의 합리성과 그 진리 … 49

   1) 신은 어떻게 탄생했으며 종교는 어떻게 발생했는가 … 49

   2) 불교의 보편성과 합리성 … 52

제3장 불교의 궁극적인 목적은 깨달음에 있다 … 58

1. 불교가 추구하는 궁극적인 목적 … 58

   1) 불교에 대한 올바른 이해 … 58

   2) 올바른 불교 공부는 어떻게 하는가 … 63

   3) 고(苦)의 해탈과 성불의 바른 이해 … 65

2. 불교의 지혜와 열반 … 71

제2부 · 불교의 분류와 경전의 성립 … 77

제1장 불교의 정의와 불타의 의미 … 79

1. 불교의 정의 … 79

2. 불타의 의미 … 84

제2장 불교의 분류 … 88

1. 불교의 시대적 구분 … 89

2. 불교의 지역적 구분   96
   3. 불교의 내용적 구분   98

제3장 불교경전은 어떻게 성립되었는가?   104
   1. 불교경전의 종류   104
   2. 불교경전 성립의 유래   110

제3부 · 석존의 생애와 사상   117

제1장 석존의 탄생과 출가   119
   1. 석존에 대한 바른 이해   119
      1) 석존 탄생 전후의 인도사상계   123
      2) 석존의 탄생과 출가   127
   2. 석존의 수행과 성도   135
      1) 목숨을 건 6년 동안의 고행   135
      2) 위없는 바른 깨달음   138
   3. 불교교단의 성립과 발전   140
      1) 석존의 최초 설법   140
      2) 불교의 교단   144
   4. 석존, 최후의 가르침   148
      1) 쿠시나가라를 향하여   148
      2) 지혜의 빛은 영원하다   158

제4부 · 불교의 교리와 수행 ... 169

제1장 불교의 교리(가르침) ... 171

1. 부처님이 깨달으신 진리 ... 171

    1) 깨달음의 내용 ... 171

    2) 불교의 중심사상 - 연기법 ... 173

    3) 우주의 실상과 연기 ... 175

2. 연기란 무엇인가 ... 179

    1) 연기의 정의 ... 179

    2) 연기의 특징 ... 182

3. 연기의 종류와 실천적 의미 ... 187

    1) 시간적 연기 ... 187

    2) 공간적 연기 ... 190

    3) 논리적 연기 ... 194

    4) 연기와 깨달음 ... 198

4. 공과 중도 ... 202

    1) 연기와 공의 관계 ... 202

    2) 공과 중도 ... 203

    3) 중도의 실천과 열반 ... 211

제2장 존재와 현상은 어떻게 인식되는가 ... 218

1. 오온, 십이처, 십팔계 '존재론' ... 218

1) 일반적 연기와 가치적 연기 … 218

2) 존재란 무엇인가 … 220

3) 오온과 존재의 무상 … 226

4) 십이처와 십팔계 … 232

2. 마음이 모든 것을 만든다 '인식론' … 236
3. 십이연기 … 249

1) 십이연기의 의미 … 249

2) 무명과 윤회 … 260

3) 십이연기의 실천적 의미 … 266

제3장 불교의 상징, 삼법인 … 275

1. 삼법인은 불교의 특징 … 275
2. 모든 것은 변한다 '제행무상' … 277
3. 모든 것은 실체가 없다 '제법무아' … 285
4. 삶은 괴로움이다 '일체개고' … 290
5. 번뇌가 없어진 세계 '열반적정' … 298

제4장 네 가지 성스러운 진리, 사성제 … 305

1. 불교의 실천과 사성제의 구조 … 305
2. 우리의 삶은 괴로움 '고성제' … 315

1) 괴로움(苦)이란 무엇인가 … 315

2) 괴로움(苦)의 종류 … 318

3. 괴로움은 번뇌로부터 '집성제' ... 327

　1) 괴로움은 어디서 오는가 ... 327

　2) 번뇌와 업 ... 329

4. 괴로움이 소멸된 상태 '멸성제' ... 335

　1) 열반의 의미와 단계 ... 335

　2) 열반의 종류 ... 341

5. 괴로움으로부터 벗어나는 길 '도성제' ... 349

제5장 여덟 가지의 실천 방법, 팔정도 ... 355

　1. 바른 견해 '정견' ... 355

　2. 바른 생각 '정사유' ... 358

　3. 바른 말 '정어' ... 364

　4. 바른 행위 '정업' ... 374

　5. 바른 생활 '정명' ... 383

　6. 바른 노력 '정정진' ... 389

　7. 바른 기억 '정념' ... 397

　8. 바른 선정 '정정' ... 402

　9. 사성제와 팔정도의 관계 ... 414

제6장 불교수행의 세 가지 실천 덕목, 계·정·혜 ... 420

　1. 깨달음과 계·정·혜 ... 420

　2. 스스로를 다스린다 '계(戒)' ... 423

1) 계를 지키는 목적 ... 423

2) 계의 형식과 종류 ... 430

3) 수계와 파계 ... 434

4) 출가자의 계와 재가자의 계 ... 443

3. 마음을 집중하여 살핀다 '정(定)' ... 449

1) 불교의 선정 ... 449

2) 마음을 멈추고 바라보기 ... 453

3) 선정의 종류와 단계 ... 457

4) 마음 관찰의 다섯 가지 방법 ... 471

4. 지혜로써 깨닫는다 '혜(慧)' ... 484

1) 분별과 무분별 ... 484

2) 지혜의 완성 ... 495

제7장 불교의 실천수행법 ... 501

1. 37가지 수행법 ... 501

2. 재가자의 실천 ... 510

1) 재가자의 수행법과 보시 ... 510

2) 보시의 종류와 방법 ... 516

3. 불교의 중흥과 재가자의 역할 ... 523

【찾아보기】... 526

제1부 정보화 사회와 불교의 역할

제1장 정보화 사회와 종교

1. 정보화 사회와 인간

| 1) 사회의 발전과 인간성의 상실 |

오늘날의 세계를 돌아보면 과학과 물질문명은 급속도로 발전하고 있지만 우리들의 삶은 예전보다 더 나아진 게 없는 것 같다. '오늘의 삶이 과거보다 더 행복한가' 라고 스스로에게 물어보면 반드시 그렇지도 않다. 어떤 면에서는 오히려 옛날의 인정 많던 시절보다도 살기가 더 어려워졌다고 말하는 사람들이 많다. 특히 요즘은 모든 것이 물질적인 것에 초점이 맞추어져 있기 때문에 때로는 고통의 근원이 물질적 문제 때문에 생기는 것처럼 느껴지기도 한다.

그러나 인간의 괴로움이 반드시 물질적인 문제에만 있는 것은 아니다. 만약 돈이 행복의 전부라면 돈이 많은 사람은 무조건 행복해야 되겠지만 사실은 그렇지 않다. 우리 인간들은 결코 만족을 모르기 때문에 한 가지가 충족되면 또 다른 욕심이 생겨나서 언제나 불만투성이의 삶을 살고 있다. 그래서 너나 할 것 없이 대부분의 사람들은 끊임없이 무엇인가로 괴로워하고 있다. 시대가 아무리 변화되었어도 그러한 괴로움들은 그칠 날이 없다.

사회가 발전하였다고 해서 우리의 생활이 과연 과거보다 윤택하고 행복해졌느냐 하면 반드시 그렇지도 않다. 도리어 그 반대이다. 인간들은 편리하고 좋은 것들을 얻기 위해 더 많은 노력을 해야 하고 거기에 따라 스트레스는 더욱 증가하고 있다. 또 인간을 편하게 만들려고 고안된 여러 가지 문명의 이기들이 도리어 우리를 번거롭게 하고 있다.

이러한 물질문명의 발전, 과학기술의 발달과 더불어 더 편리해져야 할 생활이 더 바쁘고 더 삭막해져 간다는 이러한 사실은 무엇을 의미하는 것인가? 이것은 과학과 기술을 운용할 주체가 되어야 할 인간들이 도리어 과학문명의 종속물이 되어 허덕이고 있기 때문이다. 그렇기 때문에 새로운 기술, 새로운 시스템이 개발될 때마다 사람들은 더 바빠진다. 거기에 따라 인간의 값어치도 과거에 비해 형편없이 되어 간다는 느낌이 든다. 때로는 기계보다도 대접을 못 받는 것이 현대의 우리 인간들이다.

현대사회는 특히 물질적인 것에만 매달리다 보니 인격은 제쳐두고 돈이면 다 된다는 생각이 팽배해 있다. 여기에 따라 인격 도야라든가 인간성의 확립 같은 것은 하찮게 여기게 되었다. 이렇게 물질에 눈이 먼 인간들은 현대사회에서 스스로를 고립시켜 인간소외라는 말을 낳고 있다. 소외된 인간은 자살을 감행하거나 온갖 퇴폐적인 증세를 보이며 스스로의 인격을 포기함으로써 생명경시라고 하는 심각한 사태를 가져왔다. 이런 모든 현상들이 복합되어 지금 인류는 파멸을 향해 무서운 속도로 달려가고 있는지도 모른다. 지구를 수백 번 깨뜨리고도 남을 핵폭탄과 온갖 재앙을 몰고 오는 환경오염, 빈부간의 격차 등은 앞으로 인류를 더 큰 고통으로 몰고 갈 것이다. 이런 것은 인간성을 상실하고 욕망만을 추구하는 우리 인간들의 자업자득이라고 할 수 있다.

| 2) 정보화 사회와 '자아'의 발견 |

지금 우리 인류가 더욱 필요로 하고 시급한 것은 과학, 물질문명의 발전이 아니다. 과학과 기술문명이 우리를 행복하게 만들어 주는 것만은 아님을 지금껏 보아왔다. 그러면 우리의 마음이 탐욕과 분노로부터 벗어나 진정한 행복을 얻기 위해서는 어떻게 해야 할까? 궁극적으로 중요한 것은 우리의 마음이다. 불교에서는 우리의 마음 가운데에서 욕심과 성냄, 어리석음, 즉 탐(貪)·진(瞋)·치(癡)를 괴로움을 가져다 주는 가장 나쁜 세 가지라고 하여 삼독(三毒)이라고 하고 있다. 그렇기 때문에 이 욕심과 성냄, 어리석음의 탐·진·치에 오염된 우리의 마음이 먼저 정화되지 않고는 어떠한 세간적인 노력도 결국은 우리를 더 불행하게 만들 것이다. 내 마음이 만족을 모르고 미움으로 가득 차 있다면 어떻게 과학과 기술, 금전과 재화가 우리를 진정으로 행복하게 만들어 줄 수 있을 것인가? 그런 것들은 다 일시적인 만족감밖에는 가져다 주지 못할 것이다.

그러므로 물질, 과학 위주로만 치닫는 지금의 시대야말로 우리의 잃어버린 마음을 찾아야 할 때이다. 밖으로만 행복을 추구하던 시선을 돌려 나 자신 안에서 행복의 근원을 찾아야 할 때이다. 우리는 하루 속히 상실된 생명의 존엄을 회복하고 인간의 주체성을 확립해야 한다. 그럼으로써 모든 중생이 함께 번영하며 진정한 행복을 누릴 수 있는 방법을 찾아야 한다.

이제 그 길을 우리는 부처님의 가르침 속에서 찾을 수 있을 것이다. 부처님께서는 백만 대군을 물리치는 것보다 자기 마음 다스리는 것이 더 중요하다고 말씀하셨다. 생각해 보라. 우리의 마음이 만족을 모르면 아무리 많은 것을 쌓아 놓고 있어도 행복을 느끼지 못할 것이다. 그러나 마음이 중요하다고 해서 불교에서는 결코 마음만을 강조하지는 않는다. 우리가 살아가는 데에는 물질적인 요소도 마찬가지로 중요하다. 우리가 살아가기 위해서는 최소한의 의식주가 필요하다. 그것이 갖추어지지 않으면 큰 고통이 따르는 것도 사실이다. 불교에서 강조하는 것은 이러한 최소한의 생활여건을 갖추는 걸 탓하는 게 아니다. 물질에 대한 우리의 끝없는 욕심을 경계하라는 것이다.

과학과 기술의 눈부신 변혁의 소용돌이 가운데에서 진정한 자기는 무엇인지, 삶의 의의는 무엇인지, 목적도 보람도 없이 표류하면서 하루하루를 본능적인 물질추구에 몰두하고 있는 현대인들을 위하여 불교는 궁극적인 해답을 제시하고 있다.

2. 인생이란 무엇이며 종교란 무엇인가

| 1) 인간이란 무엇인가? |

인간은 무엇 때문에 사는가? 아니 인간이라고 하기 전에 우리 자신부터 한번 생각해 보자. 나는 무엇 때문에 사는가? 이렇게 사는 것이 과연 무슨 의미가 있는가?

그러나 스스로에게 던져보는 이런 질문도 어느 정도 정신적, 물질적 여유가 있을 때에 가능한 것이다. 극심한 기아나 생명을 다투는 전쟁터에서는 이런 질문을 해 볼 겨를도 없을 것이다. 그런 순간에는 오직 목숨을 보전하는 것만이 최대의 과제이기 때문이다.

'나는 무엇 때문에 살아가는가', '삶의 목적은 무엇인가', 혹은 '어떻게 살아야 잘 살았다고 할 수 있는가' 이러한 질문은 우리가 인간으로 태어나 살아가면서 누구든 한번쯤 해보지 않은 사람이 없을 것이다. 이러한 질문들은 인간인 이상 끊임없이 제기되는 문제이기 때문이다.

그런데 '나는 왜 사는가', '도대체 이렇게 사는 것이 무슨 의미가 있는가'라는 질문을 하면서 전제가 되는 것은 이 '나'라는 인간이다. 돌도 나무도 짐승도 아닌 인간이라고 하는 '나', 이것에 대한 정의가 먼저 있어야 왜 사는지, 무엇 때문에 사는지, 삶의 의의와 목적이 분명해질 것이다.

예로부터 인간의 정의에 대해서는 많은 사상가나 종교가, 철학자들이 그 해답을 찾기 위해 나름대로 노력해 왔다. 아리스토텔레스 같은 철학자는 인간이 무엇인지를 규명하기 위해 이런 방법을 썼다. 모든 것을 있는 것과 없는 것으로 나누고, 다시 있는 것을 살아 있는 것과 죽어 있는 것으로 나눈 다음, 살아 있는 것을 다시 동물과 식물로 나누었다. 그런 다음 동물 중에서 이성을 가지고 합리적 사고를 할 수 있는 존재를 구별하여 인간이라고 했다. 그래서 그는 인간을 '이성적 동물'이라고 규정하였다.

아리스토텔레스가 인간에게만 이성이라는 것이 있다는 것을 강조한 이래, 서양의 철학자나 사상가들은 대체로 이성을 굉장히 신봉했다. 그들은 인간의 특성이 바로 그 이성적 사고에 있다고 생각했다. 그 대표적인 예로 파스칼은 '인간은 생각하는 갈대'라는 말을 했다. 그리고 인간의 존엄성은 바로 그 생각하는 힘에 있다고 여겼다. 그러나 서양인들이 인간의 본질을 이성이나 사고의 힘에 있다고 강조했어도 그것이 인간의 특성을 다 드러냈다고는 할 수 없다. 왜냐하면, 그들이 말하는 이성이나 사고의 힘을 인간이 가지고 있음에도 불구하고 때로는 동물보다도 더 잔인하고 어리석은 짓을 저지를 때가 있기 때문이다. 그렇기 때문에 이성으로만 인간을 규정하기에는 부족하다.

이러한 사실은 우리가 과거의 역사에서 인간들이 얼마나 잔인하고 무모한 짓을 저질렀는지를 살펴보면 알 것이다. 수많은 학살과 파괴, 끊임없는 전쟁 등을 보면 이성이 인간을 통제한다고 보기 어렵다. 더구나 불교적인 관점에서 보면, 서구의 철학자나 사상가들이 그렇게 우러러 보는 인간의 이성이나 사고라는 것도 실은 자신만의 잣대이며, 무명(無明)이고 망상(妄想)인 것이다. '인간은 만물의 척도'라는 말이 있듯이, 이성이 보편적인 진리에 바탕을 둔 것이 아니라 각자 나름대로 생각하는 것을 이성이라고 믿고 있었던 것이다. 앞으로 여러분들도 불교를 공부하면서 차츰차츰 깨닫겠지만, 우리가 철석같이 믿는 인간의 이성이 얼마나 자기 중심적이며 번뇌 망상의 산물인지 알게 될 것이다.

이와같이 '인간', 즉, '나'라는 것이 무엇인지에 대한 생각은 사상가나 철학자가 아니더라도 누구나 한번쯤은 품어보는 문제이다. 도대체 나는 어디에서 태어나 죽으면 또 어디로 가는지, 그리고 태어났을 때의 몸뚱이가 진짜 나인지 성인이 된 지금의 이 몸이 진짜 나인지 우리는 그것도 모른다. 지금의 내가 진짜 나라면 내 몸에 대해서는 적어도 하고 싶은 대로 할 수 있어야 할 것이다. 그래서 늙고 싶지 않을 때는 늙지 말아야 할 것이지만, 우리는 우리의 의지와는 상관없이 시시각각 늙어 가고 있다.

그러므로 우리는 인간이란 것이 무엇인지를 제대로 알아야 우리의 삶의 목적과 방식도 지혜롭게 선택할 수 있을 것이다.

2) '나'는 누구인가!

인간으로서의 '나'라는 것도 제대로 규명을 못하는데 어떻게 삶의 의의나 목표가 제대로 정해지겠는가. 아무리 생각해도 '나'라는 이 인간의 정체도 잘 모르겠고 인생의 의의도 뚜렷이 알 길이 없다. 따라서 목표도 정할 수가 없다. 그저 하루하루 내키는 대로 살다가 병들고 죽을 때가 되면 고통스러워하며 한 생을 마감한다. 이 지구상에 숱한 찌꺼기만 내뱉어 놓고 그렇게 죽는 것이다. 이것이 보통 사람들의 삶의 모습이다.

사람들은 흔히 "철학이 밥 먹여 주냐"고 말한다. 이렇게 말하는 것은 인간의 본질과 삶에 대해서는 생각해 봐야 해답도 나오지 않으니 그저 욕망이 내키는 대로 편한 것만 추구하다가 죽겠다는 것이다. 자기 욕심대로 다 이루어지면 그보다 더 즐겁고 좋은 일이 어디 있겠는가. 하지만 산다는 것이 그렇게 만만하지 않다. 피나는 노력 끝에 잠깐 좋은 일이 있다 싶으면 온갖 고통이 밀려든다. 좋은 일은 순식간이고 괴로움은 오래 간다. 그래서 운명을 탓하고 태어난 것을 탓하고 주위 사람을 원망하며 사회를 원망한다. 인생의 막다른 지경에 이르러 삶이라는 것을 반성해봐야 그때는 이미 늦었다. 불교의 오래된 경전 중의 하나인 《법구경(法句經)》에는 이런 말씀이 있다.

> 빈둥빈둥 먹기만 하고
> 잠만 자고 있는 어리석은 자는
> 먹이로써 키운 돼지처럼
> 몇 번이고 윤회를 되풀이한다.

그렇다. 삶에 대한 진지한 반성과 준비없이 욕망에 따라 되는 대로 살다 보면 짐승보다 나을 것이 없는 삶을 되풀이 하게 된다.

삶을 살아가는 데 있어서도 마찬가지이다. 삶의 의의나 목적, 또 어떻게 살아야 하는지도 모르고 되는 대로 살다가 생을 마감한다면 그것보다 더 허무한 일이 어디 있겠는가?

인생관과 가치관의 기준이 없는 사람이 바른 삶을 산다는 것은 불가능하다. 그러나 일반 사람들이 인간의 특성을 정확히 파악하고 인생을 꿰뚫어보면서 거기에서 삶의 의의를 발견하고 삶의 목적을 뚜렷이 하여 보람찬 삶을 영위한다는 것은 쉽지 않다. 당장 눈앞의 일들을 해결하기에도 급급하기 때문이다. 삶을 이어가기 위해 돈을 벌어 생계를 꾸려가야 한다. 그것이 바로 인생이다. 그러나 우리 인간은 대체로 평소에는 삶에 대해 그다지 진지하게 생각하지 않는다. 그저 단기적인 목표를 설정해 놓고 그것이 인생 목표의 전부인 양 몰두한다. 돈은 얼마를 벌어야지, 집은 얼마만한 것을 구해야지, 회사는 얼마만큼 키워야지 하면서 잠시도 쉴 틈이 없다. 그러나 피나는 노력으로 자신이 원하던 목표에 도달해도 또 다른 목표가 앞을 가로막는다. 그러면 또 그것을 향해 정신없이 달려간다. 앞을 가로막는 자는 누구든지 미워하며 원망하고 거꾸러뜨려야 한다. 그렇게 하다 보면 어느새 인생의 황혼이 찾아오게 된다. 그러면서 주위의 사람들은 하나 둘씩 자기 곁을 떠난다. 남에게 욕을 들으면서까지 움켜쥐려던 재산과 권력도 누려보지 못한 채 죽음을 기다려야 한다. 이것이 우리의 삶의 모습이다.

이와 같이 엄청난 계기가 있어야 겨우 인생의 의미에 눈을 돌려보게 되는 것이 우리 인간들이다. 그러한 때를 당해서 삶을 돌이켜 봐도 자신들의 사고로는 도저히 인간의 본질이나 인생의 의의를 꿰뚫어보는 일이 불가능해 보인다. 그래서 사람들은 대체로 생에 대한 궁극적 질문을 철학이나 종교에서 찾으려고 한다. 그리고 거기에 의존해 삶을 꾸려 가고 있다.

그러나 그것마저도 쉽지 않다. 철학을 통하여 인생의 비밀을 풀어보려고 해도 일반 사람들이 철학을 이해하기 위해서는 상당한 노력이 필요하다. 기본적인 학문적 소양이 있어야만 누군가가 제창한 철학체계를 겨우 이해할 수 있으며 평생을 거기에 매달려 공부해봤자 그것이 정말 인생에 도움이 되는지 어떤지 궁극적 해답을 제시해 주지도 못한다.

더구나 철학의 맹점은 우리의 삶을 개선하기 위한 실천체계가 제대로 확립되어 있지 못하다는 것이다. 이름난 서양의 철학자들 중에는 거창한 철학을 제시해 놓고도 정작 자신의 삶은 거기에 맞추어 살지 못하는 경우가 많이 있다. 알코올 중독이 된다든가 정신병을 앓거나 지독한 수전노로 살다가 생을 망친 철학가나 사상가들도 있었다. 그렇기 때문에 어떤 철학이나 사상에 의지하여 인생의 문제를 풀어보려고 해도 올바른 실천체계가 마련되어 있지 않기 때문에 정작 그러한 것을 실생활에 적용시켜 보려면 방법을 몰라 난감해 한다.

그래서 사람들은 손쉽게 종교에 의지해 생의 의문을 풀려고 하며 거기에 의존하여 자신의 나약한 삶을 이끌어가려고 한다. 인간이란 도대체 무엇이며 삶의 의의는 무엇인지, 또 그 목적은 무엇인지에 대해 알아보려는 것보다는 뭔가 절대적인 힘, 초월적인 힘에 의지하여 현재의 어려움을 타개하고 좀 더 나은 생활, 행복한 생활을 누려보자는 데에 일차적인 목적을 가지는 경우가 많다.

이처럼 사람들이 종교에 귀의하는 가장 큰 목적은 행복의 추구일 것이다. 종교를 통해 인생관을 확립하는 것도 궁극적으로는 좀 더 나은 삶을 살기 위한 것이라고 할 수 있다.

그러면 모든 종교가 정말 행복의 추구를 위해 필요한 것일까? 그리고 모든 종교가 정말 행복의 추구에 도움이 되는 것일까? 여기에 대해서 우리는 좀 더 진지하게 생각해 봐야 한다.

그러면 어떤 종교가 진정으로 우리에게 행복의 길을 제시해 주며, 그것을 실현해 줄 수 있는가? 어떤 종교를 통해서 우리는 인생관을 확립하고 후회 없는 삶을 영위할 수 있는가? 이 문제를 살펴보기 위해서 과연 어떤 종교가 올바른 것인지 한번 생각해 보자.

3. 행복의 추구와 불교의 이상

| 1) 행복의 추구와 종교의 선택 |

종교를 통해 행복을 추구하는 대부분의 사람들은 지금 이 생에서의 행복을 가장 먼저 추구한다. 거기에서 더 나아가 죽고 나서도 영원한 삶을 누리면서 행복해지고 싶다는 소망을 가지고 있다.

특히, 어떤 불가피한 환경 때문에 이 생에서의 행복의 추구가 어렵다고 느껴지면 유한한 인생에 대한 보상심리로서 다른 세계에서의 영생과 행복을 추구하기도 한다. 삶이 고달프고 괴로우며 개선될 여지가 없다고 생각되면 어떤 사람들은 지금의 삶을 포기하고 다른 세계에서의 영원한 행복을 꿈꾸게 된다는 뜻이다. 종말론이나 말세론, 휴거 등도 이런 생각에서 나온 것이다.

세상에는 수많은 종류의 종교가 있다. 그러나 그 많은 종교가 모두 진리를 말하고 있지도 않으며, 우리 인생에 도움이 되는 것도 아니다.

어떤 사람들은 그릇된 종교에 빠져 평생을 불행하게 살아가기도 한다. 그러한 사람들은 종교의 노예가 되어 하루도 마음 편하게 살 수 없다. 그들은 근거 없는 죄의식에 사로잡혀 늘 우울해 한다.

또 때로는 종교에 너무 깊이 빠진 나머지 도저히 정상인이라고 생각할 수 없는 생각과 행동을 하기도 한다. 그런 사람들은 종교의 최면에 빠져 그것이 행복한 삶인 줄 알고 있지만, 옆에서 제 정신 가진 사람의 눈으로 보면 참으로 한심하기 짝이 없는 삶을 이끌어가기도 한다. 심지어 어떤 경우에는 사교에 현혹되어 가족까지도 버리며 심한 경우에는 스스로 목숨을 끊기도 한다. 이들 광신자들은 이 세상은 더 이상 살 가치가 없으며 죽으면 더 좋은 세상이 기다리고 있다고 믿고 여럿이서 집단자살을 감행하기도 한다. 더 나아가서는 종교적 신념이라는 미명하에 무고한 사람을 해치기도 한다.

많은 종교들이 있음에도 불구하고 사람들은 더욱더 삶의 가치 기준을 잃어버리고 시대의 흐름에 되는 대로 몸을 내맡기고 표류하고 있다. 이것은 우주와 인간의 실상을 바로 알고 바른 가치관, 바른 인생관을 지니도록 인간의 지혜를 일깨워 줄 바른 종교가 없기 때문에 이러한 현상이 나타나고 있는 것이다.

| 2) 그릇된 종교의 해악 |

현대인들은 대부분이 자기가 무척 똑똑하다고 생각한다. 이러한 현상은 대부분이 고등교육을 받았고 또 일반적인 상식이나 지식이 과거와 달리 대중에게 개방되어 있기 때문에 누구든 사회 현상에 대

해서 알 만큼 안다고 생각하기 때문에 그렇다. 특히 오늘날과 같은 정보화 시대에는 대부분의 지식을 공유할 수 있기 때문에 더욱 그렇다.

이와같이 요즘 사람들은 스스로 현대화되고 합리적이며 과학적인 세상에 살고 있다고 생각한다. 그래서 옛날 사람들의 생각은 미개하고 터무니없는 것으로 치부해버리기도 한다. 정신적인 면에서는 오히려 옛사람들보다 한참 뒤떨어져 있는데도 터무니없는 우월의식을 가진다. 무엇이든 분석해 보고 통계를 내어 보고 과학적 실험을 거치면서 똑똑하냐고 믿는 현대인들이 정신적인 면이라든가 종교직인 면에서는 배우 어리석은 일면을 보이고 있다. 이 넓은 우주를 두고도 지구 중심의 천지창조설을 믿거나, 종말론에 빠져 황당한 짓을 하는 등 주위를 살펴보면 참으로 한심하기 짝이 없는 사람들이 있다.

합리적이고 과학적이라는 현대인이 정작 자기들이 의지하고 살아가는 기둥으로서의 종교나 철학에 대해서는 너무나 불합리하고 미신적인 대도를 취하고 있는 것이다. 그러니 정신적 수준의 져하로 인간성이 고갈되고 인격이 형편없이 될 수밖에 없다. 확실한 주체 의식도 없이 물질의 노예가 되어 본능에 몸을 맡기고 하루하루를 보내고 있는 것이다.

인간소외다, 군중 속의 고독이다 하지만 실상을 들여다보면 모두 인간 스스로 초래한 것이다. 물질적인 풍요는 누린다고 하나 정작 그것을 유용하게 누려야 할 정신이 황폐화되어 있기 때문이다. 그래서 종교가 필요하고 철학과 사상이 필요한 것이다. 그러나 모든 종교나 철학, 사상이 우리를 구제할 수 있는 것은 아니다. 불교와 같은 올바른 종교와 철학, 사상만이 인생의 원래 의미를 되살필 수 있고 우리가 나아가는 목적이 무엇인지, 인생살이의 의의를 정확하게 일깨워주고 또 거기에 따른 실천방안을 제시해 줄 수 있다.

종교나 사상, 철학을 선택하여 인생의 나침반으로 삼으려 할 때는 무엇보다도 신중해야 한다. 우리의 인생관을 결정하는 데 있어 철학이나 사상은 너무 거창하고 어려워 쉽게 접근하지 못하는 일면이 있지만 종교는 그렇지 않다. 종교는 믿고 의지할 수 있기 때문에 인간의 나약한 면에 호소하는 경향이 있다. 그렇기 때문에 신의 힘을 내세우는 타종교에서는 너무나 적극적으로, 그리고 손쉽게 사람들을 포섭한다. 그리고 자기들의 종교를 믿으면 현실적 이익이 있을 것이라고 강조하여 사람들을 끌어들인다.

그러나 순진한 사람들이 이런 잘못된 종교를 접하여 자기 자신뿐만 아니라 결국은 가족, 이웃, 나라를 해치기도 한다. 그릇된 종교에 빠져 다니던 직장도 버리고 가족, 친지까지 끌어들여 일가족이 몰살하기도 한다. 이러한 현상은 종교를 통해서 행복을 추구하려다 거꾸로 처참한 비극을 몰고 오는 경우라고 할 수 있을 것이다.

이렇게 본다면 종교라고 해서 다 같은 종교라고 쉽게 말하는 것은 정말 무식한 사람의 소견이라고 할 수밖에 없다. 불교를 좀 안다는 사람들 중에도 종교는 궁극적으로 다 같은 것이라고 말하는 사람들이 있다. 물론 어느 단계까지는 그렇게 말할 수도 있을 것이다. "남의 물건 훔치지 마라. 그러면 벌 받는다", "거짓말하지 마라. 그러면 지옥간다" 유치원생이나 초등학생 정도를 상대하는 것이라면 이 정도의 도덕률을 가지고도 종교라고 내세울 수 있을 것이다. 꼭 종교라는 이름을 가지지 않더라도 이러한 정도의 도덕률은 우리나라에도 예로부터 있어 왔다.

그러나 인간의 본질을 성찰하고 우주의 생멸변화하는 이치를 깊이 사유해 보면 단순한 도덕률로는 해결되지 않는 문제들이 많이 있다. 그저 "믿습니다! 믿습니다!"만 외친다고 해결될 수 있는 문제들이 아니라는 것이다. 막무가내로 종교를 믿는다고 해서 인생의 고뇌가 쉽사리 해결될 것도 아니지만, 설혹 해결되는 것처럼 보여도 그것은 일시적인 자기 최면에 지나지 않는다. 종교를 아편에 비유한 것도 그러한 이유에서이다. 자기 문제도 진정으로 해결하지 못하는 종교가 어떻게 인류를 구원하고 세상을 살릴 수 있겠는가?

그렇기 때문에 바른 종교를 통해서 바른 인생관을 지니고 살아간다는 것은 자신에게도 도움이 될 수 있을 뿐 아니라 이웃과 사회, 더 나아가서는 전 인류를 위하는 길이기도 하다.

| 3) 완선한 행복과 불교의 이상 |

우리는 종교를 통하여 행복을 추구하려고 한다. 그러나 행복을 추구하기 이전에 먼저 행복이라는 것에 대해서 생각해 보아야 한다. 우리는 무엇을 행복이라고 생각하며, 우리가 추구하는 행복은 과연 진정한 행복일까?

한번 생각해 보자. 우리가 추구하는 행복이란 기껏해야 건강을 유지하면서 돈 많이 벌어 물질적 풍요를 누리면서 사는 것이다. 이른바 '등 따습고 배부르면 된다'는 것이다. 기본적인 의식주가 해결되면 여기에 더하여 명예를 추구하고 권력을 추구한다. 특히 사회적으로 이름난 사람들 중에는 명예나 권력에 목숨을 걸다시피 하는 사람들이 많다. 그것을 자기의 최고 행복으로 생각하기 때문에 그런 것이다. 또 어떤 사람들은 자기가 목표하는 사업체를 확장한다거나, 혹은 문학가나 예술가라면 마음에 드는 작품의 완성을 행복의 기준으로 삼기도 한다.

그러나 사람마다 추구하는 이러한 행복은 대체로 일시적이라는데 문제가 있다. 부와 명예를 움켜쥔다고 하여도 그것은 언젠가 허물어진다. 인간은 근본적으로 만족할 줄을 모르기 때문에 더 많은 것을 이루려고 하고 더 많은 부와 명예를 추구하려고 한다. 그렇기 때문에 행복은 지속되지 못한다. 건강하게 살고 싶지만 노쇠해지면 자연히 병고가 따르기 마련이며 사랑하는 가족과 언젠가는 이별할 때가 찾아오기 마련이다.

이렇게 보면, 일반 사람들이 추구하는 행복이 얼마나 허무하며 일시적인 것인가를 알게 될 것이다. 그럼에도 불구하고 어떤 종교는 그러한 일시적인 행복을 강조한다. 우리가 가진 육체로써 누리는 행복은 모두 덧없고 일시적인 행복이다. 그러나 삿된 종교일수록 이러한 일시적인 행복의 보장을 더욱 강조한다. '우리 신을 믿으시오, 아니면 우리 교주를 믿으시오. 그러면 병도 낫고 재물도 생기고 권세도 누릴 수 있소' '천당에서 영생을 누릴 수 있소' 이렇게 말하기도 한다. 이들은 어떤 모습으로 영생을 누릴 수 있는지에 대해서는 말하지 않는다. 애기의 모습인지, 장년의 모습인지, 늙었을 때의 모습인지 따지지도 않고 그저 영원한 행복을 누릴 수 있다고 모호한 개념을 가지고 설득을 한다. 또 그들이 영생하며 누린다는 행복의 성질은 과연 무엇인지 따져보지도 않고 그저 그런 말로 사람들을 현혹한다. 지혜가 조금이라도 있는 사람이라면 이런 소리를 듣고 그들이 말하는 것이 얼마나 거짓인지를 금방 알 수 있는데도 말이다.

미국의 폴 틸리히(Paul Tillich, 1886~1965)라는 종교사회학자는 '종교란 궁극적인 관심사이다'라고 정의를 내렸다. 말하자면, 세상의 모든 가치를 돈에다 두는 사람에게 있어서 그의 종교는 돈이고, 명예나 권력에다 두고 있다면 그의 종교는 명예나 권력이 된다는 말이다. 이와 같이 사람들은 종교를 믿는다고 하면서도 실은 욕심의 대상이 되는 것을 충족하기 위하여 종교에 몰두하는 경우가 많다. 사교일수록 인간의 이러한 심리를 더 잘 이용한다.

지금 우리나라 대부분의 종교가 이런 상황에 빠져 있다. 사교가 판을 치고 있는 것이 우리의 현실이다. 사교는 자기의 신만을 옳다고 고집하기 때문에 양보나 타협은 찾아보기 어렵다. 그들에게 있어 타 종교인들과 화합한다는 것은 절대 용서받지 못할 일로 간주된다. 무조건 상대를 쌍그리 쳐부숴야 한다. 그것이 자기들이 믿는 신에 대한 충성이라고 생각하기 때문이다. 그러나 불교는 이러한 것들과는 확연히 다르다. 불교에서도 궁극의 목표는 행복의 추구에 있다. 그러나 불교의 사고방식은 이러한 저차원적인 행복의 추구가 아니다. 불교에서는 일반 사람들이 생각하는 그러한 행복은 유한하며 일시적 임을 알기 때문에 완전한 행복, 영원한 행복, 절대로 무너지지 않는 행복을 추구한다. 그리고 그 행복은 사후의 다른 세계나 아득히 먼 훗날의 일도 아니요, 지금 당장 실현 가능한 행복이다. 불교에서는 그러한 행복을 해탈(解脫), 열반(涅槃), 혹은 깨달음의 지혜(智慧)를 획득하는 것이라고 한다.

제2장 불교의 특징

1. 불교는 지혜의 종교

| 1) 지혜로운 종교생활은 어떻게 하는가? |

우리가 바른 종교를 통하여 자신이 어떻게 살아야겠다는 인생관을 확립하는 것은 한 번 밖에 주어지지 않는 지금의 생을 보람있게 살기 위한 가장 기초적인 작업이다. 인생의 목적을 뚜렷이 가지고 그것을 달성하기 위한 방법을 모색하면서 활기차게 나아간다면 최소한 인생의 절반은 성공했다고 할 수 있다.

바꾸어 말하면 길을 알고 가는 사람과 어디로 가는지도 모르고 가는 사람은 하늘과 땅만큼의 차이가 있는 것이다. 목표를 알고 또 거기에 이르는 길을 아는 사람의 삶은 여유가 있다. 그리고 늘 즐겁다. 근심을 하더라도 자신의 문제가 아니라 어리석은 이웃, 불행한 이웃을 걱정한다. 그리고 사람들을 돕는 데서 삶의 기쁨을 얻는다. 이러한 삶은 지혜로운 자가 누리는 특권이라고도 할 수 있다.

불교의 초기 경전의 하나인 《법구경(法句經)》에 이런 구절이 나온다.

> 방일한 마음을 스스로 금하여
> 그것을 물리친 자 현자라 하네.
> 그는 이미 지혜의 누각에 올라
> 근심도 벗어놓고 안락을 얻어
> 어리석은 무리를 내려다본다.
> 마치 산 위에서 아래를 보듯.

부지런히 수행하여 지혜를 얻은 자는 이렇게 모든 근심을 털어버리고 느긋하게 인생을 관조할 수 있다. 지혜가 있는 사람은 몸은 바빠도 마음의 여유를 즐길 수 있다. 그러나 어리석은 사람은 항상 불만으로 가득 차서 몸과 마음이 다 고달프다. 지혜가 있다는 것은 단순히 낙관적으로만 매사를 보라는 말이 아니다. 자기 최면에 걸려 남이야 어떻게 되든 나만 편하게 지내면 된다는 이기적인 생각도 아니다. 나도 편하고 남도 행복하게 해줄 수 있는 능력을 갖추는 것이 지혜로운 삶이다.

지혜가 없으면 남을 위해 하는 것이 도리어 그 사람을 망치는 경우도 있다. 예를 들면, 애기들이 사탕을 달라고 한다해서 귀엽다고 자꾸 먹이게 되면 이를 다 썩게 만든다. 혹은 경제적으로 어렵다고 해서 누군가를 도와줬는데 도리어 그 사람의 의뢰심만 길러 자립을 하지 못하게 하는 경우도 있을 것이다.

바른 가르침을 통하여 인생관을 확립한다는 것은 곧 지혜롭게 산다는 것을 의미한다. 지혜로운 사람은 지금 당장 죽더라도 두려워하지 않는다. 살아 있는 그 순간까지 항상 즐겁고 다른 사람도 행복하게 만들어준다. 그리고 지혜로운 사람의 삶에는 늘 여유가 배어나온다.

누구든 이러한 삶을 살고 싶다면 부처님의 가르침을 잘 따라 배우고 실천하면 된다. 지혜로운 삶을 영위하도록 이끌어주시는 부처님의 가르침이 곧 불교이다.

이러한 부처님의 가르침을 배우기 전에 우선 다른 종교와 불교가 어떤 점이 차이가 있는지를 살펴보자. 이를 알기 위해서는 먼저 바른 종교와 그릇된 종교란 어떤 것인가를 알아둘 필요가 있다.

| 2) 불교는 미신과 맹신을 배격한다 |

앞에서 어떤 종교가 올바른 종교인가를 언급하면서 그릇된 종교, 이른바 사교(邪敎)의 특성들에 대해서 몇 가지를 들었다. 사교의 가장 큰 특징이 그릇된 교리에 있다는 것은 두 말할 필요도 없지만, 교리가 진리에 합당한지 그렇지 않은지를 가리는 일은 쉽지 않다. 물론 지혜가 있는 사람이라면 금방 알아보겠지만, 사교도 진리의 탈을 쓰고 사람들을 현혹하기 때문에 그중에 몇 가지는 그럴싸한 말이 있다. 그런 종교에서는 틀린 말은 슬쩍 묻어두고 몇 가지 말만 드러내어 거기에 해석을 붙이고 부연설명을 하고 있다.

사교의 특징은 그저 믿기만 하라는 것이다. 믿기만 하면 세속적인 모든 욕망을 충족시켜 줄 뿐만 아니라 영생도 누릴 수 있다고 한다. 그들의 교리체계, 신앙체계에서 철학적 사유는 발붙일 공간이 없다. 합리적인 사고는 배척을 받는다. 과학적 분석을 해 본다는 것은 불경스럽기 짝이 없는 일이다. 그저 시종일관 "믿습니다"로 일관한다. 거기에 의심을 가지는 자는 그 종교를 믿을 자격이 없다고 몰아붙인다.

그리고 사교는 대체로 유일신(唯一神)을 섬긴다. 엄밀히 말하면, 그러한 신에 대한 정의도 모호하지만 어쨌든 자기들이 설정한 신, 자기들이 믿는 신만이 최고라고 생각하는 것이 유일신 사상이다.

이들의 유일신 신앙 때문에 불교도 피해를 본다. 불교는 결코 신을 섬기는 종교가 아니다. 부처님을 섬기는 것은 부처님의 가르침을 따라 배우고 부처님의 지혜와 자비를 배우고자 하는 것이지 부처님이 우주를 지배하고 우리의 운명을 좌우하는 신이기 때문에 섬기는 것이 아니다. 그럼에도 그들은 불교도를 미워하고 온갖 훼방을 놓는다. 그 때문에 훼손된 불교 유적만 해도 이루 말할 수 없이 많다.

이제 미신의 범주에 들어가는 그릇된 종교들과 비교하여 불교는 어떤 특징이 있는지 알아보자. 불교가 다른 종교와 다른 점은 무엇보다도 불교는 미신이나 맹신을 배격하는 지혜의 종교라고 할 수 있다.

종교라고 하면 믿음[信], 혹은 신앙이 필수적이다. 어떤 종교라도 믿음을 빼고는 성립할 수 없다. 그것이 그릇된 교리이든 이치에 합당한 교리이든 자기의 종교로 선택한 이상은 그 종교에서 가르치는 모든 것을 믿어야 한다. 그것을 믿지 않으면 그 종교의 신자라고 할 수 없다. 이러한 점에서는 불교도 예외는 아니다.

불교에서 부처님과 부처님의 가르침, 그리고 부처님의 가르침을 전하는 승가의 이른바 삼보(三寶)에 대한 절대적인 귀의도 그러한 예라고 할 수 있다. 그러나 믿음이라고 하여도 어떤 것을 어떻게 믿느냐에 따라 바른 믿음도 되고 그렇지 못한 믿음도 된다.

어떤 것을 잘못 믿는 것을 미신(迷信)이라고 하며, 무조건 믿는 것을 맹신(盲信)이라고 한다. 그리고 이 미신과 맹신은 항상 같이 붙어 다닌다. 미신과 맹신이 정도를 넘는 것을 우리는 광신(狂信)이라고 한다. 어떤 사람의 믿음이 광신의 정도에까지 이르면 그때는 정말 큰일난다. 광신자는 자기 자신을 돌아보지 못하기 때문에 그릇된 생각으로 인해서 파멸로 가기 일쑤이다. 결국에는 자신의 생명까지도 버리게 된다. 그것만으로 끝나는 것이 아니다. 이웃과 사회를 위협하고 때로는 국가의 존립마저도 위태롭게 하며 수많은 사람의 목숨을 앗아가기도 한다.

그런데 이 미신과 맹신은 인간에게 깊이 뿌리박혀 있는 무명(無明)의 한 형태이다. 우리가 징크스라는 것에 집착하는 것도 무명으로 인한 일종의 미신이요 맹신이다. 그러한 징크스에 너무 집착하게 되면 그것이 광신인 것이다.

미신이란 한마디로 말해서 원인과 결과의 관계를 전혀 고려하지 않은 사고방식이다. 이 세상 모든 일에 원인 없는 결과는 없다. 모든 결과에는 항상 원인이 있기 마련이다. 그렇기 때문에 사교에서 말하는 기적 같은 것은 이 세상에는 없다. 그런 것을 믿는 것이 곧 미신이다. 국어사전에는 기적을 '상식으로는 생각할 수 없는 신비로운 현상' 혹은 '신이 보여주는 뜻밖의 힘'이라고 정의를 내리고 있다. 그러나 우리가 기적이라고 말하는 것은 인과 관계를 정확히 파악하지 못했기 때문에 그렇게 보이는 것이다. 옛날 사람의 눈으로 보면 지금의 이 과학시대야말로 기적이 아니겠는가? 사람이 하늘 높이 날아다니고 달나라에까지 갔다 오고 텔레비전을 들여다보면 앉아서도 세상 구경 다할 수 있으니 이러한 것이 기적이라면 기적이라고 할 수 있을 것이다.

그런데 이상한 것은 사교일수록 기적을 강조한다. 죽었다가 다시 살아나는 기적을 보이기도 하고 죽을 사람을 기적같이 고쳤다고도 한다. 그러나 이들이 고치고 살리는 사람들의 숫자가 종합병원에서 치료하고 살리는 숫자보다 많다고 할 수 있겠는가?

그런데 아직도 이런 기적을 믿는 종교가 많이 있다. 아무리 시대가 변해도 인간이 나약해지면 기적을 믿게 된다. 신이 자기에게 뭔가 힘을 주고 기적을 보여 줄 것이라고 믿는 그것이 바로 미신이다.

물론 인간의 신심은 때로는 엄청난 힘을 발휘하기도 한다. 무엇인가 굳게 믿는 마음은 우리에게 정신적, 육체적으로 큰 힘을 주기도 한다. 그릇된 종교를 믿는 사람들도 자기들 신앙의 대상을 철석같이 믿으면 어느 정도의 효과를 보기는 본다. 병도 낫고 뭔가 일이 잘 되어가는 것 같기도 하다. 그러나 잘못된 믿음은 일시적인 효과를 줄지는 몰라도 결국은 그 사람을 망치게 된다. 왜냐하면, 정당한 노력은 하지 않고 신의 힘이나 기적에 의지하게 되기 때문이다. 미신은 결국 맹신으로 굳어지게 되고 마침내는 정신을 황폐화시켜 지혜 구멍을 막아버리기 때문에 건전한 사회생활을 영위하기도 어렵게 만들어 버린다.

| 3) 불교의 믿음과 지혜 |

불교의 믿음은 미신도 아니고 맹신도 아니다. 불교의 교리는 과학적으로 입증될 수 있는 진리이고, 누구나 마음을 바르게 가지고 자신의 생각을 가다듬어 보면 스스로 알 수 있는 가르침이기 때문이다.

불교는 원인과 결과의 법칙을 뛰어넘는 기적을 말하지 않는다. 기적을 제공하는 신에 대해서도 말하지 않는다. 불교는 오직 지금 이 순간에 일어나고 있는 모든 고통으로부터의 해탈을 궁극적인 목적으로 삼는다. 그리고 그 방법을 실현하기 위한 지혜를 말할 뿐이다. 그것은 사후의 세계에 대한 것도 아니고 신들의 이야기도 아니다. 지금 이 순간, 인간으로서, 살아 있는 중생으로서의 나 자신에게 일어나고 있는 일들을 대상으로 사유하고 문제를 해결하려는 가르침이기 때문이다.

불교는 믿음을 말하되 무조건 믿는 것을 배격한다. 항상 지혜로써 살펴보고 진리에 합당한가를 따져 본 다음 확신이 서면 그때서야 믿는다. 관습적으로 내려오는 것이기 때문에 믿는다거나, 책에 쓰여 있기 때문에 믿는다거나, 어떤 유명한 사람이 말했다고 해서 무조건 믿는 것은 불교에서 허용될 수 없다. 그렇기 때문에 불교의 믿음은 미신이나 맹신이 될 수 없다.

일반적으로 종교에서는 믿는 것을 신앙이라고 한다. 불교에서는 믿음, 혹은 신(信)이라는 말을 쓰며, 신심(信心)이라고도 말한다. 그러나 다 같은 믿음이라도 무엇을 어떻게 믿는가 하는 것은 매우 중요하다. 불교에서는 많은 경전을 인도 고대의 아어(雅語)인 산스크리트

(Saṃskṛta)로 기록했는데 이것을 범어(梵語)라고도 한다. 이 산스크리트의 믿음에 해당하는 말의 원어는 쉬라다(śraddhā), 혹은 쁘라사다(prasāda)이다. 이것은 '가르침의 내용을 충분히 이해하여 받아들이며 또 그 결과 마음이 청정하게 된다' 는 의미를 지니고 있다.

힌두교에서의 믿음에 해당하는 말은 박티(bhakti)이다. 이 말은 '몸과 마음을 바쳐 열정적으로 믿는다' 는 의미가 있다. 그래서 이 말을 신애(信愛)라고 의역하기도 한다. 이렇게 다 같이 믿음이라는 말을 쓰더라도 불교의 믿음은 이해하고 납득하여 받아들이나, 또, 그 결과로서 마음을 청정하게 한다고 하는 상당히 이지적인 면을 보이는 믿음인데 반하여 힌두교의 믿음을 뜻하는 '박티' 라는 말은 이지적이라기보다 감정적인 면이 강조된다.

이처럼 믿음이라는 말 한 마디도 불교의 믿음은 진리에 바탕을 둔 이지적인 면이 강한 믿음이다. 단순히 자기의 감정이 내키는 대로 무조건 "믿습니다!"라고 외치는 것이 아니라, 가르침의 내용을 따져 보고 이해한 다음에 믿겠다는 것이 불교의 믿음이다.

불교에서의 이러한 믿음의 대상이 불(佛)·법(法)·승(僧)의 삼보(三寶)이다. 삼보란 부처님과 부처님의 가르침, 또 부처님의 말씀을 전하는 집단인 승가를 가장 귀중한 세 가지의 보배로 여긴다는 뜻이다. 이러한 삼보에 대한 믿음과 여기에 청정한 계행에 대한 믿음을 더하여 사증정(四證淨)이라고 한다. 즉, 네 가지의 깨끗한 믿음의 대상이라는 뜻이다. 이것을 사불괴정(四不壞淨)이라고도 하는데, 네 가지 무너지지 않는 믿음의 대상이라는 의미가 있다.

이처럼 삼보나 실천 방도로서의 계행에 대한 믿음을 토대로 지혜를 개발하는 것이 불교이다. 지혜의 개발로 최고의 깨달음을 얻었을 때 우리는 해탈(解脫)했다, 열반(涅槃)에 들었다, 성불(成佛)했다고 말하는 것이다.

불교에서의 해탈이나 열반은 고통, 혹은 괴로움으로부터 벗어나는 것을 의미한다. 그것은 즉 깨달음의 지혜를 얻는 것이다. 불교에서는 진리를 모르는 중생의 근본무명(根本無明)에서 모든 괴로움이 비롯된다고 보기 때문에 무명을 깨뜨리는 지혜의 획득을 불교의 궁극 목적으로 삼고 있다. 불교에서의 지혜는 입문에서 해탈의 그 순간까지 일관하여 강조되고 있다.

《대지도론(大智度論)》이라는 불교의 논서에는 '불법의 큰 바다를 믿음으로 들어가서 지혜로써 건넌다'는 말이 있다. 다시 말하면, 불교에서도 믿음을 중시하지만, 그 믿음은 미신이나 맹신이 아니라 깨달음의 세계로 이끄는 지혜를 얻기 위한 진리에 대한 믿음이다. 불교에서의 지혜는 삼보에 대한 믿음을 바탕으로 청정한 계행과 마음을 고요히 하여 진리를 관조하는 선정을 통하여 획득된다. 다른 종교에서처럼 절대자에 대한 무조건적인 믿음이 아니라 끊임없이 자기 성찰과 그릇된 행위에 대한 제어를 통하여 진리를 확인하고 검증하면서 지혜를 체득해 나아가는 것, 이것이 불교의 가장 큰 특징이라고 할 수 있다.

2. 불교는 자비와 평화의 종교

| 1) 자비와 평화가 있는 불교 |

　　　　　불교는 지혜를 추구하는 종교라고 말했지만, 지혜와 함께 불교의 특징으로 내세울 수 있는 것이 자비이다. 지혜와 자비는 불교의 양 날개와 같아서 어느 것 하나도 따로 떼어놓고는 생각할 수 없는 것이다. 그렇기 때문에 지혜와 자비는 불교의 시작이자 끝이라고 해도 지나친 말이 아니다.

불교에서의 자비는 일반적으로 말하는 사랑과는 차원이 다르다. 사랑은 나와 남을 이미 분별한 상태에서 베푸는 것이지만, 불교의 자비는 그렇지 않다. '무연대자, 동체대비(無緣大慈, 同體大悲)'라는 말이 보여주듯이, 나와 인연이 있던 없던 모든 중생을 한 몸으로 생각하고 한없는 사랑을 베푸는 것이다. 꼭 내 가족이고 나와 같은 종교를 믿는 사람에게만 사랑을 베푼다는 뜻이 아니다. 모든 중생에게 차별없이 무한한 사랑을 베푸는 것이 자비이다. 자비라는 말에는 '발고여락(拔苦與樂)'의 뜻이 있다. 이것은 고통 받는 중생을 위해서 고통을 덜어주고 즐거움을 누리게 해 준다는 말이다.

이 세계에는 무수히 많은 종교가 있지만 그중에서 무력을 사용하지 않고도 그 가르침이 널리 퍼진 것은 불교밖에 없다고 해도 과언이 아니다. 세계를 대표하는 3대 종교 가운데에서 기독교와 이슬람교만 하더라도 종교를 확산시키기 위하여 무력을 사용한 경우가 매우 많았다. 대표적인 것이 기독교의 십자군 전쟁이나 이슬람교도들의 불교사원 파괴, 그리고 근대의 선교사를 앞세운 서구열강의 침탈 같은 것을 들 수 있다.

십자군전쟁은 11세기 후반부터 13세기 후반까지 약 200년 동안 계속되었는데 그 사이에 유럽 백성들이 당한 약탈과 방화, 그리고 무자비한 살상 등은 이루 말할 수 없이 끔찍했다. 종교의 이름을 빙자한 만행이었던 것이다. 종교를 위하여 무기를 들고 살상을 저지른다는 것은 불교도로서는 생각할 수도 없는 일이다.

이슬람교의 "코란이 아니면 칼을 받으라"라는 말도 무력을 사용하여 자기들의 종교를 확산시킨 경우라고 할 수 있다. 이들은 특히 8세기부터 인도에 침략하여 수많은 불교유적을 파괴하고 승려들을 학살하여 13세기에는 인도에서 불교가 완전히 자취를 감추게 만들었다. 불교에서는 극도로 경계하는 파괴와 살상이 종교라는 이름으로 행해지고 있는 오늘날의 현실은 불교의 자비 정신을 더욱 필요로 한다.

물론, 이런 행위를 하는 종교인들은 일부 과격한 부류라고 할 수 있지만, 어쨌든 자비가 극도로 결여된 행태라고 할 수 있다. 이들이 자기들 간의 종교적 이념 분쟁에 의하여 피를 흘린 것도 한두 번이 아니었다. 지금도 중동을 비롯한 세계 각처에서는 종교 간의 견해 차이로 끔찍한 학살이 일어나고 있으며 온 세계가 불안에 떨고 있다. 이러한 현상은 평화를 지향하는 종교가 도리어 평화를 해치는 원인으로서 작용했기 때문이다.

참된 종교는 차별 없는 사랑을 전 인류에게 베풀도록 이끄는 것이어야 한다. 특정한 신에게 선택받은 어떤 민족이나 종족, 혹은 어떤 지역만이 은총을 입는다는 편협한 생각을 버리지 않는 한 지구상의 종교분쟁은 끝이 없을 것이다. 나와 남을 차별하지 않는 무한한 사랑을 통하여 평화를 실천하지 않는 종교는 참된 종교라고 할 수 없다.

| 2) 불교의 포용성과 관용성 |

　　　　　　세계의 역사를 보면 다른 종교들이 자기들의 신념을 확산시키기 위하여 많은 분쟁을 일으켰던 것에 반하여 불교는 언제나 자비를 내세우기 때문에 불교의 포교를 위하여 총칼을 들이댄 적이 없었다. 2500년이라는 기나긴 불교의 역사를 통해 불교는 그 확산과 전개 과정에서 시대와 장소를 초월하여 언제나 평화적인 방법으로 교화를 했다. 어리석음으로 고통 받는 중생들의 무명을 걷어주고자 무한한 자비심으로 접근했기 때문에 피를 흘릴 일이 없었다.

불교는 항상 평화적인 방법으로 포교를 했을 뿐만 아니라 불교가 어떤 나라에 유입되면 항상 그 나라와 민족의 정신수준을 높여 주었고 문명의 질을 향상시켰다. 이러한 현상은 불교의 발상지인 인도는 말할 것도 없고, 불교가 전파된 중국이나 우리나라의 경우만 보아도 충분히 알 수 있는 사실이다. 인도에서도 B.C 2세기에 전 인도를 통일하고 불교를 보호한 아소카(Aśoka)왕이 불교적 이념으로 나라를 다스릴 때는 온 영토가 평화롭고 문화가 발달했으며 국위가 선양되었다.

우리나라에 불교가 전래될 때에도 우리의 고유한 전통과 아무런 충돌이 없었다. 왕이 강압적으로 불교를 믿으라고 칼을 휘두른 적도 없다. 불교를 위해 피를 흘린 적이 있다면 이차돈 성사의 순교 정도가 있었을 뿐이다. 그러나 그것은 불교를 위해 목숨을 자진하여 바친 것이지 다른 사람의 희생 위에 불교를 전파하려고 했던 것이 아니다. 또 불교가 성했던 통일신라나 고려시대에는 다른 어느 시기보다도 문화 수준이 높았으며 정신 수준 또한 높았다. 우리 문화유산의 70% 이상이 불교유산이라는 사실이 이를 입증해 주고 있다.

불교가 다른 종교처럼 무력이나 강압에 의하지 않고도 민족 고유의 문화나 전통과 충돌없이 융화하여 널리 확산될 수 있었던 근본 원인은 평화를 지향하는 불교의 자비와 관용의 정신에 있었다고 할 수 있다.

불교의 초기경전인 《아함경(阿含經)》에 이런 이야기가 있다.

석가모니 부처님의 제자 중에 부루나라는 비구가 있었는데 서쪽의 미개한 수나라는 나라에 불교를 전파하기 위하여 길을 떠나려고 하였다. 그때 석가모니 부처님께서 이렇게 물으셨다.

"부루나여! 서쪽 수나 사람들은 흉포하다고 들었다. 만약 그대를 꾸짖고 욕설을 퍼붓는다면 그때 그대는 어떻게 하겠는가?"

"세존이시여! 그때는 이렇게 생각하겠습니다. '참으로 착한 수나 사람들이구나. 그들은 나를 손으로 때리지는 않았다'라고."

"그러면 부루나여! 만약 그들이 손으로 그대를 때린다면 어떻게 하겠는가?"

"세존이시여! 그때는 이렇게 생각하겠습니다. '참으로 착한 수나 사람들이구나. 그들은 아직 몽둥이로 나를 때리지는 않았다'라고."

"그러면 부루나여! 만약 그들이 몽둥이로 때린다면 어떻게 하겠는가?"

"세존이시여! 그때는 이렇게 생각하겠습니다. '참으로 착한 수나 사람들이구나. 그들은 나를 괴롭히기는 하여도 아직 찰을 쓰지는 않는구나'라고."

이런 식으로 마지막에는 "수나 사람들이 그대를 죽이려 든다면 어떻게 하겠느냐?"는 석가모니 부처님의 물음에 부루나는 이렇게 대답한다.

"육신의 병으로 스스로 목숨을 끊기를 원하는 사람도 있는데, 나는 수나 사람들의 도움으로 목숨을 버릴 수 있어 다행이라고 생각할 것입니다."

정말 감격스러운 장면이 아닌가? 부루나의 목숨을 아끼지 않고 미개한 사람들을 제도하려는 이러한 자비의 정신에 석가모니 부처님께서는 그의 전도 여행을 허락하셨다. 이처럼 불교에서는 자기의 목숨을 버리면서까지 상대방을 포용하면서 바른 가르침을 전하려는 무한한 자비의 정신을 강조한다. 절대로 강압적인 방법이나 무력을 앞세워 선교하려고 들지 않았다.

《아함경》에는 또 이런 이야기가 있다. 석가모니 부처님 당시에 우빨리라는 명망 높은 자이나(Jaina)교 교도가 있었는데, 석가모니 부처님이 훌륭하다는 소문을 듣고 논쟁을 하러 왔다. 그러나 이 우빨리라는 자이나 교도는 석가모니 부처님의 합리적인 설교에 설복당해 부처님께 귀의하려고 했다. 그러나 부처님께서는 이렇게 말씀하셨다. "당신 같은 명망 있는 자이나 교도가 불교도가 된다면 자이나교의 많은 사람들이 동요할 테니 신중을 기하라"고 도리어 충고를 하셨다.

그리고 자이나 교도인 시하라는 장군이 불교로 개종하려고 했을 때에도 석가모니 부처님께서는 "당신 같이 명망 있는 사람이 가벼이 자신의 신앙을 바꾸는 것은 좋지 않다"고 타이르셨다. 또한 이 사람이 여러 번의 간청에 의하여 불교에 귀의한 뒤에도 석가모니 부처님께서는 스님들에게 뿐만 아니라 자이나 교도에게도 변함없이 보시하라고 권하셨다.

즉 불교에 귀의하는 것이 타종교를 부정하거나 배척하는 것이 아님을 말해주는 것이다. 그렇기 때문에 서양의 어떤 학자들은 불교의 이념이 모든 종교의 바탕이 되어야 한다고 말하기도 했다. 불교에서는 이처럼 석가모니 부처님 당시부터 자비에 바탕을 둔 포용과 관용의 정신을 지니고 있었던 것이다.

다른 종교에서는 어떤 사람이 개종을 하면 그것을 자기들 종교의 우월성을 드러내는 것으로 선전하며 그것을 빌미로 타종교와의 세력 다툼을 일삼는 것과 비교하면, 불교의 이러한 포용성과 관용성은 현대의 종교가 어떤 태도를 지녀야 하는지를 대변해 주고 있다.

불교의 자비 정신은 불교가 평화의 종교로서 무력을 사용하지 않고도 세계적인 종교로 확산되는 이유이다. 현재 독일이나 프랑스에서는 불교가 기존 종교를 제치고 가장 많은 신자 수를 확보하고 있다고 한다.

특히 유럽 지역은 불교가 빠른 속도로 확산되고 있으며, 구미의 지식인들 중에는 불교의 자비 정신에 매료되어 불교를 공부하려는 사람들이 많이 생기고 있다고 한다. 서양 철학자들 사이에서 불교의 근본사상이 모든 종교의 바탕이 되어야 한다는 말이 나오는 것도 자비에 바탕을 둔 불교의 관용성과 포용성 때문이라고 할 수 있다.

불교에서는 모든 사물과 현상은 서로 의지하여 발생하고 또 소멸한다는 연기(緣起)의 도리에 바탕을 두고 일체 중생을 나와 한 몸으로 보기 때문에 자비의 실천을 무엇보다도 중요하게 여긴다.

그러면 불교에서는 자비에 대해 어떻게 생각하는지 《자경(慈經)》이라는 경전에 나오는 게송을 한번 보자. 그 당시의 스님들은 조용한 장소에서 수행할 때 이 게송을 외우면서 자비를 생각했다고 한다.

가르친 도리를 잘 터득한 자가
자유의 경지를 얻은 후에 해야 할 일은 이것이다.
유능하고 솔직하며 그리고 단정할 것,
좋은 말을 하고 온화하며 교만하지 않을 것.

족함을 알고 편안한 마음으로
잡스러운 일에 구애받지 않고 간소하게 살아갈 것,
오근(五根: 눈·귀·코·혀·몸의 다섯 가지 감각 기관)이 청정하여 총명하고 겸허할 것,
단월(檀越: 보시를 하는 재가신자)의 집에 있는 것을 탐하지 말 것.

비천한 짓을 하여 식자의 비난을 받지 말라.
다만 이런 자비심만을 닦을지니

태어나 살아가는 모든 생명에게
행복과 평화와 안락함이 있을지니

마치 어머니가 자기 외아들을
생명을 걸고 보호하듯이
태어나 살아가는 모든 생명에게
한없는 자비심을 흐르게 하라.

또한 일체의 세간에
한없는 자비심을 흐르게 하라.
위에서나 아래에서나 사방에서나
원한이나 적의(敵意) 없는 자비심만 흐르게 하라.

이 게송을 보면 그저 생명이 있는 모든 것의 행복과 평화와 안락을 바랄 뿐 남을 해치고 나와 남을 분별하여 사랑을 베푼다는 교만한 마음은 조금도 보이지 않는다. 어머니가 아들을 보호하듯, 살아 있는 모든 생명에게 한없는 자비심만 흐르게 하라는 것이다. 이것이 불교의 자비 정신이다.

3. 불교의 합리성과 그 진리

| 1) 신은 어떻게 탄생했으며 종교는 어떻게 발생했는가 |

서양의 철학자나 신학자들 중에는 불교를 일종의 윤리체계나 철학체계로 파악해 종교라 할 수 없다고 말하는 사람들이 있다. 그들이 이렇게 주장하는 가장 큰 이유 중의 하나는 불교는 신을 믿지 않기 때문에 그렇다는 것이다. 이러한 태도는 창조주나 절대적인 신을 내세우지 않으면 종교가 아닌 줄로 아는 그들만의 유일신관(唯一神觀)에서 불교를 바라본 입장이다.

그들은 불교의 합리적인 교리체계를 이해하지 못했기 때문에 불교가 종교라면 마땅히 신을 섬겨야 하는데 왜 불교도들은 신을 섬기지 않는지에 대해서 의아해 한다. 그리고 그들은 부처님이 그렇게 위대한 분이라면 어찌 감히 한낱 인간이 수행을 통하여 부처와 같아지려는 생각을 할 수 있느냐고 한다.

이처럼 서양인들이 말하는 종교와 불교에서 말하는 종교는 개념의 차이가 크다. 이를 밝히기 위해서는 먼저 종교라는 말을 살펴보아야 한다. '종교(宗敎)'라는 말은 원래 중국에서 만들어진 불교용어이다. 불교에서는 각각의 사상적 견해인 '종(宗)'을 설하는 가르침이라고 하여 '종교'라는 말을 썼다. 수나라의 연법사(衍法師)라는 분이 불교에 대하여 네 가지 종교의 구별을 세운 이래, 기사법사(耆闍法師)라는 분이 여섯 가지로 종교를 구분했다. 또,《종경록(宗鏡錄)》이라는 책에서는 종교를 정의하여 '언어로는 나타낼 수 없는 궁극의 진리와 그것을 다른 사람에게 전하기 위한 가르침'이라고 했다. 그러다가 나중에는 삼론종이나 화엄종, 천태종 등과 같은 불교 내의 어떤 종파의 교리를 나타낸 것을 '종교'라고 하기도 했다. 즉, 불교의 요점을 설명하는 문자나 언설의 의미로서 사용된 것이 바로 이 종교라는 말이기 때문에, 서양의 종교가 들어오기 전의 옛날에는 종교가 불교 이외에는 없었다.

이와 같이, 종교라는 말 자체가 불교 용어이기 때문에 불교를 종교라 부른다고 해서 조금도 이상할 것이 없었다. 그러나 서양문물이 밀려오면서 영어의 '릴리전(religion)'이라는 말의 번역어로서 '종교'라는 말이 채택되고 나서부터 오늘날과 같은 의미의 혼란이 생기게 되었던 것이다. 아마 일본인들이 처음으로 릴리전을 '종교'라고 번역하지 않았나 생각된다. 어쨌든 이때부터 불교는 물론 기독교, 이슬람교도 모두 종교라고 부르게 되었고, 우리나라의 자생적인 여러 가지 신앙도 종교라고 부르게 되었던 것이다.

그러나 서양의 'religion'이라는 말은 대체로 그 어원에 근거하여 보면, '신과 인간의 결합 내지 교감'이라는 의미가 있다. 그렇기 때문에, 서양 사람들의 시각에서 religion이라고 하면 반드시 신이 있어야 한다고 생각하는 것이다. 신이 있어야만 종교가 성립한다고 생각하는 이들의 눈에는 신을 믿지 않는 불교가 이상하게 보이는 것은 당연한 일이다.

우리 인류가 신이라는 개념을 생각하게 된 것은 원시시대로 거슬러 올라간다. 원시시대에는 사람들이 자연의 원리를 잘 이해하지 못했기 때문에 홍수나 태풍, 천둥, 번개, 지진, 화산 폭발 등 다양한 자연 현상에 막연한 두려움을 느끼고 그것을 움직이는 어떤 힘이 존재한다고 생각했다. 이러한 자연 현상뿐만 아니라, 때맞추어 비를 내려 주고 작물을 자라게 하는 하늘과 땅에 대해서도 마찬가지의 감정을 지니게 되었던 것이다.

그들은 모든 자연현상의 신비한 힘에 경외감을 나타내었고, 또 그러한 신비한 힘에 점차적으로 인격적인 특성을 부여하였다. 이로 인해 원시인들은 이들의 비위를 거스르거나 화나게 해서는 안 된다고 생각했던 것이다. 그래서 그들은 자신들이 거둔 농작물이나 사냥하여 잡은 짐승을 제물로 바치고 이들의 환심을 사려고 노력했다. 그래야 하늘이 때맞추어 비를 내려 주고 바람도 온순하게 불어 농사를 짓는데 방해를 하지 않을 거라 생각했던 것이다. 가끔 변덕을 부리는 자연의 엄청난 힘에 그들은 굴복할 수밖에 없었으며 그 모든 것을 누군가가 조종한다고 생각했던 것이다. 신에 대한 관념은 이렇게 해서 발생하게 되었다.

특히 사막 지역에서 발생한 유일신 신앙은 사막의 특성을 잘 반영하고 있다. 사막에서는 길을 잃으면 그대로 죽는 수밖에 없다. 길이 있었다 싶어도 모래바람이 한 번 휩쓸고 지나가면 어디가 어딘지 모르게 된다. 그래서 이들은 항상 경험이 많은 길잡이를 앞세워 무리를 지어 사막을 횡단한다. 길잡이를 따르지 않고 제멋대로 행동했다가는 바로 죽음에 이르게 된다. 그렇기 때문에 그들은 사막을 횡단할 때 길잡이의 말에 절대 복종해야 한다.

아무튼 자연현상이 일어나는 원리에 대하여 과학적 지식이 부족했던 원시인들이 이러한 현상들에 대하여 경외감을 느끼고 여기에 인격성을 부여하여 숭배의 대상을 삼은 것에서 신 관념이 나타났으며, 이러한 신 관념이 전개되면서 이들을 통합하는 어떤 힘을 상정하게 된 것이 유일신 신앙이 되었다고 할 수 있다.

유일신에 대한 관념은 인간의 상상력을 더하여 온갖 신화가 여기에 첨가되게 되었고, 그러한 것들이 세월의 흐름과 함께 교리로 정착되게 된다. 이 가운데에서 아직도 과학과 맞서 여전히 주장되고 있는 것이 천지창조설이다. 숱한 진화의 증거가 나오고 있음에도 불구하고 아직도 그 배후에는 신의 힘이 존재한다고 믿고 있는 사람들이 많다. 아직도 밝혀지지 않은 불가사의한 자연현상이나 물리적 현상이 있다고 하더라도 그것을 신의 작용에 돌리는 것은 원시시대에 자연의 원리를 이해하지 못해서 그것들을 신의 작용이라고 생각했던 것과 다를 것이 없다.

과학이 발달하고 인간의 지혜가 깨어나는 지금, 합리적 사고에 바탕을 두지 않는 종교는 점차 세력을 잃어가고 있지만 유독 우리나라에서만은 이와 반대되는 이상한 현상이 지속되고 있다.

2) 불교의 보편성과 합리성

불교에서도 석가모니 부처님을 비롯하여 많은 불·보살들이 경배의 대상이 되고 있다. 그러나 그 근본정신은 서양의 신관(神觀)과는 확연하게 다르다는 것을 알아야 한다. 불교의 불·보살에 대한 경배는 창조주나 유일신에 대한 무조건적인 복종이나 경외와는 다르다. 불교에서도 석가모니 부처님을 비롯한 많은 부처님과 보살, 고승들을 경배하지만 그것은 그 분들의 지혜와 자비의 정신을 따라 배우고자 함이지 절대자를 무조건적으로 의지하려는 것이 아니다.

불교에서는 절대주나 창조주를 상정하지 않는다. 그러한 것은 오직 인간이 만들어낸 허구의 산물임을 잘 알고 있기 때문이다. 불교에서는 오직 진리만을 믿는다. 불교에서 말하는 진리는 곧 '연기(緣起)의 법칙'이라는 것이다. 이것은 모든 것이 서로 의지하여 있으며 어느 것 하나 독립적으로 존재하지 못한다는 진리이다. 따라서 우리에게 나타나는 모든 현상은 여러 가지 원인이 모여 다양한 결과를 나타내며, 그러한 결과는 다시 원인이 되어 또 다른 결과를 낳는다는 것이 불교의 진리이다. 이러한 진리를 '연기법' 혹은 '연기의 법칙'이라고 하는데 여기에 대해서는 교리를 설명하는 부분에서 자세하게 설명하겠다.

아무튼 불교에서는 모든 것이 원인과 결과의 관계로서 이루어진다고 보기 때문에 모든 행위에 대한 책임도 스스로가 진다. 불교에서는 절대로 신의 개입이나 조정에 의하여 움직여지는 불규칙적인 작용을 말하지 않는다. 그리고 인과의 법칙을 위배한 기적이라는 것도 인정하지 않는다. 오직 믿고 받드는 것은 진리인 법을 중심으로 한 삼보에의 귀의밖에는 없다.

석가모니 부처님의 출가 동기는 생·노·병·사에서 연유하는 괴로움으로부터 벗어나는 것이었다. 이것을 불교에서는 '고(苦)로부터의 해탈'이라고 한다. 그리고 그 해탈은 연기의 법이라는 너무나도 명백하고 누구라도 알 수 있는 진리의 발견과 체험에 의하여 달성될 수 있었다. 부처님은 연기의 법을 깨달음으로써 인간의 유한성에 의하여 왜곡된 근원적 고를 해결할 수 있었다. 그리고 그 방법을 우리에게 전해주고 계신다.

초기의 경전인 《잡아함경(雜阿含經)》에서 고의 해탈에 이르는 여덟 가지 길을 설하신 적이 있다.

> 비구들이여! 나는 그 길을 따라 정진하여 마침내 늙고 죽음을 알고, 늙고 죽음이 유래하는 곳을 알았다. 또 어떻게 늙고 죽음을 극복해야 하는가를 알았고, 늙고 죽음의 극복을 실현케 하는 길을 알게 되었다.
>
> 비구들이여! 나는 그러한 것들을 알고 나서 그 내용을 비구와 비구니, 그리고 재가의 사람들에게 가르쳤다. 이리하여 이 길은 많은 사람들에 의하여 알려지고 널리 퍼져 오늘에 이른 것이다.

즉, 부처님께서는 단지 진리의 발견자로서 진리에 따라 행한 결과, 늙음과 죽음을 극복하게 되었고, 그 길을 많은 사람들에게 알리고 있다는 말씀이다. 일반적인 종교가 신의 계시를 받았다거나 혹은 일시적 영감에 의하여 얻어진 것을 진리라고 하는 것과는 판이하게 다른 태도라고 할 수 있다.

석가모니 부처님께서 발견하신 '연기' 라는 이 심오한 진리는 한마디로 쉽사리 설명할 수 있는 것은 아니지만, 간단히 말하면 '원인과 조건에 의하여 이루어진 관계성의 원리' 라고 할 수 있다. 이 세상에 원인 없는 결과는 아무 것도 없다. 그리고 모든 것은 서로의 관계성 속에서 서로 의지하여 존재한다. 그 어느 것도 단독으로 존재할 수 있는 것은 없다. 이러한 원리를 불교에서는 연기라는 말로 표현한다.

이러한 연기의 법칙은 과학에도 엄격히 적용되는 원리이다. 부처님 자신의 말씀과 같이 연기의 법칙은 부처님이 세상에 태어나던 태어나지 않던 상관없이 존재하는 법칙이다. 석가모니 부처님께서는 단지 이 연기법의 발견자이고 실천자로서 우리에게 그것을 알려주는 스승인 것이다.

연기의 법칙은 일상생활에서도 누구나 수긍할 수 있는 실천방도이다. 연기의 법칙 기운데에서 우리가 서로 의지하여 있나는 상관성의 원리도 그렇다. 예를 들면, 사람은 누구나 자신을 가장 사랑한다. 그것을 다른 사람에게 적용시켜보면 그 사람도 자신을 가장 사랑하고 있다. 그렇기 때문에 우리는 자신을 사랑하는 만큼 다른 사람의 인격도 소중하다는 것을 알고 서로 소중하게 보살펴야 한다.

그리고 나라는 사람이 존재하는 이유는 나와 관련된 모든 것의 관계성에 의하여 설정되어 있다. 내가 누구의 남편이고 아내이며 부모이고 자식이 되는 것도 상호 관계성 속에서 나의 위치가 설정되는 것이다. 지금 글을 쓰고 있는 나도 독자가 없다면 아무 소용이 없다. 이 세상은 어느 것 하나도 독립적으로 존재하는 것은 없다. 이러한 원리는 누구든지 조금만 생각을 깊이 해 보아도 알 수 있는 것이다.

연기의 법칙은 불교의 가장 큰 과제인 늙음과 죽음의 괴로움을 해결함에 있어서도 마찬가지로 적용된다. 늙음과 죽음의 원인을 제거하면 늙음과 죽음의 괴로움은 사라질 수 있기 때문이다. 그렇기 때문에 불교의 진리는 석가모니 부처님의 말씀과 같이 누구나 와서 보고 스스로 알 수 있는 것이다.

이렇듯이 합리적인 사고의 바탕 위에서 스스로 길을 모색하여 가는 지혜의 종교가 불교이다.

불교는 스스로 사색하고 검증하는 매우 철학적인 면을 지니고 있지만 동시에 거기에 합당한 실천체계를 지니고 있다. 팔정도(八正道; 바른 견해 · 바른 생각 · 바른 말 · 바른 행위 · 바른 생활 · 바른 정진 · 바른 기억 · 바른 선정)와 육바라밀(六波羅蜜; 대승불교에서 강조하는 실천행. 보시(布施) · 지계(持戒) · 인욕(忍辱) · 정진(精進) · 선정(禪定) · 지혜(智慧)바라밀의 여섯 가지를 말함. 바라밀은 '완성'이라는 의미가 있음)로서 대표되는 불교의 실천체계는 일상생활에서 누구나 손쉽게 실천할 수 있다. 일반 철학이 사변(思辨)과 사유에만 치중하는 지극히 관념적인 것과는 대조적이다.

모든 것이 서로 관계하여 의지하고 있다는 연기의 법칙을 바르게 직시하여 거기에 따른 실천을 병행하는 불교의 가르침은 어디까지나 과학적 원리와 합리성에 바탕을 둔 종교라고 할 수 있다. 최근 서양의 철학계나 종교계에서 불교의 종교성에 대하여 이론이 분분한 것도 불교의 이러한 합리성과 과학성을 인정한 결과라고 할 수 있다.

합리적이라는 말은 글자 그대로 이치에 합당하다는 뜻이다. 이치라는 것은 곧 진리이다. 진리라는 것은 우선 보편타당성이 있어야 한다. 여기서는 맞고 저기서는 맞지 않는다면 진리가 아니다. 옛날에는 맞았는데 지금은 맞지 않는다고 하면 그것도 진리가 아니다. 백인에게는 맞지만 흑인에게는 맞지 않는다면 그것도 진리가 아니다. 시간과 공간, 대상을 초월하여 항상 일관되게 적용될 수 있어야 진리이다. 불교의 진리가 바로 그런 것이다.

　불교의 진리는 석가모니 부처님께서 2500년 전에 말씀하신 것이지만 현대를 살아가는 우리들에게도 변함없이 적용되고 있다. 그리고 그 진리는 미래에도 적용될 것이다. 불교의 진리는 과학이 발달하고 인간이 우주를 탐구한다고 해서 달라지는 것이 아니다. 동양인에게만 적용되고 서양인에게는 적용되지 않는 그런 진리도 아니다. 불교를 믿는다고 해서 적용되고 믿지 않는다고 해서 적용되지 않는 그런 진리도 아니다. 그래서 불교를 합리적인 종교라고 말하는 것이다.

제3장 불교의 궁극적인 목적은 깨달음에 있다

1. 불교가 추구하는 궁극적인 목적

| 1) 불교에 대한 올바른 이해 |

앞 장에서는 불교의 특징을 간략하게나마 세 가지로 요약하여 설명했다. 즉, 불교는 무조건 믿는 것이 아니라 진리인가 아닌가를 살펴서 깨달음을 열어 가는 지혜의 종교라는 것, 그리고 불교는 모든 중생을 한 몸으로 보아 분별없는 사랑을 베풂으로서 평화를 지향하는 자비의 종교라는 것, 또 한 가지는 불교의 진리는 시대와 지역, 인종을 차별하지 않고 누구에게나 적용되는 것으로서 과학적이고 합리적인 사고를 바탕으로 가르침을 펴는 종교라고 말했다.

이렇게 훌륭한 장점을 지닌 불교가 요즘 우리나라에서는 홀대를 받고 있다. 석가모니 부처님으로부터 비롯된 불교는 2500년이라는 장구한 역사를 가지고 있다. 아마 세계의 그 어느 종교도 이렇게 긴 역사를 지니고 면면히 이어져 온 종교는 없을 것이다. 그리고 지역적으로도 이제는 아시아를 넘어 서구에까지 전파됨으로써 가히 세계 종교라고 할 수 있다. 2500년이라는 긴 불교사를 통해 볼 때 불교가 흥성했던 곳은 어김없이 정신 수준을 한층 끌어올리고 문화를 꽃피게 했다.

특히 아시아 지역의 많은 문화유산들은 대부분이 불교 관련 유산들이다. 이러한 유산들은 아시아의 여러 나라들이 불교를 받아들여 문화가 꽃피고 국력이 왕성할 때에 이루어 놓은 자랑스러운 것이다. 그러나 이제는 불교의 발상지인 인도는 물론 불교 발전의 토대가 되었던 아시아를 제쳐놓고 거꾸로 서구에서 불교의 바람이 불고 있다.

그럼에도 불구하고 유독 우리나라에서만은 불교가 과거처럼 그리 관심을 끌지 못하고 있는 것 같다. 불교 신자의 대부분은 연세 드신 분들이다. 청장년이나 청소년, 그리고 어린이들은 불교에 대해 거의 모른다. 일반 사람들이 불교에 대해 가지는 선입견 또한 매우 한심한 수준이다. 이들은 불교라고 하면 머리 깎은 스님들이 산중에서 자기들끼리 모여 염불이나 하는 것쯤으로 생각한다. 스님들에 대해서도 장례식장에서 요령을 흔들고 목탁을 치며 염불을 해주거나 사주팔자 봐주는 사람 정도로 알고 있다.

기독교의 본 고장인 유럽의 지식인들도 불교는 고등 종교요, 고등 철학이라고 칭찬해 마지않는 불교가 우리나라에서 이렇게 대접을 받고 있는 것은 참으로 안타까운 일이다. 우리나라에 불교가 들어온 지 벌써 1700년이나 된다. 우리 문화유산의 70% 이상이 불교관련 유산이다. 그럼에도 불구하고 오늘날 불교가 이렇게 대접받는 데에는 여러 가지

이유가 있을 수 있다. 조선조 500년간의 억불 정책 탓도 있을 것이고, 근대화 과정에서 서양에 대한 동경이 종교에까지 미쳐 무분별하게 서구 종교를 받아들인 데도 원인이 있다. 그러나 가장 큰 원인 중의 하나는 아무래도 승직자를 비롯한 불교도들의 노력이 미진했던 것 같다. 승직자들은 그동안 불교의 외형적인 것만 지키기에 급급하여 포교라든가 교리 학습 같은 것은 생각하지도 못했다. 그러다 보니 기존의 불자들도 노령화되고 젊은 사람들은 불교를 공부하려고 해도 친절하게 가르쳐 주는 사람도 없고 산중에 있는 절에 자주 갈 수도 없는 형편이 되어 대중들이 불교와는 점차 멀어지게 되었던 것이다.

이제는 승직자와 신자 모두가 불교에 대한 기초지식을 확실히 다지고 왜 불교가 우수한 종교인지, 현대사회를 살아가는 지침으로서 불교가 왜 필요한지 남들에게 얘기할 수 있는 정도는 되어야 겠다.

언젠가 신문에서 본 것이 기억나는데, 아마 브라질 어느 오지였던 것 같다. 밀림 속의 그 마을은 전부 나체로 생활하는데도 부락민들이 아무 말썽없이 자신들의 질서에 따라 평화롭게 살고 있었다. 농사도 짓고 가끔 짐승들도 잡아먹고 욕심없이 서로 도우며 나체로 살아도 성범죄도 일어나지 않고 이웃과 전쟁도 하지 않는 평화로운 마을이었다. 그런 곳에 가서 그들에게 옷을 나눠주고 글을 가르치면서 자기들의 신을 믿으라고 선교했다고 자랑하는 것을 본 적이 있다. 그 마을 사람들이 그 이후에 어떻게 되었겠는가? 옷을 입음으로써 탐욕이 생기고 좋고 나쁜 분별이 생기게 되었다. 그리고 신을 빙자하여 쓸데없는 죄의식을 심어 줌으로써 남미의 평화로운 오지 마을을 오염시켜 놓았던 것이다.

이런 것들이 다 잘못된 종교의 폐단이다. 말하자면 지혜가 없이 무조건 믿다보니 문제가 생기는 것이다. 그리고 진리가 아닌 길은 아무리 열심히 가봐야 본질에서 더욱 멀어질 뿐이다. 불교에서 진리를 추구하는 지혜를 그토록 중시하는 것도 이러한 이유 때문이다. 불교도들도 이제는 공부를 해야 한다. 그저 불상 앞에서 소원만 비는 것으로 불자를 자처한다면 다른 종교의 신자들과 무슨 차이가 있겠는가? 불교의 진리를 바르게 알고 거기에 따른 실천 방도를 제대로 파악하여 실천할 때에 불교는 우리에게 참으로 큰 도움이 된다. 이런 복잡다단하고 변화가 극심한 현대의 소용돌이 속에서 불교는 훌륭한 뗏목이 될 수 있다. 그것도 나 혼자만 올라타고 간신히 생명을 부지하는 그런 뗏목이 아니라 누구든지 태워서 안전한 곳으로 내려다 줄 커다란 배가 바로 불교이다. 지혜를 지니고 평화를 추구하며 인생이라는 괴로움의 바다를 안전하게 건너갈 방도를 알려 주는 것이 불교이다.

그리고 그러한 방법을 나 혼자만 알고 있어서는 안 된다. 다른 사람들에게 많이 알려서 같이 건너갈 수 있도록 해야 한다. 그러기 위해서는 우선 내가 알아야 한다. 그래야 다른 사람들의 길잡이가 될 수 있지 않겠는가? 이제 불교도들도 감정으로만 불교를 신봉하는 불자가 아니라 이지적으로 사색하는 불자가 되어야 한다. 우리 불자들은 흔히 실천이라는 말을 즐겨 쓴다. 그렇지만 실천도 뭘 제대로 알고 해야 제대로 된 결과를 얻을 수 있을 것이다. 즉 불교의 근본 원리를 알아야 실천도 제대로 할 수 있다는 말이다.

중국의 우화에 이런 것이 있다. 어떤 사람이 마차를 몰면서 서울 가는 길을 묻기에 가르쳐 줬더니 반대방향으로 가려고 했다. 그래서 길을 가르쳐 준 사람이 그리로 가면 안 된다고 했더니 길을 물은 사람이 대답하기를, "내가 끄는 말을 보시오. 말도 네 마리로 튼튼하고 내가 타는 수레도 이렇게 좋은 것이오. 서울은 금방 도착할 수 있소" 하면서 반대방향으로 채찍질하면서 달려가더라는 이야기가 있다. 그 사람은 아마 열심히 가면 갈수록 서울과는 멀어질 것이다.

근본 원리를 모르고 수행하는 사람도 그렇다. 방향을 제대로 잡지 않으면 아무리 열심히 불교를 공부하고 실천한다고 하여도 제 자리에서 맴돌거나 반대방향으로 가게 된다. 몇십 년 수행을 했다고 하는 선사들 중에도 옆에 가기가 무서울 정도로 찬바람이 쌩쌩 부는 스님이 있는가 하면, 학승을 자처하면서 천지 운행도수가 어쩌고 하면서 황당한 소리를 하는 스님들도 있다. 그런 스님들은 다 불교의 기본 원리를 모르고 앞만 보고 달려갔기 때문이다.

스님들만 그런 것이 아니다. 대보살 중에도 아상이 가득 차서 스님을 하인부리듯 하는 사람들이 있다. 불상 앞에서 108배 절을 하고 나서면서 신발찾다가 화내는 사람들도 있다. 자비를 베푸는 방생을 하면서 자리다툼하는 사람들도 있다.

이와 같이, 불교의 근본 원리를 모르고서 하는 실천은 도리어 악업만 쌓을 수도 있다. 그밖에도 불교 공부는 열심히 하는데 생각하는 방식이며 행동은 허무주의로 흐르는 사람도 있고, 불교학자 중에도 공부의 방향을 잘못 잡아 회의주의에 빠지는 사람도 있다. 모두 불교의 기초를 제대로 배우지 못해서 그런 것이다.

| 2) 올바른 불교 공부는 어떻게 하는가 |

많은 사람들이 불교를 어렵다고 한다. 불교를 제대로 알려고 해도 조리있게 차근차근 가르쳐주는 스승도 드물고, 책을 보려고 해도 무엇을 먼저 보아야 할지 난감하다고 한다. 한문으로 되어 있는 경전이라서 도무지 이해를 할 수가 없으며 한글로 번역해 놓은 경전이라도 어투가 어렵다. 그리고 다른 종교에서는 경전을 한 권만 겨드랑이에 끼고 다니면 되는데 불교에서는 경전의 수가 얼마나 많은지 팔만대장경이라고 한다.

그리고 부처님의 종류도 왜 그리 많은지, 어떤 경에는 석가모니 부처님이 으뜸이라고 했다가, 어떤 경에는 아미타불이 최고라고 했다가, 또 어떤 경에는 비로자나 부처님이 으뜸이라고 한다. 관세음보살도 등장하고 대세지보살, 지장보살, 문수보살 등등 종류도 많다. 그래서 더욱 갈피를 못 잡는다. 초심자들만 그런 것이 아니다. 제법 체계적으로 공부했다는 사람들도 오십 보 백 보이다. 불교에 대해 물어봐야 실천이 제일이라면서 그저 절만 하라고 한다. 아니면 염불을 하던지 보시나 많이 하라고 한다. 그러는 사이에 대중들은 불교에서 점점 멀어져 가고 있다.

답답한 가슴을 시원하게 열어 줄 안내서나 요령있게 요점을 가르쳐 줄 안내자를 만나기가 쉽지 않다는 것이 불교 공부의 첫째로 어려운 점이라고 생각된다. 또 한문 위주의 경전들도 사람들이 불교에 접하려는 것을 가로막는 장애요소로 작용한다. 불교를 전문적으로 연구한다고 나선 사람도 공부하다 보면 어려운 점이 한둘이 아닌데 일반 사람들이야 오죽하겠는가?

물론 경전의 난해함이나 교리 해설서의 부족 같은 문제가 불교 공부를 하는데 장애요소가 될 수도 있다. 그러나 불교공부를 한 사람들도 불교가 어렵다고 하는 원인 중의 하나는 무엇보다도 불교가 지향하는 목표를 바르게 이해하지 못했기 때문에 중심을 잃어버리는 것이다.

또 사람들이 불교를 공부할 때에 어떤 보상을 바라는 심리가 앞서 있기 때문에 불교에 대한 바른 이해가 되지 않을 뿐 아니라, 실천면에서도 남의 눈살을 찌푸리게 하는 경우가 많다. 예를 들면, 불교의 가장 중요한 교리 가운데 공(空)이 있다. 어떤 사람들 중에는 공에 대해서 자기가 가장 잘 안다고 큰 소리치고 강의까지 하는 사람이 실제의 생활에서는 공을 잘못 이해하여 허무주의적인 경향으로 흐르는 경우도 있다. 이런 것들이 다 불교에서 추구하는 근본 목적을 망각하고 불교를 접했기 때문이다. 아니 망각이 아니라 애초부터 목적을 잘못 설정하고 불교 공부를 했기 때문이다.

불교는 도대체 무엇을 목적으로 하는 종교인가? 무엇을 목표로 하는 가르침인가? 이에 대한 명확한 이해가 부족했기 때문에 불교가 어렵다고 느끼고 제대로 실천하지 못하는 것 같다. 우리가 불교에서 지향하는 목표를 바르게 이해한다면 모든 교리가 그 목표를 향해 있음을 쉽게 이해할 수 있고, 또한 출가 재가를 막론하고 수행에 정진하는 것이 그러한 목표를 향해 나아가기 위한 것임을 이해하게 될 것이다. 즉 불교의 궁극적인 지향점을 바르게 이해하고 나면 모든 교리가 그것을 향해 조직되어 있다는 것을 쉽게 이해할 수 있고 또 거기에 따라 어떻게 수행해야 한다는 것도 이해할 수 있다는 말이다.

| 3) 고(苦)의 해탈과 성불의 바른 이해 |

불교의 궁극적 목표는 성불(成佛)이다. 성불은 글자 그대로 부처가 된다는 뜻이다. 부처가 된다고 하니까 대단히 거창한 목표처럼 느껴질 수도 있고 너무 까마득해서 가망 없는 일로 여기고 처음부터 포기할 지도 모른다. 그러면 부처가 된다는 것은 무슨 뜻인가? 부처가 되면 무엇이 좋을 것 같은가? 이러한 질문을 하면 대부분의 사람들은 부처가 안 되어 봐서 모르겠다고 대답할 것이다. 성불의 경지를 우리 범부들이 어떻게 감히 상상이나 하겠는가?

성불은 깨달음을 얻어 모든 괴로움으로부터 벗어난 것을 말한다. 이것을 불교에서는 고(苦)로부터의 해탈이라고 한다. 즉 괴로움으로부터 해탈한 상태를 또 다른 말로는 열반이라고도 한다. 삶의 모든 괴로움으로부터 해방되어 안온한 경지에 머무르는 것이 성불이고 해탈이고 열반이다.

석가모니 부처님께서도 생로병사의 근원적인 괴로움으로부터 벗어나는 것을 목표로 출가를 하여 수행을 하고 마침내 성불했다. 우리도 마찬가지이다. 우리가 지금 불교를 공부해 보려는 것도 대전제는 인생의 괴로움으로부터 벗어나는 것이다. 모든 것이 우리 뜻대로 되고 늙지도 죽지도 않으며 안온하고 행복한 삶만 계속된다면 머리 아프게 불교를 공부할 필요도 없고 엉덩이 짓무르도록 앉아서 수행할 필요도 없다. 부처가 될 필요도 없다는 말이다.

우리 앞에 괴로움이 놓여 있기 때문에 그것을 해결하기 위하여 불교를 공부하는 것이다. 일상생활에서 부딪히는 사소한 고뇌에서부터 시작하여 생로병사라는 근원적인 괴로움이 항상 우리 앞에 기다리고 있기 때문에 그것을 벗어나는 길을 불교를 통하여 찾고자 하는 것이다. 불교의 근본목적은 여기에 있다.

이처럼 불교에서 대전제는 우리의 인생을 괴로움의 덩어리로 보는 것이다. 늙고 병들고 죽는 것뿐 아니라 태어남 자체를 괴로움으로 보는 것이다. 불교의 이러한 특성 때문에 불교를 잘 이해하지 못하는 사람들로부터 불교는 염세적이라거나 현실 도피적이라는 말을 듣는다.

그러나 인류가 이룩한 문명의 발전도 현재의 고통을 제거하고 끝없는 행복을 추구하기 위해서 가꾸어진 것이다. 과학기술이나 의료, 산업 등 모든 분야의 노력은 현 상태에 대한 불만으로 현재의 고통을 개선하기 위하여 시도되는 것이다. 그러나 그러한 노력에도 불구하고 인류의 진정한 행복은 아득히 먼 것으로 보인다. 완전한 행복은 영원히 획득될 것 같지 않다. 그저 끝없는 고통의 연속이다. 의학이 발달했지만 누구나 늙고 병들고 죽는 고통으로부터 벗어나지 못하고 있다. 그리고 고통은 이 한 생으로만 끝나는 것이 아니다. 윤회라는 과정을 통하여 되풀이 된다.

인도에서는 옛날부터 모든 중생은 여섯 가지 세계에 속해 있다고 생각했다. 이것을 육도(六道)라고 하는데, 즉, 우리가 사는 인간계를 포함하여 지옥, 아귀, 축생, 아수라, 천계의 여섯 종류의 세계를 말한다. 자기가 지은 업보대로 중생들은 이 육도의 세계를 번갈아 가며 태어난다고 보았던 것이다. 이것을 육도 윤회라고 흔히 말한다.

이 육도는 상당히 상징적인 것으로서 편의상 여섯 가지의 세계로 나누어 놓은 것이다. 그리고 이러한 세계는 꼭 죽어서만 경험할 수 있는 것이 아니라 지금의 세계에서도 목격할 수 있다. 우리 주위를 둘러보면 지옥이고 아수라고 먼 곳에 있지 않다는 것을 알게 될 것이다. 텔레비전 뉴스에 나오는 끔찍한 사고 현장, 그게 바로 지옥이고 아수라의 세계이다. 아귀의 세계가 따로 있는 것이 아니다. 맛있는 것을 앞에 두고서도 살찐다고 못 먹고 위장병으로 못 먹으면 그게 아귀보를 받고 있는 것이다. 이처럼 우리는 순간순간 육도의 세계에 살고 있다.

어쨌든 육도 윤회의 세계에서는 영원하고 완전한 행복은 찾기 어렵다. 우리가 행복이라고 생각하는 시간은 실로 짧다. 짧은 행복에 비해서 그 행복을 얻기 위한 고통의 시간은 너무나 길다. 온갖 복을 누리는 천인들이 모여 산다는 천계에서도 복이 다하면 노쇠의 고통이 따른다고 한다. 우선 몸이 빛을 잃고 겨드랑이에 냄새가 난다고 한다. 천인들이 복이 다했을 때 느끼는 고통은 어쩌면 보통 중생들의 고통보다 더 클지도 모른다. 마치 원래부터 가난하게 살던 사람보다도 부자로 살다가 갑자기 가난해지면 그 고통이 보통사람보다 크게 느껴지는 것과 같다고 할 수 있다.

이와 같이 어디에 있든 육도의 모든 중생은 영원한 행복은 누릴 수 없다고 인도 사람들은 생각했다. 그래서 고통으로 점철된 육도의 윤회세계를 벗어나는 것을 이상으로 생각했는데 그것을 해탈이며 열반이라고 했다.

불교에서도 육도의 세계를 벗어나 완전한 행복을 추구하는 것을 이상으로 삼는다. 그러나 불교에서 추구하는 해탈이나 열반은 인도 일반의 사상과는 약간 다르다. 불교에서는 죽은 다음에 열반을 얻는다든가 더 좋은 세상에 태어나는 것을 바라는 게 아니라 지금 당장의 괴로움에 대한 해탈을 목표로 한다. 그렇기 때문에 불교에서는 다음 세상을 위하여 지금의 고통을 참는다든가 자기의 심신을 학대함으로써 내세의 보상을 바라는 무모한 짓을 권장하지 않는다.

괴로움에서 벗어나기 위해서는 지금 내 앞에 놓여 있는 괴로움 내지는 고통에 대해 바른 인식을 가지는 것이 첫째로 중요하다. 즉 불교에서는 우리 인생의 실상을 괴로움의 세계로 보고 괴로움의 근원적인 원인에 눈을 돌려 그것을 분석하고 해결방안을 찾으려 한다.

사실, 인생에서 우리가 행복을 느끼는 순간은 그야말로 순간이다. '순(瞬)'이라는 말은 눈을 한 번 깜빡이는 시간의 16분의 1을 말한다고 한다. 우리의 삶을 되돌아보라. 젊음을 마음껏 누리기도 전에 늙음과 병마가 찾아온다. 평생을 허리띠 졸라매며 악착같이 돈 벌어서 좀 편하게 살까 했는데 돈도 못써 보고 이 세상을 하직하는 사람들이 얼마나 많은가? 권력의 정점에 올랐다 싶은데 여지없이 추락하여 사람들의 손가락질을 받는 신세로 전락하기도 한다. 승리의 기쁨이 채 가시기도 전에 패배의 그림자가 드리워진다. 기쁨과 행복의 시간은 극히 짧다. 앞을 보면 엄청난 고통이 밀려오고 있는데도 몇 방울의 꿀에 취해 그것을 망각하려 하는 것이 보통 사람들의 삶이다.

《법구비유경》에 이런 이야기가 있다.

어떤 사람이 넓은 들판에서 놀다가 사나운 코끼리에게 쫓겨 도망을 가게 되었다. 곧 밟혀 죽을 지경에 처해 피할 곳을 찾으니 어떤 우물가에 나무 한 그루가 서 있고 그 나무뿌리가 우물 속으로 뻗어 있는 것을 보았다. 이 사람은 곧 나무뿌리를 잡고 내려가서 우물 속에 숨었다. 그는 그 나무뿌리를 붙들고 매달려 있었는데 팔이 아파 금방이라도 밑으로 떨어질 지경이었다. 그런데 아래를 내려다보니 독사 네 마리가 입을 벌리고 기다리고 있었다. 설상가상으로 어디에서 흰 쥐 한 마리와 검은 쥐 한 마리가 나타나더니 나무뿌리를 갉아먹는 것이었다. 이제 넝쿨이 끊어져 밑으로 떨어지면 독사에게 물려 죽을 판인데 무심코 위를 보니 벌집이 달려 있고 거기에서 꿀이 한 방울씩 떨어지고 있었다. 그 꿀물이 이 사람의 입으로 흘러들어 가자 이 사람은 자기가 처한 절대 절명의 위험도 잊은 채 그 꿀맛에 도취되어 있었다.

이 이야기의 주인공이 곧 우리 인간들이다. 넓은 들판은 무명의 긴 밤이 넓고 멀다는 것을 비유한 것이고 나무뿌리는 우리의 생명을 말하는 것이다. 흰 쥐와 검은 쥐는 낮과 밤으로 되풀이되는 시간의 흐름을 말한다. 코끼리나 독사는 우리의 육신과 번뇌를 말하는 것이고 꿀물 방울은 눈앞의 아주 짧은 쾌락, 즉 우리의 오욕락(五慾樂)을 말한다.

이처럼 인간들은 시시각각 죽음의 그림자가 닥쳐오고 있는데도 그저 눈앞의 잠깐의 쾌락 때문에 그러한 것을 잊어버린다. 눈앞의 꿀 몇 방울을 받아먹기 위하여 우리는 많은 것들을 참으며 긴 세월을 보내고 있는 것이다. 순간의 행복, 영원의 고통이라고나 해야 할까? 어리석은 중생들은 그것이 고통이라는 것도 제대로 파악하지 못한다. 사는 게 다 그런 건가 보다 하고 살다가 막상 자기 앞에 큰 불행이나 죽음이 닥쳐야 울고 불며 지난 세월을 탓하지만 그때는 이미 늦어버린다.

그렇기 때문에 불교에서는 우리의 괴로움의 근원을 정확하게 꿰뚫어보고 그것을 근본적으로 해결하고자 하는 것이다. 그러기 위해서는 괴로움이라는 것에 대하여 외면하지 말아야 한다. 몇 방울의 꿀맛에 도취되어 시시각각 다가오는 위험을 잊어버려서는 안 된다.

불교에서는 괴로움의 실상을 정확히 파악하고 어리석음에 의하여 초래된 괴로움의 세계, 고통의 바다를 벗어나라고 가르친다. 인간 존재의 유한성을 인정하고 거기에서 진정한 해결책을 찾으려는 불교가 현실 도피적인지, 아니면 자신에게 밀려오는 고통을 외면하고 망각하려 하면서 밝은 쪽에만 눈을 돌리려는 사람들이 현실 도피적인지는 생각해 보면 알 일이다.

불교에서 인간의 삶을 고로 보는 이유는 분명한 현실인식에서 나온 결론이다. 그러한 정확한 현실인식을 근거로 거기에 대한 해결책을 찾으려는 것이 불교이기 때문에, 불교야말로 실제로는 가장 현실적인 종교이며 인생에 대해 적극적인 자세의 종교임을 알아야 한다.

불교의 이러한 면은 다른 종교가 괴로움을 벗어나는 방법으로서 절대적인 신의 권능에 의지한다던가 아니면 이 세상을 포기하고 다음 세상을 기약하기 위하여 현실의 삶을 희생하는 것과는 판이하게 다르다고 할 수 있다.

많은 사람들은 자신의 나약함 때문에 고에 대한 실상을 파악하여 그것을 스스로 해결하기보다 어떤 절대적인 힘에 의지하여 그것을 벗어나려고 한다. 그래서 손쉽게 신이라든가 영능력자라고 자처하는 사람들에게 의지한다. 사교라는 것은 바로 이러한 사람들의 심리를 이용하여 그 틈새를 파고든다. 그러나 냉철하게 생각해 보면 그러한 것에 의지하는 것은 일시적인 마취에 불과하다. 열렬한 기도에 의하여 신의 힘을 빌림으로써 고를 면해 보겠다는 것은 전혀 터무니없는 일임을 우리는 똑바로 인식해야 한다. 그러한 생각은 기적을 바라는 마음과 다름없다.

그러나 불교에서는 고라는 것을 벗어나기 위하여 절대자의 힘에 의지하여 잠시 동안 마취의 상태에 든다거나 고의 실상에 대해 눈을 돌리고 외면해버리지 않는다. 오히려 고에 직면하여 고의 실상을 바로 보고 그것을 철저하게 분석하려고 한다. 그리고 고가 일어나게 된 원인을 밝혀 그것을 제거하려고 한다. 그 방법은 진리에 입각한 지혜로써 고의 싹을 잘라버리는 것이다. 이렇게 하여 고의 근본 원인을 철저히 분쇄해 버린다. 이것이 곧 깨달음의 지혜로써 해탈에 이른다는 것이다.

2. 불교의 지혜와 열반

모든 괴로움에서 벗어나는 것을 해탈이라고 하며, 해탈을 통하여 절대평안의 경지에 이른 것을 열반이라고 한다. 그렇기 때문에 불교에서는 궁극의 목적을 해탈 혹은 열반에 두고서 이것을 추구한다.

열반이란 산스크리트어 니르바나(nirvana)를 한자로 음사한 것으로서, 원래는 '불어서 끈다'라는 뜻인데, 심신을 괴롭히는 번뇌의 불을 불어서 끈 절대평안의 안락한 마음의 경지를 말한다. 이글이글 타오르는 한 여름에 소나기 한 줄기가 내려 시원하게 적셔주는 그러한 상태를 열반이라고 생각해도 좋다. 혹은 대장간에서 이글이글 뜨겁게 단 쇠를 물에 넣어 식히는 것을 상상해도 좋다. 욕심내고 화내고 어리석음에 심신이 달아올라 벌겋게 되었을 때 냉철한 지혜의 얼음물로써 그것을 식혀버린다고 생각해 보라. 모든 욕망과 성냄이 식어서 마음이 차분히 가라앉게 되고 그로 인한 괴로움도 잠잠하게 수그러든다. 그리고 마음은 한없이 푸근하고 편안해진다. 한편으로는 그러한 마음이 다른 사람에게도 확대되어 모두가 나와 같은 평안을 누리기를 바라게 된다.

이 깨달음의 지혜는 우리가 해탈, 열반에 이르기 위한 수단이라고 할 수 있다. 불교에서는 불변의 진리를 제외하고는 이 세상의 모든 것이 직접·간접의 원인에 의하여 이루어지는 것으로 보고 있다. 이것은 인간세상이나 자연현상에 모두 적용되는 법칙으로서 일체의 사물이나 현상은 어떤 조건이 갖추어지거나 혹은 여러 가지 원인이 결합됨으로써 이루어진다는 말이다.

괴로움에 대한 문제도 마찬가지이다. 괴로움이 발생하는 것은 무엇인가 원인이 있다. 그 원인을 제거하면 괴로움은 사라진다. 그 원인을 알고 괴로움을 제거하는 것이 바로 깨달음의 지혜라는 것이다. 마치 어두운 방에 등불을 들고 들어오면, 바로 어둠이 사라지듯이 깨달음의 지혜를 획득하는 그 순간 괴로움의 원인이 사라지고 괴로움으로부터 해탈할 수가 있게 된다.

불교에서는 이러한 깨달음의 지혜를 무상정등정각(無上正等正覺), 혹은 일체지지(一切智智)라고 한다. 위없는 가장 훌륭한 지혜이며, 모든 지혜를 아우르는 지혜 가운데의 으뜸가는 지혜라는 뜻이다.

불교의 이러한 지혜는 일반적인 학문의 지식이나 사회생활에 관한 지식과는 차원을 달리한다. 사회적으로 아무리 지식이 풍부하고 머리가 좋은 사람이 있다고 하여도 이런 사람들의 지혜는 불교의 지혜와는 관계가 없다.

왜냐하면, 불교의 지혜는 청정한 마음을 본질로 하고 있으며 집착하지 않는 마음, 분별하지 않는 마음을 말하기 때문이다. 그렇기 때문에, 일반 사회에서 우수한 사람들이라고 해서 다 지혜가 있다고 할 수는 없다. 사회에서 우수한 사람이라고 하는 것은 대체로 돈을 많이 벌거나 높은 지위를 가지고 있거나 이름이 널리 알려진 사람이다. 그러나 불교적으로 보면 이들의 대부분은 어디까지나 자기중심적인 마음을 가지고 자기의 세력, 혹은 영향력을 늘리거나 명예를 추구하는 정도 밖에는 되지 않는다.

거꾸로 말하면, 불교적인 지혜는 이러한 사회적 평가와는 무관하기 때문에 학력의 고하나 재산, 명예의 정도와는 상관없이 획득될 수 있는 지혜라고 할 수 있다. 왜냐하면, 불교의 지혜는 청정한 마음과 분별없는 마음으로 진리를 직관하여 괴로움으로부터의 영원한 해탈을 추구하기 때문이다.

불교의 목적이 수행자의 해탈이나 열반에만 그치는 것은 아니다. 초기불교에서는 개인의 해탈이 주된 목표였으나 대승불교에서는 모든 중생들이 다 함께 해탈하는 것에 더욱 중점을 두었다. 특히 대승불교에서는 누구나가 다 석가모니 부처님과 같은 부처가 될 수 있다고 보고 성불을 최고의 이상으로 삼고 있다. 동시에 그러한 성불이 누구에게나 이루어질 수 있도록 염원하고 함께 노력하는 것이 대승불교이다. 누구나 수행에 의하여 최고의 지혜를 획득하고 불타가 될 수 있다는 것이 대승불교의 이상이다. 그중에서도 대승불교의 후기에 등장한 것으로서, 진언(眞言)과 삼밀행(三密行) 등의 신비적 수행에 의하여 진리의 비밀을 곧바로 체득하려는 가르침인 밀교(密敎)에서는 바로 이 순간, 이 몸으로 성불할 수 있다고 하는 즉신성불(卽身成佛)을 강조한다.

부처가 되었다고 하여도 나만의 성불로 만족하지 않는다. 자비로 충만한 부처이기 때문에 모든 중생에게 지혜의 빛을 드리워 해탈과 열반으로 이끌려고 한다. 그것이 곧 자각각타(自覺覺他)이다. 스스로도 깨달음에 이르지만 다른 사람도 나와 같은 깨달음을 얻게 해 주겠다는 것이다. 이것이 원래의 석가모니 부처님의 정신이다.

이러한 대승불교의 이상을 밀교의 《대일경(大日經)》에서는 "보리심을 인(因)으로 하고 대비(大悲)를 근(根)으로 하며 방편을 구경(究竟)으로 한다"고 표현했다. 즉 깨달음을 얻기 위하여 마음을 일으키고 큰 자비심을 바탕으로 중생을 구제하는 것을 궁극의 목적으로 한다는 뜻이다.

이와 같이 깨달음의 지혜를 얻어 모든 고로부터 벗어나 열반을 얻고 또 중생을 위하여 회향(廻向)하는 것이 불교의 궁극적인 목표요 이상이라고 할 수 있다.

불교 공부를 시작할 때는 이러한 궁극적 목표와 이상을 마음에 새기고 정진해야 하며 이것을 잠시도 잊어서는 안 된다. 열반이다 성불이다 하니까 너무 거창한 것 같아 나와는 거리가 먼 일인 것처럼 생각하지만 우리가 일상생활에서 부딪히게 되는 여러 가지 고의 원인을 잘 관찰하고 마음을 잘 다스려 극복해 나간다면 그만큼 해탈하는 것이고 성불하는 것이다.

이와같이 부처님께서 말씀하신 팔만사천의 법문도 오직 괴로움으로부터의 해탈이라는 대명제를 전제로 그 방법을 설해 놓은 것이다. 앞에서도 언급했지만 만약 괴로움이 존재하지 않는다면 우리에게 불교라는 것이 필요하지 않다. 괴로움으로부터의 해탈은 불교의 시작이자 끝이며 전부라고 해도 지나친 말이 아니다. 그렇기 때문에 우리는 이 점을 항상 염두에 두고 이러한 명제에 부합되지 않는 이론은 무시해도 좋다.

불교 공부가 어렵다고 하지만 이러한 도식을 머릿속에 그려놓고 놓치지 않는다면 쓸데없는 공론에 마음을 빼앗겨 방황하는 일은 없을 것이다. 목표를 분명히 알고 가는 자는 길은 멀어도 언젠가는 거기에 도달할 수 있다. 불교 공부도 마찬가지이다. 괴로움, 즉 '고(苦)로부터의 해탈' 이라는 궁극의 목표와 이상을 마음에 잘 새기고 지혜를 닦아 나아가면 이생에서 비록 석가모니 부처님과 같은 경지까지는 못 가더라도 인생을 한결 여유있고 보람있게 보낼 수 있을 것이다.

제2부 불교의 분류와 경전의 성립

제1장 불교의 정의와 불타의 의미

1. 불교의 정의

　불교의 목적은 고로부터의 해탈을 대전제로 하고 있으며, 불교의 모든 교리는 이러한 목표를 향해 조직되어 있다. 그렇기 때문에 불교 공부는 우리 앞에 놓여 있는 고라는 것을 제대로 인식하지 못하면 그야말로 공염불에 불과하다. 일상생활에서 끊임없이 밀려드는 불행과 좌절, 갈등 등은 물론이고 생로병사라는 누구도 거역하지 못할 현상을 앞에 두고서 희희낙락한다면 그게 바로 바보가 아니겠는가? 인생이 뭔지도 모르고 그저 울다 웃다 한 세상 보낸다면 무슨 소용이 있겠는가? 그러나 우리 인간들은 너무나 어리석기 때문에 평소에는 그러한 것에 생각이 미치지 못한다. 사랑하는 사람을 잃거나 자기에게 큰 병마가 닥치는 등의 엄청난 불행을 만나야 겨우 자신을 돌아보기 시작하는 것이 어리석은 인간들이다. 그렇기 때문에 평소에 준비가 안 된 사람들은 그러한 불행 앞에 속수무책으로 당하고 만다. 고통이 너무 큰 나머지 스스로 목숨을 버리기도 한다. 그러나 불교를 공부하게 되면 부처님의 가르침을 통하여 그러한 불행을 극복할 수 있다. 부처님은 우리들에게 지혜를 통하여 삶의 실상을 파악하고 모든 괴로움을 벗어나 절대 안온의 경지에 머무르는 방법을 일러 주셨다. 이제 그 길을 찾아가 보자.

부처님의 가르침을 찾아 떠나기 전에 우선 불교와 부처님이라는 말에 대해 자세히 살펴보자.

'불교(佛敎)'는 글자 그대로 '불타(佛陀)의 가르침〔敎〕', 혹은 '불타에 의하여 설해진 종교'를 의미한다. '불타(佛陀)'는 인도의 고어인 산스크리트〔범어(梵語)〕 '붓다(buddha)'에서 나온 한자의 음사이다. 이것을 줄여서 그냥 '불(佛)'이라고도 한다. 우리말로는 '부처님'이라고 하며, 요즘은 원래의 발음 그대로 '붓다'라고 하는 경우도 많다.

'붓다'의 원래의 의미는 '진리에 눈을 뜬 사람'이다. 이러한 의미가 확대되어 '완전한 인격자', 혹은 '절대의 진리를 깨달은 사람' 등으로도 받아들여졌다. 그러나 '붓다'는 한마디로 '깨달은 사람'이라고 할 수 있다. 이것을 한문으로는 '각자(覺者)'라고 의역했다.

붓다라는 말은 불교에서만 사용된 말은 아니다. 인도에서는 예로부터 진리를 깨달은 사람에 대해서는 누구에게나 붓다라는 호칭을 붙였다. 예를 들면, 옷을 벗고 다니는 것으로 유명한 인도의 자이나교 같은 데서도 교조에 대하여 붓다라는 말을 사용했다. 그러나 최고의 깨달음을 이루신 석가모니 부처님이 나오고부터 붓다라는 말은 이 분만을 지칭하는 고유명사처럼 되었던 것이다. 그래서 우리가 일반적으로 부처님이라고 하면 주로 석가모니 부처님을 지칭하는 것으로 일반사람들도 인식하게 되었다.

불교에서는 붓다를 '스스로 깨달음을 완성하고 다른 사람도 깨달음에 이르게 하려는 자각각타(自覺覺他)의 원을 지니고 그것을 완성한 분'이라고 정의한다.

불교는 인도 땅에서 한 인간으로 태어났던 고타마 싯다르타라는 분이 위없는 최고의 깨달음을 얻어 석가모니 부처님이 된 후 그 깨달은 내용을 제자들에게 가르침으로써 우리들에게도 전해졌다. 따라서 불교는 한마디로 '석가모니라는 부처님의 가르침'이라고 할 수 있다. 그리고 그 가르침의 내용은 누구나 진리에 눈을 떠 붓다가 됨으로써 윤회(輪廻)의 고통을 벗어나 열반(涅槃)의 안온한 경지에 이르는 길을 밝힌 것이므로, '성불(成佛)을 설한 가르침'이라고도 할 수 있다. 즉, '부처가 되기 위한 가르침을 설한 것'이 불교라고 할 수가 있다. 이처럼 불교는 부처님의 가르침이자 부처가 되기 위한 가르침이 담긴 것이라고 할 수 있다.

또 불교를 '삼보귀의(三寶歸依)의 종교'라고 하는데, 이것은 부처님과 부처님이 설하신 진리, 그리고 부처님이 설하신 진리를 전하는 승단(僧團)의 세 가지를 가장 소중한 보배로 여겨 귀의한다는 뜻이다. 이것을 불(佛)·법(法)·승(僧)의 삼보라고 하며 귀의란 목숨을 바쳐 의지한다는 뜻이다.

즉, 불(佛; buddha)이란 앞에서 언급한 것처럼 석가모니 부처님을 지칭한다. 그러나 불교에는 석가모니 부처님만 계시는 것이 아니다. 대승불교의 발달과 함께 석가모니 부처님을 비롯하여 많은 부처님의 존재를 생각하게 되었다. 아주 먼 과거에도 석가모니 부처님처럼 깨달은 분이 계셨을 것이고 미래에도 깨달은 분이 나올 거라고 생각했기 때문에 과거, 현재, 미래에 걸친 이른바 삼세의 부처님을 생각했던 것이다. 또 더 나아가서 공간적으로도 많은 부처님을 생각했다. 석가모니 부처님께서 깨달은 진리는 보편적인 것이므로 우주 공간의 어느 곳에서든지 똑 같은 진리를 설하는 부처님이 계실 것이라고 생각하여 시방 세계에 모두 부처님이 계실 것이라고 생각했다. 불타에 대한 이러한 생각의 전개를 불타관(佛陀觀)이라고 하며 여기에 대한 자세한 설명은 다음 기회로 미루겠다. 어쨌든 '불'이라고 하면 좁은 의미에서는 석가모니 부처님을 뜻하며, 넓은 의미에서는 시방삼세의 모든 부처님을 말한다는 것만 우선 알아두기 바란다.

그리고 법(法: dharma, dhamma)이란 부처님이 깨달으신 진리를 말하며, 또한 우리가 어떻게 성불할 수 있는가에 대한 가르침을 의미한다.

승(僧)이란 승단(僧團) 혹은 승가(僧伽)라고도 하며 불도를 실천, 수행하는 출가승들의 모임을 말한다. 이 말은 산스크리트어 상가(saṁgha)에서 온 것인데, 원래의 뜻은 '화합된 집단'을 의미한다. 그래서 승가를 화합중(和合衆)이라고도 한다. 스님을 과거에 '중'이라고 한 것도 여기에서 유래한 것이다.

승가라는 말의 원래 의미인 '화합된 집단'이 승가라고 볼 때, 다툼을 일삼는 승가는 엄밀히 말해서 승가라고는 할 수 없다. 승단은 부처님을 대신하여 민중에게 불교의 교리와 실천방법을 설하며 지도하는 출가자들의 집단을 말한다.

원래 불교도의 단체는 출가수행자와 재가의 신도로 구분한다. 출가수행자는 세속생활을 완전히 버리고 전문적으로 불도를 닦는 사람을 말한다. 우리가 흔히 말하는 스님들이다. 재가신도는 세속 생활을 하면서 부처님의 가르침을 받들고 출가승들을 경제적으로 지원하는 사람들이다. 출가승에는 비구(比丘)·비구니(比丘尼)·사미(沙彌)·사미니(沙彌尼)·정학녀(正學女)의 다섯 가지가 있다. 재가신자에는 우바새(優婆塞)·우바이(優婆夷)의 두 가지가 있다. 이러한 출가와 재가의 단체를 합쳐 7중(衆)이라고 한다. 이 중에서 비구와 비구니, 우바새와 우바이만을 가리켜 4중, 혹은 사부대중(四部大衆)이라고 한다. 승단은 이러한 사부대중에 의하여 유지되고 발전되는 것이다.

이러한 불·법·승 삼보는 불교를 성립시키는 필수적인 요소이며, 동시에 이 셋은 서로 불가분의 관계에 있다. 왜냐하면, 만약 부처님이 계시지 않았더라면 불교는 처음부터 성립할 수 없었을 것이다. 그리고 부처님이 계시고 부처님이 설하신 법이 있더라도 이 법을 대중들에게 전하고 실천할 승단이 없으면 불교는 성립하지 못했을 것이다. 여기에 더하여 불법을 배우고 따르는 재가신자인 우바새·우바이가 없으면 승단이 유지되지 않기 때문에 불교는 성립할 수 없게 된다. 즉 승단을 구성하는 사부대중은 불교를 유지, 발전시키는데 없어서는 안 되는 요소이다.

이러한 이유로 불교에서는 불·법·승의 삼보를 가장 고귀한 것으로 여기며, 귀의하여 믿고 따르는 것이다. 불교에 처음 입문할 때에 삼귀의계(三歸依戒)를 받게 하는 것도 이 때문이다.

불교란 이처럼 부처님과 부처님이 설하신 법, 그리고 그 법을 전하고 실천하는 승가를 믿고 따르는 것이다. 이 삼보를 중심으로 성불에 이르는 길을 더듬어 나아가는 것이 불교라고 할 수 있다. 그렇기 때문에 불·법·승 삼보에 대한 귀의가 불교 공부의 첫걸음이다.

2. 불타의 의미

앞에서도 언급했지만, 일반적으로 '불타' 혹은 '붓다'라고 하면 석가모니 부처님을 가리키는 경우가 많다. 그러나 '불타' 혹은 '붓다'라는 이 말은 보통명사로서 반드시 석가모니 부처님만을 가리키지는 않는다. 왜냐하면 깨달은 자는 모두 부처가 될 수 있기 때문이다.

불교에서는 석가모니 부처님 이외에도 비로자나불(毘盧遮那佛)과 같은 법신불(法身佛), 그리고 과거칠불과 같은 과거불, 56억 7천만년 후에 이 세상에 오신다는 미륵불(彌勒佛)과 같은 미래불, 서방정토의 아미타불(阿彌陀佛)과 같은 타방불 등 수많은 부처님이 등장한다.

물론 부처님은 기독교의 신과 같은 초월적인 존재가 아니다. 그러나 부처님은 육도 윤회의 세계를 벗어난 분이므로 인간이라고도 할 수 없다. 우리 인간과는 차원이 다른 분이다. 한자의 부처 '불(佛)'자가 가리키는 것처럼 부처님은 사람이면서도 사람이 아니라고 할 수 있다. 그럼에도 불구하고 부처님은 유일의 절대자도 아니고 창조주도 아니다.

그러면 불교에서 무수한 부처님이 등장하는 이유는 무엇일까? 그것은 바로 부처님이 깨치신 진리 때문이다. 처음에는 석가모니 부처님 한 분밖에 계시지 않았지만 석가모니 부처님이 깨달으신 진리가 보편타당성이 있는 것이라면 그것은 시대와 공간을 초월하여 어느 곳에서나 적용될 수 있을 것이라고 불교도들은 생각했다. 그러한 부처님은 과거에도 있었을 것이고 미래에도 있을 것이며 저 우주의 구석구석에도 이러한 진리를 설하는 부처님이 계실 거라고 생각했던 것이다. 시방삼세의 제불이라고 말하는 것은 이러한 의미가 있다. 또 그뿐만이 아니다. 부처님의 몸을 진리 그 자체로 보고 법신불이라는 개념도 생각하게 되었다. 《화엄경》의 비로자나부처님이나 밀교의 대일여래(大日如來)가 바로 이러한 법신불이다.

여기에 더하여 오랜 세월을 수행하여 부처의 몸을 이룬 아미타불과 같은 보신불이나 중생의 근기에 응하여 나타나는 응신불, 법신불의 여러 가지 변화된 모습인 화신불 등의 개념도 생겨났다. 이런 불타관(佛陀觀)이나 불신관(佛身觀)에 대한 이론은 너무 복잡하고 길어서 이 책에서는 설명을 생략하기로 하겠다. 이 책에서는 우선 모든 부처님의 근본이 되는 석가모니 부처님에 대한 이해를 통하여 불교의 본질에 접근해 보도록 하겠다.

석가모니 부처님을 가리키는 경우에는 특히 '석존(釋尊)'이라는 명칭을 자주 쓴다. 석존은 '석가모니세존(釋迦牟尼世尊)'을 줄인 말로서, 이 말은 '석가족 출신의 성자(聖者)로서 세상의 존경을 받을 만한 분'이라는 뜻이다. 또한 부처님을 '여래(如來)'라고도 하는데 여래란 부처님의 별칭으로서 진리에 도달한 분, 혹은 진리의 세계에서 오신 분이라는 뜻이다. 석가모니 부처님을 여래라고 부르기도 하지만 밀교의 대일여래나 정토교의 아미타여래, 약사여래(藥師如來) 등과 같이 대승불교의 여러 부처님도 여래라는 말을 붙여 쓰는 경우가 많다.

부처님의 별칭으로서는 이 밖에도 예로부터 불의 십호(十號)라고 하여 아래와 같이 열 가지를 들고 있다.

① 여래(如來; Tathāgata): 진리에 도달한 분, 또는 진리에 수순하여 이 세상에 와서 진리를 보여 주는 분이라는 뜻.

② 응공(應供): 마땅히 모든 중생으로부터 공양을 받을 만한 분이라는 뜻.

③ 정변지(正徧知): 일체의 지혜를 갖추고 있어 우주간의 모든 일에 대해 바르게 두루 알고 계신 분이라는 뜻.

④ 명행족(明行足): 지혜와 체험을 구족하신 분. 불교에서는 관념적인 지혜뿐만 아니라 여기에 따른 실천이 중요하기 때문에 부처님은 이 모든 것을 원만하게 갖추었다는 뜻.

⑤ 선서(善逝): 윤회의 세계에서 깨달음의 세계로 잘 가신 분.

⑥ 세간해(世間解): 이 세상의 모든 일을 잘 아시는 분.

⑦ 무상사(無上士): 온 우주에서 가장 높아서 더 이상 위가 없는 스승이라는 뜻.

⑧ 조어장부(調御丈夫): 크나큰 자비와 지혜로써 모든 중생을 잘 이끌어 주는 분이라는 뜻.

⑨ 천인사(天人師): 하늘과 인간 세상의 스승이라는 뜻.

⑩ 불세존(佛世尊) : 불과 세존이 복합된 말로서, 깨달은 분으로 세상의 으뜸이 되는 분이라는 뜻.

부처님을 지칭하는 이름은 이와 같이 여러 가지가 있지만, 실제로 이러한 명칭은 주로 석가모니 부처님에 한해서 일컬어지고 있다. 그리고 석가모니 부처님의 이런 열 가지 칭호가 지니는 의미를 통하여 우리는 그 분이 어떤 분인가를 짐작할 수 있다.

이처럼 좁은 의미에서의 붓다 혹은 부처님은 석가모니세존, 즉 석존을 가리키는 경우가 많고, 넓은 의미에서는 불교교리의 발달과 함께 등장하는 모든 부처님을 가리킨다고 할 수 있다. 특히, 대승불교의 교리가 다양하게 전개되면서 거기에 따라 법신(法身), 보신(報身), 화신(化身) 등의 수많은 부처님들이 가르침을 펼치고 있지만 그 본질은 항상 '지혜와 자비'에 있다.

그리고, 불교의 교리에 등장하는 모든 부처님의 근원은 석가모니 부처님에 있기 때문에 석가모니 부처님의 가르침을 바르게 이해하고 실천하는 것이 불교공부의 첫째 과제라고 할 수 있다.

제2장 불교의 분류

불교는 2500년 전에 석가모니 부처님의 가르침으로부터 비롯된 이래 수많은 세월이 흐르면서 다양한 변천을 거듭해 왔다. 물론 부처님께서 설하신 진리가 변한 것이 아니라 그 표현 방법과 수행법이 변했다는 의미이다. 불교가 전해 내려온 것이 장기간에 걸친 시간이었고 전래된 지역 또한 광범위하고 민족에 따라 받아들이는 모습도 다양했다. 그래서 불교가 전파된 주위의 사회·문화적 환경이나 지리적 특성 등에 의하여 불교는 그 교화 방편을 달리해 왔다. 또한 그 시대 상황과 여건에 맞게 다양한 교리와 수행체계가 발달했던 것이다.

이러한 특성 때문에 불교 공부는 매우 어렵게 느껴진다. 부처님도 한 분만이 아니라 석가모니 부처님을 비롯하여 수많은 부처님이 등장하고 여기에 수많은 보살과 명왕이 등장하여 설법을 한다. 불교의 근본 경전이라고 할 수 있는 《아함경》을 비롯하여 대승경전인 《금강경》·《법화경》·《화엄경》·《아미타경》·《지장경》 등등 셀 수 없이 많은 경전들이 있다. 거기에 따른 해석서인 논(論)이나 소(疏)들도 너무 많아서 도대체 어느 것부터 읽어야 할지 모른다. 그리고 읽는다고 하여도 주로 한문으로 되어 있는 경전이기 때문에 그 의미를 정확하게 파악하기도 어렵다. 그래서 한 가지 경전만 제대로 공부하려고 하여도 많은 시간이 걸린다.

그것만이 아니다. 수행 방법 또한 너무나 다양해서 어느 것이 나에게 가장 적합할지 선택하기가 힘든다. 우리가 흔히 말하는 선을 비롯하여 염불, 진언염송, 관법 등등 그 종류가 부수히 많다. 선에도 묵조선, 간화선, 위빠싸나(vipaśyanā) 등등 무수한 종류가 있을 뿐만 아니라 염불 등도 그 가짓수가 매우 많다.

이처럼 다양한 불교의 전체적인 윤곽을 살펴보기 위하여 불교를 몇 가지 종류로 구분해 보겠다. 첫째, 불교가 전개된 시기에 따라 구분하여 보는 방법이다. 다음은 불교가 전파된 지역에 따라 구분해 보는 방법이다. 또 하나는 교리의 내용에 따라 구분해 보는 방법이다. 우선 그 첫 번째 방법으로서 불교를 시대적으로 구분하여 살펴보자.

1. 불교의 시대적 구분

불교를 교리전개의 시대적 구분에 의하여 크게 분류하면 근본불교(根本佛敎) · 부파불교(部派佛敎) · 대승불교(大乘佛敎)로 나눌 수 있다. 이것을 더 세분하면 근본불교는 초기불교와 넓은 의미의 근본불교로 나눌 수 있다. 그리고 대승불교를 전기·중기·후기로 나누기도 하고, 또 후기 대승불교에 해당되는 것을 밀교(密敎)로 분류하기도 한다.

근본불교[Fundamental Buddhism]는 석가모니 부처님의 재세시(在世時)로부터 불멸(佛滅) 후, 그러니까 석가모니 부처님께서 돌아가시고 난 뒤 약 백 년 정도까지의 시기를 말한다. 이 시기는 교단이 하나로 통일되어 석존의 가르침을 그대로 준수하던 시대라고 할 수 있다. 근본불교를 또 두 부분으로 나누어 전반기를 초기불교[Early Buddhism]라고 하고 후반기를 넓은 의미의 근본불교라고 부르기도 한다. 이 근본불교를 일부 불교학자들은 불교의 시작이라는 의미에서 '원시불교(原始佛敎)'라고 부르기도 한다.

원시불교라는 말은 일본의 학자들이 주로 쓰는 말인데, 아마 영어의 Primitive Buddhism을 번역하여 이렇게 부르는 것이 아닌가 생각된다. 우리나라의 불교학자들도 무비판적으로 이 말을 그대로 답습하여 쓰는 경우가 많다. 나는 이 시기의 불교를 원시불교라는 말보다는 오히려 '근본불교'라고 부르고 싶다. 왜냐하면 우선 '원시'라는 어감이 우리나라 사람들에게는 뭔가 미개하다는 느낌을 줄 수 있기 때문이다. 부처님의 훌륭한 가르침이 이렇게 받아들여진다면 곤란하다. 그리고 이 시기의 불교는 2500년의 긴 불교사를 통하여 항상 불교의 근본이념을 제공하고 또 불교의 창시자인 석가모니 부처님의 사상과 가르침이 이 시기의 경전에 가장 잘 나타나 있기 때문에 근본불교라고 불러도 무리는 없을 것이다.

물론 근본불교라고 하지만 거기에는 나중에 나타나는 부파불교의 요소가 삽입된 것도 있다. 그러나 대체로는 전체 불교사를 통하여 볼 때 이 시기의 불교가 그래도 근원적이고 근본적인 역할을 할 수 있기 때문에 근본불교라고 부르는 것이 좋다고 생각한다.

'근본'이라는 말에는 다른 종교의 '근본원리주의자'와 같은 다른 것을 용납하지 않는 교조적인 의미가 부여될 수도 있겠으나, '근본불교'에서의 '근본'이라는 의미는 글자 그대로 근본바탕이 되는 불교, 기본이 되는 불교의 의미가 있다고 알아두면 되겠다.

그리고 석존 재세시로부터 제자들이 생존했던 불멸 후 약 30년까지를 초기불교라고 불렀으면 한다. 왜냐하면, 이 시기는 그야말로 불교가 시작된 초기에 해당되기 때문이다.

이렇게 본다면 교단이 분열되기 전까지인 불멸 후 100년까지를 근본불교라고 부르고, 근본 불교 가운데에서 석가모니 부처님의 생존시와 그 1대 제자들이 생존했던 불멸 후 약 30년 정도까지를 초기불교라고 한다면 의미상으로 큰 무리가 없을 것으로 생각된다. 따라서 이 책에서도 이러한 시대 구분에 의거하여 설명하려고 한다.

근본불교에 이어서 부파불교(部派佛敎)가 등장했다. 석가모니 부처님이 입멸하시고 약 100년쯤 되었을 때 계율과 교리의 해석을 둘러싸고 교단의 대중들 사이에 의견의 대립이 발생하게 되었다. 이때에 교단은 보수적 입장의 상좌부(上座部)와 진보적 입장의 대중부(大衆部)로 나누어지게 되었다. 이것을 불교사에서는 근본분열이라고 한다.

이때 보수적 입장의 상좌부는 부처님의 모든 가르침을 글자 그대로 해석하여 시대의 변화에 상관없이 전통을 답습하겠다는 주의였고, 대중부는 부처님의 가르침을 보다 유연하게 해석하여 시대의 흐름을 반영하자는 주의였다.

그 후 불교가 점차로 인도의 각 지역에 전파되면서 교단 상호간의 유대가 약해지고 단절되면서 세부적인 면에서 더욱 많은 견해의 차이가 발생하게 되었다. 이로 인해 상좌부와 대중부의 양 부파는 더욱 세분되어 200~300년 후에는 18부 또는 20부의 여러 부파가 형성되었다. 상좌부와 대중부로 나누어진 최초의 근본분열에 대하여 이와 같이 많은 부파로 나누어진 것을 지말(支末)분열이라고 한다. 그리고 지말분열에 의하여 세분된 여러 부파의 불교를 부파불교라고 하는 것이다. 즉, 부파불교 시대란 근본불교 이후 여러 부파가 성립하여 완성을 본 200~300년간을 말하며, 이 시기는 기원전 3세기에서 1세기경에 해당된다. 이러한 부파불교의 시대를 이어 대승불교가 일어났다. 그러나 대승불교가 일어났다고 하여서 부파불교가 거기에 흡수되었던 것은 아니며 이 둘은 병존하면서 불교의 맥을 이어왔다.

부파불교 시대에는 경과 율에 대한 해설서라고 할 수 있는 논서가 많이 만들어져 이른바 부처님의 말씀을 수록한 경(經), 교단의 생활규정을 수록한 율(律), 또 이러한 경과 율에 대한 이론서라고 할 수 있는 논(論)의 삼장(三藏)이 확립된 시기이다. 소박한 부처님의 가르침이 이 시기에 와서 교리적으로, 그리고 철학적으로 한층 정교해진 시기였다.

그러다 보니 이 시기의 불교는 이론적인 연구에만 치중하게 되었고 일반 민중은 이해할 수 없는 전문적이고 난해한 불교가 되었다. 말하자면, 불교가 오직 출가한 사람들에게만 필요하고 일반 민중의 신앙실천에는 필요가 없는 것처럼 되어버린 것이다. 재가불자들의 보시로써 수행에만 전념하며 교리연구에만 매달렸기 때문에 이것이 불교를 쇠퇴하게 만들었다.

이러한 것을 반성하고 부처님의 근본정신으로 돌아가 누구나가 실천할 수 있는 불교로 전환하자는 것이 대승불교가 뒤이어 나타나게 된 동기였다. 이러한 시기를 부파불교의 특징이라 할 수 있다. 또 이 시기를 특히 소승불교 시기라고도 하지만 이것은 대승불교 쪽에서 폄하하여 부른 말이며, 부파불교 쪽에서는 결코 소승이라고 하지는 않았다.

대승불교는 부파불교가 이처럼 풍족한 사원경제에 의하여 차츰 형식화하고 전문화되어 일반 신도 대중들과 유리되었기 때문에 석존의 원래의 가르침에 복귀하려는 운동에 의하여 시작된 불교이다. 즉 부파불교에서는 출가하지 못한 많은 대중들을 외면한 채 혼자만의 깨달음을 얻어 아라한이 되는 것에만 치중했기 때문에 대중부를 중심으로 기원전 1세기경부터 대승불교운동이 일어났던 것이다.

대승불교에서는 특히 종래의 부파불교를 소승 혹은 성문승이라 경멸했으며 자기들은 대승이라고 자부했다. 소승은 자기 한 사람의 해탈만을 목표로 하는 작은 탈 것에 비유하고 대승은 스스로의 수행에도 힘쓰며 다른 사람들도 해탈에 이르게 하는 큰 탈 것이라는 의미이다. 자기 혼자만 쪽배를 타고 피안의 저 언덕에 가려는 것이 아니라 큰 배를 타고 다 함께 건너가자는 것이 대승의 정신이다.

또 대승불교도들은 지금까지와는 다른 경전을 독자적으로 제작하여 부처님의 근본정신이 담겨진 경전이라 주장했다. 이 대승불교는 인도에서 불교가 사라지게 된 13세기 초까지 존속되었는데, 이 시기를 초기대승·중기대승·후기대승의 3기로 나누기도 한다. 혹은 초기와 중기를 대승불교의 전기와 후기로 나누고 원래의 후기를 밀교시대로 구분하기도 한다.

초기대승은 기원 전후로부터 3세기 중엽까지에 해당되는 시기이다. 이 시기는 대승불교가 석존의 참된 정신을 가장 잘 드러내었으며 신선하고 순수성을 지닌 시기였다고 말해진다. 이때에는《반야경》이나《유마경》·《화엄경》·《법화경》·《무량수경》등의 경전이 제작되었으며 용수(龍樹: Nāgārjuna)보살에 의한《중론》·《대지도론》등의 훌륭한 논서도 많이 나왔다.

중기대승은 기원 3세기 중엽으로부터 6세기 말에 해당되는데, 이 시기의 특징으로서는 불교 교리의 철학적, 학문적 고찰이 성하게 이루어지던 시기였다. 미륵이나 무착·세친·안혜·진나·호법 등 기라성 같은 불교학자들이 등장하여 경전을 연구하고 교리를 조직하며 이론을 정립한 것이 바로 이 중기대승의 시기였다. 특히 중관학파나 유가행 유식파, 또 여래장 계통 등의 논사들의 활동과 저술이 두드러져 불교를 학문적으로 더욱 깊이 있게 하였다. 그러나 한편으로는 교학에 치중하는 이러한 경향으로 교리는 더욱 복잡해지고 실천 활동이 미약하게 되어 다시 민중들과 괴리되게 되는 현상이 일어났다. 따라서 민중들의 관심을 끌지 못한 불교는 다시 쇠퇴하게 되었다.

후기대승은 7세기부터 인도 땅에 불교가 사라진 13세기 초에 해당하는데 이 시기를 밀교의 시대라고 말한다. 밀교는 비밀불교의 준말이다.

비밀이라는 말은 우주의 비밀, 영원한 진리의 비밀을 삼밀수행이라는 밀교 특유의 수행방법에 의해서 직관적으로 이를 체득한다는 뜻이 있다. 그래서 밀교라고 하면 선입견을 가지고 이상하게 생각하는 사람들도 있지만 이것은 밀교에 대한 이해가 부족하기 때문에 그렇다.

밀교도 그 시기를 크게 초기밀교, 중기밀교, 후기밀교의 세 단계로 나눌 수 있다. 대승불교에는 여러 가지 형태로 힌두교의 요소가 들어왔는데 특히 4~5세기 무렵에는 신비주의나 주술적 요소들이 강하게 나타났다. 이러한 여러 가지 신비적인 의식을 응용하여 불보살의 초월적인 힘을 빌려 현세의 이익을 추구하면서 일반 민중을 끌어들이던 시기를 초기밀교라고 하고 거기에 불교적인 사상을 배경으로 이들 의식을 정비하여 삼밀의 형태로 완성한 것을 중기밀교라고 한다. 그리고 중기밀교가 쇠퇴하여 인도에서 불교가 사라지는 13세기 초까지를 후기밀교의 시기라고 한다.

앞에서 언급한 것처럼, 중기대승이 학문적, 교리적인 면에만 치중하여 민중으로부터 외면당하고 힌두교가 다시 성하기 시작한 것에 대항하여 민중을 불교로 다시 끌어들이기 위하여 밀교에서는 힌두교의 여러 가지 의식을 흡수하여 새로운 수행체계를 만들었던 것이다. 또한 당시 인도의 일반적인 풍조였던 상징주의의 철학을 채택하여 교리와 수행체계를 새롭게 정비하여 민중을 불교로 끌어들였다. 특히 중기밀교에서는 중관, 유식, 여래장 사상 등 대승불교의 여러 가지 철학을 종합하고 여기에 따른 실천체계를 완비하여 이론적으로나 실천적으로 완벽한 불교를 지향했다. 그래서 이 시기의 밀교를 대승불교의 정화(精華)라고 한다. 어떤 학자는 석가모니 부처님으로부터 비롯된 불교가 대승불교에서 꽃을 피우고 밀교에 와서 열매를 맺었다고 말하기도 한다.

그러나 시간이 지나면서 밀교 또한 민간신앙과 융합한 나머지 불교의 근본정신을 잃어버리게 되었다. 남녀의 섹스를 통하여 깨달음을 얻겠다는 이른바 딴뜨라 밀교, 좌도밀교(左道密敎)라고 하는 것이 나온 것도 이 시기의 일이다.

여기에 더하여 10세기 이후에는 이슬람교도들이 침입하여 불교의 승려들을 거의 전멸시키다시피 학살하고 사원을 철저히 파괴했다. 특히 13세기 초에는 인도 최대의 불교사원이며 교육기관이었던 비크라마쉴라 사원이 파괴되어 인도 땅에서 불교가 완전히 사라지게 되었던 것이다.

그러나 불교는 인도 땅에서는 사라지게 되었지만 남쪽으로는 스리랑카, 미얀마, 태국 등을 통하여 상좌 불교의 전통을 계승하고 있으며, 북쪽으로는 히말라야산맥을 넘어 중앙아시아를 거쳐 중국, 우리나라, 일본 등지로 퍼져 대승불교의 전통을 잇고 있다.

2. 불교의 지역적 구분

불교를 지역적으로 구분하면 크게 남방불교와 북방불교로 나눌 수 있다. 남방불교는 남전(南傳)불교라고도 하는데, 인도의 남쪽으로 전해졌다는 뜻이다. 기원전 3세기경에 인도를 통일하고 불교를 신봉하였던 아소카왕이 지금의 스리랑카인 실론에 불교를 전함으로써 남방의 여러 나라에 불교가 전해지게 되었던 것이다. 오늘날 스리랑카를 중심으로 미얀마 · 태국 · 캄보디아 · 라오스 등의 남방지역에 성행하는 불교가 남방불교이다. 같은 남방지역이라도 베트남은 대승불교권에 속하기 때문에 이들 나라들의 불교와 계통을 달리 하고 있다. 또 옛날에는 자바나 수마트라 같은 남아시아에도 대승불교가 전파되었기 때문에 남방불교라고 해도 다 같은 계통은 아니지만, 대체로 남방불교는 부파불교의 한 갈래인 상좌부의 전통을 계승하고 있다.

그래서 스리랑카를 중심으로 하는 남방불교를 상좌부불교(上座部佛敎)라고도 한다. 영어로는 테라바다 부디즘(Theravada Buddhism)이라고 하는데 '테라'는 상좌, 즉 승단의 원로(元老)를 말한다. 그리고 '바다'는 부파를 말하기 때문에 테라바다라고 하면 상좌부를 뜻하는 것이 된다.

또 남방불교는 고대 인도어의 일종인 빨리(pali)어로 된 경전을 주로 사용하기 때문에 빨리 불교라고도 한다. 원래 빨리라는 말은 경 · 율 · 론의 삼장으로 이루어진 성전을 지칭하며 삼장의 주석서에 대하여 근본성전을 의미하는 말이었다.

남방불교는 대체로 보수적인 상좌부에 의하여 계승되고 있기 때문에 부처님의 직설을 많이 간직하고 있다. 전에는 남방불교를 소승이라고 폄하했지만 지금은 부처님 당시의 전통을 비교적 잘 간직하고 있는 불교로 여겨지고 있다. 서양에 불교가 소개될 때도 스리랑카를 중심으로 하는 상좌부 계통의 불교가 소개되었다. 요즘 유행하고 있는 위빠싸나라는 명상법도 이 상좌부 계통의 전통이다.

북방불교는 북전불교라고도 하며 1세기 초에 서북인도에서 중앙아시아를 거쳐 중국과 한국, 일본 등지에 전해진 불교와 7세기경 인도에서 직접 티벳으로 전해진 불교를 말한다.

남방불교가 주로 부파불교의 전통을 계승하고 있는 것에 반하여 북방불교는 대승불교가 주종을 이루고 있다. 경전의 원어도 산스크리트어로 쓰여진 것이 많으며, 이러한 경전들이 중국으로 전해지면서 수많은 한문경전을 남겼다.

북방으로 전해진 대승권의 불교는 티벳 계통의 불교와 중국, 한국, 일본 등지에 전해진 동북아 계통의 불교로 나눌 수 있다. 동북아 계통의 대승불교는 선불교를 앞세워 서구인들에게 많이 소개되고 있으며, 티벳 불교는 현재 달라이 라마를 중심으로 한 많은 티벳 망명자들이 세계의 각처에서 불교의 확산에 노력하고 있다. 특히 이들의 자비와 평화의 정신은 세계인들의 찬사와 주목을 받고 있어 불교의 세계화에 크게 기여하고 있다.

3. 불교의 내용적 구분

불교를 교의(教義) 내용에 따라 분류하면 소승과 대승, 현교(顯教)와 밀교(密教), 자력교(自力教)와 타력교(他力教), 돈교(頓教)와 점교(漸教), 권교(權教)와 실교(實教) 등으로 나눌 수 있다.

먼저 소승과 대승의 차이점에 대해 살펴보자.

불교는 무명(無明)의 이 언덕에서 깨달음의 저 언덕으로 건너가는 가르침이라고 한다. 이것을 수레나 배에 비유하여 '승(乘)'이라고 하는데, 소승이란 자신만의 깨달음과 해탈을 목적으로 하는 자리적인 것을 말하며, 대승이란 나와 함께 남도 깨달음의 저 언덕에 이르게 하는 큰 탈 것이란 뜻이다. 또한 소승은 석존의 가르침을 듣는 것에 의하여 깨달음을 얻는다는 의미에서 성문승(聲聞乘)이라 하기도 한다. 또 다른 사람의 가르침을 듣지 않고 스스로 깨닫는 것을 연각승(緣覺乘) 혹은 독각승(獨覺乘)이라고 하며 성문승과 연각승을 합하여 이승(二乘)이라고 한다. 이것도 물론 대승 측에서 낮추어 부르는 말이다.

여기에 반하여, 대승이란 자신뿐만 아니라 다른 사람도 깨닫게 하여 구제하려는 것을 목적으로 하는 크고 뛰어난 가르침이라는 의미이다. 그리고 대승불교에서 이상으로 삼는 것은 보살 혹은 불타가 되는 것이므로 대승을 보살승(菩薩乘) 혹은 불승(佛乘)이라고도 일컫는다. 그래서 성문승이나 연각승의 이승을 소승이라고 폄하하고 보살승 혹은 불승을 대승으로 자부하는 것이다.

다음으로 현교(顯敎)와 밀교(密敎)의 구분이다. 밀교는 7세기 중반에 인도에서 일어난 후기 대승에 속하는 불교로서 손으로는 결인을 하고 입으로는 진언을 외우며 마음으로는 불의 지혜와 자비를 관하는 신(身)·구(口)·의(意)의 삼밀행(三密行)과 가지기도(加持祈禱)에 의한 성불을 목표로 하는 것이다. 가지기도란 부처님의 초월적인 힘과 자신의 기도력에 의지하여 깨달음에 빨리 이르고자 하는 것을 말한다.

그리고 밀교에서는 비로자나불(毘盧遮那佛)의 자내증(自內證)의 경지를 직접 체득할 수 있다고 주장한다. 비로자나불을 밀교에서는 특히 '대일여래(大日如來)'라고 한다. '대일'이란 부처님의 지혜와 자비의 광명이 큰 태양과 같다는 의미로서 대일여래라고 하며 우주의 중심이 되는 부처님이라고 할 수 있다. 물론 비로자나 부처님이나 대일여래는 진리인 법을 인격적으로 상징화한 부처님, 즉 법신불이라고 할 수 있는데, 밀교에서는 삼밀행과 가지기도를 통하여 이러한 우주의 중심이 되는 법신불의 진리를 직접 체득할 수 있다고 말한다.

여기에 반하여, 현교는 언설에 의한 가르침으로, 그것에 의하여 부처님의 진실한 경계를 체득하는 것은 아무래도 부족하다고 한다. 예를 들면, 어떤 경치가 아무리 좋다고 말이나 글로써 표현해 보았자 직접 가서 구경하는 것만 못하다는 의미이다. 이와 같이 현교는 말이나 글로써 진리를 표현하고 거기에 이르는 길을 안내해 주고 있으나 밀교에서는 그 사람을 직접 그곳으로 데려가서 체험하게 해줄 수 있다는 이론이다. 또 삼밀행과 가지기도를 위주로 하는 밀교에서는 즉신성불을 주장하며 현교는 삼겁을 지나야 성불할 수 있다고 말한다.

이러한 구분은 밀교가 현교보다 뛰어나다고 보는 관점에서 말하는 것으로, 사실은 밀교도 대승불교의 연장선상에 있는 것이라고 할 수 있기 때문에 이러한 구분은 의미가 없다고 할 수 있다. 그러나 대승불교의 철학을 모두 포용하여 세련되게 종합하고 진언(眞言)과 결인(結印), 관법(觀法) 등을 통하여 몸과 입과 생각을 동시에 제어함으로써 깨달음을 얻는 삼밀행(三密行) 등의 구체적인 실천체계를 갖춘 밀교는 매너리

즘에 빠진 지금의 불교가 다시 일어설 수 있는 유일한 통로가 아닌가 생각된다. 깨달음의 세계를 그림으로 나타낸 밀교의 만다라(曼茶羅: maṇḍala)나 부처님의 가르침의 핵심을 간략하게 표현하면서 불가사의한 힘을 지니고 있는 다라니(陀羅尼: dhāraṇi) 등을 통한 상징적이고 신비적인 수행체계는 우리의 시청각을 강렬하게 사로잡아 진리에 대한 직관적인 통찰과 체험을 가능하게 해준다. 그리고 밀교의 적극적인 현실긍정의 태도야말로 승속을 초월하여 이 시대를 살아가는 현대인들에게 크게 어필할 수 있다고 본다.

불교의 또 하나의 구분법으로서 자력교(自力敎)와 타력교(他力敎)를 들 수 있다. 타력교는 주로 정토교(淨土敎)에서 말하는 것으로 아미타불의 본원력(本願力)에 의하여 극락정토에 태어나는 것을 목표로 하는 가르침이다. 즉 아미타불의 명호(名號)를 부르고 예배하여 자신의 힘이 아닌 여래의 힘에 의하여 구제되기 때문에 이렇게 부르는 것이다.

여기에 대하여 자기의 정신노력에 의하여 깨달음을 얻는 것을 자력교라고 한다. 타력교를 정토문 혹은 이행도(易行道)라고 하는데 반하여, 자력교는 성도문(聖道門) 혹은 난행도(難行道)라고 한다. 스스로 깨달음을 얻는 것은 그만큼 어렵기 때문에 난행도라고 하는 것이다.

여래의 힘에 의하여 구제를 바라는 타력교는 언뜻 보면 다른 종교에서 신의 힘에 의지하는 것과 비슷하게 보일 수도 있다. 그러나 타력교라 하여도 부처님의 지혜와 자비는 항상 생각하여야 한다. 무조건 부처님께 의지하는 것이 아니라 염불을 통하여 지혜를 싹틔우고 자비심을 기르고자 하는 것이다.

다음으로 깨달음의 빠르고 느린 정도에 따라 돈교(頓敎)와 점교(漸敎)로 구분하는 방법이 있다. 속히 깨달음에 이르는 것을 돈교라고 하며, 순서를 차근차근 밟아 긴 수련을 거쳐 깨달음에 이르는 것을 점교라고 한다. 이것은 주로 북방불교, 특히 중국불교에서 발달한 것으로 이것을 교상판석(敎相判釋), 줄여서 교판이라고 한다. 돈교와 점교의 구분은 각 종파마다 다른데, 예를 들면 천태종이나 선종, 혹은 진언종 등은 자신의 종파를 돈교라고 부르며 다른 종파는 점교라 주장한다.

이 밖에 교판에 의하여 불교를 구분하는 권교(權敎)와 실교(實敎)가 있다. 권교는 중생들을 참된 깨달음으로 이끌기 위한 일시적 방편으로서 설해진 것이며, 실교는 영원히 변하지 않는 참된 가르침이라는 뜻이다. 예를 들면, 천태나 법화종에서는 삼승(성문승 · 연각승 · 보살승)을 권교라고 하며, 법화경의 일승묘법(一乘妙法)이야말로 실교라고 주장한다.

돈교와 점교, 혹은 권교와 실교 등은 주로 중국에서 발달한 교리 판단의 방법으로서 자신들의 교리의 우수성을 드러내기 위하여 내세운 이론이라고 할 수 있다.

이상에서 설명한 것처럼 불교를 시간적, 지역적, 교리적으로 구분하는 것은 방대한 불교의 흐름을 몇 가지 갈래로 구분지어 살펴봄으로써 불교의 전체적인 윤곽을 파악하는 데에 도움이 될 것이라 생각해서 이다. 많은 불자들이 흔히 불교의 어느 한 부분만 보고 그것이 불교의 전부라고 생각하는 경향이 있다. 그러나 불교는 시간적으로나 지리적으로, 그리고 내용적으로 워낙 다양하게 발전했기 때문에 그 본질에 접근하기가 쉽지 않다.

앞에서 살펴 본 것처럼 불교는 시간적으로도 2500년이라는 장구한 세월에 걸쳐서 변천해 왔을 뿐만 아니라, 지역적으로도 거의 온 세계에 걸쳐서 확산되어 왔다. 불교는 이제 아시아권을 넘어 미주와 유럽은 물론이고 아프리카, 남미, 호주 등지에까지 전파되고 있기 때문이다.

또 이러한 시간적, 지리적 변화 이외에도 교리적으로도 부처님이 깨치신 진리를 분석하고 새롭게 해석하기 위하여 다양한 종파가 생겨났다. 그렇기 때문에 불교의 핵심을 제대로 파악하기란 쉬운 일이 아니라고 하는 것이다. 그러나 불교가 석가모니 부처님으로부터 비롯된 것은 부인할 수 없는 사실이다. 그러므로 불교공부를 제대로 하기 위해서는 우선 석가모니 부처님의 생애를 통하여 불교의 탄생동기와 성립과정을 살펴보고 그 분의 가르침의 배경을 잘 이해한 다음 근본교리를 공부하는 것이 순서라고 생각한다.

제3장 불교경전은 어떻게 성립되었는가?

1. 불교경전의 종류

어느 종교에서나 기본적 가르침을 전달하는 경전이 있다. 대체로 신흥종교는 그 종교를 일으킨 교주의 말을 지상의 과제로 믿고 따르지만 어느 정도의 역사성이 있는 종교는 그들 나름대로의 교리를 서술한 경전을 가지고 있다. 불교에서는 이것을 불경이라고 한다. 불교의 경전은 엄밀하게 삼장(三藏)이라고 하는데, 여기에는 부처님의 말씀을 기록한 경장(經藏)이 있고, 승단의 규율과 불교도로서 지켜야 할 계율을 기록한 율장(律藏)이라는 것이 있다. 여기에 더하여 경장과 율장에 대해 해석을 한 논장(論藏)이 있다.

경장은 숫타 삐타카(Sutta-piṭaka)라고 하며 율장은 비나야 삐타카(Vinaya-piṭaka)라고 한다. 여기에 논장인 아비담마 삐타카(Abhidhamma-piṭaka)를 더하여 삼장이라고 하며 삐타카라는 말은 '담는 그릇〔장

(藏)'이라는 말이다. 경과 율과 논에 모두 통달한 스님을 삼장법사(三藏法師)라고 한다.

경장과 율장, 논장의 삼장을 모두 수록하여 한꺼번에 모아 놓은 것을 일컬어 대장경(大藏經)이라고 한다. '팔만대장경'이나 '고려대장경'이라고 할 때의 대장경은 바로 이러한 경장, 율장, 논장을 모두 수집하여 수록한 경전의 창고라고 할 수 있다.

현재 불교의 경전은 여러 나라 말로 번역되어 있는데, 가장 분량이 많은 것은 한문으로 번역된 한역(漢譯)대장경과 티벳어로 번역된 티벳대장경이다.

한역대장경은 인도로부터 중국에 불교가 전래된 이후에 많은 경전들이 한문으로 번역된 것을 송나라 때에 처음으로 집대성하여 대장경이라 이름하였다. 그렇기 때문에 한역대장경은 처음부터 체계적으로 번역되고 분류된 것이 아니라 많은 세월 동안에 이루어진 한역 경전을 모두 수집하여 체계를 세워 편집하고 그것을 목판으로 완성한 것이다.

한역대장경 중에는 고려시대에 만들어진 것으로 우리가 흔히 팔만대장경이라고 하는 고려대장경이 가장 분량도 많고 정확한 것으로 정평이 나 있다. 우리나라에서는 과거에 오직 이 한역대장경에 의지하여 불교를 연구하고 가르침을 펼쳤다. 우리나라뿐만 아니라 한역경전 자체를 이룩한 중국은 물론이고 일본과 베트남 등 대승불교권에 속하는 여러 나라에서는 주로 이 한역경전에 의지하여 불교를 발전시켰다.

티벳대장경은 티벳에 불교가 들어간 7세기경부터 왕실의 후원으로 티벳어로 번역된 경전으로서 계획적으로 집대성되고 분류되었기 때문에 한역 경전과는 달리 그 규모도 방대하고 또 한역에는 없는 많은 경들이 수록되어 있다. 많은 티벳 스님들이 세계의 각처로 진출하여 불교를 알리는 과정에서 티벳의 많은 경전들이 최근에 새로이 주목을 받고 있다.

한역대장경과 티벳대장경에 이어 그 다음으로 분량이 많은 것은 빨리삼장(三藏)이라고 하여 빨리(pāli)어로 된 경전이 있는데, 이것은 남방불교, 즉 상좌부 계통의 경전이다. 빨리삼장은 석가모니 부처님께서 직접 설하셨다고 믿어지는 《아함경》 등을 비롯하여 부처님 당시의 승가의 규율에 대해 기록한 율장, 그리고 부처님께서 입멸하신 이후에 경장과 율장에 대한 해석을 수록한 논장으로 이루어져 있으며 상좌부계통의 불교에서는 이 빨리삼장을 기본으로 불교 공부를 하고 있다. 빨리삼장은 한역대장경이나 티벳대장경 등에 비하여 분량은 적으나 근본불교를 이해하는 데에 있어서는 매우 중요한 대장경이라고 할 수 있다.

여기에 비하여 한역대장경이나 티벳대장경은 대승불교의 경전과 교리들을 포함하고 있기 때문에 그 양이 매우 많다. 특히 티벳대장경에는 밀교를 비롯한 후기 대승불교의 경전들이 많이 포함되어 있기 때문에 한역대장경과는 또 다른 특색을 지니고 있다. 그리고 티벳어의 구조가 산스크리트와 유사하기 때문에 완전히 다른 언어체계로 번역된 한역대장경과 달리 경전의 올바른 해석을 위해서 매우 중요한 대장경이라고 할 수 있다.

그러나 한역대장경은 티벳대장경보다도 500~600년이나 역사가 앞서고 내용적으로도 산스크리트 원전이 발견되지 않는 초기의 경전이 많이 포함되어 있기 때문에 또 다른 장점이 있다.

이들 대장경 이외에도 고대 중앙아시아의 여러 나라 말로 번역된 경전들이 단편적으로 발견되고 있으며, 특히 산스크리트로 된 경전이나 지금은 사라져 버린 고대어로 번역된 경전들이 계속해서 발견되고 있기 때문에 불교경전의 수는 앞으로도 더욱 늘어날 수 있다.

불교경전은 그 분량에 있어서 세계 어떤 종교의 경전보다도 압도적으로 양이 많다. 예를 들면, 한역대장경만 하더라도 기독교의 성경에 비해서 대략 수천 배 정도의 분량이 된다. 불교의 경전이 이렇게 많게 된 것은 불교의 사상이 워낙 심오하여 한두마디로 쉽사리 그 사상체계를 드러내기 어려웠던 탓도 있지만 오랜 역사를 통하여 부처님의 말씀을 부연 설명하고 또 시대의 변화에 맞추어 새로운 경전들이 계속해서 나타났기 때문이다. 석가모니 부처님의 입멸 후에도 끊임없이 경전이 제작되고 읽혀져 내려왔다는 의미이다. 특히 대승불교가 등장하면서 불교의 교의가 다양하게 해석되고 또 여기에 따라 수많은 경전이 제작되었다.

이러한 현상은 다른 종교에서는 볼 수 없는 특이한 현상이라고 할 수 있다. 즉 불교의 경전은 석가모니 부처님께서 재세시에 직접 설하신 말씀뿐만 아니라 후세에 부처님의 사상을 이어 받아 제작된 여러 가지 경전과 논서까지도 포함하여 모두 경전으로 간주한다는 뜻이다.

불교의 경전이 이처럼 포괄적이고 풍부한 것은 진리에 대한 불교의 관용적이고 유연한 입장을 보여 주는 것이라고 할 수 있다. 특히 부처님의 가르침은 대기설법(對機說法)을 특징으로 하고 있기 때문에 같은 내용을 설해도 듣는 사람의 이해 정도에 따라 표현을 달리했던 것이다.

이러한 설법 방식을 다른 말로는 응병여약(應病與藥)이라고 한다. 환자의 증세에 따라 다르게 약을 처방해 주듯이 부처님께서는 듣는 사람의 근기에 따라 거기에 알맞은 법을 설하셨던 것이다.

예를 들면, 부처님의 제자 중에 소냐라는 비구가 있었다. 이 비구는 빨리 깨달음을 얻을 욕심으로 열심히 수행했기 때문에 부처님께서는 거문고의 비유를 들어 소냐에게 여유를 가지고 수행하라고 타일렀다. 즉 거문고 줄이 너무 팽팽하면 끊어질 수 있는 것과 마찬가지로 지나치게 열심히 하는 것은 도리어 부작용을 가져올 수 있다는 것을 깨우쳐 주셨던 것이다.

이와는 반대로, 부처님의 제자 중에 아나룻다라는 제자가 있었다. 어느 날 아나룻다는 부처님의 설법을 듣다가 깜빡 졸았던 모양이다. 이것을 보신 부처님께서는 아나룻다에게 부지런히 정진하라고 질책하셨다. 아나룻다는 잠을 자지 않으며 열심히 정진한 결과 마침내는 눈이 멀어 버렸지만 대신에 신통력을 얻게 되었다. 부처님께서는 이처럼 상대방에 따라 다른 방법을 권하셨던 것이다.

그러나 이러한 설법방식은 석가모니 부처님을 직접 대면하여 가르침을 받은 사람들에게는 유익할지 모르지만 석가모니 부처님이 입멸하신 후에 오직 경전을 통해서만 진리를 파악하려는 사람들에게 때로는 혼란을 가져올 수도 있다.

부처님께서는 성도하시고 입멸하시기까지 45년간에 걸쳐서 수많은 법문을 남기셨다. 그것을 '8만4천 법문'이라고 흔히 말한다. 말하자면, 8만4천 가지나 되는 다양한 설법을 하셨다는 것을 다소 과장되게 표현한 것이다. 이렇게 많은 설법들 가운데에는 물론 중복되는 내용도 더러 있지만 때로는 모순되게 보이는 설법도 많았다. 그래서 후세에는 이러한 문제에 대해 여러 가지 해석이 덧붙여지고 그것이 논서의 형태로 이루어져 대장경 속에 편입되었기 때문에 경전의 분량이 늘어났던 것이다. 여기에 더하여 대승불교운동이 일어나면서 부처님의 근본정신을 되살린다는 취지에서 《반야경》·《유마경》·《승만경》·《법화경》·《화엄경》·《아미타경》 등의 경전이 계속해서 등장하게 되었던 것이다.

원래, 경전은 부처님 당시의 언어로써 암송되어 구전으로 전해지다가 기원전 3세기부터 문자로써 정착되게 되었다. 말하자면 부처님 입멸 후 거의 200년이 지나도록 오직 암기력에 의존하여 입에서 입으로 부처님의 말씀이 전해졌기 때문에 그동안에 상당한 변화가 있었을 것으로 추측된다. 이때에 문자로 정착된 경전이 주로 《아함경》 계통의 경전이며, 《아함경》이야말로 석가모니 부처님의 말씀을 가장 잘 전승하고 있는 경전이라고 일컬어진다.

그러나 석가모니 부처님의 말씀은 각 지방으로 전해지면서 문화적 풍토에 따라 그 지방의 언어로써 새로운 형태를 띠고 재창조되었기 때문에 그러한 경전들도 마찬가지로 부처님의 사상을 담고 있는 것으로 간주되고 있다. 주로 대승경전이 이러한 유의 경전인데 그 분량이 부처님의 직설이라고 일컬어지는 《아함경》 류보다도 훨씬 많다.

불교의 경전은 어느 것이나 첫머리에 '여시아문(如是我聞)', 즉 '나는 이렇게 들었다'는 말로 시작되고 있다. 이것은 부처님의 입멸 후에 제자들이 모여서 부처님 생전의 말씀을 취합하고 정리할 때에 각자가

들은 대로 암송했기 때문에 이러한 표현 양식이 되었던 것이다. 그러나 부처님의 입멸 후에 나온 대승경전의 경우에도 이러한 표현을 쓰고 있는데, 이것은 대승경전도 부처님의 직설과 다름없다고 보았기 때문이다. 그렇기 때문에, 불교의 경전은 어느 것이나 깨달음을 얻기 위한 방편을 기술한 것으로서 듣는 사람의 수준과 근기에 맞춘 것이기 때문에 그 종류가 다양하고 내용이 풍부한 것이다.

2. 불교경전 성립의 유래

석가모니 부처님께서는 35세에 큰 깨달음을 얻어 부처가 되신 후 80세에 입적하실 때까지 출가나 재가를 막론하고 수많은 제자들에게 끊임없이 설법을 하셨다. 그러나 그 설법은 듣는 사람의 입장이나 능력에 따라 설해지는 대기설법(對機說法)이었기 때문에 처음부터 어떤 체계가 세워져 있었던 것은 아니었다. 부처님의 설법을 들은 사람들은 그대로 실천을 했으며, 때로는 자기가 배운 것을 다른 사람들에게 전달하여 입에서 입으로 부처님의 가르침은 널리 퍼져나가게 되었던 것이다. 그리고 의문이 있으면 부처님께 직접 여쭈어보기도 하고 다른 훌륭한 제자들에게 물어보기도 했기 때문에 부처님 재세시에는 가르침에 대하여 크게 문제될 것이 없었다. 그러나 부처님께서 입적하시게 되자 문제가 달라지게 되었다.

부처님께서는 돌아가시기 직전까지도 계속해서 제자들에게 설법을 하시다가 쿠시나가라라는 곳에서 열반에 드시게 되었다. 이 소식을 들은 불제자들은 비통한 마음을 가눌 길이 없었다. 다시는 부처님을 뵙지 못하고 부처님의 가르침을 들을 수 없었기 때문이었다. 다들 애통해 하는 가운데 나이가 들어서 늦게 출가한 스밧다라는 비구가 이렇게 말했다.

"조금도 슬퍼할 필요가 없다. 우리들은 드디어 이것을 하라, 저것을 하라고 하는 석존의 잔소리를 더 이상 듣지 않아도 된다. 이제부터는 우리가 하고 싶은 대로 할 수 있지 않겠는가?"

부처님의 으뜸가는 제자 가운데의 한 사람이었던 마하카샤파〔마하가섭〕가 이 말을 듣고 부처님의 가르침을 다시 확인하고 되새길 필요가 있다고 생각했다. 왜냐하면 스밧다와 같은 이런 비구가 부처님의 가르침을 잘 이해하지 못하고 자기 멋대로 주장을 한다면 나중에는 어느 것이 진짜 부처님의 가르침인지 알지 못하게 될 뿐 아니라 교단은 뿔뿔이 흩어지고 부처님의 가르침은 사라져 버릴 것을 염려했기 때문이다.

그래서 마하카샤파는 다른 제자들에게 연락하여 모두 함께 모여서 부처님의 가르침을 들은 대로 모아 놓고 정말 부처님의 말씀이 맞는지 확인할 필요가 있다고 호소했다. 이러한 모임을 통하여 경전이 이루어진 것을 결집(結集; saṃgīti)이라고 한다. 원래 결집이라는 말에는 합송(合誦)의 의미가 있는데, 비구들이 모여서 부처님으로부터 들은 말을 외우면 그것이 정말 틀림없는가를 확인하여 교법으로서 확정하는 것을 목적으로 하는 경전편집회의라고도 할 수 있다. 특히 부처님께서 입멸하신 직후에 마가다(Magadha)의 수도였던 라자가하(Rājagaha)〔왕사성

(王舍城)〕 교외의 칠엽굴(七葉窟)이라는 곳에서 500여명의 뛰어난 비구들이 모여 편집회의를 한 것을 제1차 결집이라고 한다.

제1차 결집에서는 부처님을 오랫동안 수행했던 아난다가 부처님 생전에 들었던 것을 그대로 읊으면 다른 비구들이 내용을 검토하고 부처님 말씀으로 인정했던 것이다. 물론 아난다가 주로 암송했지만 그 이외의 다른 많은 비구들도 자기들이 들은 대로, 기억하는 대로 대중들 앞에서 암송하면 대중들이 순서를 가다듬어 정리하고 경전으로서 인정했던 것이다.

교단의 일상생활의 규칙인 계율에 대해서는 우파리라는 비구가 평소에 부처님으로부터 제자들에게 훈계하고 규정으로서 정한 것을 들은 대로, 기억하는 대로 읊으면 다른 비구들이 검토하여 확인하고 율장으로서 편집했던 것이다. 그러나 이때까지는 경과 율이 성립되었다고 해도 오직 암송에 의해 이루어졌을 뿐 실제로 문자로서 기록되었던 것은 아니었다. 경과 율이 문자로 기록되기 시작한 것은 1차 결집이 이루어지고 나서도 200~300년이 지나서였던 것으로 알려져 있다.

제1차 결집에서 사용되었던 언어는 주로 부처님의 활동무대였던 마가다국을 중심으로 한 일반인들이 쓰는 상용어였다고 추측되고 있다. 불교 성전어(聖典語)라고 일컬어지는 빨리어의 기원도 이들 언어에서 유래하는 것으로 학자들은 보고 있다.

그러나 경전은 오랫동안 암기력에 의존하여 후세에 전해지는 과정에서 문자로 정착되기까지 얼마간의 변형이 있었을 것이다. 또 결집이 출가승들을 중심으로 이루어졌기 때문에 재가신도들을 상대로 설법하신 것은 상당 부분 누락되었을 가능성도 많다. 더구나 일부의 비구들은 부처님의 말씀을 한정된 의미의 언어로 정착시킨다는 것에 대해 거부감을 가지고 결집에 참가하지 않은 경우도 있었기 때문에 우리가 부처님 설법의 전모를 안다는 것은 상당히 어렵다고 할 수 있다.

여기에 더하여 각 부파마다 자기들의 취향에 따라 선별하여 부처님의 말씀을 전했을 가능성도 있기 때문에 우리가 현재 남아 있는 경전만으로 부처님의 가르침을 다 파악하기가 어렵다는 것이다. 그러나 마하카사파와 아난다, 그리고 우파리가 주도한 제1차 결집은 교단의 주류파들에 의하여 이루어진 것으로서 스리랑카의 상좌부에 의하여 전승되고 있다. 그것의 대부분이 지금 우리가 읽고 있는 아함부 경전들인 것이다.

경전의 결집과 전승 과정에서 부처님의 말씀을 완벽하게 보존하고 있는가 하는 점에서는 많은 문제점들이 있기는 하지만 아함부의 경전들이 그나마 부처님의 직설을 가장 많이 포함하고 있는 경전으로 간주되고 있다. 그래서 부처님의 진의를 파악하기 위해서는 먼저 《아함경》을 통한 연구가 선행되어야 한다.

제2차 결집은 석가모니 부처님께서 입멸하시고 약 100년이 지난 뒤에 이루어졌다. 이것은 계율 해석상의 문제로 진보적이고 자유주의적인 비구들이 대중부를 형성하자 보수주의적인 상좌장로들이 이들로부터 정법을 지킨다는 명목으로 베살리 지방에 모여 결집을 했던 것을 말한다. 이때에 700여 명의 아라한들이 모여 신진비구들이 주장하는 여러 가지 문제에 대해 비법(非法)이라고 선언하고 다시금 부처님의 말씀을 재확인했던 것을 말한다. 이때부터 불교교단은 보수적인 상좌부와 진보적인 대중부로 나누어지게 되었고 그 이후에 부파는 더욱 늘어나 나중에는 20여 개의 부파가 되었다. 이 시기를 불교에서는 부파불교시대라고 말한다.

제3차 결집은 다시 백여 년이 지나 인도를 통일하여 대제국을 건설했던 아소카왕 치세시에 개최되었다. 아소카왕은 불교를 인도의 종교에서 세계적인 종교로 확산, 보급하는 데에 기초를 쌓았던 왕이라고 할 수 있다. 그는 인도 전역을 비롯한 스리랑카, 중앙아시아 등 여러 나라에 부처님의 가르침을 전하기 위하여 정통교의를 전하는 성전을 편찬했는데 이때에 비로소 구전으로 전해오던 경전들이 문자로써 기록되기 시작했다고 한다. 이것을 제3차 결집이라고 한다.

제4차 결집은 스리랑카에서 기원전 약 254년경에 개최되었다. 스리랑카의 역사서인 《대사(大史: Mahāvaṃsa)》에 의하면 그 이전에는 경전이 모두 구전으로만 전해오다가 이때부터 본격적으로 문자로 기록되었다고 한다. 또한 이때부터 경장과 율장뿐만 아니라 논장도 더해져서 명실상부한 삼장의 형태를 이루게 되었다고 한다.

또 일설에는 2세기경 쿠샤나왕조의 카니시카왕 때에 각 부파의 이설(異說)을 통합하기 위하여 제4차 결집이 이루어졌다고도 한다. 일반적으로 결집이라고 할 때에는 제3차 결집까지를 의미한다.

이렇게 여러 차례의 결집을 통하여 불교의 경전이 성립되었지만 각 부파마다 조금씩 다른 경전들을 지니고 있었고 그러한 경전들의 단편이 간다라어나 중앙아시아의 여러 언어들로 전해지고 있는데 대체로 이들의 원전이 산스크리트였을 것이라고 추측하고 있다. 그러나 현재 우리가 접하고 있는 《아함경》은 스리랑카에서의 제4차 결집을 통하여 빨리어로 기록되어진 경전을 말한다. 한문으로 번역된 《아함경》이 있기는 하지만 경전의 일관성이나 순수성의 면에서 빨리어로 기록된 《아함경》이 가장 뛰어난 것으로 보고 있다.

결집에서는 교리적인 부분을 설한 경장뿐만 아니라 승단의 규율과 불제자로서 지켜야 할 여러 가지 사항을 기록한 율장도 함께 이루어졌다. 그리고 경장과 율장에 해석을 더한 논장도 만들어졌는데, 논장이 만들어진 것은 경장과 율장이 만들어진 이후의 일이라는 것은 더 말할 나위가 없다.

이렇게 삼장이 이루어진 이후에도 불교의 경전은 대승불교의 발전과 함께 수많은 경전들이 새로이 성립되었다. 이러한 경전들이 후일 모두 집대성되어 대장경이라는 이름으로 불리게 되었던 것이다.

일반적으로는 빨리어로 된 경전이 부처님의 직설이라고 믿어지고 있지만 면밀히 검토해 보면 서기에도 시대층이 구별되기 때문에 어느 것이 정말 부처님의 직설을 그대로 전한 것인지 분간하는 것은 상당히 어려운 일이다. 오랜 기간 구전으로 전승되어 오는 과정에서 누락된 부분이나 전승하는 사람의 취향에 따라서 가감이나 변형이 있었을 것이라고 보는 것이 타당할 것 같다. 그렇기 때문에 경전에서 미흡한 부분은 우리가 수행 과정을 통하여 스스로 진리를 증득함으로써 보충하여야 할 것이다.

이러한 입장에서 경전의 성립을 말한다면 부처님 입멸 후 수백 년 뒤부터 여러 가지 대승경전이 잇따라 나왔지만 이러한 경전 또한 석가모니 부처님의 정신을 잘 살리고 있는 경전이기 때문에 부처님의 직설이 아니라고 할 이유도 없다.

  이러한 면이 불교의 진리에 대한 관용적이고 유연한 입장이라고 할 수 있다. 즉, 획일적인 융통성 없는 태도로 진리에 접근하기 어렵다는 것이 불교의 입장이다. 왜냐하면 아무리 좋은 진리라 하더라도 그것에 집착하는 한은 이미 진리에서 떠나버리는 것이 되기 때문이다. 그렇기 때문에 불교도들은 경전에 대해서 유연한 태도를 지니고 부처님의 근본 정신이 무엇이며 우리에게 전해주고자 하셨던 것이 무엇인가를 파악하는 것이 경전을 바로 읽는 방법이라고 할 수 있다.

제3부

석존의 생애와 사상

제1장 석존의 탄생과 출가

1. 석존에 대한 바른 이해

불교를 이해하는 데 있어 석가모니 부처님에 대한 연구는 필수적이다. 우리 인류에게 지혜와 자비의 빛을 드리우신 석가모니 부처님에 대해 바른 이해를 지닌다는 것은 그 분의 가르침의 본질을 정확히 파악하기 위해서 반드시 거쳐야 할 과정이다.

19세기 초에 서양에서 불교를 처음으로 접했던 사람들은 석가모니 부처님이 신이다 아니다 하면서 많은 논란을 했던 적이 있다. 심지어는 신화적 요소가 많이 삽입된 석가모니 부처님의 전기를 읽고 역사상의 인물이 아닌 가공의 인물로까지 생각한 적도 있었다. 지금도 어떤 사람들은 석가모니 부처님이 모든 신들을 이길 수 있는 아주 힘이 센 분으로서 그 분에게 기도하면 소원이 이루어지고 병이 고쳐지는 정도로만 알고 있다. 그리고 불교를 어느 정도 공부한 분들도 석가모니 부처님의 생애에 대해서는 잘 알고 있다고 생각한다.

그러나 불교를 공부하고자 하는 우리들은 이 분의 삶에 대해서 좀 더 세밀한 관찰을 해 볼 필요가 있다. 인간으로 태어났으되 인간의 한계를 초월하여 한 생애를 살았던 성인의 삶을 통하여 오늘의 우리들이 어떻게 살아야 할지 인생관을 확립하고 가치관을 정립하기 위해서도 이 분에 대한 면밀한 검토가 이루어져야 할 것이다.

어느 종교나 마찬가지만 그 종교를 처음으로 창시했던 자에 대해서는 신화적 요소가 가미되어 원래의 인간적인 모습을 잃어버리고 기묘하게 변질되는 경우가 종종 있다. 예를 들면, 공자 같은 분도 매우 인간적이고 유머가 있으며 건전한 상식을 지닌 분이었음에도 불구하고 맹목적으로 그 가르침을 추종한 결과, 조선시대에는 공자를 거의 신격화하다시피 하여 온갖 부작용을 낳았던 적이 있다.

이와 같이, 석가모니 부처님에 대해서도 세월의 흐름과 함께 원래의 모습이 많이 가려지고 있다. 특히 대승불교의 발달과 더불어 석가모니 부처님에 대한 존경과 경외의 마음이 넘친 나머지 기묘하게 변질된 부분이 적지 않게 있는 것으로 보인다.

예를 들면, 부처님의 외형상 특징으로 삼십이상(三十二相), 팔십종호(八十種好)라는 것이 있다. 이것은 석가모니 부처님이 보통 사람과 다른 32가지 내지 80가지의 특징을 묘사한 것인데, 그 가운데에 수긍할 것도 있지만 도저히 인간의 모습이라고 하기 어려운 것들도 있다. 예를 들면, 턱과 상반신은 사자와 같고 발은 평발이며 혀를 내밀면 혀끝이 귀털의 가장자리에까지 이른다는 등, 손이 길어 무릎에 닿을 정도이고 신체의 털이 모두 위를 향해 자랄 뿐만 아니라 손가락 사이에는 물오리처럼 갈퀴가 붙어 있다고도 한다.

물론 이런 묘사들은 그 당시에 인도에서 이상적인 제왕으로 일컬어지던 전륜성왕(轉輪聖王)에 대한 묘사를 부처님께 적용하여 찬탄한 것이다. 당시의 불제자들도 석가모니 부처님에 대한 찬탄이 지나친 나머지 이러한 묘사를 했던 것인데 부처님을 그려 놓으면 거의 괴물에 가깝게 보일 것이다. 이런 외형적인 모습뿐만이 아니라 석가모니 부처님의 행적에 대한 묘사 가운데에도 신화적인 부분이 많이 있다.

그러나 신화적인 묘사가 전부 소용없다는 뜻이 아니다. 동서고금을 통하여 그 누구도 깨닫지 못했던 진리를 깨치신 위대한 불타에 대해 신화적인 묘사도 종교적인 의미에 있어서는 많은 상징성을 담고 있다. 우리는 그런 신화를 현대에 맞게 재해석하고 묘사나 상징성이 지니는 의미가 무엇인가를 잘 생각해 봐야 한다.

그리고 가능하면 부처님에 대해서 서술한 신화적이고 신비적인 요소를 최대한 배제하고 우리와 같은 육신을 지닌 한 인간으로서 어떻게 삶을 이끌어 갔으며 우리에게 제시하려던 메시지는 무엇인가를 정확히 포착하는 것이 과제이다.

부처님의 생애를 살펴보기 위해서는 우선 근본불교 시기에 엮어진 경전, 주로 아함경을 비롯한 근본경전과 율장 등을 통하여 살펴보는 것이 가장 좋을 것이다. 그러나 이러한 경전이나 율장 등에서도 단편적으로 부처님의 생애를 엿볼 수 있으나 이러한 경전이나 율장을 전한 각 부파의 특성에 따라 차이가 나는 부분들이 있기 때문에 어느 것을 표준으로 삼느냐 하는 것도 쉬운 일이 아니다.

부처님의 생애를 수록한 전기를 불전(佛傳)이라고 하는데, 대체로 서력기원 전후 또는 그 이후에 제작된 것이 많다. 이런 불전에는 수십 종류가 있으며, 그중 알려진 것으로는 《수행본기경(修行本起經)》·《불본행집경(佛本行集經)》·《불소행찬(佛所行讚)》 등이 있다.

그러나 이러한 불전도 부처님의 생애를 그대로 기록했다기보다 후대의 불교도들에 의하여 신화적 요소가 가미되고 윤색된 신앙적인 불전이기 때문에 부처님을 완전히 초인간적으로 묘사하고 불가사의한 이야기가 많이 수록되어 있다. 따라서 이러한 자료들을 통하여 부처님의 원래의 모습을 파악한다는 것은 쉽지 않다. 그러나 이런 불전들에도 공통되는 요소가 많이 있기 때문에 우리는 그러한 부분들을 취합하여 부처님에 대한 이해를 어느 정도까지는 정확하게 유추해낼 수 있다.

예를 들면, 우리가 잘 아는 이야기로서 석가모니 부처님의 어머니인 마야 부인이 출산 후 7일 만에 돌아가셨다든가, 이모의 손에서 자랐다든가, 출가의 동기나 성도 과정 등에 대한 많은 이야기들이 방식은 약간씩 달라도 공통되게 서술되고 있다.

이러한 불전들의 공통요소와 《아함경》이나 《대반열반경》 등 기타의 초기 경전들, 혹은 율장 등의 서술과 맞춰 보면 부처님의 생애에 대해서 대략 그 골격을 알 수 있다. 부처님의 생애를 살펴보기 위하여 이러한 경전들을 참고로 하고 또 많은 불교학자들의 연구를 토대로 가능한 한 신화적인 요소는 배제하고 석가모니 부처님의 인간적인 면모에 초점을 맞추어 생애를 살펴보도록 하겠다.

1) 석존 탄생 전후의 인도사상계

석존이 탄생할 무렵인 기원전 500년경의 인도는 국가의 규모가 커지고 경제활동이 왕성해지면서 사회에 많은 변화가 일어나던 격변의 시기였다. 무엇보다도 왕족과 경제력이 갖추어진 일반 평민이 사회의 새로운 세력으로 등장하면서 인도의 전통사회를 지배하던 바라문 계급은 상대적으로 쇠퇴하게 되었다. 즉, 경제적 성장과 국가의 규모 확대로 종래의 계급제도가 흔들리면서 이에 따라 국가권력을 장악한 왕족과 경세력을 지닌 바이샤는 평민 계급의 대두로 새로운 사회지도층이 형성되었고 사상적인 면에서도 자유롭고 혁신적인 경향을 나타내었다.

그러나 바라문 계급이 쇠퇴하였다고는 하나 사회전반이 바라문의 전통 아래에서 움직이고 있었기 때문에 일상생활에서 그들의 영향력은 실로 막대한 것이었다. 그리고 계급제도나 그들의 사고를 지배한 업보설이니 윤회설 등에 대해서도 사회 일반인들은 당연한 것으로 받아들이고 있었던 것 같다. 단지 일부 선각자와 반항적인 사문 그룹이 여기에 대해 회의를 품고 바라문 전통의 부조리를 비판할 뿐이었다.

말하자면, 이 당시의 인도의 사상·종교계는 전통의 바라문교와 여기에 반발하고 회의를 품은 자유사상가들이 활동하던 시기였다. 그 당시의 대표적인 신흥사상가로는 자이나교의 교주인 마하비라를 포함한 이른바 육사외도(六師外道)로 불리는 그룹이 있었다. 그중에서도 자이나교는 불교와 거의 동시에 등장해서 비슷한 교리를 가지고 교세를 확장했으며, 지금까지도 인도에서 많은 신자를 거느리고 있다. 전통적인 바라문교는 철저하게 업보나 윤회, 그리고 해탈을 믿는데 반하여, 육사외도는 대체로 업보설을 부정하거나 여기에 대해 회의적인 태도를 지니고 있었다.

이 시기에는 육사외도 이외에도 62견(見) 등 여러 가지 외도들의 설이 꽃을 피우고 있었으며 바라문교 중심의 사상체계를 인정하지 않고 나름대로의 주장을 펼치고 있었다.

이 당시의 인도 사상계에 공통되는 큰 흐름은 업보윤회의 사상과 수행해탈의 사상이라고 할 수 있다. 우파니샤드 사상, 즉, 바라문교는 원래 영혼불멸설의 입장에서 윤회설(輪廻說)을 전개했다. 여기에 따르면 인간은 생과 사를 되풀이하면서 윤회하는데, 좋은 업을 쌓아야만 사후에 좋은 곳에 태어나게 된다고 한다. 선한 일을 한 사람은 천계에 태어나고 악한 일을 한 사람은 지옥에 태어난다고 하는 사고방식은 불교가 발생하기 훨씬 전인 베다 시대로부터 브라흐마나 시대에 걸쳐서 계속 있어 왔던 것이다. 그러나 천계에 태어나더라도 죽음의 고통을 몇 번이나 겪어야 하기 때문에 윤회를 완전히 벗어나기 위해서는 '범아일체(梵我一體)'가 되어야 한다는 것이다.

'브라흐만'이라는 말은 원래 '기도어가 지닌 마력'을 가리키는 것이었는데, 나중에는 '우주의 최고원리', 혹은 '유일한 실재'를 가리키게 되었다. 또 '아트만'이라는 말도 원래는 '호흡'의 의미였지만 전용되어 인간의 내면에 실재하는 영원불멸의 '자아'를 가리키게 되었다.

이러한 브라흐만과 아트만이 일체라고 하는 인식이 자각되면 윤회의 고뇌를 해탈할 수 있다는 것이 바라문교의 주장이다. 이를 위해서는 출가하여 여러 가지 고행을 쌓아야만 한다는 것이다. 그리고 출가할 수 없는 일반 민중은 베다의 신들에게 공물을 바치고 제사를 지내면서 내세의 행복을 기원해야 했다.

바라문들은 자신들의 권위를 유지하기 위하여 제사의식의 신비감을 고취시키고 많은 공물(供物)을 요구했으며, 심지어는 고액의 사례비까지 요구했다. 이러한 행태는 점차로 민심의 이반을 가져왔고, 여기에 대해 회의를 품은 사상가들도 나타났다.

이늘 새로운 사상가들을 고행자 혹은 '사문(沙門; samaṇa)'이라고 했다. 사문은 '정진 노력하는 자'라는 의미로, 출가하여 수행하는 사람들을 가리켰는데, 후에는 바라문이 출가하면 그대로 바라문이라고 불렀으며 바라문이 아닌 사람들이 출가한 것에 대해서는 사문이라고 했던 것이다. 나중에는 불교의 출가자들을 거의 사문이라고 불렀다.

대체로 이들 사문들은 정통 바라문들과는 달리 베다의 권위를 부정하고 새로운 사상을 주장하던 사람들이 많았다. 석가모니 부처님도 사문 그룹에 속했던 것은 물론이다. 이들 사문들은 가족을 버리고 집을 나와 걸식하며 유랑하거나 조용한 곳에서 나름대로의 고행을 하거나 명상에 의하여 마음의 통일을 구하는 유가행(瑜伽行; yoga) 등을 행하면서 진리를 추구했다. 이들은 기존의 바라문 전통에 대해 권위를 인정하지 않고 새로운 사상을 펼쳤기 때문에 전통에 식상한 민중의 지지를 얻고 있었다. 그러한 대표적 그룹이 불교경전에 더러 등장하는 육사외도, 육십이견 등의 외도였다.

특히 육사외도는 석가모니 부처님 당시에 활약하던 여섯 명의 외도들이었는데 이들은 대체로 업보사상을 부정하고 궤변을 늘어놓는 신흥 사문 그룹의 사람들이었다.

　석가모니 부처님께서 세상에 등장하실 무렵에는 이처럼 정통 바라문교를 중심으로 다채로운 사상과 철학이 난무하던 시기였다. 말하자면 사회문화의 발달과 함께 바라문의 오랜 전통을 깨고 새로운 사상이 움트는 격변기였다고 할 수 있다. 그러나 이후에 등장한 불교는 이러한 모든 사상을 초월하여 보편적 진리를 내세우며 교세를 넓혀갔다. 석가모니 부처님께서 쾌락이나 고행의 어느 한 쪽에 치우치지 않는 균형 있는 사고를 지니고 합리적이고 보편적인 진리를 설하시게 된 것도 이러한 인도의 다양한 사상적 배경이 있었기에 가능했을 것이다.

　인도의 거대한 사상적 토양 위에서 석가모니 부처님의 뛰어난 수행이 발판이 되어 탄생한 불교는 보편적 진리인 법을 중시하며, 법의 자각을 최고의 목표로 삼았다. 그리고 기존의 차별적인 카스트제도를 부정하고 계급과 직업과 종족과 신분을 초월하여 인간의 평등성과 존엄성을 강조했다. 2500년 전에 그처럼 엄격한 계급제도가 사회 전반을 지배하고 바라문의 전통이 모든 사람들의 사고를 지배할 당시에 석가모니 부처님과 같이 혁신적인 진리를 들고 나와 과감히 무아를 주장하며 인간평등을 주장하기란 결코 쉽지 않았을 것이다.

　석가모니 부처님의 가르침은 현대적인 시각으로 보아도 과학적이고 합리적이다. 더구나 만인에게 평등하며 보편적 진리인 법의 자각에 의하여 누구나 붓다가 될 수 있다고 하는 것이기 때문에 이러한 교리적 특성이 불교가 인도라는 지역적 한계성을 극복하고 세계적인 종교로 발돋

움할 수 있었던 까닭이다.

2) 석존의 탄생과 출가

석가모니 부처님의 원래의 이름은 고타마 싯다르타(Gautama Siddhārtha)였다. 후에 출가하여 깨달음을 열고 '붓다'로 일컬어졌고 '석가족의 성자'라는 의미에서 '석가모니(釋迦牟尼)'라고 일컬어졌던 것이다. 인도말로는 '샤카무니(śākyamuni)'라고 하는데 석가는 석가족을 가리키는 샤카의 음사이고 모니는 성자를 의미하는 무니의 음사이다. 따라서 샤카무니는 샤카족 출신의 위대한 성인이라는 뜻이 된다. 석가모니 부처님을 '석존(釋尊)'이라고도 하는데, 이는 석가족의 성인으로서 세상에 으뜸가는 분이라는 뜻의 석가모니 세존을 줄인 말이다.

석가모니 부처님의 원래의 성인 '고타마'는 '가장 훌륭한 소를 가진 사람'이라는 뜻이다. 이는 소를 신성시하던 당시의 일반적인 이름으로서 석가족의 별칭으로 추측된다. 경전에 보면 '구담(瞿曇)이시여'하는 호칭이 자주 나오는데 이것은 고타마를 한자로 음사한 것이다. '싯다르타'는 '모든 것을 성취한 사람', 혹은 '일체의 목적을 달성한 사람'이라는 뜻으로 석가모니 부처님에게 매우 잘 어울리는 이름이라고 할 수 있다.

석가모니 부처님의 부친은 석가(釋迦; śākya)족 출신으로 카필라바스투(Kapilavastu)라고 하는 작은 나라의 왕이었다. 부친의 이름은 숫도다나[śuddhodana; 정반왕(淨飯王)]라고 했으며, 모친은 이웃 코리족 출신의 마야(摩耶; Māyā)라는 여인이었다. 정반왕은 물론 석가모니 부처님의 삼촌이 백반왕(白飯王)이니 감로반왕(甘露飯王)이니 하고 불렸던 것을 보면 석가족은 유목민 계통이 아니라 쌀농사를 짓던 농경민족이었을 것이다.

불전에 의하면 마야부인은 오래도록 아이가 없다가 어느 날 꿈을 꾸었는데, 6개의 상아를 가진 흰 코끼리가 오른쪽 옆구리로 해서 태 안에 드는 꿈을 꾸고서 임신했다고 한다.

마야부인은 출산을 위해 친정에 가던 중 룸비니(Lumbinī) 동산에서 부처님을 출산했다고 경전에 전하고 있다. 석가모니 부처님의 탄생지인 룸비니는 현재의 네팔 카투만두 서쪽 200km 지점에 있는 카필라바스투 근교에 있다. 그 전까지는 석가모니 부처님의 탄생지인 룸비니를 정확하게 몰랐는데, 1896년 아소카(Aśoka)왕의 석주(石柱)와 연못 등이 발굴되면서 비로소 석존의 탄생지로서 확인되었다. 지금도 룸비니 동산에는 아소카왕의 석주라든가 석가모니 부처님을 낳은 마야부인이 목욕했다고 하는 연못이 옛날 그대로의 모습으로 있고 마야부인을 모신 작은 사당도 있다.

출산을 위해서 친정으로 가던 마야부인은 갑자기 산기를 느껴서 룸비니 동산으로 들어갔다고 한다. 이곳은 동산이라기보다 꽃이 만발한 화원에 가까웠는데 그곳에 있는 무우수(無憂樹) 나무에는 꽃이 가득 피어 있었다고 한다. 그 아래에 누워 잠시 휴식을 취하던 마야부인이 아름답게 핀 무우수 나무에 오른손을 뻗는 순간 태자가 오른쪽 옆구리에서 탄생하셨다고 한다. 무우수는 아소카나무라고도 하는데 흰 색깔의 꽃이 핀다고 한다.

마야부인의 옆구리에서 태어났다는 것은 부처님이 사성계급 중에서 왕족에 속하는 크샤트리아 계급이었다는 것을 상징하고 있다. 인도의 신화에 의하면 바라문은 만유의 근원인 브라만(brahman)을 신격화 한 바라문교의 최고의 신인 범천(梵天)의 머리에서 태어나고, 왕족인 크샤트리아는 겨드랑이나 옆구리에서 태어나며, 평민은 무릎에서, 하층민인 수드라는 발바닥에서 태어난다고 한다. 그렇기 때문에 옆구리에서 탄생했다는 것은 부처님이 왕족이었다는 것을 상징적으로 나타내는 것이라고 할 수 있다.

부처님의 탄생 기록은 명확한 것은 남아 있지 않지만 스리랑카의 역사서인 《대사(大史)》나 아소카왕 석주, 혹은 중성점기설(衆聖點記說)이라고 하여 부처님께서 돌아가시고부터 매년 점 하나씩을 찍어 기록한 것이 있다. 이러한 기록들을 종합하여 대략 기원전 566년, 560년, 그리고 466년과 463년의 여러 설이 있는데 이 중 대부분의 학자들은 기원전 566년 설을 인정하고 있다. 그러니까 돌아가신 해는 석가모니 부처님이 80세의 생애를 보냈으니까 기원전 486년이 되는 셈이다.

그런데 불교에서는 연도를 계산할 때 '불멸(佛滅) 몇 년' 하는 식으로 부처님의 돌아가신 연대를 기준으로 계산한다. 지금 우리가 쓰는 불기(佛紀) 몇 년 하는 것도 부처님의 입멸을 기준으로 정해진 것이다. 올해가 불기 2551년인데 이것은 1956년 세계불교도우의회에서 그 연대를 통일해서 그 해를 불기 2500년으로 삼고 세계 공통의 불기로 쓰고 있는 것이다.

그리고 부처님의 탄생연도뿐만 아니라 탄생일에 대해서도 여러 가지

설이 있다. 우리나라나 중국, 일본 등지에서는 부처님의 탄생일을 음력 4월 8일로 알고 이 날을 봉축하고 있다. 그러나 스리랑카나 미얀마, 태국 등의 남방권의 불교에서는 베사카 달의 제8일 혹은 제15일을 부처님의 탄생일로 여기고 있다. 베사카 달은 대략 양력 5월에 해당되며, 그 달의 8일이나 15일에 베사카 제를 지내고 석가모니 부처님의 탄생을 기념한다고 한다.

룸비니 동산에서 탄생하신 부처님과 마야부인이 카필라성에 돌아오자 부왕인 정반왕은 아들을 얻게 되어 무척 기뻐했다. 이때 정반왕의 나이는 대략 45세 였다고 하니 상당히 늦게 아들을 얻은 셈이었다. 그 당시에는 귀한 집의 아기가 태어나면 바라문들이 와서 축하하고 관상을 보는 풍습이 있었다. 축하객 중에는 아지타라는 덕이 높은 선인(仙人)이 있었는데, 그는 태자의 관상을 보더니 갑자기 눈물을 흘렸다. 깜짝 놀란 정반왕이 그 까닭을 물었더니 아지타 선인은 이렇게 대답했다.

"태자께서는 출가하지 않고 집에 계시면 무기를 쓰지 않고도 덕으로써 전 세계를 정복하는 전륜성왕(轉輪聖王)이 될 것이며, 출가하여 도를 닦으면 반드시 부처가 되실 것입니다. 제가 나이가 많아 이렇게 훌륭한 분이 부처가 되는 것을 보지 못하고 죽게 되니 그것이 애석하여 눈물을 흘렸습니다."

이러한 예언을 들은 부친 정반왕은 무척 기쁘기도 하고 한편으로는 걱정도 되었다. 새로 태어난 태자가 전륜성왕이 되어 세계를 다스린다면 더할나위없이 좋겠지만 출가하여 집을 떠난다면 어떻게 하나 걱정도 들었던 것이다.

그 당시 인도 사람들은 세속에서 가장 위대한 것은 전륜성왕이고, 출가해서 도를 닦는 데는 진리를 깨달은 붓다를 가장 이상형으로 생각했다. 불전에는 부처님께서 전륜성왕이 되거나 부처가 될 32가지의 훌륭한 모습을 갖추고 있었다고 전하고 있는데 아무튼 태자의 용모가 보통 사람과는 달랐던 것 같다.

태자에게는 싯다르타(Siddhārtha)라는 이름이 주어졌다. 이것은 목적을 완성한 자, 모든 것을 뜻대로 이룬 자라는 의미가 되는데, 그 이름에서부디 벌써 붓다가 될 징조가 있었던 것이다.

태자가 출가하지 않을까 하는 정반왕의 걱정은 태자가 자라면서 보여준 여러 가지 비범한 태도 때문에 더욱 커졌다. 출산의 후유증 때문인지 마야부인은 태자가 탄생하고 7일 만에 세상을 떠나게 되었고 부처님은 이모인 마하파쟈파티(Mahāpajāpatī)에 의하여 길러졌다. 마하파쟈파티는 정반왕의 부인이자 새로 태어난 태자의 양어머니가 되는 셈이었다. 아무리 어머니를 대신하는 이모리지만 친어머니를 일찍 여읜 석존에게 영향이 없을 수는 없었을 것이다. 그 때문인지 싯다르타 태자는 어릴 적부터 감수성이 예민하고 명상을 즐겨 인생과 세상의 부조리에 대하여 항상 생각하고 인간의 고에 대한 인식을 했던 것으로 묘사되고 있다. 싯다르타 태자의 이러한 성향 때문에 정반왕은 아들의 출가에 대해서 항상 걱정하고 있었던 것이다.

그러나 태자는 여러 사람들의 존경과 사랑 속에서 잘 자랐다. 어려서부터 워낙 총명하고 자비심이 많았기 때문에 누구든 존경하고 사랑하지 않을 수가 없었을 것이다. 또 태자는 무슨 일에나 열심이었고 더구나 하나를 들으면 열을 아는 타고난 지혜를 갖추고 있었다. 여기에 더하여 부친의 배려로 그 당시에 나라 안에서 가장 훌륭한 스승들을 모셔다가 가르쳤기 때문에 학문과 무예 등에서 뛰어난 성취를 보여주었다. 싯다르타 태자의 그러한 비범함에 국왕도 놀랐지만 한편으로는 사색적이고 예민한 감수성을 지닌 태자의 태도에 출가해버리면 어쩌나 하는 걱정도 많이 했던 것으로 보인다.

불전에 의하면, 싯다르타 태자가 12세 되던 때의 어느 날, 부왕과 함께 교외의 농경제(農耕祭)를 참관한 적이 있었다고 한다. 들판에서는 쟁기질을 하는 농부가 뙤약볕에서 땀을 흘리며 소를 부리고 있었다. 소가 쟁기를 끄느라 피부가 벗겨져 피를 흘리고 숨을 헐떡이면서 힘들게 걸음을 옮기고 있었다.

이때 싯다르타 태자는 세상의 모든 중생들이 자기와 같은 안락을 누리고 있지는 않구나 하는 생각을 했다. 자비심이 많고 감수성이 예민한 태자는 아마 그들의 고통을 자신의 고통처럼 느꼈을 것이다.

계속하여 싯다르타 태자는 들판에 앉아서 쟁기에 파헤쳐진 흙 속에서 벌레가 나와 꿈틀거리고 이를 본 새들이 다투어 쪼아 먹는 광경을 바라보고 있었다. 살려고 버둥거리는 벌레와 마찬가지로 살기 위해 그것을 잡아먹어야 하는 새의 비애를 보면서 태자는 살아 있는 것들의 죽고 죽이는 고통에 탄식했다.

이러한 광경은 일상적인 것이었지만 감수성이 예민한 싯다르타 태자에게는 자신의 것처럼 너무나 절실하게 다가왔던 것이다. 더 이상 그곳에 머무를 수 없었던 태자는 나무 아래로 자리를 옮겨 혼자서 명상을 하고 있었다. 한참이나 지나도 태자가 보이지 않자 부친은 당황해서 신하들에게 아들을 찾게 했다. 나중에 어느 신하가 나무 아래에서 명상을 하고 있는 어린 싯다르타를 발견했을 때 태자의 모습이 너무나 엄숙하고 거룩하여 감히 말을 붙이지 못할 정도였다고 한다. 이 이야기를 전해들은 정반왕은 또 다시 걱정에 휩싸였다.

정반왕은 싯다르타 태자가 자기의 뒤를 이어 왕위를 계승하고 전 세계를 다스리는 전륜성왕이 되기를 바랬지만 사색을 좋아하고 감수성이 예민한 그가 언제 집을 떠날지 몰라 전전긍긍했다. 출가를 말리기 위해서 왕은 석존에게 모든 배려를 아끼지 않았다. 철마다 다른 궁전에 머물게 하고 많은 시녀들로 하여금 시중들게 했으며 무엇 하나 부족한 것이 없게끔 배려하여 출가에 대한 생각이 아예 일어나지 않도록 만들었다. 말하자면 세속적인 부귀영화를 다 제공하여 싯다르타 태자의 마음을 붙들어 매려고 했던 것이다.

석가모니 부처님이 살았던 카필라성은 그다지 크지는 않았지만 이런 세속적 영화를 누리기에는 풍족했던 것 같다. 석가모니 부처님은 이러한 호사에도 불구하고 늙고 병들고 죽는다는 근원적인 고에 대해 절실히 생각했기 때문에 출가했다고 말씀하셨다.

비구들이여, 나는 그와 같은 생활을 하면서 생각하였다. 어리석은 자는 자기 자신이 늙어 가는 몸이면서도 아직 늙음을 벗어날 줄 모르기 때문에 다른 사람의 늙은 모습을 보면 자기 자신의 늙음은 잊어버린 채 싫어하고 혐오한다. 생각해 보면 나 또한 늙어가는 몸이다. 늙음을 피하는 것은 불가능하다. 그런데도 다른 사람이 늙고 쇠약해진 모습이라고 해서 싫어하는 것은 내가 보기에는 온당하지 않은 생각이다. 비구들이여, 이와 같이 생각하자 내 청춘의 교만은 모두 끊어져 버렸다.

정반왕은 아들의 마음을 확실히 붙잡아두기 위해 온갖 호화로운 생활을 누리도록 배려했을 뿐만 아니라 결혼 생활을 통하여 출가를 단념하게 만들려고 했다. 정반왕은 태자가 19세가 되었을 때 야쇼다라(Yaśodharā)라는 아름다운 처녀와 결혼을 시켰다. 태자의 결혼 연령에 대해서는 불전에서 16세, 17세, 18세, 20세 등등 여러 가지 기록이 나오고 있지만 대체로는 19세에 결혼한 것으로 보고 있다.

싯다르타 태자는 왕비를 맞이하여 세속의 즐거움을 한껏 누리는 듯해서 부친도 어느 정도 마음을 놓았다. 이윽고 라훌라(Rāhula)라는 아들까지 낳게 되었으나 싯다르타 태자의 인생에 대한 근원적인 고민은 해결되지 않았다. 그리하여 마침내 태자는 이 모든 것들을 버리고 출가할 것을 결심하게 되었던 것이다. 라훌라라는 아들의 이름도 '장애'를 의미하는 것으로, 출가에 방해가 된다는 뜻으로 지은 것인데 이것이 실명인지 별명인지는 확실하지 않다. 아무튼 아들 라훌라도 훗날 부처님을 따라 출가하여 '밀행제일(密行第一)'이라는 별명을 얻고 십대제자의 한 사람으로 이름이 남아 있다.

어느 날 정반왕이 어떻게 하면 출가하지 않고 대를 이어 나라를 다스려 줄 수 있느냐고 물은 적이 있었다.

"태자야, 네가 출가를 결심하는 데에는 그만한 충분한 이유가 있을 줄 안다만 야쇼다라나 아들 라훌라에 대해서 생각해 봤느냐? 네가 출가를 단념해 준다면 무슨 소원이든지 다 들어주겠다."

정반왕은 간절히 태자에게 애원했다. 이때 태자는 이렇게 대답했다.

"저에게는 네 가지 소원이 있습니다. 첫째는 늙지 않는 일입니다. 그리고 둘째는 병들지 않고 셋째는 죽지 않으며 넷째는 서로 이별하지 않는 일입니다. 이 네 가지 소원만 들어주신다면 저는 출가하지 않겠습니다."

부친은 이 터무니없는 대답에 할 말을 잃고 속수무책으로 태자가 마음을 돌이키기만을 기다리고 있었으나 결국 태자는 가족과 부귀영화를 뒤로하고 29세 때에 출가를 실행하기에 이른다. 출가의 나이에 대해서도 19세에 출가했다는 설, 29세에 출가했다는 설이 있는데 29세에 출가했다는 설을 정설로 본다.

2. 석존의 수행과 성도

1) 목숨을 건 6년 동안의 고행

태자의 신분으로 모든 것을 버리고 출가한 싯다르타 태자는 이제 사문 고타마로서의 길을 가게 되었다. 경전에서는 '사문 구담이시여'라는 말이 자주 나오는데 이는 외도들이나 재가자들이 석가모니 부처님을 처음 대면해서 부를 때 주로 이렇게 불렀던 것이다. 머리를 자르고 스스로 사문이 된 태자는 자기의 옷을 사냥꾼에게 아낌없이 주어버리고 그가 입었던 옷을 대신 얻어 입고 출가자의 행색을 하고서 탁발을 하며 말라국을 지나 밧찌라는 나라로 향했다. 부처님께서는 우선 고향을 멀리 떠나는 것이 온갖 미련을 버리는 가장 좋은 방법이라고 생각했는지도 모른다.

어제까지도 한 나라 왕자의 신분으로서 온갖 호사를 누리던 싯다르타 태자가 사문이 되어 누더기를 걸치고 걸식을 한다는 것은 쉽지 않은 일이었을 것이다. 그러나 구도의 열정에 불타던 사문 고타마에게는 문제가 되지 않았다.

부처님께서는 훌륭한 스승을 찾아 갠지스강을 건너 마가다(Magadha)국으로 향했다. 마가다국은 석가모니 부처님의 고향인 카필라바스투에서 남쪽 방향에 있는 나라인데, 당시 마가다국은 주변 국가들 중 가장 큰 나라의 하나로서 경제가 발달하고 모든 문물이 모이는 변화한 곳이었다. 그래서 부처님께서는 그곳에 가면 가르침을 얻을 큰 스승이 있을 것이라고 생각하셨던 것 같다. 또 고향 가까이 있다가는 다시 집으로 불려 들어갈지도 몰랐기 때문에 가능한한 집과 멀리 떨어지려고 마가다국으로 발길을 향했는지도 모른다.

마가다의 수도는 라자가하(Rājagaha)라고 하는데 한문으로는 왕사성(王舍城)이라고 번역된다. 이곳은 많은 경전에서 그 이름이 등장하고 있는 유명한 곳으로서 나중에 부처님의 주된 활동무대가 된 곳이기도 하다.

출가한 지 얼마 되지 않아서 석가모니 부처님은 마가다에서 여러 종류의 수행자들을 찾아다니면서 스승으로 삼으려고 했던 것 같다. 석가모니 부처님이 마가다국에 가서 처음으로 만난 스승이 알라라 칼라마와 웃다카 라마풋다 선인이라고 하는 유명한 수행자였다.

그러나 이들의 가르침에서 부족함을 느낀 석가모니 부처님께서는 혼자서 극한의 고행을 통하여 깨달음을 얻으려는 시도를 하셨다.

선정을 통한 명상만으로는 진리에 이를 수 없다는 한계를 느낀 부처님께서는 육신을 극도로 괴롭혀 정신과 육체를 분리하는 방법을 써보기로 하셨던 것이다. 명상의 방법으로는 더 이상 올라갈 경지가 없었으므로 이제는 고행이라는 것을 시도해 볼 수밖에 없었던 것이다. 그래서 석존은 마가다에서 고행자들이 모여 있다는 고행림(苦行林)으로 들어가 6년 동안 목숨을 건 고행을 하시게 된다.

그러나 뼈를 깎고 살을 저미는 처절한 고행도 역시 진정한 깨달음에 이르는 길은 아니었다. 고행에도 불구하고 번뇌를 끊지 못했으며 생로병사에 대한 해결의 실마리를 찾지 못했던 것이다. 그리하여 육체를 괴롭히는 일이 오히려 육체에 집착하는 것이며 고행이 오히려 마음을 더 어지럽힌다는 것을 부처님께서는 깨달으셨던 것이다. 부처님께서는 심신이 안온하게 조화를 이루는 것이 오히려 선정에 더 도움이 된다고 생각하셨다. 어떤 사람들은 석가모니 부처님이 고행을 해서 부처가 된 것으로 알고 있지만 실은 심신의 조화를 이룬 상태에서 지혜를 밝혀 부처가 되신 것이다.

| 2) 위없는 바른 깨달음 |

부처님께서는 6년 동안의 고행을 끝내고 깨달음을 얻기 위해 새로운 방식으로 도전하기로 결심했다. 고행으로 뼈만 앙상하게 남은 모습으로 지금의 부다가야(Buddhagayā)로 가 근처의 네란쟈라 강에서 몸을 씻고 수쟈타라는 마을의 처녀가 바친 우유죽을 먹고 체력을 회복했다. 그리고는 심기일전하여 나중에 보리수라고 불리게 된 핍파라나무 밑에서 다시 명상에 들었다.

이때 부처님을 줄곧 따라다니던 다섯 명의 도반(道伴)은 이를 보고 석존이 타락했다고 여기고는 그의 곁을 떠나버렸다. 이들은 고행을 포기한 부처님을 보고 그를 따라다녀봤자 소용이 없을 것이라고 생각하고 많은 바라문들이 모여 있던 서쪽 카시국의 베나레스에 있는 미가다야(Migadāya)〔녹야원(鹿野苑)〕라는 곳으로 가버렸다.

이 다섯 명의 도반은 흔히 오비구(五比丘)라고 하는데 부처님이 출가하실 때 부왕인 정반왕이 아들을 보호하기 위해서 보냈다는 설도 있고, 부근에서 같이 고행하던 출가자들이 석가모니 부처님의 고행하는 모습을 보고 흠모해서 따라다녔다는 설도 있는데 아마 뒤의 말이 맞을 것 같다. 이들은 나중에 부처님이 깨달음을 이루신 후 최초로 설법을 듣고 아라한이 되었다고 한다.

아무튼 홀로된 부처님께서는 보리수 아래에 자리를 잡았다. 이 보리수나무는 앗삿타라고 하는 일종의 무화과나무라고 하는데 부처님께서 보리(菩提: bodhi), 즉, 깨달음을 얻으셨기 때문에 보리수라고 불리게 되었다. 이때 길상(吉祥)이라는 사람이 근처에서 풀을 베고 있다가 부처님께 깔아드렸다고 전해지고 있다. 그래서 그 풀을 길상초(吉祥草)라고 한다. 그리고 길상초를 깐 자리를 금강좌(金剛座)라고 부르고 있다. 보리수 아래에서 길상이 준 풀을 깔고 앉으신 부처님께서는 '무상(無上)의 대보리(大菩提)를 얻지 않고는 결코 이 자리에서 일어나지 않으리라' 결심하고는 고요한 명상과 사색에 들어갔다. 어떤 경에서는 '내가 이 자리에서 모든 번뇌를 끊지 못하고 해탈하지 못한다면 결코 일어서지 않으리라' 결심하셨다고 전하고 있다. 석가모니 부처님은 이렇게 굳은 결심을 하고 목숨을 걸고 마지막 수행에 들어갔다.

《증일아함경》 등의 경전에 의하면 석가모니 부처님께서는 마음의 온갖 유혹과 두려움을 물리치고 샛별이 빛나는 12월 8일 새벽, 우주와 인생의 진리를 꿰뚫어보는 누진통(漏盡通)을 얻어 비로소 위없는 바른 깨달음을 열고 부처가 되셨다고 한다. 이 깨달음을 무상정등정각(無上正等正覺)이라고도 하고 아눗다라삼먁삼보리(anuttarā samyak-sambodhi)라고도 한다. 사문 고타마는 그 누구도 이르지 못했던 최고의 깨달음을 증득하여 늙음과 죽음이라는 인간의 근원적인 고를 해결하고 부처님으로 다시 태어나셨던 것이다. 이때가 부처님의 나이 35세 때였다.

부처님의 깨달음은 향락과 고행의 두 극단을 버린 비고비락(非苦非樂)의 중도(中道)적 실천에 의해서 얻어진 것이었다. 정신만을 고요히 하는 선정주의도 아니고 육체를 괴롭히는 고행주의도 아닌 양 극단을 버리고 자신만의 길을 찾아 수행한 결과였다. 그것은 인류의 정신사에 획기적인 사건으로서 모든 어리석음의 그림자를 걷어내고 지혜의 빛을 드리운 것이었다.

3. 불교교단의 성립과 발전

| 1) 석존의 최초 설법 |

혼자서 보리수 밑에 앉아 깨달음을 음미하던 부처님께서는 이윽고 무명에 덮여 고해를 헤매는 중생들을 위하여 설법하실 것을 결심하셨다. 처음에는 어리석은 중생들이 당신이 깨달은 심오한 진리를 이해하지 못할 것으로 생각하여 그대로 입멸해 버리려고 하셨지만 그래도 누군가는 당신의 말씀을 이해할 수 있으리라고 여겼다. 그리고 이렇게 선언하셨다고 한다.

내 이제 감로(甘露)의 문을 여나니 귀 있는 자는 들으라. 낡은 믿음은 버려라.

부처님께서는 당신이 깨달으신 진리를 설하고자 먼저 그 대상을 생각해 보았다. 가장 먼저 마음에 떠오른 사람이 처음으로 무소유처정이라는 선정을 가르쳐 주었던 알라라 칼라마였다. 알라라 칼라마는 박식하고 지혜로우며 마음이 깨끗했기 때문에 틀림없이 자신이 설하는 진리를 잘 이해할 수 있을 것이라고 생각했다. 그러나 부처님께서 혜안을 가지고 둘러보니 알라라 칼라마는 죽은 지 벌써 7일이 지나 있었다.

그 다음으로 마음에 떠오른 사람이 웃다카 라마풋다였다. 비상비비상처라는 선정을 가르쳐 주었던 라마풋다라면 박식하고 지혜로우며 마음이 맑기 때문에 틀림없이 부처님의 가르침을 이해할 수 있을 것이라고 생각하셨던 것이다. 그러나 혜안으로 둘러보니 웃다카 라마풋다도 마침 그 전날 죽었다. 그래서 누구를 최초의 설법 대상으로 삼을까 고민해 보니 예전에 같이 수행하던 다섯 비구가 생각났다.

부처님께서는 다섯 비구들에게 설법하실 것을 생각하시고 깨달음을 이루신 보드가야의 우루벨라에서 바라나시까지 200km나 되는 길을 걸어가셨다. 바라나시는 우루벨라에서 서쪽 방향이 된다. 경전에는 부처님께서 우루벨라에서 좋을 만큼 머무시고 바라나시로 떠나셨다고 되어 있다.

석가모니 부처님께서는 서쪽으로 계속 걸어가서 마침내 바라나시의 녹야원에 이르렀다. 녹야원은 '사슴동산'이라고 하는데 인도말로는 미가다야(Migadāya)라고 한다. 다섯 비구는 처음에 최고의 깨달음을 얻었다는 석가모니 부처님의 말씀을 믿지 않았지만 거듭되는 부처님의 설득에 의하여 귀를 기울이고 참된 앎을 얻고자 하는 마음을 일으켰다고 경전에서는 전하고 있다.

부처님의 이 최초의 설법을 초전법륜(初轉法輪)이라고 말한다. 처음으로 법의 바퀴를 굴렸다는 뜻이다.

> 비구들이여, 출가자가 이 세상에서 따르지 말아야 할 두 가지의 극단이 있다. 그것은 무엇인가?
> 하나는 애욕의 생활에 빠지는 것이니 그것은 천하며 신성한 것이 아니며 이상에 이르는 길이 아니다. 또 하나는 몸을 괴롭히는 고행

에 전념하는 것이니, 이것도 몸만 괴롭게 할 뿐 이상에 이르는 길이 아니다. 나는 이 두 가지의 극단을 버리고 중도를 깨달았다. 그것은 눈을 뜨게 하고 지혜를 생기게 하며 적정(寂靜)·증지(證智)·등각(等覺)·열반에 이르게 하는 것이다.

비구들이여, 그러면 여래가 눈을 뜨고 지혜가 생기고 적정·증지·등각·열반에 이르게 하는 것은 어떤 것인가? 그것은 정견(正見)·정사(正思)·정어(正語)·정업(正業)·정명(正命)·정정진(正精進)·정념(正念)·정정(正定)의 성스러운 여덟 가지의 도를 말한다. 비구들이여, 이것이 여래가 깨달을 수 있었던 중도이며, 이것이 눈을 뜨고 지혜가 생기고 적정·증지·등각·열반에 이르게 한 것이다.

이것이 부처님께서 출가하여 6년, 보리수 아래에서 위없는 깨달음을 열어 부처가 되신 이래 다섯 비구들을 상대로 최초로 설법하신 내용이다.

부처님께서는 눈을 뜨고 지혜가 생기고 적정·증지·등각·열반에 이르셨던 구체적인 중도의 방법으로서 정견·정사·정어·정업·정명·정정진·정념·정정의 성스러운 여덟 가지, 즉, 팔정도(八正道)를 말씀하셨다.

계속해서 부처님께서는 사성제(四聖諦)에 대해 설법을 하셨다. 사성제라는 말은 네 가지의 성스러운 진리라는 뜻이다. 이 사성제는 불교의 근간이 되는 것으로서 부처님에 의해 설해진 네 가지의 명제라고 생각해도 좋다. 즉 고와 고가 일어나는 원인 그리고 고의 소멸과 고의 소멸에 이르는 길을 밝힌 네 가지 진리로서 이것을 각각 고성제(苦聖諦), 집성제(集聖諦), 멸성제(滅聖諦), 도성제(道聖諦)라고 한다. 혹은 간단히 고제(苦諦)·집제(集諦)·멸제(滅諦)·도제(道諦)라고 하기도 한다. 다섯 비구들을 상대로 부처님께서는 사성제에 대해 이렇게 설하셨다.

> 비구들이여, 그대들은 네 가지의 성스러운 진리에 대해 알아야 한다. 사성제란 괴로움에 대한 성스러운 진리, 괴로움의 원인에 대한 성스러운 진리, 괴로움의 소멸에 대한 성스러운 진리, 괴로움의 소멸로 이끄는 성스러운 진리를 말한다.
> 비구들이여, 여기에 고성제가 있다. 태어나는 것도 괴로움이고, 늙음도 괴로움, 병듦도 괴로움, 죽는 것도 괴로움이다. 싫어하는 것과 만나는 것도 괴로움이고, 사랑하는 이와 헤어지는 것도 괴로움이며, 원하는 것을 얻지 못하는 것도 괴로움이다. 간단히 말하면, 인간의 존재를 구성하는 그 자체[오취온(五取蘊)]가 괴로움이다.

그중에 가장 먼저 설하신 것이 이 고성제이다. 모든 괴로움을 극복하고 해탈을 얻기 위해서는 고, 즉 괴로움에 대한 실상을 먼저 알아야 한다는 것이다. 생로병사가 다 고이며 만나고 헤어지는 것, 구하는 것을 얻지 못하는 것 등 모든 것이 고라는 것이다. 우리의 존재를 구성하는 육체와 마음, 즉 색(色)·수(受)·상(相)·행(行)·식(識)의 오온 자체가 고라는 것이다.

이렇게 해서 부처님께서는 다섯 비구들을 상대로 진리에 이르기 위해서는 먼저 쾌락과 고행의 양 극단을 버릴 것을 말씀하시고 이어서 사성제를 통하여 고의 실상과 고가 발생하는 원인, 고가 멸해졌을 때의 상태, 그리고 고를 소멸하는 방법을 차례로 말씀하셨다. 이 사성제는 마치 의사가 환자의 병을 고치기 위해 병의 상태를 관찰하고 병이 생기게 된 원인을 파악한 다음 병이 나은 상태를 상정하고 거기에 맞게 처방을 내리는 것과 같다. 그래서 부처님을 일컬어 중생의 병을 고치는 대의왕(大醫王)이라고 한다.

다섯 비구 가운데에 콘다냐가 부처님의 말씀을 이해하고 처음으로 깨달음을 얻었다. 이어서 나머지 비구들도 차례로 깨달음을 얻게 되었다.

경전에서는 이때에 비로소 이 세상에는 여섯 명의 아라한이 있게 되었다 하고 있다. 이로 인해 불·법·승의 삼보가 갖추어지게 되어 불교가 그 위대한 첫발을 내디디게 되었던 것이다.

이 초전법륜은 부처님의 탄생과 성도, 그리고 열반과 함께 가장 중요한 사건의 하나로 여겨지고 있다. 그래서 부처님의 4대성지라고 할 때 바라나시의 녹야원을 초전법륜지라고 하여 반드시 여기에 넣고 있다.

2) 불교의 교단

부처님께서 바라나시의 녹야원에 머무시면서 다섯 비구들을 상대로 최초의 설법을 성공리에 끝마치시고 이어서 야사(Yasa)라는 청년을 출가시킨 것을 계기로 그의 친구들과 부모, 친척까지 모두 불제자로 만들었다. 우루벨라로 오시는 도중에도 30명의 혈통 좋고 가문 좋은 젊은이들을 출가시켰다. 그리고 이들로 하여금 불교를 널리 알리도록 멀리 떠나보냈다.

이후 마가다에서 세력을 떨치고 있던 카샤파 삼형제와 그 제자 1000명을 일시에 제도함으로써 부처님의 교단은 급속도로 확대되었다. 부처님께서는 이어서 마가다국의 왕이었던 빔비사라의 귀의를 받아들이고 죽림정사를 기증받아 교화의 근거지로 삼으셨다.

부처님께서는 죽림정사에서 사리불과 목건련이라는 훌륭한 제자를 얻게 되어 교세를 너욱 확대할 수 있었다. 부처님께서는 성도하신 지 일 년여 만에 1250인의 뛰어난 출가제자를 거느리게 되셨는데 이때에 출가한 사람들은 대부분 귀족이나 부호들의 자제였다. 이들은 교육 수준이 상당히 높았으며 머리가 좋은, 상류층의 엘리트들이었다. 물론 부처님께서는 출가하는 데 대해 어떠한 자격 제한이나 신분 차별을 하지 않으셨지만 어느 정도의 교육 수준과 이해력이 있는 사람들이 아무래도 불교의 교리를 쉽게 이해할 수 있었기 때문이다.

부처님께서 성도하신 다음 해부터 3년 정도에 걸쳐서 마가다국을 중심으로 불교교단의 기반이 확립되었다. 가섭 삼형제와 사리불, 목건련이 거느리고 온 1250인의 제자들은 물론, 그 이외에도 빔비사라왕을 비롯한 많은 민중들이 부처님께 귀의함으로써 불교의 위세는 날이 갈수록 번창했다. 승단에서도 점차로 규율이 정비되면서 종교단체로서의 면모를 점차 갖추어 나가게 되었던 것이다. 그 당시에는 어떠한 종교조직도 불교와 같이 대규모이면서 법도가 갖추어지고 더구나 민중을 상대로 진리를 설하는 종교는 없었다. 그렇게 교화된 사람으로서는 빔비사라왕이 대표적인 예로서 국왕이 부처님께 귀의하자 그 영향력은 참으로 컸다. 궁궐의 대신들과 사회의 여러 지도자들도 왕을 따라 많이 귀의를 했기 때문이다.

이어서 부처님께서는 그 당시 또 하나의 강대국이었던 코살라에 가서도 파세나디왕의 귀의를 받으셨다. 또한 유명한 수닷타 장자로부터 기원정사를 기증받고 많은 사람들을 밝음의 길로 이끄셨다.

수닷타는 유명한 부자이면서 좋은 일을 많이 하고 있었기 때문에 코살라국의 수도인 사밧티에는 아는 사람도 많고 신망이 두터웠다. 그래서 만나는 사람마다 "부처님께서 이 세상에 나타나셨다. 그 부처님께서 나의 청을 들어 사밧티에도 오실 것이니 정사를 세우고 보시를 하라"고 하면서 부처님을 선전하고 다녔다.

수닷타가 보시한 기원정사는 왕사성의 죽림정사와 함께 불교의 역사에서 너무나 유명한 설법장소이다. 이렇게 해서 불교의 교단은 그 당시 두 강대국인 마가다의 수도인 왕사성과 코살라국의 수도인 사위성에 각기 죽림정사와 기원정사라는 두 곳의 큰 정사를 근거지로 인도 전역으로 급속히 발전해 나갔다.

이처럼 부처님의 명성이 점점 멀리 퍼져나가자 이 소식이 부처님의 고향인 카필라바스투에까지도 전해져서 부친인 정반왕도 매우 기뻐하면서 사람을 보내어 부처님께서 고향을 한번 방문해 주었으면 좋겠다고 간청을 하였다. 석가모니 부처님께서 석가족 사람들에게도 가르침을 베풀어주면 좋겠다는 것이었다. 또 모든 사람들이 존경해 마지않는 부처가 된 아들을 만나보고 싶은 생각도 컸을 것이다.

마침내 부처님께서는 많은 제자들을 이끌고 카필라성으로 가셨다. 이때가 부처님께서 출가하신 지 거의 10년이 넘어서라고 한다. 경전에는 고향을 처음으로 방문한 시기가 정확하게 일치하지는 않지만 성도하신지 5, 6년 지나서 였던 것으로 보인다.

그곳에서 열렬한 환영을 받은 부처님께서는 아들 라훌라를 비롯하여 수많은 친인척과 석가족의 사람들을 출가시켰다.

이 중에는 나중에 '다문제일(多聞第一)'로 일컬어지며 석가모니 부처님을 늘 수행하던 아난다(Ananda)와 또 석가모니 부처님의 배다른 형제, 즉, 부처님을 키워준 이모의 아들인 난다까지도 출가하게 되었다.

이들뿐만 아니라 석가족의 수많은 젊은이들이 부처님의 법문을 듣고 출가했다. 처음에는 석가모니 부처님에 대해 반신반의하던 사람들도 석가모니 부처님을 한번 뵙고 나면 그 인품과 논리 정연한 설법에 감화되어 그 자리에서 출가를 원했다.

석가모니 부처님의 시촌들이 출기할 때 이발사였던 우빨리(Upāli)라는 사람도 출가했다. 우빨리는 출가해서 계율을 워낙 잘 지켰기 때문에 '지계제일(持戒第一)'로 불리었으며 부처님의 십대제자의 한 사람이 되었다. 그 당시에 이발사는 가장 천민에 속하는 사람이었지만 부처님께서는 차별없이 우빨리도 승단의 일원으로서 도리어 늦게 출가한 왕족들로 하여금 공경하게 만드셨다. 그 당시로서 이러한 일은 정말 파격적인 일이었다. 엄격한 계급제도의 사회에서 세속의 지위나 계급, 직업 등에 상관없이 누구나 평등하게 대하는 단체는 부처님의 교단밖에 없었다.

그리고 부처님께서는 하층민들이 오히려 생에 대해 더 괴로움이 많은 것을 감안하여 그들에게 설법을 하실 때에 어려운 말을 쓰지 않으셨다고 한다. 귀족들만 쓰는 산스크리트어를 쓰지 않고 민중들이 알아들을 수 있도록 그 당시에 통용되는 쉬운 말로 설법을 하셨던 것이다. 제자들에게도 그 지방에 가면 그 지방 사람들이 알아들을 수 있는 말로 가르치라고 엄하게 당부하셨다.

이처럼 부처님께서는 모든 사람들을 평등하게 대하시며 한없는 자비와 지혜의 말씀으로써 성도 후 45년에 걸쳐 수많은 사람들을 어두움에서 밝음의 길로 이끄셨다.

4. 석존, 최후의 가르침

| 1) 쿠시나가라를 향하여 |

부처님께서는 35세에 성도를 하시고 45년이라는 오랜 기간에 걸쳐서 설법을 하시며 교화를 하셨다. 그 기간 동안 부처님께서는 한 곳에 머물지 않는 것을 원칙으로 계속하여 이 나라에서 저 나라로, 이 마을에서 저 마을로 다니시며 온갖 계급의 사람들을 교화하여 불교에 귀의하게 했다.

경전에 나타난 부처님의 생애를 살펴보면, 성도 전후에 대한 것과 돌아다니시며 교화하신 기간, 그리고 열반 전후의 시기로 나누어 볼 수 있다. 성도 전후에 대한 사건들은 부처님의 회고의 형식으로 서술되어 있는 것이 많으며, 각지를 유행하며 교화하신 것들은 아난이 시자로 되면서 부처님의 말씀을 기억하여 서술한 것이 많다. 그리고 부처님의 입멸 전후에 대한 기록은 《대반열반경(大般涅槃經)》에 수록되어 있는데 《대반열반경》이라는 이름의 경전은 여러 종류가 있다. 이들 경전들 사이에는 내용상 차이가 있지만 대체적으로는 일치하고 있다.

《대반열반경》에 의하면 부처님께서는 아누룻다와 아난다 등의 제자 500명을 거느리고 마가다의 왕사성을 출발하여 점차로 북상해서 말라국의 쿠시나가라에서 열반하신 과정이 그려져 있다. 그리고 《대반열반경》에서는 부처님께서 입멸하신 후 장의에 관한 것과 유골의 분배 등에 대한 사실도 기록하고 있는데 이러한 일들은 왕사성에서 출발하는 것으로부터 반년 사이에 일어난 일이었다.

이 반년 동안에는 부처님의 최후의 우기 안거가 포함되어 있는데, 그 전 해의 우기에는 사위성의 기원정사에서 안거를 하셨다. 부처님께서는 이때 79세였으며 자신의 몸을 마치 낡은 수레를 가죽 끈으로 겨우 붙들어 매어 놓은 것과 같다고 고백을 하신 적이 있다. 이 무렵에는 석가족도 멸망했으며 사리불과 목건련도 입멸을 하고 친하게 지내던 빔비사라왕도 7, 8년 전에 아들에게 시해를 당하고 코살라의 파세나디왕도 죽었다.

부처님께서는 아끼는 제자와 친하던 사람들이 차례로 세상을 떠나고 당신께서도 입멸할 날이 가까워 온 것을 아시고 아난다와 제자들을 거느리고 아직도 불교가 덜 알려진 서북 방향의 쿠시나가라를 향하여 걸어 올라가셨다. 쿠시나가라는 말라국의 영토에 있었는데 여기에는 아직도 불교를 모르는 사람들이 많았기 때문에 부처님께서는 아마 이 곳을 교화 하신 다음 고향인 카필라바스투에 가까이 가시고 싶어하지 않았나 생각이 된다.

부처님께서 여행을 시작하시던 무렵은 현재의 5~6월경이었는데 낮 최고 기온이 섭씨 50도 가까이나 되는 더운 날이었다. 80을 바라보는 연세에 그렇게 법을 전하러 길을 떠나신다는 것은 아직도 몽매한 중생들을 생각하는 자비심없이는 어려운 일이었다. 부처님께서는 가시는 도중에 여러 곳을 들러 사람들에게 설법을 해 주시고 북쪽을 향해 나아가셨는데 《대반열반경》에서는 각처에서 설법하신 내용들이 많이 나온다.

갠지스강을 건너서 북쪽으로 계속해서 올라가신 부처님께서는 밧지국의 코티라는 마을에 도착하셨다. 이곳에서 부처님께서는 제자들에게 사성제에 대한 가르침을 설하셨다.

> 비구들아, 사성제를 깨닫지 못하고 통달하지 못한 까닭에 나나 너희들은 이와 같이 오랜 윤회전생을 한 것이다.
> 그러나 비구들아, 이제 사성제를 깨닫고 통달해서 유애가 끊어지고 유루가 다했으니 다시는 재생윤회가 없다.

《대반열반경》에 나오는 말씀들은 부처님께서 입멸하시기 전 반년 정도의 기간 동안에 설법하신 것들이기 때문에 다른 경전들보다도 긴장감이 더하고 절실하다. 부처님께서 마지막으로 길을 나서서 가시는 곳마다 남기고 싶은 말씀을 설하신 것이기 때문에 그만큼 마음에 와 닿는다. 그리고 부처님께서 남기시고자 했던 메시지를 이 경을 통하여 생생하게 느껴볼 수 있다.

사성제에 대해서도 제자들을 상대로 그동안 많은 설법을 하셨지만 사성제를 깨닫지 못해서 윤회전생하고 있다는 말씀은 부처님께서 마지막으로 사성제의 중요성을 역설하신 것이다. 불교의 모든 것은 이 사성제에 집약되어 있다고 해도 과언이 아니다. 사성제는 근본불교에서부터 대승불교의 마지막 단계인 밀교에 이르기까지 변함없이 관통하는 불교의 근간이라고 할 수 있다. 불교의 모든 교리는 이 사성제를 중심으로 부연 설명되어 있다고 해도 지나친 말이 아니다.

부처님께서는 계속 북상하시며 사람들을 위해 좋은 설법을 해 주시고 벨루바[죽림(竹林)] 마을로 가셨다. 이때는 우기가 막 시작되던 때였는데 엄청난 비가 계속해서 내릴 뿐 아니라 더위와 습도가 대단했다. 부처님께서는 제자들에게 모두 적당한 곳을 찾아가 우안거에 들어가라고 명하시고 당신께서는 이 마을에서 안거에 들어가셨다. 그러나 노쇠한 부처님께서는 더위를 이기지 못하시고 병이 났다. 이때의 병은 매우 혹독한 것이었는데 부처님께서는 이렇게 생각하셨다.

'가까이에서 시봉하는 이들에게 알리지도 않고 비구들에게 한 번도 깨달음의 기회를 주지 않은 채 열반에 드는 것은 여래의 행위가 아니다. 그러므로 지금은 정진으로 이 병을 견디고 유수행(留壽行)으로 수명을 늘리자.'

그리고는 정신력으로 병을 극복하셨다. 이때에는 우기도 끝나고 부처님께서 그늘에서 쉬고 계셨다. 그때 시봉하던 아난다가 이렇게 말했다.

"세존이시여, 병이 낫게 되어서 정말 다행입니다. 부처님께서 병이

나셨을 때는 앞이 캄캄했습니다. 그렇지만 세존께서 승단에 아무런 유언도 남기지 않으시고 돌아가실 리는 없다고 생각하고는 겨우 안심할 수 있었습니다."

아난다는 부처님께서 마지막으로 어떤 비밀의 가르침이라도 전해주시지 않을까 기대했던 것이다. 혹은 부처님께서 돌아가시기 전에 틀림없이 유언을 남겨 누군가에게 교단을 이끌 것을 지목하고 돌아가실 것이라고 생각했던 것이다. 그러나 아난다의 말을 들은 부처님께서는 이렇게 말씀하셨다.

"아난다여, 그 기대는 잘못되었구나. 비구들은 나에게 무엇을 바라는가? 아난다여, 나는 모든 법을 설했다. 어떠한 가르침도 제자에게 숨기면서 움켜쥐고 있는 비밀스러운 것은 없다. 아난다여, 나는 내가 이 교단의 지도자라든가, 비구들이 모두 나에게 의지하고 있다고 생각한 적은 없다. 여래가 비구의 모임에 대해 어떤 지시를 한다는 것은 있을 수 없다."

부처님께서는 당신의 가르침에는 비밀이란 것은 없으며 안과 밖이 다르지 않은 가르침을 설하셨다. 그리고 비구의 모임인 승단은 좋은 벗의 집단이므로 누가 누구에게 지시하고 누가 승단을 이끈다는 생각은 그릇된 것이라고 하셨다. 바라문교의 우파니샤드라는 말은 스승과 제자가 무릎을 맞대고 비밀리에 전수해 준다는 뜻이 있다. 그러나 부처님의 가르침에는 비밀스러운 것은 없었다. 누구에게는 가르쳐주고 누구에게는 가르쳐주지 않는 그러한 법은 없었다는 말씀이다. 그렇기 때문에 경전에서는 부처님의 가르침을 '현실적으로 증명된 것, 때를 격하지 않고 과보가 있는 것, 눈 있는 자는 와서 보라고 말할 수 있는 것, 능히 열반에 인도하는 것, 또 지혜 있는 자가 각기 스스로 알 수 있는 것'이라고 하였다.

부처님께서 설하신 법은 하늘나라의 일이나 사후 세계에 대해 말씀하신 것이 아니다. 모든 것이 우리 인생과 직결되는 현실의 문제에 대한 것이었다. 만약 증명하기 어려운 신이나 신의 계시나 또한 다가오지도 않는 미래나 아득한 과거의 일을 언급하셨어도 우리는 그 진위를 확인하기 어려웠을 것이다. 연기의 이치나 사성제의 도리는 너무나 명백하고 누구나가 수긍할 수 있는 것이다. 이것이 불교가 다른 종교와 차이나는 점이다.

그리고 때를 격하지 않고 과보가 있는 것을 말씀하셨다. 이것은 그 결과가 시간을 기다리지 않고 즉시 나타나는 것을 말한다. 부처님께서 만약 사후의 일을 말씀하셨다면 우리는 죽어서야 그 결과를 알 수 있다. 또한 천상의 일을 말씀하셨다면 이 몸으로는 입증하기 불가능한 것이다. 부처님께서는 천상의 일이 아니라 지상의 일을 말씀하셨으며, 내세의 운명에 대한 것이 아니라 지금 이 순간 현실에서의 인간 문제를 말씀하셨다. 미래의 일을 말씀하셔도 그것은 현재에 바탕을 두고서 그 결과를 예견하신 것이다.

부처님께서는 비구들의 집단인 승가를 좋은 벗의 집단으로 보셨기 때문에 누군가가 지도자가 되어 승가를 이끌고 통솔하는 것은 바람직하지 않다고 말씀하셨다. 따라서 후계자를 지목한다든가 특별히 누군가에게만 법을 전한다든가 하는 것은 있을 수 없었다.

부처님께서는 아난다에게 다시 이렇게 말씀하셨다.

"아난다여, 나도 이제 늙어서 팔십이 되었다. 마치 낡은 수레를 가죽 끈으로 묶어 겨우 지탱하는 것처럼 나의 몸도 겨우 조금씩 움직이고 있다."

부처님께서는 육신의 무상함을 이미 알고 계셨고, 생겨난 것은 모두 멸한다는 것을 알고 계셨기 때문에, 이때에는 이미 반열반(般涅槃; parinirvāṇa)을 예감하고 계셨던 것이다. 반열반은 완전한 열반에 든다는 의미로서, 육신이 있는 한은 업의 소멸이 완전히 끝난 것이 아니므로 육신이 멸했을 때 완전한 열반에 든다고 생각했던 것이다. 그러나 부처님께서 가르치신 원래의 의도는 반드시 죽어야만 열반을 얻는 것은 아니었다. 지금 이 순간에도 모든 집착을 벗어버리고 괴로움에서 벗어나게 되면 그것이 곧 열반인 것이다. 그렇기 때문에 부처님께서는 당신의 무상한 육신에 예배하지 말고 스스로를 의지하고 진리를 의지하라고 하셨다. 그래서 부처님께서는 아난다에게 이렇게 이르셨다.

> 그러므로 아난다여, 그대들은 다만 스스로를 섬으로 하고 스스로를 의지처로 삼아야지 다른 것을 의지처로 삼아서는 안 된다. 법을 섬으로 하고 법을 의지처로 삼아야지 다른 것을 의지처로 삼아서는 안 된다.
>
> 아난다여, 지금은 물론이고 내가 죽은 뒤에도 스스로를 섬으로 삼고 스스로를 의지처로 삼아야지 다른 것을 의지처로 삼아서는 안 된다. 법을 섬으로 삼고 법을 의지처로 삼아야지 다른 것을 의지처

로 삼아서는 안 된다. 지금에 있어서도, 내가 죽은 후에도 이렇게 하는 사람이야말로 나의 제자 중에서 으뜸가는 자일 것이다.

스스로를 의지처로 하고 법을 의지처로 한다는 말씀은 한문으로 '자등명, 법등명(自燈明, 法燈明)'으로 번역되며 혹은 '자귀의, 법귀의(自歸依, 法歸依)'라고도 하는 유명한 말씀이다.

부처님께서는 제자들에게 3개월 뒤에 입멸할 것임을 알리고 마지막으로 설교를 하신 다음 북상하여 베살리와 반다라는 곳을 지나치시며 이곳 사람들에게도 설법을 하셨다.

그리고 제자들과 함께 파바라는 마을에 가셨다. 이 마을에서 대장장이 춘다라는 사람이 소유하고 있는 망고 동산에 머무르셨다. 이때 춘다는 부처님께 자기는 앞으로 어떤 사문을 참된 사문으로서 존경해야 할지에 대해서 부처님께 여쭈어보았고 부처님께서는 춘다를 위하여 자상하게 설법해 주셨다.

부처님의 설법을 듣고 기뻐한 춘다는 다음날 부처님을 공양에 초대했다. 이튿날 춘다는 여러 가지 음식을 준비했고 그중에서도 특히 스카라 맛다바라는 특별한 음식도 준비했다. 일설에는 부처님께서 춘다가 올린 돼지고기를 드시고 돌아가셨다고 하고 있지만 이것은 전단나무에서 자라는 버섯으로 만든 매우 맛있는 요리라고 한다. 부처님께서 마지막으로 드신 음식이 돼지고기라는 설은 돼지가 이런 종류의 버섯을 좋아하여 돼지를 이용하여 그 버섯을 찾기도 하기 때문에 이런 오해가 빚어진 것으로 보인다. 춘다가 육식을 즐기지 않는 부처님께 돼지고기 요리를 올릴 리도 없을 뿐더러 흔한 돼지고기라면 다른 모든 비구들에게도 똑같이 대접했을 것인데 부처님께만 드린 것으로 보아서 전단나무에서 자라는 귀한 버섯이라고 보아야 할 것이다. 부처님께서는 춘다가 가져온 음식을 보시고 이렇게 말씀하셨다.

"춘다여, 남은 스카라 맛다바는 구덩이를 파고 묻어라. 세상에서 이 음식을 먹고 소화시킬 수 있는 자는 악마와 범천, 신들과 인간, 사문과 바라문 중에서 오직 여래밖에 없느니라."

아마 부처님께서는 이 음식이 상한 것을 미리 아시고 다른 사람에게는 먹지 못하게 하고 혼자만 드셨던 모양이다. 음식이 상했다고 정성껏 차린 것을 물리쳤을 때 실망할 춘다를 생각해서 그대로 드셨는지도 모른다. 더구나 부처님께서는 이미 입멸하실 것을 알고 계셨기 때문에 춘다의 공양을 입멸의 계기로 삼으셨는지도 모른다. 아무튼 부처님께서는 춘다의 공양을 드시고 심한 설사병에 걸렸다. 경전에서는 피가 섞인 설사를 계속하셨지만 바르게 사념하시고 의식을 보전하시면서 고통을 참으셨다고 하고 있다. 그리고는 아난다를 재촉하여 쿠시나가라로 향하셨다.

가시는 도중에 길 옆의 나무 아래에서 가사를 네 겹으로 깔고 쉬시면서 아난다에게 마실 물을 떠오라고 하셨다. 아난다는 방금 전에 오백 대의 수레가 지나갔기 때문에 물이 흐려서 마실 수가 없다고 하면서 조금만 더 가면 카쿠타강이 있으니 거기는 물도 깨끗하여 마실 수 있고 몸도 씻을 수 있다고 말씀드렸다. 그래도 부처님께서는 물을 떠오라고 하셨고 아난다는 또 전과 마찬가지의 대답을 했다. 세 번째로 부처님께서

물을 떠오라고 하셨을 때 아난다는 할 수 없이 물을 뜨러 갔다. 그런데 이상하게도 수레가 지나가서 흐려 있어야 할 물이 맑고 깨끗하게 흐르고 있었다. 아난다는 여래의 신통력과 불가사의에 놀랐다.

그때 이곳을 지나던 풋쿠사라는 상인이 부처님 계신 곳으로 왔다. 이 사람은 말라국 사람으로 알라라 카라마의 재가제자였다. 그는 부처님의 설법을 듣고는 이렇게 말했다.

"세존이시여, 지금 세존의 말씀을 듣고 보니 알라라 칼라마에 대한 나의 존경심은 태풍 속의 먼지, 급류 속의 낙엽처럼 날아가 버렸습니다."

그렇게 말하면서 그 자리에서 부처님의 재가신자가 되었다. 그리고는 금색옷을 부처님께 올리고 또 아난다에게도 올렸다. 푸쿳사가 떠나자 아난다는 금색옷을 부처님께 입혀 드렸다. 그랬더니 부처님의 피부색이 금색옷보다도 더 밝고 청정하게 빛났다고 한다. 놀란 아난다에게 그것은 여래의 입멸이 가까워 오기 때문이라고 말씀하셨다. 그리고 부처님께서는 아난다에게 오늘 밤 쿠시나가라의 숲 속 한 쌍의 사라나무 사이에서 완전한 열반에 들 것이라고 이르셨다.

부처님께서는 아난다와 제자들을 거느리고 카쿠타강에 이르러 거기에서 목욕을 하시고 입을 씻으시고 물을 드셨다. 그리고는 근처의 망고나무 숲에서 가사를 네 겹으로 펴고 앉아 잠시 휴식을 하신 다음 아난다에게 이렇게 말씀하셨다.

"아난다여, 사람들은 대장장이 춘다에게 이렇게 비난할 지도 모른다. '여래께서는 춘다의 공양을 마지막으로 입멸하셨다. 그것은 너에게 이

제3부 · 석존의 생애와 사상 157

익됨이 없을 것이다' 아난다여, 이로 인해 춘다는 나에게 최후로 올린 공양을 후회할지도 모른다. 그러면 너는 춘다가 올린 공양은 경사스럽고 좋은 일이라고 위로하여라."

음식을 시여하는 데는 큰 공덕과 이익이 있는데 그중에서도 그것을 먹고 여래가 위없는 바른 깨달음을 얻어 부처가 될 때와 또 하나는 그것을 먹고 여래가 완전한 열반에 들 때 그 공덕이 가장 큰 공덕과 복덕을 가져온다고 설명하셨다. 그렇기 때문에 춘다가 올린 공양은 장수를 얻게 되고 좋은 곳에 태어나게 되고 안락을 얻고 명성을 얻으며 천계에 태어나는 공덕을 얻은 것이라고 말하셨다.

2) 지혜의 빛은 영원하다

어느 정도 피로가 회복되시자 부처님께서는 계속 걸어서 마침내 쿠시나가라의 사라 숲에 이르셨다. 부처님께서는 아난다에게 명하여 두 그루의 사라나무 아래에 자리를 만들게 하시고 머리는 북쪽으로 향하고 오른쪽 옆구리를 아래로 하여 누우셨다. 그때 대지는 진동했고 한 쌍의 사라나무가 때도 아닌데 갑작스럽게 온통 꽃을 피웠다고 한다.

부처님께서는 사라쌍수 아래에서 비구들에게 마지막으로 설법을 하셨다. 스스로를 의지처로 삼고 진리를 의지처로 삼아 게으르지 말고 정진하라고 하셨다. 그리고 여래를 참으로 경배하고 존경하는 것은 진리와 그것에 따라 일어나는 것을 향해 올바르게 행동하며, 진리에 수순하여 행동하는 것이라고 하셨다. 부처님께서는 아난다를 비롯한 제자들에게 이렇게 말씀하셨다.

 비구 또는 비구니 혹은 재가신자로서 법을 잘 알며 법을 잘 따르고 행하는 자만이 부처님을 최상으로 숭배하고 존경하여 공양하는 것이다. 그러므로 아난다여, 법을 잘 알고 법에 따라 행해야 한다고 마음속에 깊이 새겨 잊지 말아야 한다.

아난다는 슬픔을 이기지 못해 한쪽 구석에서 울고 있었는데 부처님께서는 아난다가 보이지 않는 것을 아시고 불러오게 하셨다.
"아난다여, 너는 나의 입멸을 슬퍼하거나 한탄해서는 안 된다. 내가 늘 말하지 않았더냐. 아무리 사랑하는 사람이라도 마침내 헤어져야 할 때가 있다. 태어나고 자라고 허물어지는 것은 피할 수 없는 일이다. 너는 오랫동안 사려 깊은 행동으로 열심히 시봉하며 나에게 이익과 안락을 주었다. 너는 많은 복덕을 지었으니 이제부터 더욱 열심히 정진하여 빨리 열반의 경지에 도달하여라."
이처럼 죽음을 앞에 둔 부처님께서 도리어 살아 있는 사람에게 위로의 말씀을 하셨던 것이다. 이어서 부처님께서는 마지막으로 비구들에게 어떤 의문점이 있거든 물어보라고 하셨다.
"비구들이여, 만약 너희들 가운데에 부처님과 그 가르침, 그리고 승가에 대해, 혹은 수행 방법에 대해 의문이 있으면 무엇이든지 물어라. 내가 입멸한 다음에 묻지 못한 것을 후회하지 말고 의문이 있으면 지금 말하라."

이렇게 세 번을 비구들을 향해 물었으나 아무도 의문을 제기하는 사람이 없었다. 부처님께서는 다시 "너희들 가운데에서 부끄러워서 감히 묻지 못하겠거든 동료를 통해서라도 대신해서 물어라"고 하셨다. 대중들이 계속해서 침묵을 지키자 아난다가 이렇게 말했다.

"저는 여기 있는 모든 대중들이 모두 청정한 믿음을 가지고 있음을 믿습니다. 여기 있는 어느 비구도 부처님과 부처님의 법과 승가에 대하여 의심을 가지고 있는 사람은 없습니다."

여기에 대해 부처님께서는 이렇게 말씀하셨다.

"아난다여, 나 또한 여기에 있는 비구 가운데에 가장 나이 어린 비구라도 모두 도의 자취를 보아 악도에 떨어지지 않을 것이라는 것을 알고 있다. 가장 어린 비구라도 일곱 번 오고가면 반드시 괴로움에서 완전히 벗어나리라. 이제 나는 가르칠 법을 다 가르치고 제도할 자를 다 제도했다. 그리고 아직 제도되지 않은 자들에게는 제도될 수 있는 인연을 주었다. 이제 나는 할 일을 다 마쳤다. 이제 내가 더 산다 해도 아무런 얻을 바가 없다."

부처님의 가르침을 직접 들은 제자들은 누구나 아라한이 될 것이라 예언하시면서 부처님께서는 마지막으로 제자들에게 말씀하셨다.

"비구들이여, 이 세상 모든 것은 무상한 것이다. 게으르지 말고 정진하여라. 이것이 나의 마지막 말이니라."

그리고는 조용히 선정에 드셨다. 부처님께서는 초선(初禪)에서 제이선(第二禪)으로, 제이선에서 제삼선으로, 제삼선에서 제사선으로, 다시 제사선에서 공무변처정(空無邊處定)으로 옮겼다가 무색정(無色定)으로 나아가고 다시 최고의 선정인 비상비비상처정(非想非非想處定)에 들었다가 성자의 무심정(無心定)이라는 멸진정(滅盡定)에 드셨다.

아직 아라한의 경지에 들지 못했던 아난다는 이때 부처님께서 꼼짝하지 않으시고 무념무상의 선정에 드시자 입멸하신 줄 알고 옆에 있던 아누룻다에게 물었다. '천안제일(天眼第一)'이라고 불려지는 것처럼 선정에 있어서는 누구보다도 뛰어났던 아누룻다는 부처님께서는 아직 입멸하신 것이 아니며 단지 멸진정에 들어 계신다고 대답했다.

아난다와 아누룻다 등의 수많은 비구제자들과 쿠시나가라의 재가신자들이 지켜보는 가운데에서 부처님께서는 멸진정을 나와서 다시 비상비비상처와 공무변처를 거쳐 가장 아래의 초선에까지 이르신 다음 다시 차례로 제사선에 이르러서 마침내 입멸하셨다. 지관(止觀)이 균형을 이루는 제사선이 선정으로서는 가장 이상적이었기 때문이다. 부처님께서 입멸하실 때에 인도 최고의 신 범천(梵天: 브라만)은 이렇게 시(게송)를 읊었다고 한다.

　　이 세상에 태어난 일체의 생명은
　　언젠가 그 신명을 버려야만 한다.
　　비할 바 없는 여래, 능력을 갖추신 정각자,
　　이러한 스승께서도 때가 되면 돌아가신다.

또 위대한 신 제석천(帝釋天: 인드라)은 이렇게 시(게송)를 읊었다.

진실로 제행은 무상이며
생멸을 성품으로 한다.
생겨난 것은 또한 멸하니
그 고요함이야말로 진정한 안락이다.

아난다는 부처님께서 입멸하실 때의 심정을 이렇게 말했다.

일체의 자비심을 갖추신 그 분 정각자께서 입멸하실 때 나는 두려워 머리털이 곤두섰다.

천안제일의 아누룻다는 이렇게 시(게송)를 읊었다.

마음이 편안해진 구제자(救濟者)께서는
이제 들숨도 날숨도 없구나.
욕망이 없는 분이 적정에 드시니
이제 깨달은 분은 멸하고 말았다.
흔들리지 않는 마음으로써
고통을 훌륭히 참아내시고
등불이 꺼지는 것처럼
완전한 해탈을 이루셨다.

이렇게 해서 마침내 부처님께서 입멸하시자 아직 마음의 때를 완전히 버리지 못한 비구들은 땅에 드러누워 뒹굴면서 비통하게 울었다고 한다.

"아, 부처님께서는 무슨 까닭에 이리도 빨리 열반에 드십니까? 원만한 분께서는 무슨 까닭에 이리도 급히 열반에 드십니까? 세상의 눈은 무슨 까닭에 이리도 빨리 모습을 감추십니까?"

마음의 때를 완전히 버린 비구들은 "세상의 모든 현상은 무상한 것이다. 변해 가는 것을 어찌 멈출 수 있겠는가?"라고 하면서 바르게 사념하고 의식을 보전하며 슬픔을 시그시 참았다고 한다. 이때에 아누룻다 존자는 슬퍼하는 비구들에게 이렇게 말하면서 모두를 위로했다.

"여러분, 슬퍼하지 마십시오. 세존께서는 항상 말씀하시지 않았습니까? '아무리 사랑하고 마음에 맞는 이도 마침내 헤어져야 한다. 그것을 어찌 피할 수 있겠는가? 세상은 모든 것은 성주괴공(成住壞空)의 이치를 벗어날 수 없으니 그것을 거스르는 것은 이치에 맞지 않는 것이다'라고."

아난다와 아나룻다는 날이 밝을 때까지 법담을 나누며 부처님의 곁을 지키다가 쿠시나가라의 말리족 사람들에게 부처님의 입멸을 알렸다.

부처님께서 반열반에 드신 때를 남방불교에서는 탄생과 성도 때와 마찬가지로 베사카달이라고 하고 있는데 이것은 대략 양력 5월경이다. 그러나 중국이나 우리나라, 일본 등에서는 음력 2월 15일에 입멸하신 것으로 하고 있다. 부처님께서는 베살리에서 마지막 우기를 보내시고 석 달 뒤에 입멸하셨다고 하니까 인도의 우기는 대략 베사카달이 끝나고 2개월 정도 있다가 시작되어 3개월 정도를 계속하고 끝이 난다. 그러면 대략 10월 정도 되는데 이때부터 석 달 뒤면 다음 해의 일, 이월이 되니까 북방불교의 설과 어느 정도 비슷하다고 할 수 있다. 더구나 사라나무의 꽃이 뜻하지 않게 일찍 피었다는 것으로 미루어 보면 북방불교의 전래설이 상당히 신빙성이 있다고 보여진다.

부처님께서 반열반에 드셨다는 소식을 들은 쿠시나가라의 말리족 사람들은 다시금 슬퍼하며 몰려와서 부처님의 성체 주위에 장막을 치고 향과 꽃을 올리며 악기를 연주했다. 이렇게 하여 7일이 흐르는 동안 많은 사람들이 경배를 하기 위해 몰려왔다.

부처님의 성체는 전륜성왕의 예에 따라 좋은 천으로 몇 겹 싸고 훌륭한 관에 넣고 천관사로 옮겼는데 다비를 하려고 하자 불이 붙지 않았다. 그것은 사리불과 목건련이 죽은 다음 제일가는 상수제자였던 마하가섭이 오지 않았기 때문이었다.

마하가섭은 그 당시에 마가다의 남쪽 지방을 유행하고 있다가 부처님의 입멸이 가까워졌음을 느끼고 500명의 비구들을 거느리고 속히 쿠시나가라로 향하고 있었다. 도중에 큰 나무 밑에서 잠시 쉬고 있는데 만다라꽃을 든 한 사명 외도가 지나갔다. 그에게 부처님의 소식을 물었더니 그는 부처님께서 7일 전에 이미 입멸하셨으며 자기가 들고 있는 만다라꽃은 부처님 유해에 바쳐진 것을 한 송이 얻은 것이라고 했다.

이 소식을 들은 범부 비구들은 가슴을 치며 애석해 했다. 그러나 깨달음의 경지가 높은 비구들은 무상에 대해 생각하며 슬픔을 누르고 있었다. 그런데 그들 중에 늙어서 출가한 한 비구가 있었는데 슬픔에 잠겨 있는 비구들에게 이렇게 말했다.

"그대들은 어째서 그토록 슬퍼하는가? 저 대사문은 지금까지 우리에게 이래라 저래라 간섭하면서 잔소리가 많았소. 그러나 대사문이 없어진 지금 이제부터는 우리가 하고 싶은 것은 하고 하기 싫은 것은 하지 않을 수 있소. 그러니 오히려 기뻐해야 하지 않겠소?"

이 말을 들은 마하가섭은 너무 놀랐다. 앞으로 교단 안에 이러한 비구가 많아지면 바른 법과 율을 잃게 되어 불교가 쇠퇴할지도 모르기 때문에 이를 방지하기 위해서 신속히 부처님의 가르침을 남기는 결집을 해야겠다고 결심했다.

마하가섭 일행이 드디어 천관사에 도착하여 부처님의 성체를 세 바퀴 돌고 예를 올리니 화장나무는 저절로 타올랐다고 한다. 그렇게 해서 부처님의 유해는 사리만 남기고 완전히 다탔다. 다비가 끝나자 말라족 사람들은 부처님의 사리를 집회장으로 옮기고 7일 동안 음악과 꽃, 향을 바치며 경배했다.

마가다 국왕 아사세는 부처님께서 쿠시니가라에서 열반에 드셨다는 소문을 듣고 사신을 파견하여 부처님께서도 왕족 출신이고 자기도 왕족 출신이기 때문에 사리 분배에 참석할 권리가 있으며 더군다나 사리탑을 세워 공양올릴 장소가 있기 때문에 사리를 나누어 달라고 했다. 또 베살리의 리차비족, 카필라바스투의 샤카족, 알라카파의 부리족, 라마가마의 콜리야족, 베다디바의 바라문들, 파바의 말라족 등이 모두 사신을 파견하여 사리를 나누어 달라고 했다. 그러나 쿠시나가라의 말라족은 이렇게 말했다.

"당신들은 여러 가지 이유를 들어 사리를 나누어 달라고 하지만 부처님께서는 우리 마을의 영역 안에서 열반에 드셨기 때문에 당신들의 요구에 응할 의무가 없소."

그러자 각 부족의 사신들은 화를 내고 분위기가 험악해졌는데 이때 도나라는 바라문이 그들을 화해시켰다. 이 도나라는 바라문은 그때 이렇게 말했다.

"모두 나의 말을 들으시오. 우리의 부처님께서는 인욕의 공덕을 설하셨습니다. 이 훌륭한 분의 유골을 나누는데 다투어서는 아니됩니다. 모두 진정하고 서로가 화해하여 부처님의 사리를 나누도록 합시다. 그리고 사람들이 부처님께 귀의할 수 있도록 널리 사방에 탑을 세웁시다."

그래서 각 부족들은 이 사람의 제안대로 팔등분해서 나누어 가졌다. 도나라는 비구는 사리 분배가 끝나고 사리를 담았던 항아리를 얻어 갔다. 이것을 경전에서는 흔히 '불골팔분(佛骨八分)'이라고 한다. 나중에 핍팔리바나의 모리야족도 늦게 도착해서 사리를 나누어 달라고 했지만 그때는 이미 사리의 분배가 끝났기 때문에 할 수 없이 다비한 재를 얻어 갔다. 그래서 그들은 여덟 곳에 사리탑을 세우고 또 병탑과 회탑(灰塔)을 포함하여 열 군데에 탑이 세워졌다. 이것은 모두 재가신자들의 신심을 고취시키기 위하여 남겨진 것이며 출가비구들에게는 부처님의 교법과 율이 남아 있었다.

19세기 말까지만 해도 석가모니 부처님이 정말 역사상의 인물인가 아닌가에 대해서 서양에서는 의견이 많았다. 그런데 1898년경에 프랑스의 고고학자 뺏페가 네팔 남쪽 피푸라바라는 곳에서 사리병 한 개를 발굴했다. 이 항아리에는 '세존이신 붓다의 이 사리병은 석가족이 그

형제, 자매, 처자와 함께 신심을 가지고 안치하여 받들어 모시는 것이다' 라는 기록이 있었다. 불골팔분의 이 이야기는 이로써 실제의 역사적 사실로서 입증되었던 것이다.

그 해의 우기 안거 중에 500명의 비구들이 라자가하 교외의 칠엽굴에서 마하가섭, 아난다, 우팔리 등을 주축으로 부처님께서 설하신 법과 율의 결집을 했다. 결집은 합송(合誦)이라고도 하는데 먼저 한 사람의 비구가 나와서 부처님께서 생전에 설하셨던 교법이나 계율을 외우면 모여있던 다른 비구들이 들어보고 잘못된 것이 없을 경우 일정한 형식으로 정리하여 이것을 함께 외웠다. 그리고는 모두가 이것을 기억하였다가 후대에까지 전했다. 아무래도 기억에만 의존하여 전하다 보니 원래의 부처님의 말씀과 약간의 차이가 나거나 개념전달에서 약간의 오해의 소지가 있는 부분이 있었을지 모른다. 200년쯤 뒤에는 이것이 문자로 기록되기 시작하여 우리가 지금 보고 있는 경전의 원형이 되었던 것이다.

부처님께서 입멸하신 후 200년 정도 되었을 때 아소카왕이 전 인도를 통일하고 불교에 귀의하여 불교를 확산시키기 위하여 전도사를 각지에 파견하였고 또 8개소의 부처님 사리탑을 열어 사리를 더욱 세분하여 전 인도에 8만4천 개소나 되는 곳에 사리탑을 세웠다고 전해진다. 이리하여 부처님의 사리는 인도밖의 여러 불교국가에도 전해졌으며 우리나라에도 여러 군데에 부처님의 사리가 모셔져 있다.

이렇게 해서 부처님께서는 이 세상에서 입멸하셨지만 그 가르침은 오늘날까지도 이어져서 우리 인류에게 지혜와 자비의 빛을 드리우고 계신다.

제4부

불교의 교리와 수행

제1장 불교의 교리(가르침)

1. 부처님이 깨달으신 진리

| 1) 깨달음의 내용 |

　　　　　석가모니 부처님께서 한결같이 추구하고 가르치신 것은 고로부터의 해탈에 있었다. 그리고 고로부터의 해탈과 열반을 얻기 위해서는 깨달음의 지혜가 있어야 한다고 했다. 그렇다면 깨달음의 지혜란 무엇을 깨닫는 지혜인가? 석가모니 부처님께서 깨달음을 얻어 부처가 되었다고 하는데, 그것은 무엇을 깨달았다는 말인가? 이런 의문을 먼저 가져 볼 만하다.

　부처님께서 깨치신 것은 한마디로 '연기법(緣起法)' 혹은 '연기의 법칙'이라는 진리이다. 이것을 불교에서는 단순히 법(法) 혹은 달마(dharma, dhamma)라고도 한다. 붓다라는 말은 '진리를 깨달은 자'라고 했는데, 이때 깨달았다는 것은 바로 이 연기의 법을 깨달았다는 말이다. 법은 원래 dh라는 말을 어근으로 하고 있는데, 이것은 '지닌다', '가진다' 라는 뜻이 있다. 이것이 dhara로 되었고 다시 dharma로 되어 이법(理法), 질서, 궤법(軌法) 등의 뜻을 가지게 되었다.

그런데 경전에서는 이 법이라는 말이 여러 가지 용법으로 쓰이게 되어 경을 해석하는 데에 있어 상당한 혼란을 가져오기도 한다. 그러나 경전에 나오는 법에 대한 의미를 대체로 크게 나누면 다음의 다섯 가지로 요약할 수 있다.

첫째, 사회일반에서 쓰이는 용법인 법률로서의 법이 있다. 국법이다, 왕법이다 할 때의 법이 바로 이것이다.

둘째, 일정한 규칙이나 법칙을 법이라고도 한다.

셋째, 진리와 같은 의미로서 법이라는 말을 쓴다.

넷째, 우리에게 나타나는 현상이나 사물 등 존재를 나타내는 경우에 법이라는 말을 쓴다.

다섯째, 부처님의 가르침을 법이라고 한다. 부처님의 사상과 교의(教義)를 나타낼 때에 이 법이라는 말을 쓴다. 즉 교법으로서의 법이다.

그러나 불교에서 법이라고 하면 앞에서 언급한 것처럼, 첫째는, 부처님께서 깨닫고 가르치신 진리를 의미하는 경우가 많다. 다음으로는, 존재나 현상을 나타내는 의미로 이 법이라는 말이 사용된다. 이 두 가지 의미가 불교에서 법이라는 말이 사용되는 가장 대표적인 용례이다.

석가모니 부처님께서 깨달으신 연기의 법은 우주와 인생의 보편적 진리로서 누가 만든 것이 아니다. 그것은 부처님께서 이 세상에 나타났던지 아니던지 상관없이 영원히 존재하는 일종의 법칙성이라고 할 수 있다. 그렇기 때문에 이 법은 시간과 공간을 넘어 차별없이 적용되는, 글자 그대로 '진리'인 것이다. 그리고 이러한 진리를 깨닫는 지혜를 '깨달음의 지혜'라고 하는 것이다.

그러면 진리라는 이 보편적인 법칙성, 즉 불교에서 말하는 법이란 구체적으로 무엇을 가리키는 것인가 하면 그것은 곧 '연기(緣起)' 혹은 '연기의 이법(理法)'이라고 하는 것이다. 불교는 바로 이 연기라는 진리에 의하여 다른 종교와 차별성을 가지며, 또 연기법에 의하여 불교로서의 특색을 드러내고 있다. 연기는 또 다른 말로 '공(空)'이라고도 표현된다.

이 연기의 이법은 불교의 모든 교리를 뒷받침하는 철학적 이론이라고 할 수 있다. 그리고 연기법은 불교의 실천적 배경이 되는 이론이기도 하다. 불교에서 흔히 집착하지 않는다, 분별하지 않는다, 치우치지 않는다고 하는 것은 연기의 철학이 실천적으로 전개된 것이다. 실천으로 나타난 연기의 이법을 특히 중도(中道)라고 한다.

| 2) 불교의 중심사상 -연기법 |

이 연기라는 진리는 불교의 가장 중요한 사상이며, 중심이 되는 교리이고 또 불교 그 자체라고 해도 지나친 말이 아니다. 그렇기 때문에 부처님께서도 "연기를 보는 자는 법〔진리〕을 보고 법을 보는 자는 연기를 본다"고 하셨다. 이 연기라는 진리는 불교 독자의 사상이며, 다른 종교나 철학에서는 설해지지 않았던 것이다. 또한 연기의 진리는 석가모니 부처님 당시로부터 부파불교, 대승불교, 밀교에 이르기

까지 시대와 지역, 종파를 막론하고 불교에 일관하여 흐르는 사상이다. 따라서 연기를 정확하게 이해하지 못하면 불교의 진수를 체득할 수 없다고 말할 수 있다.

'존재하는 모든 것은 연[조건]에 의하여 이루어진다'라는 연기의 법, 혹은 '연생(緣生)의 법칙'이라 불리는 이 진리를 발견함으로써 인간 고타마 싯다르타는 붓다로서 거듭 태어났던 것이며, 모든 괴로움을 벗어나 해탈에 이를 수 있었던 것이다. 언뜻 보기에 간단하게 보이는 이 법은 실제로는 매우 심오한 진리이다. 그리고 모든 불교철학과 수행체계의 근본이 되는 원리이다. 그러므로 불교에서 깨닫는다는 것은 곧 이 연기의 법을 깨닫는 것이다.

연기의 법에 의하여 비로소 인간 존재의 근원적인 문제점, 즉 인간의 본질적인 고의 실상을 파악하고 또 그것의 원인을 밝혀낼 수 있게 되었다. 그리고 연기의 이치를 앎으로써 고로부터 해탈할 수 있는 해결책도 나올 수 있었다. 불교에서의 모든 교리와 수행체계는 이 연기의 진리에 근거하여 조직되고 구성된 것이다. 공(空)이라고도 말해지는 이 연기의 진리는 불교의 전부라고 해도 과언이 아니며, 깨달음의 지혜를 추구한다는 것은 바로 이 연기의 이해와 체득에 있다.

불교의 교리가 합리적이고 과학적이며 시대와 지역, 그 대상을 초월하여 만고불변의 진리로서 자부할 수 있는 것은 바로 이 연기라는 진리에 의하여 모든 존재와 현상을 분석하고 파악하기 때문이다. 이러한 근본진리인 연기를 통하여 우리는 고의 실체를 파악하며 거기에서부터 벗어나는 길을 모색할 수 있다.

3) 우주의 실상과 연기

그러면 불교의 중심철학으로서 이 연기라는 것은 어떤 것이며, 그것은 불교에서 흔히 말하는 공이라는 것과는 어떤 관련이 있는지를 살펴보자. 연기와 공에 대해서 제대로 안다면 우리는 불교의 모든 것을 이해했다고 해도 과언이 아닐 것이다.

우리가 불교를 믿으면서 깨달음의 지혜를 추구한다는 것은 곧 연기(緣起, pratītya-samutpāda)의 이해와 체득(體得)에 있다고 할 수 있다. 연기는 '인연생기(因緣生起)'라는 말에서 왔다. 어떠한 것도 인연에 의하여 생기고 멸한다는 말이다. 인(因)이라는 것은 직접적 조건이 되는 것을 말한다. 연(緣)이라는 것은 간접조건에 해당된다. 이러한 여러 가지 조건에 의하여 모든 현상이 발생하고 소멸하는 것을 연기라고 한다.

연기는 '조건이 갖추어짐으로써 현상이 일어나는 것'이라고 할 수 있는데, 이것은 사물이나 현상이 발생하고 소멸하는 상호의존의 관계를 말한다고 할 수 있다. 이 말은 이 세상의 어떤 것도 단독으로 존재하는 것은 있을 수 없으며, 서로의 관계 속에서 모든 사물이 나타나고 현상이 나타난다는 의미이다. 즉, 다른 무엇인가에 의존하여서만 모든 사물과 현상이 나타날 수 있다는 뜻이다.

면밀하게 관찰해 보면, 이 세상의 모든 현상이나 사물은 독자적으로 존재할 수 있는 것은 아무 것도 없으며, 서로의 관계 위에서 일시적으로 모습을 나타내는데 불과하다. 그 상호의존의 관계가 변하면 현상이나 사물도 모습을 달리하여 나타나게 된다. 따라서 이 세상의 모든 사물과 현상은 독자성이 없는 무상한 것이며 항상 생멸 변화하는 것이다.

그런데 이러한 변화는 불규칙적이거나 우연에 의한 것이 아니다. 일정한 조건 아래에서 일정한 결과를 낳는다는 엄연한 법칙이 있다. 달리 표현하면, 어떤 조건에 의하여 발생하는 현상은 그 조건이 변화하거나 소멸하면 거기에 따라서 현상도 변화하거나 소멸한다는 것이다. 즉, 조건에 합당한 결과를 낳는 일정한 법칙이 있는데, 이것을 '연기의 법칙'이라고 한다.

부처님 이전과 당시에도 그랬지만 지금도 사람들이 이 우주와 세계의 현상을 설명하는 방법에는 크게 나누어 세 가지가 있다. 첫째는 이 세계의 모든 것이 창조주에 의해서 창조되었다고 보는 것이다. 혹은 어떤 지배자, 초월적인 절대자가 이 세상을 창조했다고도 말한다. 그래서 그 창조주나 지배자는 이 우주를 자기의 뜻대로 관리하고 만들어 간다는 것이다. 그러한 창조주나 지배자, 혹은 초월적인 절대자를 흔히 신이라고 이름을 붙인다.

지구상의 거의 모든 종교는 이러한 초월적인 절대자 혹은 창조주에 기반을 두고 있다. 세계 3대 종교라고 하는 기독교와 이슬람교는 바로 이러한 생각에 기반을 둔 대표적인 종교이다. 이들의 교리에 따르면 우주와 세계를 창조하고 관리하는 것은 창조주인 신의 뜻에 달려 있다.

인도에서도 고대인들은 브라만을 비롯한 여러 창조신들을 생각했다. 인도의 신들은 기독교나 이슬람교의 일신교(一神教)적인 신과는 다르지만 창조의 신, 파괴의 신, 운동의 신 등 여러 가지 신들을 생각해내었다. 이처럼 신의 뜻에 의하여 우주와 세계가 창조되고 모든 현상이 나타나고 변화한다는 것이 신의설(神意說)이다.

다음으로는 우연설이라는 것이 있다. 이 세계는 어떤 법칙이 있어서 창조가 이루어지고 변화하는 것이 아니라 우연히 창조된 것이며 우연에 의해서 움직여지고 있다고 보는 것이다. 이러한 생각은 원인과 결과를 엄밀히 따져보지 않고 그저 나타나는 단편적인 현상만 관찰한 것이라고 할 수 있다. 그러나 실제로 많은 사람들은 이 우연설을 믿고 있다. 재수 좋으면 복권도 당첨되고, 재수 없으면 사고도 당할 수 있으며, 또 내가 저지른 나쁜 짓도 재수 좋으면 들키지 않고 넘어갈 수 있다고 생각한다. 인과의 법칙을 부시하고 모든 것을 우연에 돌리는 이러한 생각은 심하면 인간에 대한 경시와 도덕 파괴로까지 이어질 수가 있다.

이 우주와 현상에 대한 문제를 이렇게 신의 뜻에 의한 것이라고 보는 신의설과 어떤 법칙도 없이 우연히 그렇게 된다고 보는 우연설과는 달리 불교에서는 일정한 법칙 아래에서 모든 현상이 발생하고 소멸한다고 본다. 즉, 어떤 조건이 이루어지면 거기에 맞는 현상이 나타나며, 그러한 조건이 소멸하게 되면 그러한 현상은 사라지는 것이라고 불교에서는 설명하고 있다. 그리고 조건이나 현상은 서로 의존하여 맞물려 있기 때문에 어느 한 가지만으로서 독자적으로 형성될 수 있는 것은 아니다. 이것을 상의상관(相依相關)의 관계라고 한다.

연기와 함께 가장 중요한 불교의 사상으로서 공(空)사상을 들 수 있는데, 이것은 연기를 관점을 바꾸어 표현한 것이라고 할 수 있다.

다시 말하면, 불교는 연기와 공의 철학을 실천적으로 전개하여 성불에 이르고자 하는 가르침이다. 연기와 공의 철학이 실천적으로 전개되면 그것이 곧 중도이고, 또 중도를 실천적인 면에서 구체적으로 펼치면

뒷장에서 설명할 팔정도, 육바라밀 등이라고 할 수 있다. 그러므로 연기와 공은 불교의 중심철학이면서, 곧 불교에서 말하는 진리 그 자체이다.

연기는 그 자체로서 진리이기 때문에 연기의 이법(理法)이라고도 한다. 여기에서 연기를 공과 같이 언급하는 것은 이 두 가지가 표리의 관계에 있기 때문이다. 그러나 연기를 이해하면 공의 이해가 한결 쉽기 때문에 여기에서는 먼저 연기에 대하여 설명하겠다. 그리고 연기의 바탕 위에서 뒤에 설명하게 될 삼법인이나 사성제도 전개되기 때문에 연기의 이해는 불교의 전 교리체계를 이해하는 데 있어 가장 먼저 선행되는 것이며 또 필수적인 과정이라 할 수 있다.

그러나 연기의 해석에 대해서는 여러 가지 주장이 있어 왔다. 즉 부파불교, 특히 설일체유부(說一切有部)에서 주장하는 업감연기(業感緣起), 유식법상종에서 말하는 아뢰야식연기(阿賴耶識緣起), 법성종에서 《대승기신론(大乘起信論)》에 근거하여 주장하는 여래장연기(如來藏緣起) 혹은 진여연기(眞如緣起), 화엄종에서의 법계연기(法界緣起), 진언종에서 주장하는 육대연기(六大緣起) 등이 있으나 이러한 연기설에서 주장하는 근본 의의는 대동소이하다고 할 수 있다. 즉, 연기를 어떤 관점에서 바라보고 해석하는가에 대한 차이는 있지만, 우주와 인생의 현상작용에 대한 원리를 밝히고 이를 통하여 고로부터의 해탈을 궁극적 목표로 삼는다는 점에서는 같다고 할 수 있기 때문이다.

2. 연기란 무엇인가

| 1) 연기의 정의 |

연기는 앞에서도 언급한 것처럼 인연생기라는 말에서 나왔다. 때로는 인연(因緣)·인연생(因緣生)·인연법(因緣法) 등으로 번역되기도 하는데 '연(緣)하여 일어난다', 혹은 '의존하여 발생한다'는 뜻이다.

'연하여'라는 말은 '여러 가지 조건이나 직접, 간접의 원인에 의하여'라는 뜻이 있기 때문에, 연기는 여러 가지 조건이나 직접, 간접의 원인에 의하여 발생하고 성립한다는 뜻이 된다.

연기라는 것은 한마디로 불교의 존재론, 현상론이라고도 할 수 있다. 우리가 현상이나 존재라고 하면, 여기에는 돌이나 나무 같은 자연물뿐만 아니라 건물이나 교량, 조직물 등등 인공적인 것에서부터 책상, 주전자와 같은 여러 가지 물건도 포함된다. 더구나 우리의 육체는 물론이고 우리의 마음 작용과 감정 등도 비록 찰나적인 것이기는 하지만 모두가 존재 혹은 현상이라고 할 수 있다. 이러한 것뿐만 아니라 사회에서 일어나는 경제, 정치, 도덕 등에 대한 모든 것도 이런 현상이나 존재에 포함될 수 있다. 말하자면, 온갖 자연현상과 사회현상, 심리현상 등이 모두 이 존재에 포함될 수 있는데, 온 우주, 온 세계에 일어나는, 아니 나를 포함한 우주 자체의 존재와 현상이 모두 연기로써 이루어져 있다는 것이다.

연기라는 이 존재와 현상의 진리는 경전상에서 다양하게 설명되고 있는데 그중에서도 가장 기본적이고 간결하게 설명한 것으로 이러한 것이 있다.

　　이것이 있으면 저것이 있고,
　　이것이 생기면 저것이 생긴다.
　　이것이 없으면 저것이 없고,
　　이것이 사라지면 저것이 사라진다.

이러한 것을 경전에서는 갈대의 묶음에 비유하여 설명하기도 하는데, 두 개의 갈대 묶음이 서로 기대어 서 있다가 하나를 치우면 다른 것도 쓰러져 버리는 것처럼 세상의 모든 사물은 서로 의존하여 있다는 것이다.

즉, 연기는 모든 것은 서로 의존하여 성립한다는 사물의 존재법칙을 말하는 것이라고도 할 수 있다. 여기에서 사물 혹은 존재라는 것은 산천초목 등 우리 눈에 보이는 자연현상뿐만 아니라 우리의 육체는 물론 정신적인 것, 감정, 번뇌 등이 모두 포함되는 것이다. 우리에게 지각되는 자연현상과 모든 사회현상이 다 사물 혹은 존재라고 할 수 있다. 즉, 우리가 보고 듣고 느끼고 생각하는, 우리의 모든 감각기관과 의식기관에 포착되는 모든 현상이 연기하고 있는 것이다. 그러므로 세상의 모든 것은 연기적으로 존재하고 있다고 할 수 있다.

모든 것이 일정한 조건에 의하여 발생하고 성립한다는 것은 뒤집어 말하면 그러한 조건이 사라지면 소멸한다는 것을 의미한다. 그렇기 때문에 이 세상에서 단독으로 존재하는 것은 아무 것도 없으며, 모든 것은 서로 의지하여 존재한다고 말할 수 있다.

따라서 하나의 조건이 변하면 다른 것도 연쇄적으로 변하게 된다. 이것은 이 세상의 그 어떤 것도 고정된 실체를 가지지 않는다는 것을 말하는 것이기도 한다. 이것이 불교에서의 존재에 대한 관점이며 불교는 이러한 연기의 법칙을 진리로 삼고 있다.

이러한 보편적인 진리인 연기의 이법을 부처님께서 발견하시고 완전히 체득하여 우리들에게 가르침을 베푸신 것이 곧 불교인 것이다. 그리고 이것을 발견하고 체득하는 지혜가 깨달음의 지혜라는 것이다. 지혜를 획득함에 의하여 우리는 연기로서 이루어진 세계의 실상을 제대로 파악하고 그것에 의하여 우리가 당면하는 괴로움을 극복할 수가 있다. 우리가 깨친다는 것은 곧 이 연기라는 이치에 의하여 모든 존재와 현상의 실상을 파악하고 우리의 괴로움의 연원을 파악할 수 있다는 것이다. 그리고 연기의 이치를 잘 이해하는 것에 의하여 우리의 모든 괴로움을 제거할 수 있는 길이 열리게 되는 것이다.

그러나 연기의 이치를 제대로 이해했다고 해도 머리로만 이해하는 것이 아니라 체득이 되어야 한다. 그 체득한 것에 의하여 올바른 삶을 살아갈 때에 모든 괴로움에서 벗어나 영원한 안락을 얻게 된다. 따라서 연기의 이치를 바르게 이해하고 또 그것이 체득될 때에 비로소 성불이 가능하다.

| 2) 연기의 특징 |

연기의 가장 큰 특징은 한마디로 상의상관의 법칙이다. 앞에서도 설명한 것처럼 연기를 간단하게 말하면 모든 존재는 반드시 다른 것에 의존하여 생기거나 존재한다는 것이다. 존재라는 말에도 약간의 어폐가 있다. 왜냐하면, 존재라고 하면 일정한 모습을 일정기간 동안 유지하고 있는 것을 말한다. 그러나 이 세상의 그 어떤 것도 멈추어 있는 것은 없다. 찰나찰나 변하고 있다.

찰나라는 것은 인도의 시간 개념으로서 극히 짧은 시간을 말한다. 손가락을 한 번 튀기는 것의 65분의 1을 찰나라고 하는 설도 있다. 이렇게 짧은 시간 동안에도 현상은 끊임없이 변하고 있다. 우리를 둘러싼 모든 물질과 현상은 물론 우리의 몸과 마음까지도 잠시를 가만히 있지 못한다. 그렇지만 우리가 어떤 현상을 한 시점에 잠시 고정시켜놓고 볼 때에 그것을 편의상 '존재'라고 부를 수 있다. 그렇기 때문에 우리가 현상과 사물에 대하여 '존재'라고 일시적으로 이름을 붙인다고 하여도 영원히 변하지 않는 그 무엇이 있다고 생각해서는 안 된다.

'직접, 간접의 원인과 조건에 의해서 존재한다'라고 하는 것은 달리 표현하면 모든 요소들이 서로 원인이 되고 결과가 되면서 상호 의존하여 존재한다는 뜻이 된다. 즉, 서로의 관계성 위에서 존재한다는 의미이다. 이것을 한마디로 나타내면, 상의상관의 관계 위에서 모든 사물과 현상이 나타난다는 뜻이다.

예를 들면, 지금 우리가 한 송이의 빨간 코스모스를 보고 있다고 가정하자. 이 코스모스가 이런 모습으로 우리에게 보여지기까지에는 수

많은 요인들이 작용하고 결합되어 있다. 코스모스가 싹이 트려면 우선 코스모스의 씨앗이 있어야 한다. 여기에 적당한 영양과 수분이 주어지고 적당한 온도가 가해져서 코스모스가 빨갛게 피어나 우리에게 그 모습을 드러낸다. 코스모스의 씨앗을 직접원인이라고 한다면 공기, 수분, 온도, 영양 등은 간접원인이라고 할 수 있다. 만약 이 가운데 하나의 요소라도 달라졌다면 코스모스는 그 모양이 바뀌었을 수도 있다. 만약 영양소가 결핍했거나 충분한 수분을 섭취하지 못했거나 햇볕을 충분히 쪼이지 못했다면, 코스모스는 현재보다 색이 더 엷거나 봉오리가 작게 되거나 줄기가 가늘어지는 등의 변화가 발생했을 것이다.

이처럼 씨앗이라는 직접적 원인과 여러 가지의 간접적 원인에 의하여 지금의 코스모스 한 송이가 우리 눈앞에 나타나는 것이다. 그러나 여기에서 더욱 중요한 것은 코스모스를 보고 있는 우리의 눈이 있고 본다는 마음이 있기 때문에 코스모스는 그러한 모습으로서 나타나는 것이다. 만약 아무도 보아주는 사람이 없다면, 적어도 인간에게는 그 코스모스의 존재 의미가 무색해질 것이다. 코스모스가 있다고 하더라도 눈이 없어 내가 보지 못한다면 그 코스모스는 없는 것과 마찬가지인 것이다. 눈이 있어도 빛이 없으면 또한 코스모스를 볼 수 없다.

이처럼 코스모스 한 송이의 존재가 우리에게 인식되기까지는 수많은 요인과 요소가 결합되어 있기 때문에 코스모스는 코스모스로서의 존재를 드러내 보이게 되는 것이다. 이것이 곧 연기의 세계이다.

마찬가지로 우리의 생명도 육체도 단독으로 존재하고 유지되고 있는 것이 아니다. 부모와의 인연에 의하여 인간으로서의 몸을 받고 사회와 자연환경, 그리고 누군가의 노력에 의하여 제공되는 음식물, 의복 등 실로 무수히 많은 요소들에 의존하여 우리가 살아가고 있다. 이처럼 우리의 눈앞에 전개되는 모든 사물과 현상은 독자의 힘에 의하여 발생하고 존재하는 것이 아니다. 다른 것에 의지하지 않고서는 그 어떠한 것도 모습을 드러낼 수가 없다.

이러한 원리는 앞에서 말한 갈대묶음의 비유처럼 서로가 의존하여 존재하는 것으로, 어느 한쪽이 다른 한쪽의 성립에 연으로써 작용하게 된다는 말이다. 즉, 사물의 존재나 현상의 전개는 직접, 간접의 원인에 의하여 그 결과로써 나타나게 되는데, 서로가 서로에게 원인이 됨과 동시에 또 결과가 되어 수없이 많은 조건들이 맞물리면서 현상이 전개되고 사물이 나타나는 것이다. 여기에서 직접원인과 간접원인이라고 말했지만 그러한 직접, 간접의 원인이 따로 있는 것이 아니라 서로가 상대에 대하여 성립이나 존재의 원인이 된다는 뜻이다. 그리고 또 그러한 원인에 의하여 결과로서 나타난 존재나 현상은 또 다른 존재나 현상의 원인이 된다.

이렇게 서로 서로가 원인이 되고 결과가 되어 끊임없이 맞물려 있는, 끝없이 얽혀 있는 이러한 세계를 연기의 세계라고 한다. 불교에서는 이를 중중제망(重重帝網)이라고도 표현한다. 수많은 그물코에 빛나는 구슬이 달려 서로가 서로를 비추는 인도 신화의 인드라신〔제석천(帝釋天)〕이 가진 그물과 같이 이 세상은 수많은 인연에 의하여 얽히고 설키어 서로 연이 되고 인이 되어 전개되는 것을 일컫는 말이다. 이러한 세계에서는 그 어떤 것도 단독으로 존재하고 발생하는 것은 없으며, 상호의존

혹은 상의관계에 의하여 존재하는 연기적인 현상만이 있을 뿐이다.

연기에 의하여 발생하거나 존재하는 것을 불교의 용어로서 연생(緣生), 연이생(緣已生), 혹은 연생법(緣生法)이라고 한다. 여기에서의 법은 존재나 현상이라고 하는 의미이다. 이러한 말들은 곧 연에 의하여 모든 것이 존재한다는 뜻으로 직접, 간접의 원인, 여러 가지 조건, 또 상호의존의 관계에 의하여 사물이 발생하고 현상이 전개된다는 것을 의미한다. 이러한 법칙은 우리의 생로병사에도 해당되는 진리이다. 부처님께서는 연기와 연생에 대해 이렇게 말씀하셨나.

> 비구들이여, 오늘은 연기와 연생에 대해 말할 것이니 잘 듣고 생각해 보기 바란다. 비구들이여, 연기라는 것은 어떤 것인가? 예를 들어, 태어남이 있으므로 늙고 죽음이 있다. 이것은 내가 말을 하던 하지 않던 존재의 법칙으로 이미 정해지고 확립된 것이다. 그것은 상익성에 바탕을 둔 것이다. 그것을 나는 깨달았다. 깨달은 지금 그대들에게 가르쳐 보이면서 '그대들도 보라'고 하는 것이다.

연기라는 것은 원래부터 있는 존재의 법칙으로 서로가 의존하고 있는 것을 의미한다. 부처님께서는 이어서 이렇게 말씀하셨다.

> 비구들이여, 다음으로 연생이라는 것은 어떤 것인가? 예를 들면, 늙고 죽음은 연생이다. 조건이 있어서 생겨나는 것이다. 그러므로 조건이 없어지면 늙고 죽음도 없어진다.

늙고 병들고 죽는 것은 태어남이라는 원인이 있기 때문에 생겨나는 연생이다. 그런데 태어남이라는 조건을 제거하면 늙고 병들고 죽는 것도 없게 된다. 이것을 부처님께서는 연생이라고 하신 것이다.

태어나는 것은 유(有)라고 하는 원인이 있기 때문이며 이렇게 거슬러 올라가다 보면 결국에는 무명(無明)이라는 것 때문에 늙음과 죽음도 있게 된다는 결론에 도달한다. 즉, 무명으로 인해서 우리의 괴로움이 발생한다는 뜻이다. 따라서 무명을 제거하면 우리의 괴로움은 소멸하게 된다. 이러한 것은 십이연기를 설명하는 부분에서 다시 설명하겠지만 연기나 연생이라는 것은 이처럼 어떤 조건에 의하여 사물이나 현상이 나타나고 그 조건이 없어지게 되면 사물이나 현상도 따라서 없어진다는 것을 의미한다.

연기에 의하여 나타나는 사물, 혹은 현상을 유위법(有爲法)이라고 한다. 여기에 반하여 어떤 원인이나 조건, 혹은 상호의존의 관계를 떠나서 존재하는 것을 무위법(無爲法)이라고 한다. 그러므로 무위법은 진리 그 자체라고도 할 수 있다. 즉, 존재를 발생시키고 현상을 드러나게 하는 법칙 자체를 무위법이라고 하는데 연기의 법칙이 바로 무위법인 것이다. 다시 말하면, 무위법의 바탕 위에서 유위법이라는 여러 가지 사물과 현상이 그 모습을 드러내는 것이다. 우리가 현상세계라고 하는 것은 바로 이러한 유위법의 세계이다.

진리를 깨닫는다는 것은 바로 이러한 유위법과 무위법의 관계를 잘 고찰하고 그 사이에 놓여진 나라는 존재를 정확하게 파악하여 괴로움의 원인을 제거하는 것이다.

3. 연기의 종류와 실천적 의미

연기는 그 자체로서 하나의 법칙성이라고 할 수 있다. 그러한 법칙성은 언뜻 보기에는 간단한 것 같지만 그것에 의하여 나타나는 사물 혹은 현상은 매우 복잡하게 전개된다. 또한 그러한 사물 혹은 현상은 멈추어 있는 것이 아니라 끊임없이 변하고 있다. 왜냐하면, 서로 의존하며 관계를 가지는 여러 조건들이 상호 영향을 끼치면서 연쇄반응을 일으키기 때문이다. 이러한 연기의 법칙성을 이해하기 쉽게 몇 가지 측면에서 고찰해 볼 수 있다. 시간적인 측면과 공간적인 측면, 그리고 논리적인 측면 세 가지로 분류해 보았다.

| 1) 시간적 연기 |

시간적인 연기란 직접, 간접의 원인이나 조건에 의하여 그 결과로서 사물이나 현상이 발생하는 것을 말한다. 즉 직접원인에 여러 가지 간접원인이 영향을 끼쳐 그 결과로서 어떤 사물이나 현상이 발생하는 것을 말한다. 이때 직접, 간접의 원인이나 조건과 그 결과 사이에는 시간의 차이가 있게 마련이다. 그래서 시간적 의존관계에 의한 연기라고 하는 것이다. 이것을 종적 연기의 관계라고 표현할 수도 있다.

이것을 좀 더 자세히 설명해 보자. 불교에서는 어떤 결과를 과(果)라고 하며 이를 발생시키는 원인을 인(因)이라고 한다. 특히 과를 발생시키는 직접적 원인을 친인연(親因緣)이라고 한다. 또한 결과에 대한 간접적 원인 혹은 조건을 연(緣)이라고 하며, 직접적 원인인 친인연의 전개와 성장을 돕는다고 하여 이 간접원인을 증상연(增上緣)이라고 한다. 또한 증상연은 인의 성장이나 전개를 촉진하는 것뿐만 아니라 인의 성장이나 전개를 방해하지 않는 모든 조건이나 연을 가리킨다.

그렇기 때문에 모든 사물과 현상은 이러한 친인연과 증상연의 작용에 의하여 결과를 나타낸다고 볼 수 있다. 결과를 발생시키는 이러한 직접, 간접의 원인을 불교에서는 한마디로 인연이라고 한다. 따라서 연기에 의한 사물이나 현상의 발생은 곧 인연에 의한 것이라고 할 수 있다.

우리가 일반적으로 인연이라고 하면 옷깃만 스쳐도 인연이라느니, 좋은 인연을 맺어 보자느니 하는 식으로 쓰이지만, 인연의 원래의 뜻은 이처럼 모든 사물과 현상을 발생시키는 연기의 이치를 나타내는 엄숙한 의미를 지니고 있다. 인연에 의한 결과가 또 다른 것의 인과 연이 되어 끊임없이 사물을 존재하게 하고 온갖 현상을 드러낸다. 이와 같이 이 세상은 수많은 인연의 결합에 의하여 나타나고 변화해 가는 연기적인 세계라고 할 수 있다.

인과 연의 결합에 의한 종적인 연기, 시간적 의존관계의 연기를 좀 더 쉽게 풀이하기 위하여 코스모스를 다시 한 번 더 예로 들어보겠다. 여기에 한 송이의 코스모스가 피어 있다고 할 때, 코스모스의 씨앗은 직접원인인 친인연에 해당한다. 친인연인 씨앗을 도와 코스모스를 피어나게 하는 수분이나 영양, 햇빛 등은 간접원인인 증상연이라고 할 수 있다.

또한 증상연은 이러한 것뿐만 아니라, 코스모스가 필 수 있도록 방해하지 않은 여러 가지 소극적인 원인도 여기에 해당한다. 예를 들면, 코스모스 씨앗이 적당한 영양과 햇빛 등에 의해서 잘 자라려고 해도 새가 날아와 싹을 쪼아 먹거나 벌레가 잎을 갉아먹거나 사람이 밟거나 줄기를 꺾는다면 꽃을 피우지 못할 것이다.

이처럼 한 송이의 코스모스가 피는 데에도 무수한 인연이 결합되어 있다. 극단적으로 말하면, 한 송이의 코스모스에 온 우주가 다 들어 있다고도 할 수 있다. 이러한 원리는 우리 인간에 대해서도 마찬가지이다. '나'라는 존재가 지금 이 자리에 있기까지에는 무수한 인연이 결합되어 있다. 우선 나를 낳아준 부모가 계신다. 또 부모를 낳아주신 조부모가 계신다. 또 그 조부모를 낳아주신 증조부모가 계신다. 이렇게 거슬러 올라가다 보면 지금의 나를 있게 해준 조상들의 숫자는 끝이 없다.

이런 종적인 관계뿐만 아니라 심지어는 우리가 무심코 호흡하는 산소에도 이름 없는 들풀이 관여하고 있다. 풀잎에서 나오는 산소가 우리의 생명을 지탱해준다고 할 수 있다. 그렇기 때문에 이름 없는 들풀조차 우리와 연이 닿아 있는 것이다. 저 남미의 브라질 밀림에서 나오는 산소가 우리의 허파로 들어오는지도 모른다.

이렇게 확대해 가다 보면 이 세상, 온 우주는 나와 관계되지 않은 것이 하나도 없다고 할 수 있다. 마찬가지로, 나 하나의 작용이 온 우주로 확대되어 갈 수도 있다. 환경오염이나 오존층 파괴 같은 현상은 우리들이 저지른 무책임한 행위에 대한 대가이다. 우리가 무심코 버린 쓰레기 한 점도 이 세계와 연이 닿아 있기 때문에 돌고 돌아서 결국은 우리에게 피해를 입히게 된다.

　인과 연에 의하여 발생되는 시간적 연기의 현상은 그 인과 연이 어떻게 결합되느냐에 따라 다른 현상을 나타내기 때문에 항상 좋은 인을 심고 좋은 연을 가꾸도록 해야 한다. 마치 코스모스가 영양이 불충분하다든가 햇빛을 적게 받았을 경우에는 봉오리가 작다든가 색깔이 엷다든가 하는 변화를 나타내는 것처럼 연이 어떻게 작용하느냐에 따라 다른 결과를 나타내게 된다. 이것은 다른 말로 하면 모든 것에는 고정된 실체가 없다는 뜻이기도 한다. 즉, 연이 변화하면 그 결과도 변화하기 때문에 우리가 어떤 인을 심고 어떤 연으로써 가꾸느냐에 따라 그 결과가 엄청나게 달라질 수도 있다. 이러한 원리는 온 우주의 모든 현상, 즉 자연현상이나 사회현상에 변함없이 적용되는 원리이다. 이러한 인과 연의 관계로써 결과가 나타나는 것을 시간적 의존관계의 연기, 혹은 종적(縱的)인 연기라고 한다.

| 2) 공간적 연기 |

　　　　　　다음으로 공간적인 연기라는 것이 있다. 연기를 설명할 때 앞에서 든 갈대묶음의 경우가 공간적인 의존관계의 연기라고 할 수 있다. 즉, 두 개의 갈대 단이 서로 기대어 서 있다가 어느 한쪽이 쓰러지면 다른 한쪽도 쓰러지는 것처럼, 모든 것은 서로에 의지하여 존재하고 있다는 뜻이다.

　예를 들면, 우리가 지금 이 자리에 앉아서 책을 보고 있는 것은 책상과 의자가 있기 때문이다. 또 책상과 의자가 놓여지고 발을 디딜 수 있는 바닥이 있기 때문에 내가 여기에 있을 수 있는 것이다. 또 내가 디디고 있는 바닥은 건물이 있기 때문이다. 이렇게 확대해 나가면 모든 것은 서로에게 의존하여 있다고 밖에는 말할 수 없다.

이것을 또 미시적으로 살펴보면 책상 또한 나무와 못에 의지하여 책상이라는 형태를 지니고 있는 것이다. 그리고 그 나무와 못도 수많은 분자의 결합에 의하여 형태를 지니고 있는 것이다. 그 분자를 더 세분하면 원자, 중성자로 결합이 되어 있다. 각각의 부분들이 전체를 형성하고 있다는 뜻이다. 그러나 여기에서 '부분' 이라는 말을 썼지만 어떤 것을 형성하는 '부분' 이 따로 존재하는 것은 아니다. 공간적 의존 관계의 연기에서는 부분도 결국은 또 다른 것의 일부가 되기 때문이다. 마치 자동차의 여러 부품들이 결합하여 자동차라는 하나의 움직이는 도구를 만들어 내지만 부품들도 잘게 쪼개면 또 다른 요소들로 구성되어 있는 것과 같다. 어느 한 부분이 빠지면 자동차로서의 제 구실을 할 수 없는 것처럼 모든 요소와 부품들이 결합되어 하나의 존재를 나타내게 하는 것이다.

이처럼 개개의 존재물은 말할 것도 없고 사회나 경제, 환경 등의 문제도 이와 같은 공간적 의존관계의 연기에 의하여 발생하고 존재한다.

여기에 40대의 중년 남자가 한 사람 있다고 하자. 그는 어떤 사람의 남편이다. 그리고 아이의 아버지이고 또 누구의 아들이 된다. 회사에서는 여러 직원을 거느린 부장이면서 사장 밑에서 일하는 고용인이다. 학교에서는 학부형이 되고 단골 술집에서는 손님이 된다. 선거 때는 유권자가 되고 동창회에서는 동창회 총무가 된다. 이런 식으로 이 사십대의 중년 남자는 자기의 역할이 주위 관계에 의해서 달라진다. 주위의 관계성 위에서 자기의 존재이유가 나타나는 것이다. 처음부터 아들이고 아버지이고 남편인 것이 아니다. 주위의 관계성 속에서 자기라고 하는 것의 의미가 부여되는 것이다.

또 이 남자의 목숨을 부지하기 위하여 음식물이 공급되어야 한다. 누군가가 농사를 지어 운반해 오고 밥을 지어 밥상에 올린다. 쌀 한 톨이 입에 들어오기까지 거기에 관여된 사람들이 얼마나 많겠는가? 자기는 외롭다고 말하지만 어떻게 보면 온 세계가 이 남자를 존재하게 하는 것과 마찬가지이다.

공간적 의존관계의 연기에서는 시간적으로 동시인 것도 있으며 시차를 두는 경우도 있다. 시간적으로 동시인 것은 건물이나 책상처럼 어떤 사물이 일시적으로 일정한 형태를 지속하고 있는 경우를 들 수 있다. 이러한 것은 공간적으로 서로 의존하여 일정한 형태를 지니고 있다. 공간적 의존관계의 연기에서 시간적인 차이가 있다는 것은 사회나 경제, 환경처럼 서로의 관계에 의하여 어떤 현상이 나타나지만 그들 중 어느 한 요소가 변화하면 다른 모든 것에 영향을 끼치게 되기 때문이다. 환경문제나 생태계의 문제가 이러한 예의 가장 대표적인 것이라고 할 수 있다. 인간의 과도한 연료 사용이 오존층의 파괴를 가져오고 그것이 결국은 기상이변으로 연결되어 지구의 곳곳에 많은 불행을 가져오고 있는 경우가 이것이다. 또 생태계에서 어느 한 종류가 멸종하거나 증가하면 다른 것들에도 영향을 미쳐 함께 감소하거나 증가하는 현상들이 시차를 둔 공간적 의존 관계의 연기라고 할 수 있다.

이러한 공간적 의존관계의 연기를 우리의 신체에 적용시켜 볼 수도 있다. 즉, 우리의 몸은 신체의 각 부분, 뼈대와 살과 핏줄, 신경 등이 얽히어 있고 무엇보다도 이를 총괄하고 통제하는 의식이라는 것이 유기적으로 결합하여 움직이고 있다. 만약 이러한 요소의 어느 하나라도 결핍되면 우리의 몸은 기능을 상실하게 된다. 또한 여기에 음식물이 공급되어 끊임없이 활동할 수 있는 에너지를 제공한다. 이처럼 신체의 각 요소가 서로 의지하여 활동하고 변화해 가며 여기에 외부의 요소가 영향을 미치게 되는 것을 공간적 의존관계의 연기라고 한다. 우리가 노쇠하고 죽게 되는 것은 이러한 의존관계에 변화가 생기기 때문이다.

공간적 의존관계의 연기는 우리가 사는 이 세상이 서로 의지하여 있음을 명확하게 나타내 주며 그 어떤 것도 다른 것에 의지하지 않고서는 존재할 수 없음을 보여주고 있다. 그래서 이러한 공간적 연기를 횡적인 연기라고도 표현한다. 그리고 이러한 공간적 연기의 상태하에서는 상호 의존하고 있는 요소 가운데에서 무엇인가 조금이라도 변화하면 그 영향은 끝없이 확대되어 퍼져나가게 된다. 부주의한 하나의 실수가 개인의 생을 파멸함은 물론 인류 전체의 생존을 위협할 수도 있는 사태로 치닫게 될 수도 있다.

예를 들면, 핵폭탄을 가진 이 지구상의 어느 한 독재자의 순간적인 판단 잘못으로 온 지구가 재앙에 휩싸일 수도 있다. 혹은 어떤 한 사람의 사상가가 온 세계를 광란의 도가니로 몰아넣을 수도 있다. 지난 세기를 분열과 대립으로 치닫게 했던 민주, 공산 진영의 대립이 그러한 경우라고 할 수 있다. 더구나 요즘은 인터넷이 있어서 어떤 경향에 대한 파급효과가 더 빨리 나타날 수도 있다.

예를 하나 들어 보자.

어느 한 사람이 아침에 커피를 마시다가 기발한 생각을 하게 된다. 그래서 인터넷에 자기의 생각을 실었다. 그것이 퍼져나가 사람들이 이상한 신드롬에 휩싸여 온 사회가 들썩거릴 수도 있다. 마치 연못에 돌을 던지면 물결이 퍼져나가듯이 어느 한 사람의 작용이 수많은 파장을 일으킬 수도 있다.

이와 같이 이 사회와 세계는 서로 공간적으로 의존하고 있기 때문에 서로 서로 원인이 되고 결과가 되면서 영향을 끼치고 있다. 서로 의지하여 있고 관계를 맺고 있기 때문에 어느 한 가지의 원인이 전체를 변화시키기도 한다.

그렇기 때문에 불교에서는 이러한 연기의 이치를 지혜로써 잘 체득하여 전체에 좋은 영향을 끼칠 수 있도록 노력해야 한다고 가르치고 있다. 불교에서의 무한한 자비의 정신은 한갓 감상적인 행위가 아니라 연기의 이법에 대한 철저한 자각에서 나온 당연한 귀결인 것이다. 내가 더 나은 위치에서 나보다 못한 것에 대한 사랑을 베푸는 것이 아니라 모두가 서로 의지하여 존재하는 나와는 떨어질래야 떨어질 수 없는 연기적인 존재이기 때문에 무연대자, 동체대비(無緣大慈, 同體大悲)의 사상이 나오게 되는 것이다.

| 3) 논리적 연기 |

연기적인 세계는 앞에서 살펴 본 것처럼 시간적인 것과

공간적인 것의 관계에 의하여 발생하고 성립하며 존재하고 변화해 간다. 여기에 더하여 논리적인 관계의 연기라는 것이 있다. 어떤 면에서는 이 논리적 관계의 연기에 의하여 우리의 의식이 지배되고 있다고 해도 과언이 아니다. 우리가 길다, 짧다, 혹은 붉다, 푸르다, 빠르다, 느리다 하는 것처럼 어떤 판단과 평가를 내리게 되는 대부분의 것들이 논리적 관계의 연기에 속한다고 할 수 있다. 즉, 우리가 고저(高低), 장단(長短), 청홍(靑紅), 미추(美醜) 등의 판단을 할 때, 이러한 것들은 모두 다른 것에 의거하여 판단을 내린다는 것이다.

예를 들면, 높다는 것은 낮다는 것이 있기 때문에 이렇게 비교할 수 있는 것이다. 또 붉다는 것은 푸른 것 내지 다른 색깔과 비교하여 그렇게 보인다는 것이다. 길다는 것도 짧은 것과 비교하여 길다는 것이다. 마찬가지로 머리가 좋다, 나쁘다, 지위가 높다, 낮다, 혹은 돈이 많다, 적다고 말하는 것 모두 상대적인 비교로서 그렇게 생각하는 것이지 어떤 기준이 절대적으로 있어서 판단하는 것이 아니다.

원래부터 긴 것이 있고 높은 것이 있으며 많고 적다는 것이 있다는 뜻이 아니다. 만약에 이 세상이 온통 빨간색만 있다면 그것은 빨간색의 세상이 아니라 색이 없는 것과 마찬가지라고 할 수 있다. 만약에 이 세상에 여자만 있다면 그것은 여자들의 세상이 아니라 성의 구별이 없는 세상과 마찬가지라고 할 수 있다. 상대적인 비교가 없으면 그것은 없는 것과 같다고 할 수 있다. 밝은 빛, 추운 날씨, 아름다운 음악 등등 모든 것은 어떤 것과의 비교에 의하여 그렇게 느껴지고 보여질 따름이다.

이러한 것들은 서로의 관계성 위에서 모든 가치와 명목이 판단되고 결정되어진다는 것을 의미하는 것이다. 이렇게 서로의 관계 속에서 상대적인 비교를 통하여 어떤 판단을 하게 되는 것을 논리적 관계의 연기라고 우리가 편의상 부른다.

논리적 연기 속에서 우리가 여러 가지 판단을 하게 되는 것은 우리의 오관으로 감지하는 것뿐만 아니라 추상적인 개념에 대해서도 마찬가지로 일어날 수 있는 일이다. 아름답고 고상하며 멋있고 순결한 것이 원래 존재하는 것이 아니며 또 더럽고 나쁘고 보기 싫은 것이 원래부터 있는 것이 아니다. 자기가 기준으로 삼는 그 어떤 것과 비교하여 그렇게 생각하는 것이다.

이러한 개념들은 연기적으로 존재할 따름이며, 실체가 있는 것이 아니다. 그럼에도 우리는 길다, 짧다, 많다, 적다, 아름답다, 추하다, 선하다, 악하다 라는 고정적인 어떤 실체가 있는 것으로 생각하여 집착하고 이것 때문에 괴로워하고 있다. 마음에 드는 것은 가지고 싶어 안달하고 가지지 못하면 괴로워한다. 또 마음에 들지 않는 것은 제거하지 못해서 안달한다. 그러다가 의도대로 되지 않을 때에는 화내고 욕을 하기도 한다. 때로는 그러한 것들 때문에 남을 해치는 엄청난 어리석음을 저지르기도 한다.

진리에 대해서도 마찬가지이다. 예를 들면, 진리가 있어도 진리라고 집착하는 한 그것은 잘못된 것이 되어버린다. 왜냐하면, 진리라고 집착하는 순간 그것은 진리가 아닌 것과의 대비에 의하여 확인되기 때문이다. 즉, 우리가 진리라고 어떤 것을 고집하는 순간 그 진리는 진리와 진리 아닌 것의 상호의존 관계에 의하여 확인되는 연기에 의한 존재가 되어버리기 때문이다. 진리는 무위법인데 어떤 것을 진리라고 집착하면 그것은 이미 진리 아닌 것과의 대비, 즉, 상관관계에 의하여 가치판단이 내려지는 유위법이 되어버리는 것이다.

따라서 이렇게 상호의존 관계에 의하여 존재하는 진리는 진리 아닌 것이 소멸해버리면 따라서 소멸해버리기 때문에 참된 진리라고 할 수 없다. 이것이 좋은 것인가 나쁜 것인가, 이것이 진리인가 아닌가 라는 분별이 개입하면 그것은 이미 진리가 아니게 된다. 집착의 대상이 되는 것이다. 이런 분별을 떠나서 연기의 세계를 있는 그대로 볼 수 있는 이른바 '무분별의 지혜'가 필요한 것이다

사회에서는 무분별하다고 하면 아무 생각 없이 어떤 일을 저지르거나 도덕을 무시하면서 후안무치하게 행동하는 것을 말하지만 원래의 무분별의 뜻은 그러한 것이 아니다. 상대적인 비교를 통하여 우리가 '좋다', '싫다'를 분별하게 되면 거기에서 괴로움이 발생하게 된다. 우리가 분별을 하게 되면 '좋다', '싫다' 라고 하는 실체가 없음에도 '좋다', '싫다' 라는 관념이 생기게 되고 좋은 것은 가지려고 하고 싫은 것은 배제하려고 하는 집착이 생기게 되는 것이다. 거기에서부터 우리의 괴로움이 시작된다. 그렇기 때문에 무분별의 지혜를 가지고 한쪽에 치우침이 없이 연기의 세계를 바로 보도록 해야 하는 것이다.

모든 분별과 헤아림을 떠난 이런 깨달음의 지혜로써 연기하고 있는 세계를 바라보면 그저 여여(如如)할 따름이다. 연기의 세계는《반야심경(般若心經)》에서도 설하고 있듯이 '불생불멸, 불구부정, 부증불감(不生不滅, 不垢不淨, 不增不減)'인 것이다. 논리적 의존관계의 연기는 우리

에게 이러한 사실을 깨닫게 해 준다.

| 4) 연기와 깨달음 |

이상과 같이 시간적 연기, 공간적 연기, 논리적 연기라는 관점에서 연기의 구조를 살펴보았다. 이것은 연기의 의미를 알기 위하여 편의상 이렇게 구분한 것으로서 연기가 하나하나 따로 독립하여 존재하는 것이 아니다. 실제로는 어떤 하나의 사물이나 현상이 발생하고 변화해 가는 것은 이러한 여러 가지의 연기가 무수히 중첩되고 교착하여 나타나기 때문이다.

앞에서 예를 든 것처럼, 우리가 빨간 코스모스라는 것을 인식하기까지에는 시간적, 공간적으로 수많은 요인이 작용한다. 하나의 코스모스 씨앗이 땅에 심어져 그 씨앗에서 꽃이 피기까지에는 상당한 기간이 경과되는데, 이 과정에서 습도, 온도, 거름 등 많은 요인들이 작용하게 된다. 그렇게 해서 코스모스가 피었다고 코스모스가 우리에게 나타나는 것은 아니다. 여기에 우리의 인식이 작용해야 비로소 코스모스는 우리에게 존재하는 것으로 나타난다. 우리가 나팔꽃이 아닌 코스모스로, 그것도 분홍 코스모스가 아닌 빨간 코스모스로 인식하기까지에는 모든 연기의 공식이 다 적용되는 것이다. 그러나 그렇게 인식한 코스모스도 곧 꽃잎의 색깔도 변하며 잎이 마르고 죽게 될 것이다. 우리가 빨간 코스모스라고 인식하는 것은 실로 찰나에 불과하다. 계속해서 코스모스는 여러 원인들에 의해서 변해간다.

연기의 세계에서는 하나의 조건이 변하면 다른 것도 연달아 변한다.

그렇기 때문에 하나의 존재가 있다고 하여도 무수한 연기가 중첩되어 나타난 일시적 현상일 뿐이다. 그렇기 때문에 지속적이고 변하지 않는 것은 아무 것도 없다.

연기의 연속, 연기의 공간에서 서로 인이 되고 연이 되면서 일시적으로 나타나는 현상세계가 곧 이 세계라고 할 수 있다. 연기가 시간과 공간에 걸쳐서 끝없이 펼쳐지고 있는 세계, 그저 연기적으로 존재하는 세계만이 있을 뿐이다.

존재라는 말을 썼지만 연기의 세계에서는 존재라는 말도 불합리하다고 할 수 있다. 시간적, 공간적, 논리적 연기가 무한히 펼쳐진 하나의 교차점에서 일시적으로 나타나는 현상을 굳이 존재라고 한다면 할 수 있겠지만 존재는 연기에 의하여 그러한 모양, 색상으로서 잠시 우리에게 보일 뿐이다.

이처럼 연기에 의하여 일시적으로 나타난 현상과 사물에 대하여 우리는 인식상 구분을 짓고 보고 듣고 느끼고 냄새 맡으면서 하나의 존재가 있다고 여기는 것이다. 그렇기 때문에 연기의 세계에서는 존재라고 하는 개념조차 없으며 연기하고 있는 그 사실 밖에 아무 것도 없다. 우리는 다만 연기에 의하여 일시적으로 나타난 형태, 모습, 색상 등에 대하여 우리의 인식상에서 구분하고 분별하여 '좋다, 나쁘다, 아름답다, 추하다' 라고 가치판단을 할 따름인 것이다.

연기의 세계에서는 모든 것이 서로 연관되어 원인과 조건으로서 작용하기 때문에 아무리 작은 요소라도 변화가 있게 되면 그것은 전체에 영향을 미치게 된다. 그 변화라는 것도 또 다른 것에 의해서 자극이 되는 것이다. 요소라고 말했지만 편의상 그렇게 부를 뿐 연기하고 있는 것이기 때문에, 그 자체로서 영원하고 불변인 것은 아무 것도 없다.

이렇게 보면 한 송이의 장미도, 거대한 빌딩도, 저 하늘의 별도 모두 연기하고 있기 때문에 단지 그것을 어떠한 시점에서 어떻게 바라보느냐에 따라 그렇게 나타난다는 것이다. 연기의 세계에서 끊임없이 변화하는 과정의 극히 일시적인 한 부분을 잘라서 그것을 우리는 있다고 집착한다. 이러한 모습을 바로 볼 수 있는 것이 곧 깨달음의 지혜이다.

석가모니 부처님께서 생사를 뛰어 넘어 고에서 해탈하고 열반의 경지에 이른 것도 고가 연기에 의한 존재라는 것을 발견하셨기 때문이다. 즉, 고를 발생시키는 원인이나 조건, 상의관계를 제거해 버리면 고도 소멸된다는 이치를 발견하고 그것을 실천함으로 고타마 싯다르타께서는 평범한 인간에서 열반을 얻은 불타가 되셨던 것이다.

불교에서는 이와 같이 연기의 이법을 그 사상의 근간으로 삼고 고와 낙은 물론 온갖 사회현상, 자연현상 등 물질과 정신에 걸친 모든 것이 직접간접의 원인, 혹은 상호의존의 여러 가지 조건에 의하여 발생되고 형성되며 변화해 간다고 파악하고 있다. 따라서 우리에게 일어나는 모든 문제는 그 원인과 조건을 정확하게 파악하면 그 해결책도 저절로 찾게 된다. 불교에서 신의 섭리라든가 하늘의 뜻, 혹은 숙명론, 우연론 등을 인정하지 않는 것도 연기의 이법에 따른 당연한 결과이다.

신이 있다고 하여도 우리의 오관에 감지되고 인식이 미치지 않는 것이라면 그것은 없는 것이나 다름없다. 그럼에도 불구하고 사람들은 나름대로의 신을 얘기한다. 실제로 신에 대한 정의는 사람마다 민족마다 다를 수도 있고 같은 종교 안에서도 각 파마다 다 틀린다.

　연기법이라는 엄연한 진리에 의해서 세계가 움직이고 또 온갖 현상이 나타난다는 과학적이고 합리적인 법칙이 있음에도 불구하고 사람들은 개념에 불과한 신을 상정하여 서로 싸우고 있는 것이다. 그러한 신은 스스로 만든 허상에 불과한데도 각자 나름대로의 신을 생각하면서 거기에 매달리고 불행을 자초하기도 한다. 이러한 어리석은 행위를 부처님께서는 얼굴도 모르는 미인을 사모하면서 거기에 오르는 사다리를 만드는 것과 같다고 하셨다. 사람들이 굳이 이름을 붙여 신이니 도니 하늘이라고 하지만 그것은 진리를 그렇게 표현하는 것이라고 보아야 한다. 사람들은 자기가 부르고 싶은 대로 진리에 온갖 이름을 붙여 부르지만 그러한 것은 오직 진리의 일면만을 드러내어 말할 뿐이고 우주와 현상의 배후에는 오직 연기법이라는 진리만이 있을 뿐이다.

　모든 현상이 나타나고 사물이 발생하는 것은 직접·간접의 원인과 상호의존이 조건에 의하여 이루어지기 때문에 좋은 인연을 지니도록 하고 조건을 개선하면 거기에 따라 결과도 바뀌게 된다. 나아가서 인간의 불행과 고통도 원인을 정확하게 파악하여 개선하면 벗어날 수 있다. 그것이 해탈이고 열반인 것이다. 불교의 모든 철학은 이 연기의 진리에 바탕을 두고 있으며 실천체계 또한 이 연기법에 기반을 두고 있다. 그렇기 때문에 연기라는 개념을 명확히 파악하는 것이야말로 불교 공부의 첫걸음이며 전부라고 해도 지나친 말이 아니다.

4. 공과 중도

| 1) 연기와 공의 관계 |

불교의 근본진리라고 할 수 있는 연기와 공(空)은 어떤 관계에 있는지, 그리고 또 공은 불교의 실천체계인 중도와 어떤 관계가 있는지를 살펴보자.

모든 존재나 현상은 언제까지나 변하지 않는 고정적인 실체를 지니고 있는 것이 아니라 원인과 조건에 따라 변화하고 생성, 소멸하는 상태에 있다. 이것을 공(空)이라고 한다. 바꾸어 말하면, 원인과 조건이 변화함에 따라 모습이 변화하는 것은 고정된 실체가 없는 공이기 때문에 그렇다. 따라서 연기에 의하여 존재하고 있는 것은 모두 공이라고 할 수 있다. 또한 공인 것은 모두 연기에 의한 존재인 것이다.

공으로서 고정된 실체나 본질 혹은 본성을 지니지 않는 것을 자성(自性)이 없다고 하며 이를 무자성(無自性)이라고 부른다. 때로는 그냥 무라고도 하지만 이것은 아무 것도 없다는 뜻이 아니고 절대로 변하지 않는 고정된 실체가 없다는 뜻이다.

'연기는 모든 사물이나 현상의 존재방식 내지는 원리'라고 할 수 있다. 물론 여기에서 말하는 존재란 유위법을 말하는 것이다. 공이란 이러한 연기에 의한 유위법이 존재하는 상태를 말한다고 할 수 있다. 그것은 절대로 변하지 않는 고정된 실체, 즉 자성이 있는 것이 아니라 서로 의존하고 있는 것으로서 그러한 상태의 조건이 변하면 따라서 변하는 그러한 존재이다.

다시 말하면, 사물이나 현상에 대하여 그것이 법칙 내지 원리로서 취급될 때에는 연기라고 부르며, 그러한 법칙 내지 원리에 의하여 존재하고 있는 그 상태가 곧 공인 것이다. 연기와 공은 같은 것에 대한 관점(觀點)의 차이를 나타내는 것이라고 할 수 있다. 그렇기 때문에 연기에 의한 존재는 반드시 공이며, 동시에 공이라고 하는 것은 곧 연기에 의한 존재를 말하는 것이다.

지금 우리가 눈앞에 보고 있는 책이나 책상도 그것을 보고 있는 나 자신도 사실은 찰나 찰나 조금씩 변하고 있지만 우리는 느끼지 못하고 그것이 변하지 않고 항상 그대로 머물러 있는 것으로 착각하고 있다. 이러한 착각이 중생들의 탐욕과 집착으로 이어지는 것이다. 불교에서 공을 강조하는 것은 이러한 분명한 현실을 바르게 인식함으로써 고통의 근원이 되는 탐진치에서 벗어나도록 하기 위함이다.

공은 이러한 의미를 지니고 있기 때문에 일반 사람들이 흔히 생각하는 것처럼 모든 존재가 사라져버리는 적멸이나 아무 것도 없는 허무의 의미가 아니다. 그리고 공이기 때문에 연기에 의한 세계의 생멸변화가 가능하다.《반야심경》의 '색즉시공, 공즉시색(色卽是空, 空卽是色)'이라는 문구도 바로 이것을 두고 한 말이다.

| 2) 공과 중도 |

그러면 이러한 공을 불교의 수행에서는 어떻게 받아들이고 실천을 해야 하며 그것은 중도와 어떤 관계가 있는지를 알아보자.

연기의 연쇄는 실로 무한하다. 한마디로 이 세상은 단지 연기하고 있다는 사실밖에는 존재하는 것이 없다. 그러한 연기의 세계가 곧 공이다. 이 세상의 모든 것은 고정된 실체나 자성이 없이 원인과 조건이 어떻게 변하느냐에 따라 변하는 것이다.

어떤 것이 변할 때 그것은 다른 것에 영향을 미친다. 그런데 어떤 것을 변하게 하는 것 또한 다른 어떤 것이 변하기 때문에 그런 변화를 가져오는 것이다. 이렇게 거슬러 올라가다 보면 끝이 없다. 수많은 원인과 조건이 결합되어서 끊임없이 생멸 변화하는 것이 이 세계이고 우주이기 때문에 어느 한 원인에 의해서 변화를 시작하게 된 것이 아니다. 그렇기 때문에 불교에서는 무시무종(無始無終)이라고 한다. 이 세상, 이 우주는 처음도 없고 끝도 없이 그저 수많은 조건이 서로 얽히어 변화해 가는 연기의 세계이기 때문이다.

원인과 조건에 의하여 나타나는 일시적 존재는 상호의존 관계에 의하여 서로 영향을 끼친다. 즉, 시간적, 공간적, 논리적 연기의 좌표 위에서 끊임없이 상호작용하면서 다른 모습, 다른 현상을 나타낸다. 이처럼 고정된 실체를 지니지 않는 연기의 세계가 곧 공이라는 것이다.

대승불교에서 공의 사상을 주장한 용수(龍樹)보살은 공에 대하여 《대지도론(大智度論)》에서 이렇게 설하고 있다.

> 여러 가지 연에 의하여 생긴 것을 나는 공이라고 한다. 이것을 또한 가명(假名)이라고 한다. 또 이것은 중도(中道)의 의미가 있다.

여러 가지 연에 의하여 생긴 것이란 연기에 의하여 나타나는 존재나 현상을 말한다. 이것이 곧 공이며 가명(假名)이고 중도(中道)라는 것이다. 가명이라는 것은 일시적인 현상에 붙인 이름을 말한다. 그렇기 때문에 연기와 공, 가명, 중도는 모두 같은 것이 된다. 단지 그것을 어떤 관점에서 바라보느냐의 차이가 있을 뿐이다.

존재에 관하여 그것이 '있다'든가 '없다'라고 단정적으로 말하는 것은 하나의 극단에 불과하다. 이를 떠나서 연기에 의하여 나타나는, 연기에 의하여 끊임없이 변화하는 사물과 현상을 바로 볼 줄 아는 것이 중도이다. 이것을 비유비무(非有非無)의 중도라고도 한다. 그렇기 때문에 부처님께서는 "있다든가 없다, 혹은 같다든가 다르다고 하는 것은 양 극단이며 여래는 중도에 의하여 가르침을 설한다"라고 하셨다. 이것이 이른바 '중도의 가르침'이라는 것이다.

이상을 정리해서 말하면, 연기로써 존재하는 것은 공이며, 이것은 또한 일시적으로 나타나는 가명(假名)이라고 할 수 있다. 보는 사물과 현상은 우리가 그러한 찰나적인 현상들에 대하여 임시로 이름을 붙인 것에 불과하다는 말이다. 그리고 이것이 '있다'든가 '없다'라고 하는 양극단을 떠난 실제 세계의 모습, 즉, 중도실상(中道實相)이라고 하는 것이다. 이 말은 양 극단을 떠나면 있는 그대로의 모습을 볼 수 있다는 의미이다.

이러한 중도실상의 세계를 나타낸 말이 바로 '산은 산이요, 물은 물'이라는 것이다. '너무나 당연한 말이 아니겠는가?'라고 생각할 수 있지만 실제로는 우리 범부들은 산을 산으로, 물을 물로 보지 못한다. 산이 있으면 저 산은 높다, 낮다 비교를 하기도 하고 저 산을 어떻게 개발해서 돈을 벌까도 생각한다. 물이 있으면 저 물은 탁한 것인가, 흐린 것인가를 따져본다. 그리고 그 물이 돈이 되는가 안 되는가를 따져 보기도 한다.

이처럼 우리는 매사를 대하면서 그것을 있는 그대로 보는 것이 아니라 우리의 욕심의 대상, 집착의 대상으로 생각한다. 있는 그대로를 보지 못하고 늘 있다든가 없다, 혹은 좋다든가 나쁘다든가, 추하다, 아름답다 등 어느 한 쪽으로만 살핀다. 중도적인 실상을 보지 못한다는 뜻이다.

우리에게 나타나는 현상은 연기로서 전개되는 그저 그런 모습이다. 즉, 실체가 없는 공이라는 의미이다. 그런데도 우리는 그것을 '좋다, 나쁘다'로 비교하고 좋다고 생각되면 영원한 것인 양 내 것으로 만들려고 한다. 그러한 현상들도 우리의 마음이 반영되어 나타나는 연기적인 것인데도 그것을 모르고 실제로 좋고 나쁜 것이 있다고 믿고 있다. 아버지라는 것이 원래 있고 남편이라는 것이 원래 있다고 믿는다. 아들이 있어서 아버지가 되고 아내가 있어서 남편이 되는 것인데도 나는 원래부터 아버지고 원래부터 누구의 남편이라고 생각하는 것이다.

불교에서 연기와 공을 통해서 말하고자 하는 것은 바로 이러한 것이다. 연기에 의해서 아버지가 되고 어머니가 되고 남편이 되고 아내가 된다. 그러나 아버지나 어머니, 남편이나 아내라는 것이 원래부터 존재하며 영원히 변하지 않는 실체가 아니다. 서로의 상관관계에 변화가 생기게 되면, 즉, 남편과 아내, 아버지와 아들이라는 조건이 없어지면 남편과 아내, 아버지와 아들이라는 이름은 달리 불리어지게 된다. 이러한 이치가 바로 공이다. 그리고 이러한 이치를 알고, '있다, 없다' 를 떠나서 실상을 있는 그대로 보는 것을 중도라고 한다. 그렇기 때문에 연기와 공과 중도는 같은 것이라고 할 수 있다. 이 세 가지는 단지 보는 관점이 다르기 때문에 다른 이름을 붙인 것이다.

　연기와 공이 존재의 실상을 바라보는 철학적 시점의 차이라면 중도는 연기와 공을 실천적인 면에서 나타내는 것이라고도 할 수 있다. 중도라는 것이 실천상의 자세로서 구체적으로 전개되면 무집착 내지 치우치지 않는 것이라 할 수 있다. 이것은 있다, 없다 라고 하는 양 극단을 배제하고 존재의 실상을 바로 본다는 말과 같다. 우리는 어리석음 때문에 연기로서 이루어지는 존재와 현상의 실상을 제대로 파악하지 못하고 늘 있다, 없다, 혹은 좋다, 나쁘다 하는 식으로 치우친 견해를 가진다. 그래서 좋은 것은 늘 내 것이 되어야 하고 좋아하는 사람은 언제까지나 나의 사람이 되어야 하는데 상황이 변해서 내 앞에서 사라지게 되면 애달파하고 안타까워하며 슬퍼한다. 나의 몸이 영원히 젊음을 유지하고 있으면 좋겠지만 늙어 가는 것을 보고 슬퍼한다. 좋은 것은 영원히 좋은 것으로서 가지고 싶어 한다. 그래서 탐심이 일어난다. 싫은 것은 일초라도 앞에서 얼씬거리면 화가 난다. 그래서 진심이 치밀어 오른다.

　그러나 연기를 알고 공을 아는 지혜로운 사람은 어느 한 쪽에도 치우치지 않고 그저 변화선상에 있는 현상과 사물을 중도의 입장에서 있는 그대로 보려고 한다. 그렇기 때문에 욕심을 부릴 일도 화를 낼 일도 없어진다. 그야말로 산은 산이요, 물은 물로 보는 것이다.

연기가 현상세계를 나타내게 하는 공식이라면 공은 그 현상세계에 변하지 않는 실체가 없다는 것을 나타낸다. 사물과 현상이 나타난다는 점에서 보면 연기라는 진리가 이를 뒷받침하고 있다. 그러나 사물과 현상이 그것을 성립하게 하는 여러 조건이 변함에 따라 수시로 변해간다는 점에서 보면 실체가 없는 공이다. 중도라는 것은 이러한 연기와 공의 세계에 치우치지 않고 실상 그대로 관찰하는 것을 말한다. 이처럼 연기와 공과 중도는 같은 것에 대한 관점의 차이로서 불교의 사상적 근간은 이 세 가지에 치중되어 있다고 할 수 있다.

예를 들면, 업과 윤회 등도 모두 연기적인 현상이다. 그렇기 때문에 공이며 고정된 실체가 없으며, 자성이 없는 것이다. 공이기 때문에 우리의 노력 여하에 따라 모든 변화가 가능하다. 만약 공이 아니라면 나쁜 사람은 늘 나쁜 사람이어야 하고 중생은 늘 중생으로 있어야만 한다. 공이기 때문에 우리의 노력 여하에 따라 범부도 해탈을 얻을 수 있고 미혹한 중생이 부처도 될 수 있는 것이다.

인과에 대한 이치나 업설(業說)은 불교에 입문하는 초기 단계에서 매우 중요하다. 인과나 업설을 통하여 그릇된 길을 가지 않게 하며 정진하고 노력할 것을 가르치기 때문에 초심자에게는 반드시 필요한 가르침이다. 이러한 인과나 업설을 전혀 무시하고 부정하는 것은 하나의 극단으로서 이것을 단견(斷見)이라고 한다. 인과를 부정하는 것은 결국 연기, 공, 중도도 부정하는 사견(邪見)에 빠지는 것이 된다. 그러나 인과나 업에 대해서 고정된 실체로서 있다고 집착하는 것도 또 하나의 극단인 숙명론이나 운명론에 빠지게 되기 때문에 이것 또한 사견이 되는 것이다. 나와 세계가 영원불멸하며 상주한다고 하는 것을 상견(常見)이라고 하는데 이것도 사견의 일종으로서 결국은 인과나 연기, 공, 중도를 부정하는 것이 된다.

경전에서는 우리가 보고 듣고 느끼고 생각하는 모든 것이 집착의 대상이라고 하고 있다. 그러한 집착에서 벗어나 모든 것을 있는 그대로 보는 것이 곧 공의 실천이며 중도의 길이라고 할 수 있다. 이것은 진리에 대해서도 마찬가지로 적용된다. 그렇기 때문에 부처님께서는 진리조차도 열반에 이른 다음에는 버려야 할 것으로 가르치고 계신다.《아함경》가운데의 〈벌유경(筏喩經)〉에서 이렇게 말씀하셨다.

> 그대들이 만약 뗏목의 비유를 이해한다면, 그때는 선법도 곧 버려야 하거늘 하물며 선법이 아닌 것이야 더 말할 나위가 있겠느냐?

뗏목의 비유라는 것은 뗏목을 타고 강을 건넌 후에는 뗏목을 내려놓고 가야지 둘러메고 가는 어리석음을 저질러서는 안 된다는 것이다. 진리를 뗏목 삼아 열반의 저 언덕에 다다른 뒤에는 그 진리조차도 집착하지 말고 버려야 할 것인데 진리 아닌 것이야 더 말할 필요가 있겠느냐는 말씀이다.

이것은 부처님의 가르침을 무시하라든가 선악을 부정하라는 것이 아니다. 아무리 좋은 것이라 하더라도 거기에 집착하게 되면 그것과 맞지 않는 것은 배척하여 싫어하고 자기의 신념만을 고집하고 집착하는 독선에 빠질 염려가 있기 때문이다. 자기가 믿고 있는 진리, 혹은 신념과 맞지 않는 것은 나쁜 것이라고 고집하여 공격한다면 또 다른 악에 빠지게 되기 때문이다.

예를 들면, 계행을 잘 지킨다는 사람이 자기만 잘 지키면 될 것인데 다른 사람이 자기의 기준에서 벗어나면 미워하고 싫어하는 것이다. 흔히 율사(律師)라는 사람들 중에는 찬바람이 나서 가까이 가기도 어려운 사람이 있다. 계행을 지키는 것이 해탈에 이르기 위한 방편인 것을 잊어버리고 계행이라는 그것 자체에 얽매여 자신도 괴롭힐 뿐 아니라 다른 사람까지도 괴롭히는 결과를 낳는 것이다. 이러한 것은 아무리 좋은 법이라고 하더라도 거기에 집착하게 되면 중도를 놓쳐버린다는 것을 말해준다.

그러나 선이나 진리에 대한 집착을 버리라는 것을 악을 용인하는 것으로 잘못 알거나, 선악을 따지지 않는 것을 무집착으로 잘못 이해한다면 이러한 사람은 영원히 불교의 공사상을 이해하지 못할 것이다. 그렇기 때문에 불교에서는 공의 실천으로서 중도를 내세우고 있는 것이다.

공의 세계에서는 영원불변의 고정된 것으로서 고집할 만한 것은 아무 것도 없다. 그렇다고 해서 보고 듣고 맛보고 느끼는 세상이 전혀 없다는 것은 절대 아니다. 다만 연기에 의하여 발생하고 변천해 가는 가운데에서 가명으로 나타나는 현상을 여실하게 보라는 것이 중도이다. 이러한 것을 불교에서는 진공묘유(眞空妙有)라는 표현으로 나타내기도 한다. 공한 가운데에서 나타나는 현상을 중도의 입장에서 바로 보라는 것이다. 그러므로 중도는 이것도 저것도 아닌 어중간한 것이 아니라 양극단을 떠나 동시에 볼 수 있는 가장 완벽한 길이라고 할 수 있다.

| 3) 중도의 실천과 열반 |

　　　　　불교를 공부하는 사람들 중에는 공의 실천이 중도에 있다는 것을 알지 못하고 허무주의에 빠져버리는 사람들이 간혹 있다. 이런 사람들 중에는 공을 아무 것도 남지 않는 허무로 해석하여 모든 것이 결국은 아무 것도 없는 무로 돌아갈 텐데 꺼릴 게 뭐가 있느냐는 식으로 막행막식을 하는 경우도 있다.

　불교 공부를 제법 했다는 사람들 중에서도 공을 아무 것도 없는 무로 이해하는 사람들이 있다. 일체가 공이라면 선이 어디 있으며 악이 어디 있는가 라고 하면서 허무주의에 빠져 무기력한 일상을 사는 사람들이 이런 사람들이다. 공을 말하는 것은 공의 도리를 아는 것에 의해서 모든 집착을 벗어나 마음의 안락을 얻고자 하는 것인데 이런 사람들은 도리어 공에 집착하여 자기의 노력과 발전을 포기하고 있다. 이것은 공이 연기에 바탕을 둔 제법(諸法)의 실상을 밝힌 것이라는 것을 모르고 도리어 공에 얽매인 경우이다.

　연기로서 이루어진 세계가 공이기 때문에 우리는 그것을 좋은 방향으로 늘 변화시켜 나갈 수가 있다. 고정된 실체가 없는 공이기 때문에 좋은 인연을 만들면 좋은 결과가 나타난다. 그러한 것을 모르고 공이 아무 것도 없는 것으로 오해하여 노력을 하지 않는 것은 도리어 공에 얽매이는 것이라고 할 수 있다.

　이와 같이 어리석은 사람들은 모든 것이 공이라니까 공을 아무 것도 없는 것으로 생각하여 인과도 없다고 잘못 이해하는 것을 공집(空執)이라고 한다. 특히 공을 허무적으로 오해하여 만사를 부정하는 것을 악취공(惡取空)이라고 한다. 불교 공부의 방향을 잘못 잡아 이런 악취공에 빠진 사람은 구제할 길도 없다. 자기 나름대로는 불교에 대해 안다고 생각하기 때문에 바른 말을 해주어도 요지부동이다. 아예 아무 것도 모르는 사람이라면 처음부터 잘 가르쳐 줄 수 있지만 불교공부를 어설프게 해서 악취공에 빠진 사람은 아집이 있어서 남의 말이 귀에 들어오지 않는 경우가 많다.

이와 같이 공에 집착하거나 공을 잘못 이해하는 것을 그릇된 공견(空見)에 빠진다고 한다. 그리고 이러한 태도는 모든 것을 부정하는 허무주의나 죽으면 그만이라는 단멸론에 빠질 위험이 있다. 중도를 통하여 공을 실천하는 것은 어떠한 것에도 얽매이지 않는 무집착에 있음을 알지 못하고 공을 아무 것도 없는 무로 해석하여 자기 멋대로 행동하거나 되는 대로 자신을 방치하는 것 등이 이러한 예라고 할 수 있다. 그러나 이러한 태도는 실은 자기 자신에게 강하게 집착하는 것이며, 자기가 하고 싶은 대로, 번뇌가 일어나는 대로 행동하는 것으로 밖에는 볼 수 없다. 이것은 무집착이 아니고 도리어 자기중심의 극히 이기적인 집착이며 번뇌에 얽매인 것이라고 할 수 있다.

또 공의 실천으로서 중도를 어떤 것에도 집착하지 않고 얽매이지 않는 것이라고 하니까 이를 잘못 해석하여 자기의 입장을 애매하게 한다든가 어떤 문제에 대하여 이것도 아니고 저것도 아니라는 양비론(兩非論)적인 모호한 태도를 취하는 경우도 있다. 이러한 것도 애매하거나 모호한 입장을 취한다는 하나의 견해나 태도에 집착하는 그릇된 공견이라고 할 수 있다.

또 공을 잘못 이해함으로써 사견에 빠진 사람은 모든 것이 공이라고 말하면서도 공의 형태나 특징을 취하여 집착하고 그것을 가지고 무의미한 논쟁을 일삼고 있다. 그뿐만 아니라 모든 것은 공이라고 하면서 애착의 대상에 대해서는 애착심을 일으키고 성냄의 대상에 대해서는 성을 내고 어리석음의 대상에 대해서는 어리석은 마음을 내는 등 스스로 모순된 생각을 일으키기도 한다. 이것은 모든 것이 공이라고 생각하면서도 실제로는 공을 알지 못하는 데서 오는 잘못이라고 할 수 있다.

그러나 공을 바르게 이해하고 실천하는 사람은 마음의 동요도 없고 번뇌에 얽매이지 않는다. 이러한 경지가 곧 불교에서 궁극적으로 도달하고자 하는 것으로서, 해탈, 열반이라고 한다. 공의 올바른 이해와 실천을 특히 대승불교에서 그토록 강조하는 것도 결국은 이러한 경지에 이르기 위한 것이다.

공을 이해하는 방법에는 옛날부터 석공(析空)과 체공(體空)의 두 가지가 있었다. 석공은 존재를 분석하여 공을 밝히려고 하는 것으로서, 예를 들면, 우리의 몸을 구성하고 있는 요소들을 정신적인 것과 물질적인 것으로 나누고 다시 이것들이 아주 미세한 원자로 구성되어 있음을 밝혀 그러한 것의 실체가 없음을 드러내는 방법이다. 여기에서 원자라는 것은 전문 용어로 극미(極微)라고 하는데, 어떤 사물을 쪼개고 쪼개어서 더 이상 쪼갤 수 없는 단위를 말한다. 그렇게 해서 사물에는 실체가 없다는 것을 증명하려고 했으나 이러한 방법은 이해하기는 비교적 쉽지만 그 미세한 단위인 극미 또한 하나의 실체를 가지게 되는 것이 되기 때문에 대승불교의 법상유식(法相唯識)이라는 이론에서는 부정된다.

한편, 체공이라는 것은 분석을 통하여 공을 이해하는 것이 아니고 존재를 곧 공이라고 직관적으로 이해하는 것이다. 석공은 부파불교에서 시도된 방법이며 체공은 대승불교에서 강조되었다.

또 인공(人空)과 법공(法空)이라는 것이 있는데, 이 둘을 인법이공(人法二空)이라고도 하고 줄여서 이공(二空)이라고도 한다. 또 인공과 법공을 생공(生空)과 법공, 혹은 아공(我空)과 법공이라고도 하고 인무아(人無我)와 법무아(法無我)라고도 한다.

인공이란 우리들 유정(有情)은 색·수·상·행·식의 오온(五蘊)이 연기적으로 잠시 가(假)로 화합하여 존재하고 있는 것이기 때문에 나라는 실체가 없는 공이라고 하는 것이다. 온(蘊)이란 산스크리트 skandha의 의역으로서 쌓여서 모인다는 적집(積集)의 의미를 지니고 있다. 우리 개인의 심신, 혹은 심신과 환경을 포함한 일체의 물질과 정신을 다섯 가지의 그룹으로 나누어 설명한 것을 오온이라고 한다.

오온의 각각에 대하여 간단하게 설명하면, 육체 또는 물질에 해당하는 색(色: rūpa), 고락 등의 감수 작용인 수(受: vedanā), 개념과 표상을 만드는 작용인 상(想: saṃjñā), 오온 중의 수·상·식의 셋을 제외한 마음의 작용인 행(行: saṃskāra), 분별하고 판단하고 인식하는 식(識: vijñāna)의 다섯 가지를 말한다. 이러한 다섯 가지에 그 어떠한 것도 나라는 존재는 없다. 그러나 이 오온이 서로 화합하여 잠시 모습을 드러낸 것이 인간이기 때문에 그것은 실체가 없는 공이라는 것이다. 이것이 인공이고 인무아라는 것이다.

법공이란 모든 존재는 연기에 의한 존재이며, 그렇기 때문에 공이라는 것이다. 법공을 설하면 인공에서 말해지는 오온의 각각도 공이라는 것이 되기 때문에, 법공은 인공도 포함하여 말하는 것이 된다. 부파불교에서는 인공만을 설했고 대승불교에서는 인공과 법공의 두 가지 공을 설했다.

불교에서 이처럼 공을 여러 가지로 분석하는 것은 공을 바르게 이해하고 그 실천을 통하여 고를 해결하고 열반에 이르게 하기 위해서이다. 연기와 공, 그리고 그 실천적 입장으로서의 중도는 불교철학의 핵심이며 지상과제라고 할 수 있다. 어떠한 것에도 집착하지 않고 어떤 하나의 극단에도 치우치지 않는 공의 실천을 불교에서는 무소득(無所得)이라고 한다. 그리고 이러한 무소득의 경지는 어떠한 것에도 걸림이 없이 자유자재한 경지이기 때문에 무애(無碍)라고 한다.

이러한 무소득과 무애는 공의 실천에 의한 도달점이라고 할 수 있다. 이러한 경지에서는 이미 자기라는 것에 얽매이는 것도 없을 뿐더러 어떠한 장애도 어떠한 두려움도 없게 되며 모든 것을 평등하게 보게 되므로 무한한 자비가 우러나오게 된다. 우리가 이렇게 불교를 공부하면서 지혜의 눈을 떠가는 것도 부처님의 공의 실천에 의한 무한한 자비에서 비롯되었다고 할 수 있다.

우리는 연기를 통하여 나를 포함한 이 우주의 실상을 바르게 보아야 한다. 편벽되고 폐쇄된 사고를 떠나 이 세상은 서로 관계를 맺고 의지하는 가운데에서 그 모습을 드러낸다는 것을 제대로 알 때에 우리는 괴로움에서 벗어날 수 있다.

우리는 공의 도리를 통하여 연기적 현상으로 나타난 그러한 모습에 집착하지 말아야 한다. 그것은 실체가 없는 단지 하나의 현상일 뿐이기 때문에 그것을 영구불변의 변하지 않는 것으로서 집착하는 어리석음에서 벗어나야 한다. 결국 이러한 진리를 모르는 무명에서부터 우리의 괴로움이 생겨나는 것이다. 그래서 우리는 깨달음의 지혜를 추구하는 것이다.

불교의 모든 교리와 실천은 이러한 연기와 공을 중도의 입장에서 이해하고 실천하는 것에 맞추어져 있다. 그런데 부처님께서 연기와 공을 통하여 말씀하시려고 한 것은 우주의 구성이나 사물의 형성에 대한 물리적, 혹은 과학적인 규명을 하려고 하신 것이 아니다. 연기와 공, 그리고 중도라는 것을 통하여 우리가 어떻게 하면 생로병사와 윤회의 괴로움에서 영원히 벗어날 수 있는가를 알려주시기 위한 것이다.

그렇기 때문에 우리가 괴로움을 벗어버리고 열반을 얻는 것은 이 세상을 떠나 전혀 다른 세상에 태어나는 것이 아니다. 연기로서 이루어진 바로 이 세상의 모습을 바르게 관찰하는 것이다. 부처님께서도 우리와 같은 땅을 밟고 같은 음식을 드시며 사셨다. 그러나 부처님께서는 생사를 벗어났다고 말씀하셨다. 이것은 무엇을 의미하는 것인가?

우리는 모두 같은 세계에 살고 있다고 생각하지만 실은 그렇지 않다. 우리는 모두 각자의 마음에서 연기한 다른 세계에 살고 있는 것이다. 부처가 되었다고 해서 이 세상이 달라지는 것이 아니라 자기의 내면세계가 달라짐으로써 세상이 다르게 나타나는 것이다. 부처님께서 연기를 통해서 말씀하시고자 하는 것도 바로 이러한 것에 있다.

우리는 이 세계가 연기한 것인 줄 모르고 나와 세계를 구분해서 보려고 한다. 실은 그 모든 것이 우리의 마음에서 연기한 세계인 줄을 모르고 우리는 나와 객체를 분별해서 보기 때문에 온갖 괴로움을 만들어 내고 있는 것이다. 연기와 공의 도리를 바르게 이해함으로써 우리는 괴로움에서 벗어나 마음의 지극히 평온한 경지인 열반을 얻을 수 있다. 이것이 불교의 핵심이다.

제2장 존재와 현상은 어떻게 인식되는가

1. 오온, 십이처, 십팔계 '존재론'

| 1) 일반적 연기와 가치적 연기 |

연기는 이미 앞에서 설명한 것처럼 모든 존재, 사물, 현상이 나타나는 배후에 일관하여 흐르는 법칙이라고 할 수 있다. 즉, 우주와 인생의 본질을 시간적·공간적·논리적 관계로서 바르게 고찰하려는 것이 연기설이며, 우주와 인생의 실상을 정확히 파악하여 해탈·열반에 이르는 길을 발견하기 위한 길잡이가 되는 것이 또한 연기설이다.

우리가 연기에 대해 고찰할 때, 두 가지 관점에서 이를 살펴볼 수 있다. 즉, 우주와 인생의 객관적 현상을 설명하기 위한 일반적 연기와 그러한 연기의 도리를 나 자신의 문제와 결부하여 고의 근원을 파악하고 그것을 해결하기 위한 가치적 연기로 나눌 수 있다.

불교는 우주의 물리적 관계를 고찰하는 과학도 아니고 단순히 사변에만 머무르는 철학과도 다르다. 불교의 근본이념은 어디까지나 한 인간으로서 나의 실체를 바르게 파악하여 괴로움의 뿌리를 도려내고 열반에 이르는데 있다. 연기의 중심에 나를 놓고 나의 실상을 여실히 파악하고 또 나와 관련된 모든 것을 연기의 이치에 비추어 고의 원인과 그 해결책을 찾으려는 것이 가치적 연기라고 할 수 있다. 물론 가치적 연기도 일반적 연기의 바탕 위에서 설명될 수 있다.

우리의 현재 모습은 무한한 시간과 공간의 교차점 위에서 찰나찰나 변화해 가고 있다. 우리가 '나'라고 부를 수 있는 지금의 이 모습은 과거의 많은 경험과 사유의 축적이며, 또한 물리적으로도 부모로부터 물려받은 몸과 수많은 이름 모를 중생들의 도움으로 유지되고 있다. 여기에 태양·공기·물·바람 등 자연의 도움과 함께 사회적으로도 자식, 부모, 그리고 누구의 친구, 누구의 상사, 누구의 부하… 라는 식으로 복잡하게 설정된 관계 위에서 나라는 존재가 있다.

이와 같이 우리가 지금 존재라고 생각하는 것은 시간과 공간에 설진 물리적·사회적·경제적·문화적·정치적·역사적 관계가 복잡하게 얽힌 위에서 나타나는 찰나적인 현상이라고 할 수 있다. 즉, 연기라는 시간과 공간의 좌표 위에서 우리의 삶이 영위되고 나라는 존재가 인식되는 것이다. 이러한 것이 일반적 연기 위에서의 나의 모습이라면, 이 '나'라는 존재가 어디서부터 연유하여 생로병사를 되풀이하면서 고해의 바다에서 윤회하는가를 내면적으로 파악하고자 하는 것이 가치적 연기라고 할 수 있다.

그러나 연기로써 우주의 실상을 객관적으로 파악하려 하거나 단순한 철학적 사유의 대상으로서만 보는 것은 불교의 근본이념이 아니다. 불교는 어디까지나 인생의 고를 해결하고 해탈을 얻고자 하는 궁극적 목표가 있기 때문에, 여기에 부합하여 고의 발생과 소멸에 대한 종교적·실천적 의미를 지닌 연기의 설명이 필요하다. 그것이 곧 가치적 연기이며, 이러한 가치적 연기의 대표적인 것이 십이연기(十二緣起)이다. 부처님께서 깨달음을 얻으실 때에 명상했다는 것도 이 십이연기였다. 물론 십이연기도 일반적 연기의 인과법칙 위에서 성립하는 것은 두말할 필요도 없다.

십이연기는 12가지의 항목으로서 연기를 설명했기 때문에 이렇게 부르는 것이며 십이지(支)연기 혹은 십이인연이라고도 한다. 그러나 12라는 항목에 대해서는 일정하지 않고 경전에 따라 2지·3지·4지·5지로부터 10지·12지 또는 그 이상도 있다. 그러나 항목이 몇 가지가 되던 그 근본 취지는 대동소이하다고 할 수 있다. 즉, 이러한 종류의 연기는 고가 어떻게 발생하며 또 그것은 어떻게 멸해지는가를 분석하여 나타낸 것으로서, 그 가운데에 십이연기가 대표적인 것이기 때문에 이를 들어 설명하는 것이다.

| 2) 존재란 무엇인가 |

그런데 십이연기를 이해하기 위해서는 먼저 불교에서 존재 혹은 일체법이라고 일컬어지는 오온·십이처·십팔계에 대해 알아야 한다. 이 세 가지를 삼과(三科)라고도 한다. 또 오온·십이처·십팔계의 삼과를 간단히 온·처·계라고도 한다.

먼저 오온이라는 것은 개인에 있어서의 일체법인 몸과 마음, 또는 내외에 있어서의 일체법인 물질과 정신으로 보고 이것을 다섯 가지 요소로 구분한 것이다. 즉, 색(色)이라는 물질적인 것과 수(受)·상(想)·행(行)·식(識)이라는 정신적인 요소의 다섯 가지를 오온이라고 한다.

십이처라는 것은 일체법을 감각과 지각의 인식 위에서 고찰하여 인식의 주관적 능력으로서의 육내입처(六內入處)와 객관적 대상으로서의 육외입처(六外入處)의 12가지로 구분한 것이다.

주관적 능력으로서의 육내입처라고 하면 우리가 이것을 통하여 내가 있다고 생각하는 안(眼; 눈)·이(耳; 귀)·비(鼻; 코)·설(舌; 혀)·신(身; 몸)·의(意; 마음)를 가리키는 것이다. 이것을 육근(六根)이라고 부르기도 한다.

그리고 객관적 대상으로서의 육외입처는 우리가 바깥에 무엇이 있다고 생각하는 대상으로서의 색(色; 색깔과 모양)·성(聲; 소리)·향(香; 냄새)·미(味; 맛)·촉(觸; 족감)·법(法; 인식의 대상으로 나타나는 것)의 여섯 가지를 말하는데, 이것을 육경(六境)이라고도 한다.

십팔계는 앞에서 언급한 십이처에 감각과 지각을 인식하는 그 자체로서의 육식(六識), 즉, 안식(眼識)·이식(耳識)·비식(鼻識)·설식(舌識)·신식(身識)·의식(意識)의 여섯 가지 인식을 더하여 18가지로 나눈 것이다. 감각과 지각을 인식하는 그 자체는 각각의 감각과 지각을 인식하는 인식주체라고 할 수 있다. 그것이 여섯 가지라는 것이다. 이처럼 육근, 육경, 육식을 합하여 18가지의 경계, 즉, 십팔계라고 부른다.

이와 같이, 불교에서 오온, 십이처, 십팔계의 삼과를 설정한 것은 이것이 존재하는 모든 것이기 때문이다. 존재하는 모든 것이란 우리 앞에 현상으로서 나타나는 일체법을 말하는 것이다. 즉, 모든 존재는 이 삼과에 포함되지 않는 것이 없기 때문에 일체법이라고 하는 것이다.

불교에서는 인도의 외도들이나 서양철학 등에서 말하는 것과 같은 본체라든가 실체를 인정하지 않는다. 연기를 설명하는 과정에서 충분히 설명한 것처럼 연기의 세계에서는 그 어떠한 것도 영원히 변하지 않는 것이란 없다. 그리고 모든 것은 서로의 관계성 위에서 나타나는 일시적인 현상이라고 했다. 그러한 현상을 우리는 '세계'라고 부르고 '일체'라고 하는 것이다.

불교에서는 시간과 공간 가운데에서 우리가 감각과 지각으로 인식하지 못하는 것은 인정하지 않는다. 이 말은 우리의 감각이나 지각으로 인식되는 현상계만을 인정한다는 뜻이다. 시간과 공간을 초월하여 영구히 변하지 않는 어떤 실체나 본체는 설령 있다고 하여도 우리의 인식이 미치지 못하는 한 그것은 없는 것이나 마찬가지이다. 우리의 인식이 미치지 못하면 그것의 존재여부는 우리의 판단을 벗어나 있기 때문에 입증될 수가 없다.

또한 그러한 본체나 실체라는 것은 우리가 인식하지 못하기 때문에 우리와는 관계가 없는 것이며, 괴로움을 벗어나기 위한 수행이나 깨달음에 아무런 도움이 되지 못한다. 그렇기 때문에 불교에서는 오온, 십이처, 십팔계라는 우리의 인식세계를 통하여 일체법을 설명하고 파악한다. 한마디로 시간과 공간 속에서 우리가 판단을 내릴 수 있는 것은 우리가 인식할 수 있는 현상계뿐인 것이다.

연기의 세계에서 우리에게 현상으로서 나타나는 것을 불교에서는 유위법(有爲法)이라고 했다. 이것을 행(行)이라고도 한다. 제행무상(諸行無常)이라고 할 때의 행이다. 우리는 이 유위법, 즉, 우리가 인식할 수 있는 현상계 속에서 생멸변화하며 괴로워하고 기뻐하고 집착하고 싸우면서 살아가는 것이다. 우리에게 있어서 우리가 인식할 수 있는 이 현상계 이외에는 어떠한 세계도 없다. 그렇기 때문에 이러한 일체의 현상계를 불교에서는 '일제'라든가 '일체법'이라고 하는 것이다. 왜 이러한 오온, 십이처, 십팔계를 일체라고 하는지 한번 살펴보자.

예를 들면, 우리가 무엇을 보거나 듣는다고 할 때, 그 대상이 없으면 보거나 들을 수 없다. 또 그러한 대상이 있다고 하여도 눈이나 귀라는 기관이 없으면 그러한 대상은 파악이 되지 않는다. 또 눈과 보이는 것이 있고 귀와 들리는 것이 있다고 하여도 그것을 파악하는 인식능력이 없으면 그것은 없는 것과 마찬가지이다.

즉, 우리가 눈과 귀가 있어도 인식주체가 없으면 아무 것도 보지도 듣지도 냄새 맡지도 못한다. 우리가 눈이라고 부르는 것이 있어서 어떤 대상을 본다고 할 때에 눈과 대상만 있다고 해서 그것이 어떤 것인지 파악이 되지 않는다. 눈을 통하여 망막에 비친 것을 시신경을 통하여 인식하는 작용이 없으면 눈이든 망막에 비친 물질이든 그것은 없는 것과 같다.

듣는 것에 대해서도 마찬가지이다. 귀가 있어 어떤 소리가 고막에 울려 퍼져도 그것을 인식하는 이식(耳識)이 없으면 그 소리는 없는 것과 같다. 이처럼 인식의 대상이 되는 것, 인식을 하는 기관, 그리고 인식하는 그 자체 가운데에서 어느 것 하나라도 없으면 그것은 없는 것과 마찬가지이다.

삼과에서는 인식의 대상을 경이라고 하고 인식기관을 근이라고 하며 인식 그 자체를 식이라고 부른다고 했다. 이러한 근과 경과 식이 동시에 어우러져야 우리에게 비로소 현상이 나타나는 것이다. 이것을 근·경·식의 삼사화합(三事和合)이라고 한다. 이 세 가지가 동시에 어우러지는 삼사화합의 순간을 촉(觸)이라고 한다. 촉으로 인해서 좋다, 나쁘다고 하는 감수 작용이 생긴다. 거기에서 다시 여러 가지 생각이 잇따라 일어나고 종합적인 판단이 서게 되며 그로부터 우리의 기쁨과 괴로움 등등이 생기게 되는 것이다.

그렇기 때문에 근·경·식의 어느 하나라도 결여되면 우리에게 현상세계는 나타나지 않는다. 간단히 말해서 눈이 장애인 사람은 눈의 세계가 없는 것과 마찬가지이고, 귀가 장애인 사람은 소리의 세계가 없는 것과 마찬가지라는 뜻이다. 삼사화합에 의하여 보는 세계, 듣는 세계, 냄새의 세계, 맛의 세계, 촉각의 세계, 또 이러한 것들에 의하여 만들어지는 종합적인 생각의 세계가 나타나 우리에게 현상으로서 다가오는 것이다. 그래서 이러한 현상세계의 원리를 설명한 이 삼과를 일체 혹은 일체법이라고 하는 것이다.

언젠가 부처님께서 사밧티의 기원정사에 계실 때 생문(生聞)이라는 바라문이 이렇게 여쭈었다.

"세존이시여, 일체란 것은 어떤 것을 말합니까?"

부처님께서는 이렇게 대답하셨다.

"일체라는 것은 곧 눈과 색, 귀와 소리, 코와 냄새, 혀와 맛, 몸과 감촉, 뜻과 법이다. 만약 어떤 사람이 '이것은 일체가 아니다. 나는 고타마가 말하는 일체를 떠나 다른 일체를 말하겠다'고 하면 그것은 다만 말로만 있을 뿐이며 물어보아도 알 수 없는 것으로 의심만 더할 뿐이다. 왜냐하면 그러한 것은 인식의 대상이 될 수 없기 때문이다."

이와 같이 우리의 인식과 경험의 범주 안에 들어가는 안·이·비·설·신·의와 그 대상이 되는 색·성·향·미·촉·법을 제외한 일체란 것은 없다. 이러한 일체를 제외한 우리의 인식세계를 벗어난 세계는 있을 수 없다는 말이다.

오늘날의 과학에서도 연구대상으로 삼는 것은 모두 현상세계뿐이다. 본체라든가 실체라는 형이상학적인 존재는 우리의 인식범위를 벗어나 있으며 경험할 수 없는 것이기 때문에 과학의 대상이 될 수 없다. 자연과학은 자연현상을, 인문과학은 인문현상을, 사회과학은 사회현상을 연구대상으로 한다. 불교에서도 우리의 인식이 미치고 우리가 경험할 수 있는 것만 말한다. 이러한 것만 보아도 불교가 얼마나 과학적이고 합리적인 종교인가를 알 수 있을 것이다.

그렇기 때문에 일체를 구성하고 있다는 오온, 십이처, 십팔계에 대한 이해를 통하여 현상과 사물이 어떻게 존재하며 그것이 우리에게 어떻게 인식되는가를 더 잘 파악할 수 있을 것이다.

3) 오온과 존재의 무상

온(蘊; skandha)이라는 것은 다발, 혹은 모여서 쌓인다〔집적(集積)〕는 뜻이다. 이것을, 음(陰), 또는 중(衆)으로도 번역한다. 이것은 우리의 몸과 마음, 또는 이를 포함하는 일체의 물질적, 정신적인 것을 다섯 가지의 다발, 혹은 덩어리, 집합으로 구분하여 나타낸 것이기 때문에 오온이라고 하는 것이다. 그 다섯 가지의 집합이라는 것은 색·수·상·행·식을 가리킨다. 모든 살아 있는 것, 특히 인간은 이 오온의 결합에 의하여 이루어져 있다고 보는 것이 불교의 관점이다. 이것은 생리학적 분류이면서 동시에 심리학적인 분류이기도 하다.

먼저 색(色; rūpa)이라는 것은 육체 또는 물질적인 것, 물질적 요소를 말한다. 이 색은 우리가 말하는 색깔만을 의미하는 것이 아니라 색채와 형태를 모두 포함하며 우리에게 물질적으로 다가오는 모든 것을 말한다.

그러나 이 색은 우리의 시각에 의해 인식되는 것만을 의미하지는 않는다. 우리의 감각에 의하여 식별되는 모든 것을 가리킨다고 할 수 있다. 거기에는 빛깔과 형태뿐만 아니라 소리, 냄새, 맛, 촉감 등이 모두 색에 포함될 수 있다. 그래서 모든 물질적인 것의 대명사로 쓰인 것이 이 색이라는 것이다.

전통적인 해석으로는 이 색의 성질을 변괴(變壞) 혹은 질애(質碍)라고 표현했다. 변괴란 변하여 허물어진다는 뜻이며, 질애라는 것은 무엇인가 가로막는다는 뜻이다. 즉, 변괴라는 것은 물질이 변화하여 파괴된다는 뜻이며, 질애라는 것은 물질이 일정 공간을 점유하여 서로 막히며 동시에 같은 공간을 점유하지 못하는 성질을 말한다고 할 수 있다.

오온에서의 색은 원래는 우리의 육체만을 의미했으나 뒤에는 물질 일반으로까지 의미가 확대되었다. 십이처나 십팔계에서의 색처 혹은 색계는 물질의 일부분을 지칭하는 좁은 의미의 색이라고 할 수 있다.

넓은 의미의 색에 대하여 《아함경》에서는 이를 사대종(四大種) 및 사대종 소조색(所造色)이라고 하고 있다. 이것은 물질을 구성하는 네 가지 으뜸 요소인 지(地)·수(水)·화(火)·풍(風)의 사대종과 이 사대종으로 합성된 것을 색이라고 하는 것이다.

즉, 지는 단단한 성질의 것, 수는 습성의 것, 화는 더운 성질이 있는 것, 풍은 움직이는 성질의 것을 말하는데, 이 네 가지 성질을 가진 것이 서로 어울려서 만들어지는 것을 사대소조의 색이라고 한다. 예를 들면, 우리의 신체는 단단한 성질의 지만 있는 것이 아니라 혈액 등의 수와 체온의 화, 움직이는 힘의 풍이 모두 모여 구성되어 있다.

이러한 사대와 시대로써 이루어진 것이 우리의 신체를 비롯한 모든 사물이며, 그러한 것들이 우리의 인식의 대상이 된다. 그래서 안·이·비·설·신의 오근과 색·성·향·미·촉의 오경을 합하여 열 가지의 색이라고 하며, 여기에 무표색(無表色)을 더하여 11종의 색법으로 분류한다.

무표색이라는 것은 행동이나 언어에서의 습관력을 말한다. 우리가 말하거나 행동하는 것은 대부분이 어떤 의도 하에서 그렇게 이루어지는 것인데, 그것이 우리의 잠재의식에 남아 있게 되는 것을 무표색이라고 한다. 무표색은 우리의 의식의 저변에 남아 있다가 어떤 계기가 되면 말이나 행동으로 나타나게 된다. 즉, 말하거나 행동하는 것은 그것으로 끝나는 것이 아니라 그 잠세력(潛勢力)이 남아서 우리의 육체라고 하는 물질 안에 보존된다고 보아 이것도 색에 넣었던 것이다. 그렇기 때문에 색을 단순히 물질로만 보아서는 안 된다.

이 사대설은 나중에 더 발전해서 육대설(六大說), 혹은 육계설(六界說)로 전개된다. 이것은 지·수·화·풍의 사대에다 공(空)과 식(識)을 더한 것이다. 공이란 지·수·화·풍으로 채우고 남는 부분이라고 할 수 있으며, 여기에 식을 더하여 인간존재의 모든 요소라고 보는 것이다. 이것은 지·수·화·풍이라는 색에 치중한 인간구성에 대하여 식을 더함으로서 인간의 정신적인 면을 드러낸 것이라고 할 수 있다.

다음으로 수(受: vedanā)라는 것은 고와 낙을 느끼는 감수(感受)작용이다. 여기에는 육체에서 감각적으로 받아들이는 즐겁고 불쾌한 느낌과 정신이 지각적으로 받아들이는 고와 낙의 감정이 있다. 수라는 것은 이와 같이 감각이나 지각에 의하여 우리가 느낌으로 받아들이는 작용이다. 감각으로 받아들인다는 것은 안근·이근·비근·설근·신근의 오근을 통하여 받아들이는 것을 말하는 것이고, 지각으로 받아들인다는 것은 의근을 통하여 받아들이는 것이다.

예를 들면, 신근이라는 것은 피부를 말하며, 의근이라는 것은 신근을 통하여 느껴지는 우리 마음의 헤아림이다. 안·이·비·설·신·의의 육근이 바깥의 색·성·향·미·촉·법과 접촉할 때에 이 수가 생기는 것이다.

상(想: saṃjñā)이라는 것은 마음에 떠오르는 개념을 의미한다. 감각과 지각에 의하여 인식작용이 일어날 때 이것은 붉은 꽃이구나, 이것은 유리잔이구나 하고 떠올리게 되는 개념을 말하는 것이다. 즉, 추상적인 사고작용으로서 사물의 외형적인 현상을 개괄적으로 표현해낼 수 있는 정신활동이다. 이것은 외계의 사물에 대한 표상(表象)작용뿐만 아니라 기억을 통해 대상을 떠올리는 작용도 포함된다고 할 수 있다.

행(行; saṃskāra)이라는 것은 목적의식을 가진 의지작용을 말한다. 행을 넓은 의미에서 말할 때는 제행무상에서의 행과 같이 모든 현상을 가리키지만 오온에서의 행은 단지 마음의 작용을 가리킨다. 즉, 어떤 것에 의하여 좋고 나쁜 느낌을 가지고 그것을 가지고 싶다거나 피하고 싶다고 마음먹는 의지작용을 행이라고 할 수 있다.

식(識; vijñāna)이라는 것은 나에게 느껴진 감수작용과 그것에 대한 개념을 형성하고 여기에 대해 종합적인 판단을 하는 것이다. 종합적인 판단에는 분별하고 인식하고 평가를 하는 모든 정신작용이 포함된다. 예를 들면, 누가 나를 꼬집었을 때 아프다고 느끼는 것은 수이고, 아름다운 여인이 꼬집었다고 알아채는 것은 상이라고 할 수 있다. 그리고 '이 여인은 내가 미워서 꼬집은 것이 아니고 관심을 끌려고 꼬집었구나, 그러니 화내지 말고 한번 씨익 웃어줘야지' 하고 종합적인 판단을 내리는 것은 식이며 웃어주는 것은 행이라 할 수 있다.

그런데 이 오온을 얘기하는 의도는 오온으로써 이루어진 나의 존재가 무상하다는 것을 나타내려는 데에 있다. 색은 물질적인 것이며 물질적인 것은 연기에 의하여 이루어진 무상한 것이다. 그에 의지하여 일어나는 수·상·행·식 또한 무상한 것이며 실체가 없는 것이다. 그런데도 우리는 무상한 것에 의하여 '나'라는 영구불변의 실체가 있다고 집착하여 괴로워하는 것이다.

부처님께서는 경전에서 이렇게 말씀하셨다.

> 색은 무상하다. 무상하기 때문에 고이다. 고인 것은 내가 아니다. 내가 아닌 것은 나의 것도 아니다. 이렇게 관찰하는 것을 진실하고 바른 관찰이라고 한다. 이와 같이 수·상·행·식도 무상하다.

이와 같이 오온을 통하여 우리는 고의 실상을 관찰할 수 있다. 이렇게 오온 하나하나의 무상함을 살펴 괴로움의 근원을 살피는 것을 오온관(五蘊觀)이라고 한다. 오온이 무상하고 고이며 무아라고 바르게 관찰함에 의하여 오온을 싫어하고 오온에 의한 탐욕을 떠나서 깨달음에 이를 수가 있는 것이다. 우리는 무상하고 실체가 없는 오온에 대한 바른 인식을 가짐으로써 고로부터 벗어날 수 있다.

그런데 오온 가운데 정신적인 것에 해당하는 수·상·행·식의 네 가지를 명(名)이라고 하며 여기에 물질적인 색을 더하여 명색(名色)이라 한다. 그러므로 오온은 명색이라고도 표현할 수 있다. 명색이라는 것은 우리에게 존재로 인식된 것을 말한다. 존재로 인식되는 것에는 이름과 모양이 있다.

우리 중생은 오온으로 이루어져 있다고 했는데, 이 오온은 네 가지의 자양분을 가지고 살아간다. 단식(段食)·촉식(觸食)·사식(思食)·식식(識食)이라는 것이 이것이다.

단식이라는 것은 우리가 먹는 음식에 의하여 살아가는 부분이다. 그렇기 때문에 단식은 우리의 육체를 지탱하는 부분이라고 할 수 있다. 촉식은 감각에 의하여 살아가는 부분이다. 사식은 지각에 의하여 살아가는 부분이며 식식은 분별에 의하여 살아가는 부분이다.

촉식과 사식, 식식은 정신적 요소를 말한다. 우리 중생은 이 네 가지 자양분에 의하여 생명을 유지한다. 우리는 우선 음식물을 섭취함으로써 몸을 유지한다. 거기에 오근으로 느끼는 감촉을 즐긴다. 그래서 나에게 좋은 느낌은 더 오래 가지려고 하며 싫은 것은 배척하려 한다. 그렇게 해서 우리의 생각이 자라난다. 또 촉에서 발생한 여러 가지 느낌이 지각으로서 자라난다. 이것이 사식이다. 이러한 모든 것을 탐내면서 우리의 식은 점점 자라나게 되고 이 식이 커갈 때 명색이 자라나는 것이다. 이것이 나중에는 미래의 고의 원인이 되는 것이다. 부처님께서는 이 단식·촉식·사식·식식의 네 가지에 대해 이렇게 말씀하셨다.

> 만일 비구가 이 사식을 즐기고 탐하면 식이 머물고 자라며, 식이 머물고 자라는 까닭에 명색이 생기고, 명색이 자라는 까닭에 모든 행이 자라나며, 모든 행이 자라나는 까닭에 미래세의 존재가 자라고, 미래세의 존재가 자라는 까닭에 태어남, 늙음, 병듦, 죽음, 근심, 슬픔, 번뇌, 괴로움이 발생하니 이리하여 큰 괴로움이 무더기로 발생한다.

우리가 실체가 없는 것에 대해 그것을 대상화하고 그 대상을 내가 즐긴다고 하는 생각을 버리게 하기 위하여 오온이 설해진 것이다. 그래서 오온을 지탱하는 사식을 즐기지 않으면 우리의 괴로움이 멸해진다고 했다.

만일 사식을 즐기거나 탐하지 않으면 식이 머물거나 자라지 못하고 식이 머물거나 자라지 못하는 까닭에 명색이 자라지 않으며, 명색이 자라지 않는 까닭에 모든 행이 자라지 않고, 모든 행이 자라지 않는 까닭에 미래세의 존재가 자라지 않고, 미래세의 존재가 자라지 않는 까닭에 태어남, 늙음, 병듦, 죽음, 근심, 슬픔, 번뇌, 괴로움이 생기지 않느니 이리하여 큰 괴로움이 무더기로 소멸한다.

| 4) 십이처와 십팔계 |

다음으로 이 오온의 바탕이 되는 십이처와 십팔계에 대해 살펴보겠다. 처(āyatana)라는 것은 입(入) 또는 입처(入處)로 번역되기도 한다. ayat는 '들어오는' 이라는 뜻이 있고, ana는 '곳' 혹은 '것' 이라는 뜻이 있다. 그래서 이 처라는 말은 '들어오는 곳', '들어오는 것'을 뜻한다. 들어오는 곳이란 안·이·비·설·신·의의 육근을 가리키는데, 그 대상이 되는 색·성·향·미·촉·법의 육경이 그곳을 통해 들어온다는 뜻이다. 들어오는 것인 육경을 육외입처라 하고, 들어오는 곳인 육근을 육내입처라고 한다. 이 열두 가지를 합쳐서 십이처 혹은 십이입처라고 하는 것이다.

여기에 육근과 육경이 접촉할 때에 안·이·비·설·신·의 여섯 가지 식이 생긴다. 즉, 이 육식과 십이처를 합하여 십팔계라고 한다. 경전에서는 식이 생기는 과정을 이렇게 설명하고 있다.

> 안과 색을 의존하여 안식이 생긴다. 안은 무상하고 유위이며 마음에 의하여 생긴 것이다. 색과 안식도 무상하고 유위이며 마음에 의하여 생긴 것이다. 이 세 가지의 화합이 촉이다. 촉이 생기면 수가 생기고 수가 생기면 상이 생기고 상이 생기면 사(思)가 생긴다.

이와 같이 안근과 그 대상이 되는 색경에 의하여 안식이 생기며, 귀와 소리에 의하여 이식이 생기며, 맛과 혀에 의하여 설식이 생긴다. 이처럼 느낌을 받아들이는 육근과 그 대상이 되는 육경에 대하여 육식이 일어나는 것을 삼사화합이라고 한다. 육식이 육내입처를 자신의 존재로 느끼고 육외입처를 외부의 사물로 느끼는 이것이 촉이다.

여기에서 명심해야 할 것은 육근과 육내입처, 육경과 육외입처를 혼동하지 말아야 한다. 육내입처라는 것은 내가 보고 듣고 맛보고 생각하고 있다고 느끼는 것이다. 그리고 육외입처라는 것은 나에 의해서 보이고 들려지고 맛보아진다는 그런 생각이다. 육입처에 의해서 우리는 보고 듣고 맛보는 내가 있고, 보이고 들리고 맛보아지는 대상이 있다고 생각한다. 이렇게 해서 주관과 객관을 구분하게 된다. 이때에 식이라는 것이 생기는 것이다.

그렇기 때문에 식이라는 것이 원래부터 있어서 내가 보고 듣고 맛보며 나에게 보이고 들리고 맛보아지는 것이 있다고 생각해서는 안 된다.

흔히 육근, 육경과 십이입처를 혼동하여 이런 생각을 하게 되는데, 내 입처와 외입처에 의하여 육근과 육경이 따로 존재한다고 생각하는 식이 비로소 발생하게 된다는 의미이다.

우리는 식이라는 것이 원래부터 있어서 죽게 되더라도 그 식이 또 다른 나로 태어난다고 생각하고 있지만 이 식이라는 것은 인연이 있으면 생기고 인연이 없으면 생기지 않는다. 경전에서도 마치 장작에 불이 붙어 타다가 장작이 다 타버리면 불이 꺼지는 것과 같다고 했다. 이처럼 식도 인연 따라 나타나는 것이다.

이렇게 말하면 또 이런 생각을 할지 모른다. 그러면 죽어버리면 식이고 뭐고 다 없어지는 것 아닌가? 그러나 이것도 잘못된 생각이다. 예를 들어 보자. 어떤 사람이 물건을 훔친다. 그러면 그 순간 그 사람은 도둑이 되어버린다. 도둑이 원래부터 있던 것이 아니라 훔치는 행위로 인해 도둑이 되는 것이다. 그리고 그 사람은 훔치는 행위로 인해 거기에 맞는 벌을 받거나 아니면 들키지는 않아도 훔쳤다는 생각이 지배하게 된다. 그렇게 해서 업보가 연속되는 것이다. 원래부터 도둑이 있어서 도둑질을 한다는 것과 훔치는 행위로 인해서 도둑이 된다는 생각에는 엄청난 차이가 있다.

인식에 대해서도 마찬가지이다. 원래부터 식이라는 것이 있어서 모든 것을 분별한다고 생각하는 것은 자아에 집착하기 때문에 그런 것이다. 그렇기 때문에 우리가 좋은 업을 짓느냐, 나쁜 업을 짓느냐에 따라 우리의 인식도 거기에 맞게 작용을 하게 된다.

말하자면, 업보는 있어도 그것을 받는 원래부터의 주체적인 실체는 없다는 말이다. 도둑이 원래부터 있어서 도둑질을 하는 것이 아니라 훔치는 행위로 인해서 도둑이 되고 벌을 받는 것처럼 나라는 것이 원래부터 있어서 온갖 괴로움의 과보를 받는 것이 아니고 괴로움의 업을 지은 것으로 인해서 업보를 받는 내가 생긴다는 뜻이다.

식에 대해서도 마찬가지로 생각해 볼 수 있다. 십이입처를 통해서 근과 경이 구분되고 그것을 구분하는 식이 발생한다. 원래부터 식이 있어서 이것저것을 구분하는 것이 아니고 육근과 육경으로 인해 십이입처가 생긴다. 십이입처라는 것은 이미 말한 것처럼 주관과 객관을 구분하여 보는 것으로서 이때 이미 육근과 육경의 관념이 생겨 보는 내가 있고 보이는 대상이 있는 것으로 구분이 된다. 이때에 육식이 일어나 모든 것을 분별한다. 이렇게 육근, 육경, 육식이 동시에 작용하는 것을 삼사화합(三事和合)이라고 한다. 이 삼사화합에서 촉이 생기고 그것을 감지하는 수가 생겨 이것은 좋은 것, 나쁜 것이라고 하면서 매사를 구분한다. 그래서 좋다고 생각하는 것에 대해서는 탐착이 생기고 나쁘다고 생각하는 것에 대해서는 화내는 마음이 생기게 된다.

이처럼 촉으로 인해서 좋다, 나쁘다는 느낌인 수가 생기는데, 이런 느낌에 의하여 개념을 만드는 상이 나타나고 이런 것을 취하거나 배척하려고 하는 사(思)가 생긴다. 이와 같이 하여 무상인 것에 의지하여 우리의 관념이 자라나게 되고 그것이 허망한 것인 줄 모르고 실체가 있는 것으로 착각하여 거기에 애착을 가지고 괴로워하는 것이 우리 인간의 실상이다.

2. 마음이 모든 것을 만든다 '인식론'

앞에서는 오온, 십이처, 십팔계에 대하여 대략적으로 언급했지만 근본적인 의미가 명쾌하게 떠오르지 않을 수도 있을 것이다. 오온을 일체라고 했는데, 이것은 오온으로 우리가 감지하고 인식하지 못하는 것은 존재하지 않는 것과 마찬가지이기 때문에 그렇다는 것은 어느 정도 이해가 될 것이다.

간단히 말해서, 보는 능력이 없거나 보이는 것이 없으면 그것은 우리에게 없는 것과 마찬가지이다. 즉, 보는 세계가 없다는 뜻이 된다. 그리고 들리는 것이 없거나 듣는 능력이 없으면 우리에게는 청각의 세계가 없는 것이나 마찬가지이다. 후각이나 촉각 등에 대해서도 마찬가지이다.

오온 가운데에서 색에는 안·이·비·설·신의 오근과 색·성·향·미·촉의 오경이 포함된다고 했다. 그런데 십이처에는 여기에 더하여 의근(意根)과 법경(法境)이라는 것이 있다. 의근이라는 것은 오근으로 오경을 감지하고 그것을 종합하여 인식하는 것을 말한다.

예를 들면, 눈으로는 빨갛고 둥근 것을 보고 혀로는 달콤새콤한 맛을 본다. 그리고 손으로 만져보니 파삭파삭한 느낌이 든다. 그러나 눈만 가지고는 빨갛고 둥근 것만 인식하지 그것이 무엇인지 모른다. 혀만 가지고도 달콤새콤한 것이 무엇인지 모른다. 만져서 파삭파삭한 느낌이 들어도 그것만으로는 무엇인지 모른다. 그러나 의근이 있어서 이러한 것을 종합적으로 판단하여 빨갛고 둥글며 달콤새콤하고 파삭파삭한 것이 사과라는 것을 알게 된다. 사과라는 것이 인식의 대상인 법으로서 의근에 의해 포착이 되는 것이다.

이와 같이 의근이라는 것은 오근에 의해서 오경이 감지되는 것을 취합하여 법이라는 또 하나의 경을 만들어낸다. 즉, 오근이 개별적으로 인식한 내용을 종합하는 것이 의근이고, 그 대상이 되는 것이 법경이다. 이것이 의식에 의하여 더욱 구체적이고 종합적으로 판단을 하게 되는 것이다.

사과라는 것이 파악이 되었을 때 '저것이 먹고 싶다' 라는 생각이 일어나고, 여기에 따라서 저 사과는 내 것이 아니기 때문에 먹으려면 돈을 주고 사야 한다는 생각이 일어난다. 또 돈을 주고 사 먹으려니까 지금 당장 가진 돈이 없기 때문에 집에 가서 돈을 가져와야 되겠다든지 아니면 충분한 돈이 있으니까 많이 사서 식구들과 나누어 먹어야지 하고 생각을 확대해 나간다. 이것이 우리들이 오온, 십이처, 십팔계를 통하여 생각이 자라나게 되는 과정이다.

그런데 십이입처는 이미 언급한 것처럼 안·이·비·설·신·의의 육내입처와 색·성·향·미·촉·법의 육외입처를 말한다. 어떤 사람들은 육내입처는 안·이·비·설·신·의의 육근이고 육외입처는 그 대상이 되는 색·성·향·미·촉·법이라고 단순하게 생각하지만 육근, 육경과 십이입처는 같은 것이 아니다.

육근과 육경을 내입처와 외입처로 나타낸 것은 우리의 인식이 어떻게 일어나며 인식이라는 것이 실은 마음이 만들어내는 것임을 설명하기 위한 것이다. 한마디로 육외입처라는 것은 우리의 몸 밖에 있는 세계라고 생각하는 것이고, 육내입처라는 것은 우리의 몸 안에 있는 자아라고 생각하는 것이다.

 불교에서는 왜 모든 존재를 우리의 마음에서 연기한다고 하는가? 십이입처의 설명은 연기의 입장에서 세계와 나를 파악하는 방법이다. 우리는 '세계와 나'라고 하니까 객관적인 세계, 혹은 현상이 있고 그것을 인식하는 내가 있다고 믿는다. 우리가 육근과 육경을 육내입처와 육외입처의 십이처로 구분하는 것은 우리가 이처럼 주관과 객관을 나누어 보는 것에 대한 반성이다.

 우리는 사물을 인식할 때 나의 감각기관을 통하여 바깥의 대상을 인식한다고 생각한다. 예를 들면, 눈으로 어떤 것을 볼 때에 나에게는 눈이 있어 그것으로써 바깥에 있는 어떤 것을 본다고 생각한다. 눈은 근이다. 바깥에 있는 것은 근의 대상이 되는 경이다. 우선 근에 대해 생각해 보면 근이라는 것은 생명활동이라고 할 수 있다. 죽은 사람도 눈이 있고 귀가 있으며 피부가 있지만 느끼지 못한다. 이렇게 보면 우리가 근이라고 생각하는 것은 단순한 인식기관이 아니라 우리의 생명이 있어야 기능을 하는 것이라고 볼 수 있다. 그렇기 때문에 육근, 육경과 십이입처는 다른 것이다.

 십이연기에서 무명을 멸하면 육입처가 없어진다고 했는데, 만약 근과 경을 입처와 같은 것으로 본다면 무명이 멸했을 때 눈, 귀, 코 등이 없어지고 바깥에 있는 모든 세상이 다 사라져야 한다는 말이 된다. 즉 입처라는 것은 근과 경을 말하는 것이 아니라 주관적인 내가 있고 객관적인 대상이 따로 있다고 생각하는 허망분별을 말하는 것이라고 할 수 있다.

　의근이 알아차린 대상은 우리 스스로가 만든 것이라고 할 수 있다. 예를 들면, 우리가 으스스한 밤중에 숲길을 갈 일이 있다고 치자. 그럴 때 우리는 이 축축한 숲길을 가다가 뱀이라도 밟으면 어쩌나 은근히 걱정하면서 걷게 된다. 그러다가 무심코 밧줄을 밟게 된다. 뭔가 길다란 것이 놓여 있었다 싶은데 밟았더니 뭉클한 느낌이 온다. 순간적으로 '이건 뱀이구나' 하고 놀라서 펄쩍 뛰어 뒤로 물러설 것이다. 그런데 자세히 보니 그건 뱀이 아니라 밧줄이었던 것이다. 그러나 밧줄을 밟는 그 순간은 틀림없이 나에게 뱀으로 인식되었다. 이와 같이 의근은 우리가 밧줄을 밟는 그 순간 우리의 오근을 통해서 전해진 것을 뱀으로 만든다.

　의근은 이처럼 우리의 오근을 통해서 다가오는 인식을 나름대로 종합해 만들어낸다. 이렇게 보면 사물이라는 것은 바깥에 있는 것이 아니라 우리의 마음이 만들어내는 것이라 할 수 있다. 우리가 뱀을 밟지나 않을까 하는 두려움을 가지고 있을 때에는 밧줄이 영락없이 뱀으로 인식된다. 그러나 정신을 차리고 다시 보면 밧줄이 떨어져 있었던 것이다. 이런 것을 생각해 보면 의근은 그 대상이 되는 법경을 스스로 만들어낸다는 것을 알 수 있다. 그래서 우리의 마음이 일체를 만든다고 하는 것이다.

　밉게 보면 며느리 뒷꿈치도 달걀같이 생겼다고 흉본다지 않는가? 미운 사람, 고운 사람이 따로 있는 것이 아니다. 같은 사람을 놓고 나에게 잘 해 줄 때는 고운 사람으로 보이고 나에게 거슬릴 때는 미운 사람으로 보이는 것이다. 즉, 우리의 인식이 좋은 사람, 나쁜 사람을 만드는 것이다.

우리는 우리의 인식이 이러한 작용을 하는 것을 모르고 나쁜 사람, 좋은 사람, 나쁜 것, 좋은 것이 따로 있는 것으로 생각한다. 비 오는 날은 우산 장수에게는 좋고 좌판을 놓고 장사하는 사람에게는 원망스럽다. 좋은 날, 나쁜 날이 따로 있는 것이 아니다. 우리의 마음이 좋은 날, 나쁜 날을 만드는 것이다.

오근에 의해서 만들어진 의근의 대상이 법경이라고 했는데 오근으로 인식한 것을 의근이 조합하여 새로운 상을 만드는 것이다. 여기에서 법이라는 것은 존재나 현상으로 나타나는 것을 말한다. 그것이 의식을 통하여 여러 가지로 더욱 복잡하게 전개된다. 십이입처라는 것은 이러한 육근, 육경에 의하여 생각이 자라나는 장소이다.

예를 들면, 안(眼)내입처에 의하여 보는 내가 있다는 인식이 일어나고, 안(眼)외입처에 의하여 보이는 대상이 있다고 생각되는 것이다. 이(耳)내입처에 의하여 듣는 내가 있고 이(耳)외입처에 의하여 들리는 소리가 있다고 생각하는 것이다. 의(意)내입처에 의하여 생각하는 내가 있고 의(意)외입처에 의하여 생각되어지는 대상이 있다고 생각하는 것이다. 말하자면 주관과 객관을 분별하게 되는 분기점이 바로 이 내입처, 외입처라는 것이다.

이 십이입처에 의하여 촉이 발생한다. 앞에서 근과 경과 식의 세 가지가 화합하는 순간에 촉이 생긴다고 말했는데, 바로 이 촉에서 우리의 번뇌가 시작된다. 왜냐하면, 촉에서 느낌이 오고 좋고 나쁜 분별이 일어나기 때문에 좋은 것은 가지고 싶어 하고 나쁜 것은 배척하려고 하는 집착이 생기기 때문이다.

그래서 십이연기에서도 무명을 멸하면 육처가 멸하게 된다고 하는 것이다. 이것은 무명을 없애는 것에 의하여 육근, 육경이 멸해진다는 것이 아니라 육근을 통하여 우리의 번뇌를 일으키는 육외입처와 육내입처가 멸한다는 뜻이다. 우리는 어떤 사람이나 사물에 대해서 좋다, 혹은 나쁘다고 판단을 할 때 자기의 육근을 믿는다. 그러나 실은 이 육근 또한 마음의 작용이다. 어떤 사람은 뱀을 징그럽다고 하지만 다른 사람에게는 더없이 사랑스럽게 보여 애완용으로 키우기도 한다.

이렇게 보면 육근의 대상이 되는 경 또한 자기의 마음이 만들어낸다는 것을 알 수 있다. 미스코리아도 우리의 눈에는 미인이지만 배고픈 호랑이가 보면 먹잇감에 불과하다. 또 우리는 그다지 미인으로 생각하지 않는 아프리카 토인이라도 그들 눈에는 예쁘게 보이며 우리가 섹시하게 생각하는 서양미인이 토인들에게는 도리어 못생긴 것으로 보일 수도 있다. 당나라 때는 뚱뚱한 사람이 미인으로 꼽혔지만 청나라 때는 아주 가냘픈 몸매가 미인의 필수조건이었다.

이처럼 보는 사람의 시각에 따라서 같은 대상을 놓고도 완전히 판이하게 대상을 인식하는 것처럼 우리의 육근, 육경이라는 것은 허구성이 있다. 이러한 것을 육외입처, 육내입처로 나타낸 것이다. 십이입처는 결국 우리의 허망한 마음의 분별을 나타낸 것으로 우리의 온갖 번뇌가 자라는 온상이라고 할 수 있다.

우리의 이러한 분별은 각자의 세상을 만들어낸다. 이것을 계(界:

dhtu)라고 한다. 계라는 것은 자기의 인식세계 안에서 자기의 마음이 만들어내는 영역이다. 안입처에 의하여 안계가 형성되고 이입처에 의하여 이계가 형성된다. 우리는 같은 공간에서 같은 대상을 보고 있다고 생각하지만 결코 같은 대상을 보고 있지 않다. 각자 계가 틀리기 때문에 시인이 바라보는 꽃과 정원사가 꽃을 보는 시각이 같다고 할 수 없다. 벌이 바라보는 꽃과 인간이 바라보는 꽃이 다르다. 서로 계가 다르기 때문에 그런 것이다. 어린이들을 데리고 거리에 나가보면 어른들 눈에는 잘 뜨이지도 않는 장난감 가게를 용케도 찾아낸다. 그것도 계가 다르기 때문이다. 계가 다르다는 것은 곧 각자의 인식세계가 다르다는 말이다. 각자의 인식차이에 따라서 다른 세계가 전개되는 것이다.

우리 인간은 허망한 분별에 의하여 자기 근기에 맞는 것만 찾아 나서게 되고 그 세계에서 살게 된다. 예를 들면, 도박 좋아하는 사람들을 일반 사람들이 볼 때에는 그들의 행동이 이해가 되지 않는다. 그 돈 가지고 얼마든지 여유 있는 생활을 즐길 수 있는데도 도박에 빠져 재산을 다 날리고 노숙자 생활을 하는 사람도 있다. 우리 눈에는 잘 띄지도 않는 도박장들이 그들 눈에는 가는 데마다 보인다. 이것이 바로 계라는 것이다.

우리는 같은 세상을 살고 같은 사물을 본다고 생각하지만 절대 그렇지 않다. 서로 계가 틀리기 때문에 인식하는 것도 이렇게 차이가 난다. 그 차이 때문에 각기 다른 세계를 살게 되는 것이다.

누군가가 부처가 되었다고 해서 우리가 사는 이 세상에 나쁜 사람이 없어지고 오곡이 풍성한 극락정토가 되는 것이 아니라, 깨달은 부처님의 내면세계가 달라짐으로써 이 세상은 다르게 인식되는 것이다. 그 순간 이 세계는 중생계가 아니라 불계(佛界)가 되는 것이다. 인식세계가 달라지게 되기 때문에 같은 밥을 먹어도 부처님이 잡수시는 밥과 우리가 먹는 밥이 같을 수가 없는 것이다. 밥 한 그릇을 놓고도 우리는 그저 자기 배 채우는 데만 급급하지만 부처님께서는 그 밥을 드시면서 굶고 있는 온갖 중생을 생각하시며 밥 한 톨 한 톨을 꿀맛처럼 느끼시는지도 모른다. 마찬가지로 중생들도 계가 틀리기 때문에 다 같은 세상에 살아도 지혜롭고 현명하게 사는 사람이 있는가 하면 늘 나쁜 짓만 일삼으며 평생을 불행하게 보내기도 한다.

이처럼 우리의 사소한 인식이 점점 생각을 자라나게 하여 세계를 형성해 간다. 불교에서는 바로 이러한 점을 관찰하라고 하는 것이다. 그것은 곧 마음의 관찰로 이어지는 것이다. 육근, 육경, 육식을 나누어 보고 그것이 우리의 허망한 인식에 의한 주관과 객관의 분별이라는 것을 십이입처를 통하여 살피게 하고, 또 십이입처를 통하여 자라나는 생각이 각자의 계를 형성하여 우리의 괴로움이 이루어진다는 것을 알아야 한다.

이렇게 연결해 보면 오온에 대해서도 좀 더 명료하게 이해가 갈 것이다. 색·수·상·행·식의 오온에서 색에는 오근과 오경이 포함된다고 했다. 그리고 오근과 오경은 의근과 법경으로서 취합된다. 그렇게 해서 우리의 마음이 주관적인 나와 객관적인 대상으로 나누어보는 것을 육내입처와 육외입처라고 했다. 근과 경에 의하여 이렇게 주관과 객관이 나누어져 있구나 하고 인식을 하게 되는 식이 작용을 한다. 그래서 안식·이식·비식 등의 육식이 일어난다. 육근과 육경과 육식이 함께 연기하는 것이 촉이다. 이 촉에서 감수작용이 일어난다. 즐겁다, 괴롭다고 하는 느낌이 일어난다는 것이다. 그것이 수이다. 수를 인연으로 해서 다시 상이라는 것이 생긴다. 수에 의하여 거기에 대한 생각을 구체화하게 되는 것이 상이다. 이 즐겁고 괴로운 느낌에 대해 어떻게 해야 할까를 생각한다. 그러한 것에 대해서 취해야 할지 배척해야 할지를 판단하여 그 방향으로 나아가려는 것이 행이다. 다시 이것과 함께 종합적으로 판단을 하고 평가를 하며 그에 따른 생각을 키워나가는 것이 식이다.

그런데 이러한 오온은 우리의 괴로움의 근원이 되는 것이다. 왜냐하면 오온 자체가 우리의 집착의 대상이 되기 때문이다. 《잡아함경》에서는 부처님께서 이렇게 말씀하셨다.

> 만일 출가수행자나 사제가 색·수·상·행·식을 진실 그대로 알면 그것들에 대하여 싫어하는 마음을 내게 되고 그리하여 거기에 대한 욕망을 버리면 번뇌를 일으키지 않아 해탈하게 될 것이다. 만일 마음이 속박을 벗어나면 한결같이 순수하게 되고, 한결같이 순수하게 되면 곧 모든 잘못되고 치우친 행위를 여의어 바른 행위와 바른 정진만 하게 되며, 그렇게 되면 모든 것을 떠나 자재하게 되니, 이를 일러 괴로움의 끝이라고 한다.

이와 같이 오온을 제대로 파악하여 그것이 우리의 욕탐에 의하여 온갖 번뇌를 가져온다는 것을 알아서 오온에 탐착하지 말아야 해탈을 얻을 수 있다고 했다.

우리의 인식이 일어나는 것은 우리의 마음작용에 달려 있다. 우리의 탐착에 의하여 대상이 우리에게 좋은 것으로도 나쁜 것으로도 나타나는 것이다. 원래부터 좋고 나쁜 것이 없음에도 우리의 마음작용에 따라서 그러한 것으로 대상화한다. 십이입처를 인연으로 나타났다가 그 인연이 다하면 사라지는 것이 식이다.

그런데 우리는 식이 우리가 태어나서 죽을 때까지 나를 지탱하며 나의 주인공이라고 생각한다. 그리고 거기에 집착한다. 인연 따라 나타났다가 사라지는 것이 식인 줄 모르고 그것을 대상화하여 나라고 생각하고 그 식이 다시 욕탐에 의하여 바깥의 경계를 만들어감으로써 나와 남, 나와 객관이라는 생각이 점점 자라나게 된다. 이러한 허망한 식을 바르게 관찰하여 지혜로 바꾸어 괴로움으로부터 벗어나는 것을 불교에서는 전식득지(轉識得智)라고 한다. 허망한 식을 전환하여 지혜로 바꾸는 것이다.

이렇게 보면 불교의 시작과 끝은 바로 여기에 있다는 것을 알게 될 것이다. 수행이라는 것은 별다른 것이 아니라 우리가 일상적으로 보고 듣고 느끼고 맛보는 모든 것들을 세밀하게 관찰하여 그러한 것들이 나의 마음의 어떤 작용에 의해서 일어나며 어떤 원리로서 우리에게 그렇게 다가오는 것인가를 바로 보는 것이다.

원래부터 미운 사람이 없는데 무엇 때문에 나는 저 사람을 이렇게 미워할까? 저 사람이 미운 사람인가, 아니면 내가 미운 사람을 만들고 있는 것인가? 나는 왜 저 사람 때문에 이렇게 애태우는 건가? 세상의 많은 사람 중에 나는 왜 저 사람을 사랑할까? 저 사람이 원래부터 사랑스러운 사람이 아니라면 나의 마음 어디가 저 사람을 사랑스러운 사람으로 만들어 가는가? 이러한 생각들을 추구해 들어가면 모든 것이 우리의 마음작용이라는 것을 알게 된다.

모든 사물과 현상에 대해 그것이 내 마음에서 연기한 것임을 바르게 알아차릴 때에 우리는 비로소 괴로움으로부터 완전히 벗어날 수 있다. 우리가 일상생활에서 보고 듣고 느끼고 맛보는 모든 것이 실은 우리의 마음작용이라는 것을 바르게 알아차릴 때에 허망함도 사라지게 된다는 뜻이다.

《반야심경》에서 '관자재보살께서 깊이 반야바라밀다를 행하실 때에 오온이 모두 공함을 보고 모든 괴로움을 벗어났다〔觀自在菩薩, 行深般若波羅蜜多時, 照見五蘊皆空, 度一切苦厄〕'는 것은 바로 이러한 것을 말하는 것이다. 그리고 오온의 공함 가운데에서 우리에게 나타나는 현상세계를 파악하는 것이 진공묘유(眞空妙有)라는 이치이다. 색이 곧 공이요, 공이 곧 색이라는 이치이다. 수·상·행·식도 이와 같이 공한 가운데에 그 모습을 드러내는 것이다.

《잡아함경》에서도 '번뇌가 다한 아라한은 색·수·상·행·식은 영원하지 않은 것이고 영원하지 않은 것은 괴로운 것이며, 영원하지 않고 괴로운 것이라면 그것은 생멸하는 것임을 알아야 한다'고 했다. 또 《잡아함경》 10권에서는 오온을 이렇게 관찰하라고 했다.

모든 색 · 수 · 상 · 행 · 식은 그것이 과거의 것이든 현재의 것이든 미래의 것이든, 안의 것이든 밖의 것이든, 거친 것이든 섬세한 것이든, 잘난 것이든 못난 것이든, 가까운 것이든 먼 것이든 그 모든 것은 존재하지도 않으며, 튼튼한 것도 속 알맹이도 단단한 것도 없으며, 병과 같고 종기와 같으며, 가시와 같고 살기와 같으며, 영원하지도 않고 괴로운 것이며, 빈 것이요, 실체로서의 내가 아니라고 똑똑히 관찰하고 사유하고 분석하라. 왜냐하면 색 · 수 · 상 · 행 · 식은 견실하지 않기 때문이다.

이처럼 오온을 실체가 아닌 것으로 관찰하라는 말씀은 경전의 도처에 설해져 있다. 연기로써 이루어진 이 세간이라는 것이 전혀 없다는 뜻이 아니라 그러한 것을 인식하는 것은 우리의 마음에 따라서 나타난다는 것을 분명히 알아야 한다.

우리의 마음이 미치지 못하는 곳에 있는 것은 우리에게 없는 것과 마찬가지이다. 우리가 매일 지나다니는 길이라도 '어, 언제 여기에 이런 가게가 있었지' 하고 생각할 때가 있다. 우리의 마음이 미치지 못했기 때문에 늘 지나다니면서도 그런 가게가 거기에 있는 줄도 몰랐던 것이다. 그러다가 어떤 것이 필요해서 그 가게를 찾을 때 비로소 가게가 내 눈에 들어오게 된다. 우리의 욕탐에 의해서 그 가게는 비로소 내 눈에 들어오게 되는 것이다. 그렇게 해서 그 가게를 보면서 온갖 마음이 연달아 일어나게 된다. 우리의 오온이라는 것은 말하자면 그런 식으로 구성되어 있는 것이다. 우리가 단식 · 촉식 · 사식 · 식식의 사식을 먹고

자란다는 것은 이러한 과정을 설명하는 것이다.

　책상을 예로 들어 보자. 책상을 생각하면 우리는 먼저 책을 생각한다. 왜냐하면, 책을 놓고 보는 것이 책상이기 때문이다. 이것은 우리가 책상을 생각하기 전에 책이라는 생각이 먼저 자리잡고 있다는 것을 말해준다. 물론 책을 떠올리는 것은 우리가 태어나면서부터 학습에 의해서 책이라는 것을 알게 되었기 때문이다. 종이에 검게 써진 것이 글자이고 그러한 것을 통하여 어떤 의미를 전달하는 것이 책이다. 우리에게 이러한 책이라는 인식이 들어 있을 때에 책을 방바닥에 놓고 보니 불편하다는 생각이 든다. 그래서 책을 놓고 보기 위한 무엇인가가 있어야겠다고 생각한다. 그러다보니 상(牀)이라는 것을 생각해낸다. 그래서 나무를 잘라서 그러한 것을 만든다. 여기에 책을 놓고 보니 딱 좋다. 이것을 책을 놓고 보는 상이라고 생각하고 '책상'이라고 이름을 붙인다. 책상이라는 이름과 책상의 모습이 이렇게 해서 나타나는 것이다. 이것이 바로 명색이다.

　여기에서 또 우리의 생각은 계속해서 자라난다. 그냥 책상보다는 대패질을 하고 옻칠을 멋있게 하여 자개를 박은 자개책상이 가지고 싶어진다. 그래서 또 '자개책상'이라는 새로운 이름과 모습이 생겨난다. 그럼으로써 새로운 명색이 생기고, 명색이 자라는 까닭에 우리의 생각의 범위는 점점 넓어진다. 우리의 욕탐, 우리가 무엇을 가지고 싶다고 하는 그 생각에서 새로운 명색이 생겨나는 것이다. 우리의 식은 그렇게 해서 점점 자라나게 된다.

　식이 자람에 따라 명색 또한 거기에 의지하여 자라나게 된다. 우리의 욕탐을 채우기 위한 새로운 것이 끊임없이 꼬리에 꼬리를 물고 자라나게 됨으로써 번뇌도 자라나게 된다. 우리의 욕탐을 채우기 위한 의지작용이 행이다. 명색의 범위가 커짐에 따라 행이 따라서 자라나며, 모든 행이 자라나는 까닭에 미래세의 존재가 자라고, 미래세의 존재가 자라는 까닭에 태어남, 늙음, 병듦, 죽음, 근심, 슬픔, 번뇌, 괴로움이 발생한다고 했다. 그리고 그러한 괴로움은 더욱 큰 덩어리가 되어 우리의 윤회를 이끄는 원동력이 되는 것이다. 이를 더욱 구체적으로 설명하여 우리의 고의 근원과 그것을 멸해 가는 과정을 설명한 것이 부처님께서 깨달으신 십이연기라는 것이다.

3. 십이연기

| 1) 십이연기의 의미 |

십이연기는 부처님께서 깨달으신 연기의 내용을 좀 더 자세하게 설명한 것이다. 십이연기를 좀 더 잘 이해하기 위하여 앞에서 오온, 십이처, 십팔계에 대한 설명을 했다.

《아함경》에 의하면 석가모니 부처님께서는 십이연기에 대하여 이렇게 말씀하셨다.

비구들이여! 연기란 무엇인가? 비구들이여! 무명(無明)에 연(緣)하여 행(行)이 있으며, 행에 연하여 식(識)이 있고, 식에 연하여 명색(名色)이 있으며, 명색에 연하여 육처(六處)가 있고, 육처에 연하여 촉(觸)이 있으며, 촉에 연하여 수(受)가 있고, 수에 연하여 애(愛)가 있으며, 애에 연하여 취(取)가 있고, 취에 연하여 유(有)가 있고, 유에 연하여 생(生)이 있으며, 생에 연하여 노(老)·사(死)와 수(愁)·비(悲)·고(苦)·우(憂)·뇌(惱)가 생겨난다. 이와 같이 하여 일체의 고온(苦蘊; 고의 쌓임)이 일어난다. 비구들이여! 이것이 고의 발생이다.

즉, 무명으로부터 행, 식, 명색, 육처, 촉, 수, 애, 취, 유, 생, 노사 등의 괴로움이 생긴다는 것이다.
다시 부처님께서는 이렇게 말씀하셨다.

그러나 무명이 남김없이 멸하면 행이 멸하고, 행이 멸하면 식이 멸하며, 식이 멸하면 명색이 멸하며, 명색이 멸하면 육처가 멸하고, 육처가 멸하면 촉이 멸하며, 촉이 멸하면 수가 멸하며, 수가 멸하면 애가 멸하고, 애가 멸하면 취가 멸하며, 취가 멸하면 유가 멸하며, 유가 멸하면 생이 멸하고, 생이 멸하면 노·사·수·비·고·우·뇌가 멸한다. 이와 같이 하여 일체의 고온이 멸한다.

앞에서 인용한 '무명에 연하여 행이 있으며…'라는 부분처럼 무명, 행, 식, 명색, 육처, 촉, 수, 애, 취, 유, 생, 노사, 수, 비, 고, 우, 뇌로 이어지는 연기를 유전문(流轉門)의 연기 혹은, 간단히 유전연기(流轉緣

起)라고 한다. 이것은 무명이라는 원인으로부터 노·사 등의 고라는 결과가 발생하게 되는 구조를 나타낸 것이다.

뒷단락의 '무명이 멸하면 행이 멸하고…'라는 부분은 무명의 멸로부터 고가 멸하는 것을 나타낸 것인데, 어떤 것의 원인을 제거하면 그 결과가 나타나지 않는다는 것을 보인 것으로 이것을 환멸문(還滅門) 혹은 환멸연기(還滅緣起)라고 한다. 이것은 무명이라는 원인이 소멸함으로써 고라는 결과도 소멸됨을 나타낸 것이다.

부처님께서는 극심힌 고행을 통해서도 생사를 벗어나는 길을 발견하지 못하시자 마침내는 나름대로의 방법을 통해서 그 길을 찾아보려고 하셨다. 그래서 고행을 버리고 중도의 실천에 의한 깊은 사유를 통하여 드디어 생사의 괴로움을 벗어나는 길을 발견하셨던 것이다. 그것은 지혜에 의하여 연기라는 진리를 발견할 수 있었기 때문에 가능한 것이었다.

부처님께서는 연기의 공식에 의하여 우리의 생로병사라는 괴로움이 어디에서 발생하는가를 사유하셨다. 부처님을 대의왕(大醫王)에 비유하는 것처럼 부처님의 사유방식은 의사가 환자를 치료하는 것과 같다. 먼저 병이 있으면 병의 상태를 잘 관찰하고 그 병이 일어나게 된 원인을 분석하여 원인이 발견되면 그것을 제거함으로써 병을 완치시키는 것처럼 부처님께서도 우리의 괴로움의 원천이 어디에 있는가를 먼저 관찰하셨던 것이다.

즉, 우리가 늙고 병들어 죽는 것은 태어남이 있기 때문에 그렇다고 관찰하신 것이다. 또 그 태어남은 왜 일어나는가를 관찰하신 결과 일종의 존재화라고 할 수 있는 유(有)가 있기 때문이었다. 또 이 유라는 것은 취라는 집착하여 가지려는 의지작용이 있기 때문에 나타나는 것이었다.

이렇게 해서 부처님께서는 차례차례 사유하신 결과 이 모든 괴로움의 원천이 되는 것은 무명이라는 것을 아셨던 것이다. 즉, 무명이라는 것 때문에 생과 노·사의 괴로움이 발생한다면 무명을 없애면 생과 노·사 또한 없어질 것을 아셨던 것이다.

십이연기의 과정은 이와 같이 부처님께서 우리의 괴로움이 어디로부터 오는 것인가를 사유해 간 결과이며, 다시 그 괴로움의 원천을 제거하면 생과 노사의 괴로움도 제거되어 열반을 얻을 수 있다는 것을 나타낸 것이다. 그런데 그 사유의 한 대목 한 대목이 열두 가지여서 십이연기라고 이름 붙인 것이다.

여기에서 12연기의 각 지(支)를 살펴보면 다음과 같다.

① 무명(無明: avidyā, avijjā)이라는 것은 모른다는 뜻이 있다. 모른다는 것은 지혜가 없는 것, 진리를 모르는 것을 말한다. 불교에서는 고와 불행의 근본원인을 이 무명에 두고 있다. 이것은 한마디로 사성제와 연기의 도리를 모르는 것이다. 모든 것은 변하는 것이며 변하는 것에는 실체로서의 자아가 없다는 것을 알지 못하고 그것을 괴로움으로 느끼는 것이 무명이다. 나아가서 이것은 선악을 알지 못하고 선악의 과보를 알지 못하며 삼세인과를 인정하지 않고 불·법·승 삼보를 믿지 않으며 사회와 인생에 대한 바른 견해를 지니지 못한 것을 의미한다고도 할 수 있다.

② 행(行; saṁskārā, saṅkhāra)이라는 것은 업과 같은 말로서 무명에 의하여 몸과 입과 뜻으로서 짓게 되는 잘못된 행위를 말한다. 흔히 말하는 신·구·의의 삼업이 이 행에 해당되는 것이다. 이 행은 잘못된 행위만이 아니고 그 행위의 여력으로서 남아 있는 습관력도 포함된다. 우리가 몸과 입과 뜻으로서 짓는 행위는 행위가 끝난 뒤 소멸해버리는 것이 아니라 우리의 의식 깊은 곳에 남아서 또 다른 행위를 저지르는 원인으로서 작용한다.

③ 식(識; vijñāna, viññāṇa)이라는 말에는 '인식작용'과 '인식주체'라는 뜻이 있는데, 12연기에서의 식은 인식주체로서의 의미가 강하며 안식(眼識)·이식(耳識)·비식(鼻識)·설식(舌識)·신식(身識)·의식(意識)의 육식(六識)을 가리킨다.

④ 명색(名色; nāma-rūpa)이라는 말은 불교 이전부터 사용되던 말로서 명(名)은 정신적인 것을 가리키며, 색(色)은 물질적인 것을 가리킨다. 이름과 거기에 따른 모양이라고도 할 수 있다. 예를 들면, 사과라는 이름이 명이고, 사과 그 자체의 모습은 색이라고 할 수 있다. 그렇기 때문에 명색이라는 말로써 일체의 현상적 존재를 나타낸다. 연기에서의 명색은 식, 즉 육식(六識)의 대상이 되는 육경(六境)을 가리킨다. 육경은 색(色)·성(聲)·향(香)·미(味)·촉(觸)·법(法)의 여섯 가지이다. 경전에서는 '안에는 식신(識身)이 있으며 밖에는 명색이 있다'고 하고 있다.

⑤ 육처(六處; saḍ-āyatana, saḷāytana)는 육입(六入) 또는 육입처(六入處)라고도 하는데 안(眼)·이(耳)·비(鼻)·설(舌)·신(身)·의(意)의 육근(六根)을 통한 육내입처와 색(色)·성(聲)·향(香)·미(味)·촉(觸)·법(法)의 육경(六境)에 의한 육외입처로 나누어진다. 이것은 감각과 지각의 기관(器官) 및 능력을 주관적인 것으로 인식하는 육내입처와 그 대상이 되는 색·성·향·미·촉·법의 육경을 객관적인 것으로 인식하는 육외입처로 나눌 수가 있다.

⑥ 촉(觸; sparśa, phassa)은 감각과 지각에 의한 인식작용이 일어날 경우, 감각·지각기관인 근과 그 대상인 경, 그리고 감각·지각의 인식 주체인 식의 세 가지가 접촉하는 것을 말한다. 이것을 삼사화합(三事和合)이라고 하는데 안근·이근 등의 육근과 그 대상인 색·성 등의 육경 그리고 안식·이식 등의 육식이 접촉하여 인식이 일어나는 것을 말한다. 경전에서는 '안과 색에 의하여 안식이 있으며 안·색·안식의 셋의 화합이 안촉이다 …… 의와 법에 의하여 의식이 있으며 의·법·의식의 셋의 화합이 의촉이다'라고 하고 있다. 즉, 근과 경과 식의 세 가지가 접촉함에 의하여 감각이나 지각의 인식작용이 생긴다는 뜻이다.

⑦ 수(受; vedanā)는 고락 등을 감수(感受)하는 것이다. 감수란 느낀다는 뜻이다. 여기에는 안촉에서 일어나는 안수(眼受) 내지 의촉에서 일어나는 의수(意受)의 여섯 가지가 있다. 이것을 육수(六受)라고 한다. 육수의 각각에는 고(苦)·낙(樂)·불고불락(不苦不樂)의 세 가지가 있다.

그리고 수에는 육체적인 것과 정신적인 것이 있으며, 이에는 피부나 감각으로 고통과 쾌락을 느끼는 신수(身受)와 정신적으로 기쁨과 괴로움을 느끼는 심수(心受)의 둘로 나누어진다. 정신적으로든 육체적으로든 고와 낙의 그 어느 쪽도 아닌 불고불락의 감수를 특히 사(捨)라고 한다.

수는 인식〔촉〕의 뒤에 일어나는 느낌으로서, 같은 것을 인식하여도 욕탐이 있는 자는 좋은 것으로 느끼고, 성내는 마음이 있는 자는 괴로움으로 느낀다고 한다. 이것은 인식주관으로서의 식이 백지상태가 아니라 과거의 무명과 행에 의하여 탐욕과 진에 등의 성격을 지니고 있기 때문이다. 즉, 우리의 업력에 의하여 같은 것을 인식하여도 느끼는 것은 달리 나타나게 되는 것이다.

예를 들면, 같은 사람을 보아도 어떤 사람은 그 사람에 대해 호감을 가지는 데 반하여 어떤 사람은 이유도 없이 싫어하는 경우가 있다. 이것은 우리의 마음에 이미 싫어하고 좋아하는 것이 업력으로서 자리를 잡고 있기 때문이다.

⑧ 애(愛: tṛṣṇā, taṇhā)는 갈애(渴愛)라고도 하며, 목마른 사람이 물을 찾는 것과 같은 격렬한 욕구를 의미한다. 이것에는 색 · 성 · 향 · 미 · 촉 · 법에 탐착하는 색애(色愛)에서 법애(法愛)에 이르는 여섯 가지가 있다. 인식에 의하여 고락 등의 감수(感受)가 생기면 고수(苦受)에 대해서는 그것을 싫어하여 피하려는 욕구가 강하게 일어나며, 낙수(樂受)에 대해서는 그것을 즐기려는 욕구가 강하게 일어난다. 이러한 강한 욕구나 바람이 애인 것이다.

애를 욕애(欲愛)·유애(有愛)·무유애(無有愛)의 세 가지로 나누기도 한다. 욕애는 남녀의 정욕이라든가 재산·명예·권력 등에 대한 세속적 욕망이라고 할 수 있다. 유애란 존재에 대한 욕구로서 사후나 내세에도 영원히 행복과 쾌락을 누리고 싶어 하는 욕망으로서 현세가 매우 불만족한 상태에 있을 때 죽어서 천당에 태어나기를 바란다거나 영생을 원하는 것이 유애인 것이다. 무유애란 존재가 없는 허무를 바라는 욕구이다. 천상의 복락도 일시적인 것으로서, 복이 다하면 다시 고계(苦界)로 돌아와야 하기 때문에 이 생에서든 저 생에서든 존재 자체를 원하지 않는 허무의 상태로 되고자 하는 것이 무유애이다. 불교에서는 이러한 욕구도 잘못된 것으로 보고 있다.

⑨ 취(取: upādāna)는 애라고 하는 잘못된 욕구 뒤에 따라오는 취착(取着)이라고 할 수 있다. 취착은 집착하여 가지려는 것을 말한다. 앞의 애가 마음 가운데에 생기는 애증의 의업(意業)이라고 한다면 취는 그것에 연하여 생기는 취사(取捨)의 실제행동이다. 좋아하는 것은 빼앗아서라도 가지고 싶어 하고 싫어하는 것은 어떻게든 제거하려는 것과 같은 실제행위를 말한다. 즉, 몸과 말에 의한 취사선택의 행위가 취이다. 살생·투도·사음 등의 신업(身業)과 망어(妄語)·기어(綺語)·양설(兩舌)·악구(惡口) 등의 구업(口業)이 모두 취에 의한 행위이다.

취는 욕취(欲取)·견취(見取)·계금취(戒禁取)·아어취(我語取)의 넷으로 나누기도 한다. 욕취는 탐욕에 의한 취착의 행위로서 오욕 또는 정욕으로서의 집착을 말하는 것이다. 견취는 인과부정 등의 사견에 의한 취착 행위로서 불교의 입장에서 보면 잘못된 외도들의 견해에 집착하는 것을 말한다. 계금취는 불교의 입장에서 보면 잘못된 계행에 집착하는 것이다. 예를 들면, 개나 코끼리의 흉내를 내는 것을 계율로 삼고 거기에 집착하여 천상에 태어나려는 미신적인 행위를 말한다. 아어취는 유아론취(有我論取)라고도 하는데, 오온으로 이루어진 허망한 자아를 실체적인 자아로 집착하여 생기는 잘못된 행위를 말한다.

⑩ 유(有; bhava)는 존재를 가리키는 말인데 모든 현상적 존재가 유라고 할 수 있다. 따라서 십이연기의 각 지도 유이기 때문에 이를 십이유지(十二有支)라고도 한다. 그러나 여기에서의 유는 애와 취의 뒤에 남게 되는 습관력으로서의 존재를 말한다고 할 수 있으며 지능이나 성격 등의 소질이라고 할 수 있다. 즉, 애에 의한 욕구가 취에 의한 실제 행위로서 나타나며, 이러한 애와 취의 잔존력으로서 남아 있는 것이 유이다.

다시 말하면, 신·어·의의 삼업으로 대표되는 과거의 행위가 습관력으로서 존재하는 것을 유라고 할 수 있다. 이러한 힘은 미래의 행위를 규정하는 인이 되기도 한다. 유 다음에 생이 오는 것도 이 때문이다.

또한 유를 욕유(欲有)·색유(色有)·무색유(無色有)의 삼유(三有)로 나누기도 한다. 욕유는 감각 등의 욕락에 얽매인 존재이며, 색유는 감각적 욕락은 없지만 아직 물질적인 것이 남아 있는 존재이며, 무색유는 물질적인 것도 없으며 정신적인 것만이 있는 존재이다.

삼유는 삼계(三界)라고도 하는데 오욕 등의 욕락의 세계가 욕계(欲

界), 욕락이 없는 사선정(四禪定)의 세계가 색계(色界), 물질을 초월한 사무색정(四無色定)이라고 하는 높은 선정의 세계가 무색계(無色界)이다. 이러한 삼계를 흔히 중생계라 한다.

또 유정의 생존상태를 사유(四有)로 구분하기도 한다. 즉, 생유(生有)·본유(本有)·사유(死有)·중유(中有)의 네 가지가 이것이다.

생유는 유정이 모태 등에 깃드는 최초의 결생(結生) 찰나의 존재를 말한다. 본유는 결생 이후에서 사망에 이르기까지의 존재이다. 본유가 끝나고 죽음의 찰나에 들어가는 것을 사유라고 한다. 죽은 다음 그 유정이 다음 생의 태어나는 장소가 결정되기까지의 중간적 존재를 중유라고 한다. 중유의 존재는 최장 49일이라 한다. 이때에 다음에 태어날 곳이 결정되기 때문에 절에서 49일 동안 천도재를 지내는 것도 이러한 이유에서이다.

그러나 유에 대한 이러한 분류는 형식에 치우친 것으로서 십이지의 유는 유정이 태어나기 전의 여러 가지 성향이 업보에 의하여 축적되어 있는 것으로 보면 된다.

⑪ 생(生: jāti)의 일차적인 의미는 글자 그대로 유정이 자기가 속한 세계에 태어나는 것을 말한다. 그러나 생은 생명이 태어나는 것뿐만 아니라 일상에서의 인식이나 경험 등의 현상이 발생하는 것도 생이라 한다. 생명이 태어날 때는 그 유정이 과거의 전 경험의 잔존력 혹은 습관력으로서의 소질이나 성격을 지니고 태어나기 때문에 '유에 의하여 생이 있다'고 하는 것이다. 인식이나 경험 등의 현상이 발생하는 것을 생

이라고 할 때에도 그러한 경험이나 인식은 과거의 업에 의하여 축적되어진 소질과 성향 등 이른바 유에 의하여 생겨난다. 그렇기 때문에 유에 의하여 생이 있다는 것은 어느 경우에도 해당되는 말이다.

⑫ 노·사(老死: jarā-maraṇa)는 글자 그대로 늙고 죽는 것이다. 경전에서는 노·사의 뒤에 수·비·고·우·뇌를 더하여서 육체적·정신적인 모든 고통을 망라하고 있다. 이것은 생의 다음에 이러한 고가 따른다는 것을 나타내는 것이나. 그러나 일체의 고는 늙음과 죽음에 의하여 대표되기 때문에 이것을 앞에 내어놓은 것이다.

십이지에서의 마지막 단계인 이 노·사는 우리가 생각하는 물리적인 늙음과 죽음이 아니다. 만약 여기에서 말하는 물리적인 늙음과 죽음이 노·사라면 부처님께서도 돌아가시지 말아야 했다. 왜냐하면, 부처님께서는 깨달음을 얻어 생로병사를 극복했다고 말씀하셨기 때문이다. 그러나 부처님께서는 돌아가셨으며 유해는 화장을 해서 사리남 선해셔 내려온다. 무명을 멸하면 노·사가 멸한다고 했는데 분명히 늙고 죽는 것이 있었으니까 노·사를 물리적인 것으로 본다면 부처님의 말씀은 모순이 되는 것이다. 그렇기 때문에, 여기에서의 노·사는 우리가 생각하는 그러한 늙고 죽음이 아니라 우리의 이 몸을 자아로 생각하여 늙고 죽는다는 중생들의 의식 상태를 말하는 것이다. 어떻게 해서 중생들이 늙고 죽는다는 생각을 가지게 되었는지를 밝혀서 그것이 어리석음에서 비롯된 것임을 알고 그 어리석음을 제거하자는 것이 십이연기의 주제이다.

늙어 죽는다는 것은 우리의 어리석은 생각에서 비롯된 것이기 때문에 어리석은 생각을 버리면 늙어 죽는다는 허망한 생각도 사라지게 된다. 우리의 인식은 우리의 생각에 따라 일어난다고 했다. 한 생각이 일어날 때 주관과 객관, 나와 바깥세상이라는 분별이 일어나고 거기에 따라 온갖 망념이 꼬리에 꼬리를 물고 일어나는 것이 어리석은 인간의 삶이다. 그러한 생각을 바로 잡아 분별을 버리고 어리석은 생각에서 벗어날 때 늙고 죽는다는 우리의 생각은 자취를 감추게 되는 것이다.

이상은 십이지에 대한 각 항목별 설명인데 근본경전에는 항목의 어구설명은 되어 있지만 이들 상호간의 관계라든가 실생활의 경험과 결부시킨 구체적인 설명은 자세하게 되어 있지 않다. 이러한 십이지를 우리의 경험과 체험에 적용시켜 좀 더 구체적으로 이해하기 쉽게 설명하면 다음과 같다.

| 2) 무명과 윤회 |

우리의 실패와 고뇌의 근원은 세상의 도리를 모르고 진리를 모르는데서 비롯된다. 사물과 현상의 참 모습을 보지 못하고 자신의 잣대로 파악하여 분별하고 집착하는 것에 의하여 잘못된 행위가 이루어진다. 이것을 '무명(無明)에 연하여 행이 있다'고 한다. 이러한 잘못된 행위와 태도는 그것만으로 끝나는 것이 아니라 잘못된 습관과 성격을 남기게 된다. 즉, 잘못된 행위와 그것이 남기는 습관력으로부터 식이 발생한다. 이것을 '행에 연하여 식이 있다'고 하는 것이다. 이때의 식은 인식주체로서 잘못된 성격이나 소질 등이 습관력으로서 내포된 식이다. 이 식은 우리의 현재의 식이라고 할 수도 있고 세상에 태어나서 최초의 식이라고 할 수도 있다.

우리가 세상에 태어날 때에 이 식은 백지상태로 있는 것이 아니라 과거의 무명과 행의 영향에 의하여 각자의 고유한 성격과 소질 등을 지니고 태어난다. 또한 우리의 현재 인식과정을 보아도 우리가 무엇인가를 인식하는 것은 모두 우리가 태어난 이후의 경험과 습관력 등에 영향 받고 있음을 알 수 있다. 그리고 식이 인식과 판단을 할 때에는 식의 대상으로서의 명색[색·성·향·미·촉·법의 육경]과 이것에 대한 감각·지각기관인 육처[안·이·비·설·신·의의 육근]가 존재하며 이 식과 명색과 육처, 즉 근·경·식의 세 가지의 접촉화합에 의하여 촉이라고 하는 인식판단의 작용이 생긴다. 이것이 '식·명색·육처의 연으로부터 촉이 있다' 라고 하는 것이다.

촉에 의한 인식작용으로부터 그 대상에 대한 좋고 나쁜 느낌과 즐겁고 괴로운 감수(感受)작용이 생긴다. 이것이 수이다. 그런데 마찬가지 것을 보아도 그 사람의 식 가운데에 있는 과거의 경험이 어떠냐에 따라 그 좋고 나쁜 정도가 다르게 나타난다. 예를 들면, 어떤 사람은 고양이를 무척 싫어하지만 어떤 사람은 애완용으로 기르기도 한다. 이것은 수가 근·경·식의 삼사화합의 결과인 촉에 의하여 다르게 나타난다는 것을 말하는 것이다. 이것을 '촉에 연하여 수가 있다' 라고 하는 것이다.

고·락 등의 감수가 있으면 당연히 여기에 대한 좋고 나쁜 감정이 발생한다. 좋은 것은 욕심을 내어 더 누리려고 하고 싫은 것은 배척하고 미워하며 제거하려고 한다. 이러한 강한 애착과 증오의 마음이 애라고 하는 의사(意思)작용이다. 이것은 의업에 해당되는 것으로서, '수에 연하여 애가 있다'라고 하는 것이다.

애착과 증오의 생각은 나아가서 좋아하는 것은 어떻게든 가지려고 하고 싫어하는 것은 배척하고 제거하려는 실제행동으로 옮겨지게 된다. 좋아하는 것은 훔치거나 빼앗으려고 하며 싫어하는 것은 때리거나 죽여서라도 제거하려고 한다. 이러한 행위가 언어와 신체의 작용으로 나타나게 되는데 이것이 취이다. 즉, 의업에 해당되는 애증의 마음으로부터 언어와 신체에 의한 취사(取捨)의 행동이 나타나게 되는 것이 취인 것이다. 이것을 경전에서는 '애에 연하여 취가 있다'라고 한다.

애증의 마음을 가지고 취사선택하려는 과정에서 언어와 신체에 의한 잘못된 행위가 나타나게 된다. 그러나 이러한 잘못된 의도나 행위는 그것으로 끝나는 것이 아니라 반드시 습관력으로서 우리의 의식 밑바닥에 가라앉아 있다가 적당한 조건〔연〕을 만나면 겉으로 드러나게 되어 있다. 이러한 습관력으로서 잠재하여 남아 있는 성격이나 소질 등을 유라고 한다. '취에 연하여 유가 있다'라고 하는 것이 이것이다.

즉, 어떤 생각이나 마음의 움직임인 애가 의업으로서 존재한다면 취는 언어와 신체로서 이루어진 구업과 신업이라고 할 수 있다. 이러한 의업과 구업, 신업의 결과로서 의식의 깊은 곳에 남아 습관력으로서 잠재하여 있는 힘을 유라고 하는데, 이 유는 다음의 의도나 행위에 대하여 반드시 영향을 끼친다. 그뿐만 아니라 새로운 생을 시작할 때에도 이러한 잠재적인 습관력은 의식에 영향을 미쳐 그 사람의 소질이나 성격 등을 좌우하게 된다. 우리가 태어나면서부터 어떤 사람은 예술에 소질이 있고, 어떤 사람은 온순하며, 어떤 사람은 적극적인 성향을 보이는 등 사람마다 모두 다른 성향을 보이는 것은 모두 이러한 습관력이 잠재하여 있다가 나타난 것으로 보아야 한다. 이것을 '유에 연하여 생이 있다'라고 하는 것이다.

이러한 유로부터 생이 나타나기 때문에 여러 가지의 경험이 생기고 고락 등의 감수작용이 일어나며, 여기에 따라 노·사와 수·비·고·우·뇌 등의 괴로움이 따르게 된다. 그렇기 때문에 무명과 애 등의 번뇌가 제거되지 않는 한 우리는 생사윤회를 벗어나지 못하고 이러한 십이지의 각 과정을 되풀이하면서 온갖 괴로움을 겪게 되는 것이다.

이와 같이 고의 연속을 단절하기 위해서는 무엇보다도 그 근원이 되는 무명을 제거하지 않으면 안 된다. 우리가 깨달음의 지혜를 얻고자 하는 것도 지혜의 개발에 의하여 무명을 제거함으로써 잘못된 행위와 그 습관력으로서의 신·구·의업이 정화되어 고가 발생하지 않도록 하려는 것이다.

그런데 이러한 십이지가 서로 어떠한 관계를 가지는가에 대해서는 여러 가지 설이 있지만 그 가운데에서 삼세양중인과설(三世兩重因果說)이 가장 보편적으로 받아들여지고 있다. 이러한 것은 초기경전에서는 구체적으로 나타나 있지 않지만 부파불교에서 이렇게 해석했던 것이다.

삼세양중인과설은 십이지 가운데에서 최초의 무명·행의 2지를 과거의 2인(因), 다음의 식·명색·육처·촉·수의 5지를 현재세의 5과(果)로 보고 이를 과거와 현재의 1중(重)의 인과로서 설한 것이다. 또

애·취·유의 3지를 현재세의 3인, 생과 노사의 2지를 미래세의 2과로 보고 이를 현재와 미래의 1중의 인과로서 설했다. 이렇게 해서 과거, 현재, 미래에 걸쳐서 중생의 삶이 끊임없이 이어지고 있다는 것을 보이는 것이 삼세양중인과설이다.

이 삼세양중인과설에 의하면 무명과 행은 과거의 인이 된다고 했는데 무명은 과거의 미혹이고 이것에 의하여 과거의 업인 행이 이루어진다. 이 두 가지 과거의 원인에 의하여 현재의 결과인 식이 형성된다. 그 식에 의하여 이름과 형태를 지닌 존재의 세계, 즉, 명색이 나타난다.

이 명색을 외부의 것으로 생각해서 보고 듣고 냄새 맡고 맛보고 느끼고 생각하는 육외입처가 형성이 되고 또 그렇게 보고 듣고 냄새 맡고 맛보고 느끼고 생각하는 자기가 있다고 여기는 육내입처의 십이입처가 나타난다. 이것을 육처라고 한다.

이렇게 해서 근, 경, 식이 화합하는 촉이 생긴다. 즉, 우리가 대상이라고 생각하는 것과의 접촉인 촉이 있음으로 해서 느낌인 수가 있게 된다. 대상이라고 생각하는 것에는 우리의 신체를 떠나서 있는 것뿐 아니라 우리의 신체까지도 포함이 된다. 우리가 주관적인 나라고 생각하는 것과 주관적인 나에게 다가오는 것으로 느껴지는 모든 대상과의 만남이 촉인 것이다. 이 촉에 의해서 좋다, 나쁘다, 즐겁다, 괴롭다 등의 느낌인 수가 나타난다. 무명과 행에 의한 과거의 두 가지 원인이 식, 명색, 육처, 촉, 수로 현재 중생의 삶을 나타나게 하는 것이다.

이러한 식, 명색, 육처, 촉, 수의 다섯 가지 현재의 삶에서 미래의 인이 되는 애, 취, 유가 나타난다. 즉, 우리가 수에서 좋고 나쁘고 즐겁고 괴로운 느낌들을 가지게 되면 거기에 대하여 탐내는 마음이 생기게 되고 그러면 그것을 취하려고 집착하게 된다. 그렇게 해서 유라는 것이 형성된다.

유에는 욕유(欲有), 색유(色有), 무색유(無色有)가 있다. 욕유는 우리의 욕구에 의해 존재화된 것을 말한다. 우리가 살아가는 것은 우리의 욕심이 생명을 지탱하기 때문이라고 할 수 있다. 물론 이때의 생명은 물리적인 생명만을 말하는 것이 아니다. 우리의 욕탐이 업을 만들고 그것이 미래의 삶을 이어가게 한다.

색유는 우리의 몸 자체를 나라고 생각하는 것이다. 그리고 무색유라는 것은 몸을 떠난 정신을 참된 나라고 생각하여 존재화하는 것을 말한다.

이러한 유에 의하여 미래의 생과 노·사가 있게 된다. 이렇게 해서 욕탐에 의한 과거의 인으로 현재의 삶이 있게 되고 현재 삶에서의 탐애와 집착이 미래의 삶을 만들어 가면서 끊임없이 윤회하는 중생의 삶을 나타낸 것이 십이연기이다.

그리고 그 시작이 되는 것은 언제나 무명이다. 과거, 현재, 미래라는 시간 속에서 나고 죽고 괴로움을 겪으며 윤회를 하는 중생들의 인식이 사실은 우리의 무명에서 비롯된 착각이라는 것이 십이연기를 통해서 나타내고자 하는 것이다. 십이연기에서 무명을 제거하면 생로병사가 없어진다고 했다. 그렇게 함으로써 우리는 괴로움으로부터 벗어날 수가 있다.

즉, 우리는 무명으로 인해서 실체가 없는 오온으로 이루어진 것을 실체가 있는 나라고 착각하기 때문에 태어나고 죽음도 실체가 있는 것으로 착각하고 있는 것이다. 우리의 식이 점차 오온을 키워 나가고 또 오온에 의해서 식이 계속해서 자라남으로써 우리의 망념은 끊임없이 뻗어 나간다. 그렇게 해서 자아라는 인식이 확실해지면 거기에 따라서 태어남과 죽음이라는 현상을 나타내게 된다.

왜냐하면, 행으로써 대표되는 우리의 업이 만들어지기 때문에 나라는 실체는 없다고 하더라도 그 업의 과보를 받는 오온의 덩어리는 만들어지게 되기 때문이다. 오온에 의한 생사의 세계는 실은 실상의 세계가 아니라 망념의 세계인 것이다. 무명을 제거해버리면 과거, 현재, 미래가 있다는 우리의 시간에 대한 인식도 사라져버린다. 그렇기 때문에 태어나고 죽는 것도 없게 되는 것이다.

시간이라는 것도 우리의 인식 가운데에 나타나는 현상이다. 같은 한 시간이라도 즐거운 가운데에 있는 사람에게는 몇 분처럼 금방 지나가버리지만 고문을 당하고 있는 사람에게는 몇십 년처럼 길게 느껴질 수도 있다. '일각이 여삼추'라는 말이 바로 이런 것을 말해주는 것이다. 태어나고 죽는 것도 이처럼 우리의 식이 만들어내는 허망한 관념이다. 연기법의 진리를 모르는 무명 중생이 탐욕과 애착으로 만들어내는 허구의 모습이 삼세에 걸쳐서 윤회하는 우리 중생들의 모습이다.

| 3) 십이연기의 실천적 의미 |

십이연기에 대한 설명은 삼세양중인과설이 가장 보편적이다. 하지만 대승불교의 법상유식(法相唯識)에서는 십이지를 이세일중

(二世一重)의 인과라고 하여 단순히 과거의 10인(因)과 현재의 2과(果)로 나누기도 한다. 즉, 무명에서 행·식……유까지를 과거의 10인으로 보고 생과 노사를 현재의 2과로 보는 것이다.

또 부파불교의 하나인 설일체유부에서는 십이연기의 상호관계를 ①찰나연기(刹那緣起), ②연박연기(連縛緣起), ③분위연기(分位緣起), ④원속연기(遠續緣起)의 4종 연기로써 설명했다.

찰나연기는 십이지가 동일 찰나에 작용하는 동시적 논리관계를 나타낸다. 즉, 중생이 행동하고 생각하는 매 순간에 무명에서 노사에 이르는 십이지가 함께 갖추어져 있다고 보는 것이다. 이것은 찰나 동안에 중생의 생멸이 이루어진다는 입장에서 본 것이다.

연박연기는 육체와 정신의 현상으로서의 십이지가 시시각각 변화해 가는 것을 말하며, 우리가 일상에서 경험하는 심신의 작용이 여기에 해당된다고 보는 것이다. 연기 전후의 순서는 있지만 시간적으로 나누어지지 않고 연속해서 연기한다는 것을 말한다.

분위연기는 십이지를 과거세와 현재세, 그리고 미래세로 나뉘어 설하는 것으로서 삼세양중의 인과를 가리킨다.

원속연기는 십이지의 상호관계가 삼세만이 아니고 무한의 과거세로부터 미래세까지의 긴 시간에 걸쳐서 이어지고 있다는 것을 나타낸 것이다.

그러나 이 십이지의 상호관계에 대한 학설은 여러 가지이며 한마디로 단정할 수 있는 것은 아니다. 왜냐하면, 부처님의 말씀은 동일한 법문이라도 근기와 이해 정도에 따라 다르게 받아들여질 수 있기 때문이다.

예를 들면, 십이지를 태생학적으로 설명하여 식은 모태 내에 최초로 발생하는 한 찰나의 오온이며, 명색은 태내에서 첫째 주로부터 제 4주까지를 가리키며, 육처는 모태 가운데에서 안근 등의 제근(諸根)이 생기는 기간이며, 촉은 모태에서 나온 직후의 인식작용이라는 식으로 말하기도 한다.

이러한 태생학적 설명은 근기가 낮은 사람들을 위한 통속적이고 쉬운 예로서 십이지를 설명한 것이라 할 수 있다. 일반적으로 십이지를 설명할 때는 사종연기 가운데의 분위연기로써 설명하는 것이 비교적 이해하기 쉽고 정확하다고 할 수 있다.

십이연기를 이해하는데 있어서는 각 항목에 대한 바른 이해도 중요하지만 십이지의 상호관계를 잘 이해하여 깨달음의 방편으로 활용하는 것이 중요하다.

연기를 관찰하는 방법으로는 무명에서 노·사의 고뇌가 발생하는 것을 관찰하는 것이 순관이며, 무명의 소멸에 의하여 노·사 등의 고뇌가 소멸되는 것을 관찰하는 것을 역관이라고 한다. 십이연기의 순관과 역관에 의하여 고의 발생과정과 소멸에 대한 관찰을 함으로써 깨달음을 얻고 고로부터의 해탈에 이르고자 하는 것이 경전에서 설해진 십이연기의 근본의의라는 것을 잊지 말아야 한다.

십이연기는 한 유정의 유전생기(流轉生起)의 상태를 주로 시간적인 연속의 인과관계로써 설명한 것이다. 이것을 삼세양중의 인과로써 설명한 것을 업감연기(業感緣起)라고 하며, 의사(意思)나 행위의 습관여력으로서의 심리적인 것에 중점을 두고 설명한 것을 아뢰야연기(阿賴耶緣

起)라고 한다. 이러한 연기는 한 유정에 대한 시간적 연속의 인과설로서 일상고문(一相孤門)의 연기라고 한다.

십이연기를 중심으로 한 이러한 일상고문의 연기는 자신의 고와 고의 원인 및 그것의 제거를 목표로 수행할 때에는 더없이 요긴한 관찰방법이 될 수 있다. 그러나 한 유정이 다른 유정과의 관계를 고려하고 그러한 유정의 모임인 사회와 환경이라는 것을 생각하면 자신에 대한 이러한 관찰만으로는 부족하다.

그렇기 때문에 위에서 살펴본 바와 같이 시간과 공간적으로 상호 연관된 일반적 연기의 가치관 위에서 십이연기와 같은 내면적 연기를 관찰하는 것이 중요하다고 볼 수 있다. 이러한 의미에서 화엄철학에서의 법계연기나 밀교의 비로자나불사상은 일반적 연기와 가치적 연기의 양면을 조화시킨 훌륭한 사상이라고 할 수 있다.

물론 석가모니 부처님께서는 이러한 모든 면을 아울러 통찰하셨음은 두말할 나위도 없다. 따라서 우리도 연기에 대하여 다양한 관찰태도를 지니고 중중무진의 연기에 의한 의존관계를 살핌과 동시에 십이연기와 같은 내면적, 가치적 연기로써 자신을 성찰하는 것이 필요하다.

이처럼 근본불교의 연기에 대한 다양한 설명은 자신의 성찰을 통하여 고로부터의 해탈과 깨달음의 지혜를 얻는 것은 물론이고 사회의 한 구성원으로서 어떻게 이들과 조화로운 삶을 영위해야 하는지에 대한 해답을 주고 있다. 대승불교의 발전은 이러한 이상과 실천방도를 더욱 부연설명하고 구체적으로 드러낸 것이라고 할 수 있다. 따라서 우리가 근본불교의 연기설을 바르게 이해하는 것은 불교공부의 출발점이며 궁극의 목표라는 사실을 항상 명심해야 할 것이다.

부처님께서는 연기의 이법이라는 것을 '대단히 심오하며 보기 어렵고 깨닫기 어렵다'고 말씀하셨지만 어떤 사람들은 불교를 공부하면서도 연기법을 그다지 중요하게 생각하지 않는 경향이 있다.

부처님께서 부다가야의 보리수 아래에서 정각을 얻으시고 상당기간 혼자서 자신이 깨달은 내용을 음미하셨다. 12연기에 대해서도 순관과 역관을 거듭하며 당신이 깨달으신 것에 혹시 오류가 있지는 않나 검토하고 계셨는지도 모른다. 그리고 당신께서 연기를 통하여 증득하신 진리를 수많은 무명 중생에게 가르쳐 보이려고 하셨지만 연기의 이치가 너무나 어렵고 심오하여 망설이신 적도 있다. 그때의 부처님의 생각을 《증일아함경》에서는 이렇게 나타내고 있다.

> 내가 깨달은 이 법은 대단히 깊고도 보기 어렵고, 깨닫기 어렵다. 적정 미묘하고 사유의 세계를 초월하고 있으므로 뛰어난 자만이 깨달을 수 있다. 그런데 이 세간의 사람들은 다만 욕망을 즐기고 욕망을 좋아하여 욕망에 날뛰고 있다. 이런 사람들은 도저히 이 이치를 보기 어렵다. 이 이치란 모든 것은 상의성이며 연이 있어서 일어난다는 것이다. 또 반대로 모든 헤아림을 멈추고 의지하는 바를 버리게 되면 갈애는 끝나고 탐욕을 떠나 완전히 열반에 이르게 된다. 만약 내가 이 법을 설해도 사람들이 그것을 이해하지 못한다면 나는 다만 피로해지고 지칠 뿐이다.

이와 같이 연기의 이법은 그저 항목만을 나열하여 외운다고 쉽게 이해될 수 있는 것이 아니다. 그런데도 어떤 사람들은 연기에 대해 아주 수월하게 마치 다 알고 있는 듯이 얘기하지만 결코 그렇게 쉽사리 이해될 수 있는 것이 아니다. 더구나 욕망을 즐기고 욕망에 빠져 있는 범부중생들은 연기의 이치를 깨치기가 참으로 어려울 것이다. 불교의 진리는 머리로 이해하는 것만으로 부족하다. 그야말로 몸과 마음으로 완전한 체득이 되어 자기 것이 되어야 한다.

우리가 생로병사라고 생각하는 것이 아무리 식의 증장에 의한 망념이라고 해도 늙고 병들어가는 자신을 보면 서글프고 견디지 못하는 것이 우리 범부중생들이다. 친구가 죽는 것을 보면 슬프기 짝이 없고 친척들이 하나둘 생을 하직하는 것을 보면 나의 죽음도 가까워 오는구나 싶어 겁도 난다. 그러나 돌아서면 그러한 생각은 잊어버리고 자기는 마치 안 죽을 것처럼 행동한다. 그러니 어떻게 생로병사가 망념이라는 것이 와 닿겠는가? 엉락없는 실손으로서 우리 앞에 전개되는 이러한 현실을 욕망에 사로잡힌 범부중생이 어떻게 극복할 수 있겠는가? 그렇기 때문에 수행이라는 것이 절대로 필요하다.

우리의 마음이 차분하게 가라앉고 마음의 때가 벗겨져야 애착을 가지고 취하려고 하는 대상의 실체가 드러난다. 인연 따라 일어났다 사라지는 연기적 존재를 영원히 붙들어두려는 우리의 욕탐에 의해서 모든 괴로움이 발생한다. 연기의 이치를 바르게 알고 수행에 의하여 그것이 체득될 때에 우리는 비로소 부질없는 것에 대한 탐착을 내려놓고 괴로움으로부터 벗어날 수가 있다.

그렇기 때문에 연기의 이법이라는 것은 불교의 궁극적 목적을 달성하기 위하여 반드시 이해하고 넘어가야 할 과제이며 수행의 방향을 설정해 주는 중요한 것이라고 하지 않을 수 없다. 연기의 도리를 모르고는 불교를 안다고 할 수가 없다.

그럼에도 불구하고 많은 불교인들은 연기라는 기본이 되는 교리는 제쳐두고 엉뚱한 데서부터 공부를 하려고 하고 있다. 그리고 자기는 연기에 대해 알고 있다고 착각을 한다. 부처님 시대에도 그런 사람들이 있었던 모양이다. 부처님을 가까이서 모시던 아난다도 한때는 그렇게 생각을 했던 적이 있었다. 언젠가 부처님께서 구루라는 지방에 머무르고 계실 때에 부처님을 시봉하던 아난다가 부처님께 이렇게 말씀드린 적이 있었다.

스승이시여, 이 연기의 법은 대단히 깊고 미묘한 이치라고 하는데 저로서는 아무래도 미묘하거나 불가사의한 것으로는 생각되지 않습니다. 스승이시여, 그것은 제가 보기에는 너무 명명백백한 이치라고 생각됩니다.

아마 아난다가 출가한지 얼마 되지 않아서 부처님께서 연기에 대해 하시는 설법을 듣고 상당히 간단한 이치인 것처럼 생각되어졌던 모양이다. 부처님께서는 아난다의 소견을 나무라시며 이렇게 말씀하셨다.

아난다여, 그렇게 말하면 안 된다. 아난다여 그렇게 말하면 안 된다. 이 연기의 법은 매우 심원하고 미묘한 모양을 하고 있다. 세상 사람들은 이 법을 깨닫지 못하고, 이 법을 모르기 때문에 마치 실타래가 뒤엉키듯, 종기가 뒤덮이듯, 또는 문차라는 풀이나 피라파라는 풀처럼 나쁜 곳에서 태어나 나쁜 곳으로 가고 언제까지라도 지옥의 윤회에서 벗어날 수 없는 것이다.

이와 같이 연기의 이치는 우리가 생각하는 것처럼 결코 그렇게 간단한 것이 아니라는 생각이 든다. 특히 십이연기에 대한 해석은 불교를 전문으로 연구하는 학자들 사이에서도 이론이 분분하다. 그런 것만 보아도 연기라는 것은 범부들이 쉽게 이해할 수 있는 것이 아니라는 것을 알 수 있다.

십이연기에 대한 이해는 팔정도에 의한 깊은 수행이 병행되어야 더욱 명확하게 이해될 수 있는 것이 아닌가 생각한다. 그래서 간화선을 히는 분들이 화두를 들고 참선할 때 차라리 이 십이연기를 화두로 들고 참선을 한다면 더 효율적이고 부처님의 교설의 근본 취지에 더 직접적으로 다가갈 수 있지 않을까 하는 생각도 해본다.

오온이라든가 십이처, 십이연기 등에 대한 기본적이고 철저한 이해가 없이 깨달음을 얻으려고 하는 것은 상당히 위험한 발상이다. 모든 일은 기본이 충실해야 하듯이 불교의 기본 개념을 충실히 이해해야 불도의 수행에도 바른 방향이 설정될 수 있다. '화두를 통하여 단박에 깨치는 것'도 의미가 있겠지만 그러한 것은 실로 많은 위험을 내포하고 있으며 보편적이지 못한 수행방법이라고 할 수 있다. 그러나 오온이라든가 십이연기 등에 대한 내면적 성찰을 통하여 우리의 인식이 통상적으로 지니고 있는 허구성을 자각하고 왜 진리를 모르는 무명에서 우리의 생사고뇌가 나타나며, 무명을 제거했을 때 어떻게 해서 모든 괴로움이 극복될 수 있을지를 알아가는 것은 순서에 맞고 체계적인 깨달음이 될 수 있다.

제3장 불교의 상징, 삼법인

1. 삼법인은 불교의 특징

  석가모니 부처님의 입멸 이후 2500년이란 세월이 흐르는 동안 불교는 세계 각지로 전파되면서 수많은 종파와 학파를 낳았다. 시대적으로는 근본불교 · 부파불교 · 대승불교로 나눌 수가 있고, 지역적으로는 크게 남방불교와 북방불교로 나눌 수 있다. 사상적으로 반야 · 중관 · 유식 · 여래장사상, 종파적으로 화엄종 · 천태종 · 정토종 그리고 선종과 밀교 등 실로 다양한 형태의 불교가 존재한다. 그러나 시대나 지역, 종파를 초월하여 이러한 것에서 일관되게 흐르는 사상적 특징이 있는데, 그것이 바로 삼법인(三法印) 혹은 사법인(四法印)이다.

  법인(法印: dharma-mudrā)이란 '법의 표시' 혹은 '법의 기치'라는 뜻으로서 불교를 다른 종교나 철학, 사상과 현저히 구분하는 기준이 된다. 삼법인은 제행무상(諸行無常) · 제법무아(諸法無我) · 열반적정(涅槃

寂靜)의 세 가지 법인을 말한다. 여기에 일체개고(一切皆苦)를 더하여 사법인이라 하는 것이다.

불교 내에서도 이 삼법인 혹은 사법인을 가지고 부처님의 참된 말씀이냐 아니냐를 판단하는 기준으로 삼았다. 그렇기 때문에, 이 삼법인 혹은 사법인은 불교냐 아니냐를 판단하는 기준으로서 매우 중요시되고 있으며, 모든 불교교리의 기본으로 삼고 있다. 즉, 교리 가운데에 법인에 어긋나는 것이 있다면 그것은 부처님의 말씀이 아니며, 참된 불교로 간주할 수 없다는 뜻이다.

따라서 불교의 모든 사상과 철학은 이 삼법인 혹은 사법인에 축약되어 있다고 해도 과언이 아니다. 한마디로 말하자면, 불교의 모든 교리와 실천수행의 원리가 삼법인 혹은 사법인에 다 들어 있다고도 할 수 있다.

중국의 대승불교에서는 '제법실상(諸法實相)'이라고 하는 일실상인(一實相印)을 법인으로 하는 설도 있다. 우주의 실상(實相) 그 자체를 법인으로 삼는다는 말이다. 제법실상이라는 말은 원래 《반야경》 계통에 나오는 말이다. 《반야경》의 뒤를 이은 《법화경》에서는 모든 현상이 상(相)·성(性)·체(體) 등의 열 가지 방법으로 존재하고 생성한다는 십여시(十如是)로 제법실상을 부연설명하고 있다. 그러나 삼법인이든 사법인이든 제법실상이든 실질적으로는 같은 취지로 설명된 것이기 때문에, 어느 것이나 불교의 근본사상을 나타내는 것이라고 할 수 있다.

삼법인은 불교 이외의 다른 사상이나 철학, 종교에서 설해진 것과는 본질적으로 다른 불교 독자의 입장을 나타내는 사상이다. 그렇기 때문에 이 삼법인은 또한 인도 땅에서 불교라는 새로운 종교가 일어나지 않으면 안 되었던 이유를 밝히는 것이기도 한다. 삼법인은 한마디로 불교를 다른 종교나 사상과 구별할 수 있는 기준이며 불교의 근본특징을 나타내는 것이라고 할 수 있다. 이러한 법인에 대하여 여기에서는 편의상 제행무상, 제법무아, 일체개고, 열반적정의 순서로 설명한다.

2. 모든 것은 변한다 '제행무상'

제행(諸行)이라는 것은 생멸 변화하는 일체의 현상을 가리킨다. 여기에서의 행(行)은 원어가 saṁskāra인데, 여기에는 여러 가지의 의미가 있다. 이 말은 좁은 의미로는 '의지작용'이라는 뜻이 있으며, 넓게는 업(業)이란 말과 같은 의미로 쓰이기도 한다.

삼법인에서이 '행'은 가장 넓은 의미를 지닌 것으로서, 생멸 변화하는 모든 현상을 말한다. 우리가 보고 듣고 느끼는 것뿐만 아니라 그 주체가 된다고 생각되는 우리 자신까지도 인연 따라 모이고 흩어지는 가운데에서 잠시 모습을 드러내고 있는 데에 불과하다. 이것을 다른 말로는 유위법(有爲法)이라고 한다. 그렇기 때문에 인과 연, 조건에 의하여 존재하는 것이 아닌 무위법(無爲法)은 제행에 포함되지 않는다.

따라서 제행무상이란 무위법을 제외한 연기에 의한 모든 존재〔유위법〕가 한 순간도 고정되어 머물러 있는 것이 없고 끊임없이 생멸 변화한다는 뜻이다.

연기를 설명하는 부분에서 이미 언급한 것처럼, 모든 현상은 한 순간도 멈추지 않고 생멸 변화한다. 이것이 무상이다. 항상 고정된 상태로 머물러 있지 않는다는 뜻이다. 무상이란 어느 순간은 멈추어 있다가 갑자기 변하거나 없어져 버리는 것이 아니다. 찰나찰나 변하는 것이 불교에서 말하는 무상이다. '봄이 오고 여름이 가고 가을이 오면 낙엽이 지고…….' 하는 차원의 낭만적인 변화만이 무상이 아니다.

불교에서 말하는 무상은 실로 엄숙한 의미를 지니고 있다. 세상만물은 물론이고 우리의 몸과 마음을 포함하여 모든 것이 한 찰나도 가만히 있지 못하고 변하여 가는 것을 말한다. 사물이 변하지 않고 고정되어 있다고 생각하는 것은 우리의 착각일 뿐이다. 눈앞에 책상이 있고 책이 있으며 연필이 있다고 느끼지만 그것 또한 우리 눈에는 보이지 않아도 끊임없이 변화하고 있다.

그리고 그것을 바라보는 우리의 마음도 찰나찰나 변하고 있다. 가만히 앉아서 자신의 마음을 잘 관찰해 보라. 우리의 마음은 잠시도 가만히 있지를 못한다. 오죽하면 우리의 마음이 제멋대로 날뛰는 원숭이와 같다고 표현했겠는가? 우리의 마음이 수시로 변하기 때문에 우리에게 다가오는 사물도 그때마다 다르게 보인다. 어제 슬프게 보이던 달이 오늘은 기분좋게 느껴진다. 어제 보면 곱던 사람이 오늘은 밉게 보인다. 금방은 기분이 좋았는데 조금만 지나면 우울해진다. 그런데도 우리는 그 마음이 한결같이 변하지 않는 자기라고 생각한다.

우리의 육체에 대해서도 생각해 보면 어제의 나와 오늘의 내가 별로 달라진 것이 없다고 느끼지만 10년 전, 혹은 20년 전의 어릴 때와 지금을 비교해 보면 그 차이를 확실히 알 수 있다. 하루, 이틀 하는 차원이 아니라 찰나적으로 변하는 것이 제행무상이다.

모든 것이 고정되어 있지 않다는 사실은 오늘날 과학에 의해서도 입증되고 있다. 옛날에는 기껏해야 분자나 원자가 물질의 최소 단위라고 생각했지만 오늘날은 전자·중성자·중간자 등 초미립자의 세계를 관찰한 결과 그러한 초미립자도 고정된 어떤 실체가 아니라 항상 변화하고 있는 일종의 에너지 상태에 있다는 것을 발견했다.

이처럼 보이지 않는 물질에서 우주, 천체에 이르기까지 모든 것은 끊임없이 변화하고 유동적이라는 과학적 관찰은 불교에서 말하는 제행무상이 진리라는 것을 입증하는 한 예라고 할 수 있다. 불교에서는 이러한 과학적 예를 들지 않더라도 제행무상이라는 것은 우리가 눈앞의 사실로서 일상적으로 경험할 수 있는 것이며, 달리 증명을 필요로 하지 않는 자명한 것으로 간주한다. 무상을 부정할 수 있는 사람은 아무도 없으며 우리가 잘 관찰해 보면 **충분**히 감지될 수 있는 것이 또한 무상이다. 그렇기 때문에 법인의 가장 첫머리에 제행무상을 놓는 것이다.

경전에서는 무상에 대하여 '무상하기 때문에 고이다' 혹은 '무상하기 때문에 무아이다' 라고 하고 있다. 이러한 표현은 경전의 많은 곳에서 나타나고 있다. 그 한 예로 《증일아함경》에서는 이러한 이야기가 나온다. 석가모니 부처님께서 사위성의 기원정사에 계실 때, 한 비구가 이렇게 부처님께 여쭈었다.

세존이시여, 변하지 않고 영원히 존재하는 것이 있습니까?

부처님께서 대답하셨다.

비구여, 아주 작은 물질[색]이라도 항상 머무르며 변하지 않는 것, 영원히 존재하는 그런 것은 없다.

이어서 부처님께서는 우리의 감각과 표상(表象), 의지, 의식[수·상·행·식]에 대해서도 마찬가지로 항상 머무르며 변하지 않는 것, 영원히 존재하는 그런 것은 없다고 말씀하셨다. 그리고는 부처님께서 흙을 조금 집어 들어 손톱 끝에 놓으시고 이렇게 말씀하셨다.

비구여, 만일 이 만큼의 물질[색]이라도 항상 머물며 변하지 않는 것, 영원히 존재하는 것이 있다면 우리가 청정행을 닦아 고를 멸해 버릴 수는 없을 것이다. 그러나 비구여, 단 이만큼의 물질[색]이라도 항상 머물며 변하지 않는 것, 영원히 존재하는 것이 없는 까닭에 우리가 청정행을 잘 닦으면 정녕 고를 멸할 수 있다.

이처럼 부처님께서는 철저하게 무상을 설하셨다. 조금이라도 무상하지 않은 것이 있다면 우리는 고를 멸할 수 없다는 것이다.

무상한 것에 대해서 우리는 괴로움을 느낀다. 이것은 우리가 집착하고 있는 대상이 변화하면 거기에 따라 슬픔과 고뇌가 따르기 때문이다. 사랑하는 사람과 이별하고 나의 몸이 늙어 가는 것에 대하여 우리는 슬픔을 느낀다. 누구든지 언제까지나 젊음을 유지하면서 재산을 보전하고 사랑하는 사람과 영원히 행복을 누리며 살 수는 없다. 모든 것은 변하기 때문이다. 무상하기 때문에 내가 누리고 싶은 것을 영원히 누리지 못하는 현실에서 슬픔과 고통이 따른다. 그렇기 때문에 '무상한 것은 고'라고 하는 것이다.

 불교에서 대전제로 내세우는 것 중의 하나가 인생을 고로 보는 것이다. 그러나 많은 사람들은 인생이 고라는 사실을 절실히 느끼지 못한다. 인생에 약간의 고통은 따르지만 그래도 즐거움이 많다고 생각한다. 또 어떤 사람들은 그러한 고통이 있으므로 즐거움이 즐거움일 수 있지 않느냐고 말하기도 한다.

 그러나 냉철하게 현실을 직시해 보면 즐거움이라는 것은 잠시 뿐이라는 것을 알 수 있다. 그 즐거움, 기쁨이 영원히 지속되기를 바라지만 순식간에 지나가 버리고 만다. 그리고 그 잠시 뿐인 기쁨을 맛보기 위해서 우리가 견디어내야 하는 고통의 시간은 너무나 길다. 건강하던 몸도 어느덧 늙고 병들며, 많던 재산도 이슬처럼 사라져버린다. 사랑하는 사람과도 언젠가는 헤어져야 한다. 즐거움을 누리기 위해서는 거기에 상응하는 고통이 따르는 것이 세상사이다. 내가 바라는 상태대로 영원히 머물러 있으면 좋겠지만 모든 것은 변한다. 거기에서 슬픔과 고뇌가 생겨난다.

 불교에서 이러한 무상을 관찰하는 것은 고통의 원인을 직시하고 그것을 극복하기 위한 것이다. 허무주의를 강조하기 위해서 무상을 말하는 것이 아니다. 우리는 제행무상의 진리를 통하여 스스로의 한계를 알고 집착과 교만한 마음을 버릴 수 있으며, 이를 통하여 진정한 행복의 길을 발견할 수 있다. 무상하기 때문에 우리가 누리는 모든 것은 변할 수 있다는 것을 알아야 한다.

무상에 대한 올바른 인식을 통하여 나와 나의 소유물에 대한 집착과 그로 인한 교만한 마음을 경계하고 고통의 원인을 제거할 수 있다. 우리는 행복을 누릴 때 그 모든 것이 자기가 잘나서 그런 것이며 운이 좋아서 그런 것인 줄 안다. 남들은 무능하고 어리석고 게으르기 때문에 그러한 행복을 누리지 못하는 것으로 알고 남을 얕보거나 경멸한다. 그러나 자신이 누리는 모든 세속적 행복은 자기 혼자만의 힘으로 된 것이 아니다. 수많은 인연이 화합하여 자기에게 그러한 결과가 나타났다는 것을 알아야 한다. 그러한 것은 조건이 변함에 따라 변한다. 이것이 무상이다. 그렇기 때문에 행복을 누릴 때에도 겸손한 마음을 지니고 수많은 인연의 제공자들에게 감사해야 한다.

그러나 무상에는 번영과 행복의 쇠멸만이 있는 것이 아니다. 불행한 상황도 무상하기 때문에 개선될 수 있다. 모든 것은 변하기 때문에 불행과 고통의 상태도 노력 여하에 따라 번영과 행복으로 나아갈 수 있다.

그렇기 때문에 좋은 인연을 만들도록 끊임없는 노력과 정진을 하는 것이 필요하다. 어떠한 상태라도 그것을 구성하고 있는 원인과 조건이 변화하면 그 상태도 따라서 변한다. 생긴 것은 반드시 멸하고 태어난 것은 반드시 죽기 마련이며 만남이 있으면 이별이 있다. 이러한 무상의 법칙이 있기 때문에 지금의 순간 순간이 무엇보다도 중요한 것이다. 시간은 한번 가면 다시 오지 않는다. 또한 우리의 현재는 과거의 찰나 찰나 선악의 행위가 집적되어 나타난 결과이다. 그렇기 때문에 끊임없이 변천하는 무상의 세계에서 찰나 찰나의 행위를 어떻게 하느냐에 따라 우리의 삶이 달라질 수 있다. 부처님께서 열반에 즈음하여 "제행은 쇠멸무상한 법이다. 그대들은 방일하지 말고 목적달성〔해탈〕을 위하여 노력하라"고 하신 말씀은 이러한 의미에서 이다.

부처님께서 사위성의 교외에 있는 기수급고독원에 계실 때 라다라는 비구가 무상에 대해 질문하였다.

"대덕이시여, 무상, 무상이라고 하는데 무상은 도대체 어떤 것입니까?"

이 비구는 부처님께 늘 단도직입적으로 자기의 의문점을 여쭈어 보았다. 거기에 대해 부처님께서는 이렇게 대답하셨다.

> 라다여, 우리들의 육체는 무상하다. 우리들의 감각은 무상하다. 우리들의 표상은 무상하다. 우리들의 의지는 무상하다. 우리들의 의식은 무상하다.

즉, 우리의 색·수·상·행·식의 오온이 모두 무상하다는 말씀이었다. 이 세상의 모든 것이 무상하게 변하는 것이지만 그중에서도 가장 절실하게 무상을 느낄 수 있는 것은 바로 우리의 심신이다. 시시각각 변하는 우리의 몸과 거기에 따른 느낌, 생각, 의식이 모두 변하고 있다는 것이다. 말하자면, 나 자신이 무상한 존재라는 것이다. 우리는 이러한 이치를 모르고 거기에 집착하고 있다. 그리고 그것으로부터 모든 괴로움이 시작된다. 무상한 것을 무상하지 않은 것으로 집착하고 착각하는 것이 바로 우리 인간이다.
부처님께서는 이어서 이렇게 말씀하셨다.

> 비구들이여, 나의 제자들은 이렇게 오온이 무상함을 관찰하여 일체를 떠나라. 일체를 떠남으로써 욕망은 제거된다. 욕망을 제거함으로써 해탈할 수 있다. 해탈을 이루는 그때에 '내 미혹의 생애는 이제 끝났다. 나의 거룩한 수행은 이미 이루어졌다. 이루어야 할 것은 이미 다 이루었다. 더 이상 미혹된 삶을 반복하지 않을 것이다'고 확신할 수 있다.

이와 같이 부처님께서 무상을 설하신 까닭은 일체를 초연하게 바라봄으로써 무상한 것에 대한 집착을 떠날 수 있고, 그럼으로써 욕망이 제거되고 고통으로부터 떠날 수 있기 때문이다. 우리는 어떤 일에 대해 안달하다가 그것을 포기해버렸을 때 오히려 마음이 더 편안해지고 좋은 생각이 떠오르는 것을 가끔 경험한다.

물론 무상을 이해하는 것과 포기하는 것은 성질이 다르지만 우리가 집착을 떠났을 때는 마음이 편안해지고 더 좋은 해결책이 나오는 것도 사실이다. 그처럼 우리가 무상하게 흘러가는 것에 대해 그것을 고정된 것으로 붙들어 놓으려는 데에서부터 모든 괴로움이 시작된다. 무상을 철저히 이해하고 체득했을 때에 쓸데없는 집착에서 벗어날 수 있고, 또 그로부터 오히려 건전한 노력을 기울일 수가 있다. 무상하기 때문에 오히려 개선의 기회가 찾아올 수가 있는 것이다.

이처럼 제행무상에 대한 바른 인식은 구도심과 종교심을 일으키고 집착과 교만을 제거하여 흔들림 없는 마음을 가지게 하며, 순간 순간을 충실하게 살면서 해탈이라는 이상을 향해 나아가도록 한다. 또한 제행무상의 진리는 다음에 설명하게 될 제법무아라는 진리의 근거가 된다.

3. 모든 것은 실체가 없다 '제법무아'

제법무아(諸法無我)라는 것은 일체의 현상에는 고정불변의 본체나 실체라고 주장할 수 있는 것이 없다는 것을 말한다. 제행무상에 대해서는 인도의 다른 종교나 철학에서도 설하고 있지만 제법무아의 진리는 오직 불교만이 내세우고 있는 독특한 사상이다.

여기에서 말하는 제법이란 무위법과 유위법을 포함하는 일체의 것을 말한다. 무아에서의 '아'는 산스크리드어로 아트만(ātman)이라고 하는데, 생멸 변화를 떠난 영원불멸의 존재로서의 실체나 본체라고 일컬어지는 것이다.

석가모니 부처님 당시의 외도들은 모두 불생불멸 영원의 존재로서 실체를 인정했다. 특히 '나〔ātman〕'라는 것의 실체에 대해서는 누구나 믿었다. 지금의 이 몸이 죽더라도 나의 실체는 다른 세상에서도 거듭 태어날 것이라고 믿었다. 이렇게 믿는 대표적인 것이 바라문교였다. 그들은 개인적 실체를 아트만이라고 했으며, 우주적인 실체를 '브라만(brahman)'이라고 불렀다. 그리고 아트만과 브라만의 합치를 수행의 궁극적 목표로 삼았다.

그러나 불교에서는 영원히 변하지 않는 실체로서의 이러한 아트만이나 브라만을 인정하지 않았다. 불교에서는 이러한 실체를 인식하는 것도, 증명하는 것도 불가능하기 때문에 무기(無記)라고 하여 문제로 삼지 않았다. 불교에서는 그러한 본체 혹은 실체는 우리가 지각하고 인식할 수 있는 세계로서의 현상계와는 관계가 없는 것으로 간주했다. 그리고 이러한 입증할 수 없는 본체 혹은 실체는 수행과 해탈에 도움이 되지 않는 것으로 보아 언급하지 않았다. 즉, 우리의 인식과 경험이 미칠 수 있는 것에 대해서만 관찰을 하고 사유했다.

불교에서는 외도들이 주장하는 아트만, 즉, '아(我)'라는 것을 '상일주재(常一主宰)'라는 말로써 표현했다. '상(常)'이란 변화하지 않고 상주하는 것, 즉, 영원불멸을 말한다. '일(一)'은 다른 것에 의지하지 않고 독립적으로 존재하는 것을 말한다. '주(主)'는 주체이며 중심이 되는 것을 말한다. '재(宰)'는 지배하고 마음대로 하는 것을 말한다. 그러므로 '아'란 다른 것에 의지하지 않고 스스로 존재하며 영원불멸로서 스스로의 주체가 되어 마음대로 할 수 있는 것을 말한다.

'상일주재'라는 것을 좀 더 쉬운 표현으로 하자면, 개개인에 내재하여 스스로를 주관하는 영원불멸의 영혼과 같은 것이라고 할 수 있다. 인도의 모든 사상은 이러한 아의 존재를 전제로 하여 전개되었다. 인도의 사상이나 종교뿐만 아니라 세계의 모든 종교나 사상도 대부분 이러한 아나 영원불멸의 영혼을 전제로 하여 전개되었다. 그러나 불교의 입장은 이들과는 완전히 반대되는 것으로서 상일주재, 영원불멸의 아를 인정하지 않는다. 이것이 불교 독자의 사상인 제법무아이다.

불교에서는 어째서 실체나 본체인 아를 인정하지 않는가? 불교에서는 연기설을 내세워 우리들의 심신은 말할 것도 없고 일체의 존재는 연기에 의하여 나타나는 현상이라고 보기 때문이다.

연기에 의한 존재는 원인과 조건이 변화함에 따라 항상 변하기 때문에 아의 정의인 상(常)에 어긋난다. 또 연기에 의한 존재는 수많은 인과 연, 조건에 의하여 존재하므로 어떤 것이 독립하여 존재하는 것은 불가능하다. 그러므로 아의 정의인 일(一)에 어긋난다. 또 모든 존재는 무수한 연기의 중첩에 의하여 일시적으로 나타나는 현상이기 때문에 어떤 고정적인 주체가 있을 수 없다. 그러므로 주(主)라는 것도 있을 수 없다. 그리고 무수한 연에 의하여 존재하는 것은 그 무수한 연에 의하여 존재하고 변하기 때문에 어떤 하나가 일방적으로 그것을 제어하고 다스리는 것은 불가능하다. 그러므로 아의 정의인 재(宰)에도 어긋난다. 이러한 아의 부정은 한마디로 모두 연기의 진리에 의해서 이다.

연기의 진리에 비추어 보면 상일주재의 아라는 것은 그 어떤 것에도 있을 수 없다. 그렇기 때문에 불교에서는 제법무아를 법인으로 내세우는 것이다. 부처님께서는 "무상한 것은 고이며 고인 것은 아가 아니다"라고 말씀하셨다.

만약 영원불멸의 아라는 것이 있다면 늙고 병들어 죽는 고도 생기지 말아야 한다. 영원불멸로서 변화하지 않는 내가 있다면 다른 것으로부터 영향도 받지 말아야 한다. 그러나 실제로는 그렇지 않다. 영원히 젊고 싶고 영원히 살고 싶어도 그것은 불가능하다. 왜냐하면 우리의 생명도 심신도 모두 다른 것에 의존하여 존재하고 있는 연기에 의한 것이기 때문이다.

이처럼 석가모니 부처님께서는 연기의 사상에 따라 종래의 인도 사상과 종교와는 정반대되는 입장인 무아를 주장하셨기 때문에 영원불멸의 고정적인 아를 이유도 근거도 없이 상정하는 것이야말로 집착과 미망으로 이끄는 어리석은 생각이라고 간파하셨던 것이다. 그러나 우리는 마치 영원불멸의 나가 있는 것처럼 집착하여 탐진치를 일으키고 고통의 나락에 빠져든다. 자기와 자기의 소유물이 영원한 것처럼 집착하여 탐진치를 일으킨다. 그것이 고의 원인이 되는 것이다.

무아를 체득하여 집착이 없게 되면 무애자재(無礙自在)의 삶을 살 수 있다. 무아를 체득하게 되면 아무 것에도 걸림 없는 삶을 살 수 있으므로 객관적인 입장에서 바른 판단을 할 수 있다. 그리고 자기 중심적인 탐욕도 없을 뿐더러 남을 멸시하고 시기·질투하는 일도 없게 된다. 무아에 의하여 오히려 자타의 대립을 넘어서 대아(大我)를 완성할 수 있게 되는 것이다.

대승불교에서 일체개공(一切皆空)이라고 하여 모든 것을 공으로 보는 것도 제법무아와 같은 의미이다. 모든 것이 공이기 때문에 걸림이 없게 된다.

그러나 제법무아에 대해서 잘못 이해하게 되면 허무주의에 빠질 수도 있다. 어리석은 사람들은 나라는 것이 없으므로 어떠한 행위를 하여도 과보가 없다고 생각한다. 나라는 것이 없기 때문에 죽어버리면 그만이라고 생각하여 수행을 하거나 선업을 쌓는 것도 아무 의미가 없다고 막행막식을 하기도 한다. 이런 것을 악취공(惡取空)에 떨어진다고 하는 것이다.

무아라고 하여 업력의 주체로서, 혹은 인격의 주체로서 상식적인 아를 부정하는 것은 아니다. 즉, 오온이 화합한 가아(假我)로서 업을 형성하고 과보를 받는 주체는 하나의 통일체로서 변화의 연속선상에서 존재한다고 할 수 있다. 이것이 우리가 상식적으로 말하는 자기라고 하는 것이다. 이러한 기준에서 우리는 나라든가 타인을 구별하여 있다고 하는 것이지 영원불멸의 존재로서의 실체를 나라고 말하는 것이 아니다.

또한 무아라고 하여도 연기에 의한 존재인 우리들 마음의 존재까지 부정하는 것이 아니다. 예로부터 무아에 대한 이해는 호랑이가 새끼를 물 때처럼 너무 세게 물어도 안 되고 너무 가볍게 물어 떨어뜨려서도 안 되게 하라고 했다. 이 말은 공이나 무아를 이해하는 데에 신중을 기하라는 것으로 유와 무의 양 극단을 떠나 중도의 입장에서 무아와 공을 이해하라는 말이다. 이것을 흔히 '진공묘유(眞空妙有)'라고 표현한다. 참된 공의 이치 가운데에서 묘한 현상이 나타나는 것을 말한다.

제법무아의 진리를 통하여 참된 나, 진실한 모습의 나를 찾는 것이 관건이다. 참된 나, 진실한 모습의 나라고 하면 사람들은 또 거기에 집착한다. 참된 나, 진실한 나란 연기의 세계에서 어떻게 인식이 일어나고 연기라는 시간과 공간의 좌표 위에서 자신이 어떤 모습을 하고 있는가를 바르게 파악하는 것이라고 할 수 있다. 무아에 대한 바른 이해는 논리와 추론만으로는 한계가 있다. 깊은 수행에 의하여 제법무아의 진리를 체득함으로써 비로소 바른 이해에 도달할 수 있다.

4. 삶은 괴로움이다 '일체개고'

일체개고(一切皆苦)는 삼법인에는 들어가지 않지만 제행무상의 이치로부터 일체개고라는 것이 도출된다. 그래서 일체개고를 넣어 사법인이라고 하는 것이다.

일체개고란 모든 현상적인 것은 고(苦)라는 의미이다. 다른 말로는 일체행고(一切行苦) 혹은 제행개고(諸行皆苦)라고 하기도 한다. 고는 무상·무아와 함께 현상계에서의 세 가지 모습으로서 불교의 기본적 입장을 나타내고 있다.

그러나 제행무상과 제법무아에 대해서는 어느 정도 수긍하는 사람들도 이 일체개고라는 명제에 대해서는 쉽사리 믿으려 들지 않는다. 왜냐하면, 얼핏 생각해 보아도 이 세상에는 고도 있지만 낙도 있고 불고불락(不苦不樂)도 있는 것처럼 보이기 때문이다. 힘든 삶을 사는 사람이 있는 반면에, 어떤 사람은 젊고 건강하며 뛰어난 용모로 수많은 사람의 사랑을 받고 풍요로운 경제적 혜택을 누리며 행복을 즐기는 경우도 있기 때문이다. 그리고 한 개인을 생각하더라도 힘들고 괴로운 경우도 있지만 그런 것을 통하여 쟁취한 승리에 행복해 하는 경우도 있다. 또한 같은 현상에 대해서도 사람에 따라 고락을 느끼는 것이 다를 수 있으므로 '일체개고'란 명제는 수긍할 수 없다고 할 수 있을지도 모른다. 그렇다면 불교에서는 어떤 의미로 일체개고라고 하는지를 생각해 보자.

불교에서는 고를 고고(苦苦)·괴고(壞苦)·행고(行苦)의 세 가지로 나눈다. 먼저 고고란 육체적, 감각적인 고로서 아프고 따갑고 차고 뜨거운 통증 등을 말한다. 외부의 충격이나 병에 의하여 유발되는, 말하자면, 우리의 육체가 있는 한 느낄 수밖에 없는 그러한 고가 고고이다.

괴고는 어떤 상태가 파괴되어 변화되는 경우에 느끼는 정신적 고이다. 즉, 무상하기 때문에 느껴지는 고로서 어떤 욕망이나 기대에 반하여 그것이 소멸되거나 충족되지 못할 때에 괴고를 느끼게 된다. 예를 들면, 노쇠하거나 재산이 줄어들거나 명예가 추락할 경우 등에 느끼게 되는 고이다. 이러한 고는 오식 인간에게만 나타나는 것으로서 주관적인 면이 상당히 강하다고 할 수 있다. 이러한 고는 그러한 상태가 육체적으로 고통을 주는 것보다도 정신적인 박탈감과 상실감이 더 크게 작용하기 때문이다. 한마디로 이러한 고는 욕망과 기대를 충족하지 못했을 때 오는 것으로서 그러한 욕망과 기대가 크면 클수록 더 큰 고통으로 나타나게 된다.

마지막으로, 행고는 일체의 현상세계가 고라는 것이다. 고고나 괴고는 그러한 상태가 사라지거나 극복되면 낙으로 바뀔 수 있는 것임에 반하여 행고는 우리가 삼계육도(三界六度)를 윤회하게 되는 한 느끼게 되는 근원적인 고를 말한다. 일체개고라는 것도 바로 이 행고를 두고 하는 말이다. 불교에서는 어째서 일체의 현상계가 모두 고라고 하는지 생각해 보자.

중생들의 삶 자체를 고로 보는 것은 불교만의 사상은 아니었다. 삶 자체를 고의 연속이라고 보는 것은 인도사상의 일반적 경향이었다. 그러나 불교를 제외한 다른 인도사상에서는 인간계를 벗어나 천계에 이르면 괴로움은 없는 것으로 보았다. 여기에 반하여 불교에서는 인간이 어디에 태어나던 무명을 근본적으로 제거하지 않으면 고가 계속되는 것으로 보았다. 무명의 바탕이 되는 우리의 업이 소멸하지 않는 한 고는 계속된다. 바라문교에서는 우주의 근본진리인 브라만과 개인원리인 아트만이 합치함으로써 고를 벗어날 수 있다고 생각하였지만 불교에서는 아라는 것을 주장하는 한은 집착에서 벗어날 수 없기 때문에 고도 또한 없어질 수 없다고 보았다.

불교에서도 업보에 의하여 윤회하는 범부에게 있어 무상하게 변하는 현상계는 진정한 낙이 아니라고 보았기 때문에 인생 자체를 고로 보았다. 왜냐하면, 중생들이 일시적인 즐거움을 누린다고 하여도 무상함 속에서 그 즐거움은 끝이 나고 즐거움이 끝날 때의 괴로움은 더 크기 때문이다.

진정한 낙은 나와 내 것에 집착하는 미혹을 끊고 윤회를 벗어나 열반의 상태에 이르렀을 때에 가능하다고 보았기 때문에 중생이 미혹을 벗어나지 못하는 한은 괴로움의 연속이라고 보는 것이다. 따라서 미혹한 중생은 삼계육도 어디를 가나 고가 따르게 되어 있다.

그러나 일체개고란 깨닫지 못한 범부에게 있어서 그러한 것이며, 깨달음을 얻은 성자에게 일체는 고가 아니다. '오온은 고이다'라고 하는 것도 깨닫지 못한 범부에게 해당되는 말이다. 왜냐하면 범부에게 있어 오온은 일체이기 때문이다.

불교에서 이처럼 일체 현상을 고로 보기 때문에 다른 종교나 사상가들은 불교를 염세적·비관적 종교로 보았다.

조선시대에 정도전을 비롯한 많은 유학자들은 불교의 깊은 진리를 제대로 이해하지 못하고 자기들이 생각하는 불교관에 기준을 두고 불교를 비판했던 적이 있다. 그들은 자기들의 관점에서 불교가 세상을 멀리하고 가족을 버리기 때문에 반인륜적이라고 공격했다. 그러나 이러한 관점은 불교의 진면목을 제대로 파악하지 못한 것으로서 불교의 이상인 열반적정(涅槃寂靜)이라는 것을 모르고 하는 말이다.

원래 종교는 현실의 고통을 제거하고 영원의 안락을 구하는 것이 목표이므로 현실에 대한 정확한 통찰이 있어야만 그 길을 모색할 수 있다. 불교가 다른 종교나 사상과 대비되는 것은 이러한 철저한 현실인식의 차이에서 비롯된다.

옛날 어느 선사(禪師)에게 불도에 대해 물으니까 선사의 대답이 졸리면 잠자고 배고프면 밥 먹는 것이 불도라고 했다. 이런 것이 무슨 불도냐고 반문하겠지만, 사실 무명 속의 중생은 그렇지 못하다. 탐진치의 불길에 휩싸여 잠도 편하게 못 자고 밥을 먹어도 제대로 못 먹는다. 잘 때도 밥 먹을 때도 어떻게 하면 많이 가질까만 생각하기 때문이다. 재산을 잃거나 명예를 더럽혀 몇날 며칠을 분해하고 괴로워 한 경험이 있는 사람은 편하게 잠자고 맛있게 먹는다는 것이 얼마나 소중한 것인지 알 것이다. 오죽하면 비단방석에 앉아 있어도 가시방석에 앉은 것과 같다고도 하고, 밥을 먹어도 모래를 씹는 맛이라고 하겠는가? 탐진치에 가려진 중생에게는 무엇을 가져다줘도 그것이 괴로움의 근원이 될 뿐이다.

《숫타니파타》에 이런 구절이 있다. 소를 치는 다니야란 사람이 자기의 재산과 가족이 있는 것을 자랑하여 이렇게 말을 한다.

> 자녀가 있는 이는 자녀로 인해 기뻐하고
> 소를 가진 이는 소로 인해 기뻐한다.
> 사람들은 집착으로 기쁨을 삼는다.
> 그러니 집착할 데가 없는 사람은 기뻐할 것도 없다.

그러자 부처님께서는 이렇게 말씀하셨다.

> 자녀가 있는 이는 자녀로 인해 근심하고
> 소를 가진 이는 소로 인해 근심한다.
> 사람들은 집착으로 인해 근심을 얻는다.
> 그러니 집착할 데가 없는 사람은 근심할 것도 없다.

어떤 사람은 여기에 대해 비관적으로 보느냐 낙관적으로 보느냐의 차이 때문에 상반된 견해를 가지는 것이 아니냐고 할지 모르지만 결코 그렇지 않다. 무명을 벗어버리지 못한 중생들은 무엇을 추구하든지 그것이 괴로움의 근원이 된다. 그런 사람에게는 이 세상이 즐거운 듯이 보여도 그것은 그야말로 순간에 불과하다. 우리가 한평생을 살아오면서 진정으로 즐겁고 행복했던 날들이 과연 며칠이나 되었는지 한번 생각해 보라. 수많은 시간들이 잠시 동안의 즐거움을 위해서 희생되었다는 것을 알 것이다. 다시 말하면, 잠시 동안의 즐거움 때문에 수많은 날들을 고통 속에서 지내왔던 것이다. 그렇게 고통 속에서 발버둥치다가 허무하게 죽어버리는 것이 인간이다.

《법구비유경(法句譬喩經)》에 이런 이야기가 있다.

들판에서 사나운 코끼리에 쫓기던 사람이 웅덩이로 뛰어 들었다. 마침 웅덩이 주위에 칡넝쿨이 있어 급한 대로 거기에 매달려 있는데, 흰 쥐와 검은 쥐가 나타나 칡넝쿨을 갉아먹고 있었다. 그런데 웅덩이 아래를 내려다보니 독사가 우글거리고 있었다. 이 절대 절명의 순간에 위를 쳐디보니 벌집이 있어 거기에서 꿀이 한 방울 두 방울 떨어지고 있었다. 넝쿨에 매달린 이 사람은 그 꿀물을 받아먹으면서 자기의 위험을 잠시 잊고 있었다고 한다.

이것은 무명 중생들의 삶을 비유적으로 이야기한 것이다. 칡넝쿨이라는 가는 생명줄에 매달려 밤낮으로 생명을 갉아 먹히면서 죽음의 순간이 다가오는 줄도 모르고 꿀 한 두 방울에 도취되어 사는 것이 불쌍한 우리 인간의 모습이다. 잠시 동안의 쾌락을 얻기 위하여 온갖 괴로움을 감수하면서 살다가 그 꿀 한 방울도 제대로 맛보지 못하고 죽어버리는 것이 우리 인간이다.

우리가 일체개고(一切皆苦)를 통하여 통찰하고자 하는 것은 인간의 이러한 삶의 모습이다. 괴로움을 괴로움으로 알지 못하는 어리석은 중생들은 꿀 몇 방울을 위해서 목숨도 버린다. 어리석은 중생들은 인생 자체가 괴로움인 줄도 모르고 그것이 다 인양 벗어날 생각조차도 하지 못하고 살고 있다.

불교에서 이처럼 모든 것을 고로 보는 것은 결코 세상을 비관하기 위해서 그런 것이 아니다. 신에게 의지하고 신에게 빌면 뭔가 행복을 주겠지 하는 막연한 생각으로는 고를 제대로 알지 못할 뿐더러 그것에서 벗어나는 길도 찾을 수가 없다. 고의 실상을 제대로 알지 못하고 괴로울 때 그저 신에게 매달려 기도하는 것은 통증이 올 때 진통제 한 대 맞고 잠시 아픔을 잊는 것과 같다.

우리의 고라는 것은 현실에 직면하여 그 실상을 제대로 파악할 때에 그것에서 벗어나려는 생각도 가지게 되는 것이다. 지금의 괴로움을 신의 시련이라고 생각하거나 혹은 우연이라고 생각하는 한은 그 괴로움은 영원히 없어지지 않는다.

만약 신이 있다면 무슨 심술이 있어서 사람들에게 괴로움을 주겠는가? 괴로움을 주고 다시 은총을 내려 그것을 제거해 주는 신이라면 그야말로 병 주고 약 주는 고약한 신이라고 할 수 있다.

우리가 이미 공부해 왔듯이 불교에서는 철저한 인과의 법칙을 믿는다. 신이 벌을 내린다든가 우연에 의해서 괴로움이 찾아오는 것은 아니다. 모든 것은 다 내가 지어 놓은 업의 결과이다. 그리고 우리는 그러한 결과를 감수(感受)하고 있는 것이다.

그렇기 때문에 불교에서는 연기로 이루어진 이 세상의 실상을 바로 보고 모든 괴로움이 나의 무명에서 비롯된 것임을 통찰하라는 것이다. 병의 증세를 제대로 파악해야 그 병이 어디에서 온 것인지도 알아낼 수 있고, 거기에 따라서 적절한 치료법도 찾아 낼 수 있는 것과 같은 이치이다.

그리고 괴로움을 괴로움으로 바르게 인식하지 못하면 괴로움을 벗어날 수 없다. 우리는 "괴롭다, 괴롭다"고 말은 하지만 실은 행고라는 근원적인 괴로움의 실상을 통찰하지는 못하고 있다. 우리가 괴롭다고 하는 것은 기껏해야 경제적인 어려움 아니면 몸이 아픈 정도이다. 가끔은 자존심 때문에 마음 상해하는 일도 있을 수 있을 것이다. 혹은 사랑이라는 미명하에 욕정을 채우지 못해서 괴롭다고 하거나 남들에게 잘난 척하지 못해서 괴로워하는 정도이다.

그러나 이런 것들은 어느 정도 충족되면 또 금방 잊어버린다. 말하자면 육신의 고통에 해당되는 고고라든가, 우리가 늙어간다든지 혹은 좋은 상태에서 나쁜 상태로 변해 가는 것을 괴로워하는 괴고 정도만 느낄 따름이지 육도윤회의 근원적인 괴로움인 행고는 그다지 절실하게 느끼지 못하고 있다. 그렇기 때문에 우리는 육도를 윤회할 수밖에 없다.

일체개고라는 것은 중생의 삶 자체를 전부 고로 보는 것이다. 이것은 생활상에서의 자질구레한 괴로움을 말하고자 하는 것이 아니다. 인간으로 태어난 이 자체의 숙명적인 괴로움에 대한 파악이 일체개고라는 것이다. 그래도 살다보면 즐거움도 있지 않느냐는 식이 되어서는 일체개고를 제대로 안다고 할 수 없다.

이러한 의미에서 일체개고는 현상세계의 진정한 모습을 파악하여 열반이라는 이상적 상태에 도달하기 위한 출발점인 것이다. 그렇기 때문에 일체개고는 불교의 종교성을 드러내는 것으로서 법인으로 일컬어질 만한 진리인 것이다.

5. 번뇌가 없어진 세계 '열반적정'

불교에서 고를 철저히 인식하라는 것은 우리의 현실세계의 모습을 바르게 자각하여 고가 없는 이상세계를 지향하고자 하기 때문이다. 그렇기 때문에 불교의 궁극적 이상인 열반적정(涅槃寂靜)이 설해진다.

열반(涅槃)이란 산스크리트어로 니르바나(nirvāṇa)라고 하며, 빨리어로는 닙바나(nibbāna)라고 하는데, 열반은 이를 한자로 음사한 것으로서 열반이라는 글자 자체에는 별다른 뜻이 없다. 적정(寂靜)이라는 말은 열반의 의역에 해당된다고 볼 수 있으며, 절대 안온의 이상 경지를 뜻한다. 그렇기 때문에 열반이나 적정은 실은 같은 의미이다.

열반의 원래의 의미는 '불이 꺼진 상태'를 의미한다. 즉, 번뇌의 불이 활활 타오르다가 조용히 꺼진 상태를 열반이라고 한다. 열반이라는 말은 불교뿐만 아니라 인도 재래의 사상에서도 일찍부터 나타나고 있지만 그 개념에 있어서는 불교와 많은 차이가 있다.

불교의 경전에서는 열반을 정의하여 "모든 탐욕이 다하고, 진에(瞋恚)가 다하고, 어리석음이 다한 이것을 일컬어 열반이라 한다"고 되어 있다. 즉, 탐진치가 완전히 소멸하여 꺼진 상태가 열반이다. 그러한 상태는 적정하여 고가 없는 안온한 이상적인 상태라고 할 수 있는데, 이것이 바로 불교에서 추구하는 열반적정이라는 경지이다.

부파불교에서는 열반을 유여열반(有餘涅槃)과 무여열반(無餘涅槃)의 두 가지로 구분했다. 유여열반은 일체의 번뇌를 끊어 생사를 초월했지만 아직 과거업의 과보로서 육신이 남아 있는 것으로서 이것은 완전한 열반이라고 할 수 없다고 보았다.

무여열반은 일체의 번뇌를 끊고 여기에 더하여 육신까지도 남김없이 소멸된 완전한 열반으로, 이를 반열반(般涅槃; parinirvāṇa)이라고 하였다. 그래서 부처님이 돌아가셨을 때 이를 반열반이라고 불렀던 것이다.

그러나 이러한 반열반의 개념은 자이나교 등의 외교의 영향을 받은 것으로 본래의 불교에는 없는 것이다. 불교에서는 깨달음 자체를 열반으로 보기 때문에 죽는다고 해서 다시 완선한 얼반을 얻는다는 것은 있을 수 없다. 만약 반열반이라는 것이 있다면 제대로 된 열반을 얻기 위해서는 죽지 않으면 안 된다는 말이 된다. 이러한 것은 부처님의 진의(眞意)에 어긋나는 것이다.

열반은 우리의 생사라는 것이 무명에서 비롯되었다는 것을 확실하게 깨치면 그 순간에 이미 생사를 초월해 있는 것이기 때문에 달리 죽음을 설정하여 반열반이라고 할 필요가 없는 것이다.

다시 한 번 더 말하자면, 이러한 반열반에 대한 생각은 외도들의 생각이었다는 것을 지적해 두고 싶다. 요즘은 고승들이 돌아가시면 열반하셨다고 높여서 부르기도 하는데, 실은 이것도 반열반의 개념을 염두에 두고 하는 말이라고 할 수 있다. 우리는 살아서도 열반을 얻을 수가 있다. 반드시 죽어야만 열반을 얻을 수 있는 것이 아니다.

대승불교에서는 여기에 자성청정열반(自性淸淨涅槃)과 무주처열반(無住處涅槃)의 두 가지를 더하여 사종(四種)열반이라고 하였다.

자성청정열반이라는 것은 마음의 본성으로서의 불성(佛性), 혹은 제법의 법성(法性)은 모두 진리이기 때문에 그 자체로서 청정하다는 것이다. 우리의 자성(自性)이 곧 불성이고 법성이다. 이 자성이 청정하기 때문에 이미 우리는 열반에 이르러 있다는 사상이다. 즉, 원래 우리의 자성은 청정한 것이기 때문에 더 닦을 것이 없다는 사상이다. 단지 우리가 무명으로 인하여 잠시 자성이 가려져 있기 때문에 그것만 제거하면 자성이 훤히 드러나서 모든 괴로움에서 벗어날 수가 있다는 것이 자성청정열반이다.

우리가 불성이다, 법성이다, 자성이다 하는 것은 곧 연기로써 전개되는 이 세계의 모습이다. 이것을 진여(眞如)라고도 하고 여여(如如)하다고도 말한다. 진여의 세계에는 생사가 없다. 생사라는 것은 우리의 욕탐이 만들어내는 허망한 세계이다. 우리가 우리의 자성을 제대로 알아 실상을 보게 되면 꿈에서 깨어나는 것이다. 꿈속에서 무서운 것에 쫓기다가 깨어나면 안도의 한숨을 쉬듯이 우리의 무명이 만들어내는 허상을 깨치고 나면 열반적정을 얻을 수 있다는 것이다. 즉, 생사를 초월하고 근심과 괴로움이 없는 세계가 열반적정의 세계이다.

선종에서 확철(確徹)히 깨친다고 하는 것도 바로 가려진 자성을 되찾는 것이다. 연기의 세계가 나의 욕탐에 의한 편견으로 왜곡되게 보이지 않고 실상을 그대로 드러낸다는 의미이다. 그래서 산은 산으로 보이고 물은 물로 보이는 것이다. 무명(無明) 중생은 산을 보고 물을 보아도 항상 자기의 욕탐의 대상으로서만 보일 뿐이고 그 산과 물을 내 것으로 만들지 못해 안달하고 괴로워한다. 그것이 중생의 삶이다. 자성을 깨쳐 모든 왜곡된 시각을 제거하고 우주와 인생의 실상을 바로 보자는 것이 불교의 목적이다. 성불이라는 것은 곧 자성을 깨치는 것이다.

밀교에서는 즉신성불(卽身成佛)을 말한다. 몇 겁의 수행을 거치거나 죽어서 이루어지는 열반이 아니라, 바로 지금의 이 몸으로도 성불이 가능하다고 하는 것이 즉신성불의 의미이다. 이 즉신성불이라는 것도 우리의 자성은 원래 청정한 것이라는 전제에서 출발한다. 밀교의 즉신성불은 우리는 이미 성불해 있으므로 진실로 자각하기만 하면 삼겁의 긴 수행을 기다릴 것도 없이 그 자리에서 성불하게 된다고 하는 것이다.

무주처열반은 생사와 열반에도 머무르지 않고 무애자재(無碍自在)의 자비행을 행하는 무집착의 진실한 열반으로서 부처님의 열반은 이러한 것이라고 했다. 이것은 고락과 생사의 어느 것에도 집착하지 않고 그것을 초월하는 것을 말한다.

무주처라는 것은 생사와 열반의 세계가 객관적으로 존재하는 것이 아니고 우리의 마음에 달려 있다는 것을 의미하는 것으로, 생사와 열반의 어느 것에도 집착하지 않는 깨달음을 얻은 사람의 마음 상태를 가리키는 것이라고 할 수 있다. 진정으로 깨달은 사람은 오고 가고 나고 죽는 것, 그 어떠한 것에도 집착하지 않게 되는 것이다. 그야말로 걸림 없는 삶을 살게 되는 것이다. 이러한 것을 무주처열반이라고 한다.

우리가 무명의 굴레를 벗고 연기로 이루어진 세상의 실상을 바로 보게 되면 세상과 내가 둘이 아니라는 것을 깨닫게 된다. 그렇게 되면 한없는 자비가 우러나올 수밖에 없을 것이다. 세상이 나와 일체인데 왜 세상을 괴롭히겠는가? 나와 연결되지 않은 것이 하나도 없기 때문에 모든 것이 사랑스럽고 소중하다. 나와 남, 안과 밖의 구별이 없어진다.

그래서 깨달은 사람에게 이 세상은 곧 안온의 적광토(寂光土)가 되는 것이다. 그러한 마음을 확대하여 주위의 모든 중생을 자비로써 밝은 길로 이끌어 주고 이상의 세계로 만들어 가는 것이다. 이것이 불교가 지향하는 이상의 경지이며 궁극의 목표라고 할 수 있다.

원래 사법인은 무상·고·무아·열반의 순서로 전개되는데 이것은 무상·고·무아를 바르게 관찰함에 의하여 열반이 얻어질 수 있기 때문이다. 그러나 지금까지는 설명의 편의를 위하여 무상·무아·고·열반의 순서로 설명했다.

이상에서 설명한 것을 정리하면, 불교의 이상은 제행무상, 제법무아의 철저한 자각을 바탕으로 일체개고를 벗어나 열반적정이라는 이상경(理想境)을 향해 나아가는 것이다. 다시 말하면, 제행무상, 제법무아를 모르면 그것이 일체개고이고 제행무상, 제법무아의 도리를 확실히 알고 실천하면 그것이 곧 열반적정으로 나아가는 길이다. 이것이 불교의 핵심이다.

그렇기 때문에 이러한 삼법인 혹은 사법인은 시대와 장소를 불문하고 불교에 일관하여 흐르는 사상적 토대라고 할 수 있다. 또한 법인은 불교와 불교 아닌 것을 구분하는 척도가 된다고 할 수 있다. 따라서 삼법인 혹은 사법인에 어긋나거나 이것을 부정하는 가르침은 불교가 아니라고 할 수 있다.

예를 들어, 신의 창조라든가 영혼의 불멸 등을 주장하는 것은 제행무상과 제법무아인에 위배된다. 특히 영원불멸의 신을 상정하고 영혼을 상정하는 것은 제법무아의 법인에 전혀 맞지 않으므로 이러한 것은 불교와는 동떨어진 것이라 할 수 있다.

또 열반과 깨달음이 설해지지 않고 세속의 재물과 명예, 승리 등을 추구하도록 가르치는 것 또한 불교라고 할 수 없다. 출가하신 이래로 평생을 땅 한 평 가져보신 적이 없고 동전 한 닢 지니지 않으시고 길에서 걸식만 하시다가 열반하신 부처님께 복 달라고 비는 것은 어리석은 일이라고 할 수 있다. 부처님의 가르침을 잘 배우고 닦아서 복업을 짓겠다고 서원하는 것은 모르겠지만 부처님 앞에서 그저 복도 주시고 사업도 잘 되고 돈 많이 벌게 해달라고 비는 따위의 일은 참된 불자의 태도가 아니다. 물론 이런 마음을 가지고 부처님 앞에서 기도하다가 보면 어느 날엔가는 그렇게 복달라고 비는 자기의 마음이 탐욕에서 비롯된 것임을 깨치는 날도 있을 것이다. 그렇지만 처음부터 옳은 길로 들어서서 지혜를 닦으면 더 좋을 것이다.

우리가 불교를 통하여 추구하는 것이 기껏 일시적인 현세의 소원달성이라면 그러한 소원은 끝이 없다. 내가 비는 소원이 이루어졌다고 해서 더 이상 나에게 소원이 생기지 않는 것이 아니다. 하나가 해결되고 나면 또 다른 소원을 이루고 싶어 한다. 우리의 욕심은 끝이 없기 때문에 우리의 소원 또한 끝이 없다. 죽을 때까지 부처님 앞에서 내 욕심만 채우려해서야 되겠는가? 부처님의 가르침을 잘 이해하고 실천하면 괴로움을 근원적으로 치유할 수 있는데도 그저 눈앞의 꿀 몇 방울에 취해서 진리를 외면하는 것은 어리석은 일이다.

우리는 이 삼법인의 가르침을 통해서 인생과 우주의 실상을 바로 보고 참다운 깨달음의 지혜를 얻어야 한다. 그리고 불교 공부를 하면서도 혹시 이 삼법인에 어긋나는 것이 있는가를 잘 살펴서 항상 제자리로 돌아오도록 노력해야 한다. 법인은 우리가 불교를 배우고 실천하는 기준이 되기 때문이다. 아무리 화려한 수식을 보태면서 불교를 이야기하더라도 이 법인에 비추어보고 어긋나는 것이 있으면 그것은 불교를 제대로 말하지 못했음을 알아야 한다.

삼법인 혹은 사법인은 모두 연기설에 바탕을 두고 있는 것으로서 뒤에 설명하게 될 사성제와 함께 불교의 교리를 함축하여 드러내는 대표적인 개념이라고 할 수 있다. 이 법인에 대한 바른 인식이 없이는 불교 공부를 해도 헛공부를 하게 된다.

특히 제행무상, 제법무아에 대한 이해를 철저히 해서 사견(邪見)에 빠지지 않도록 해야 한다. 자칫 잘못하면 제행무상, 제법무아와 허무주의를 혼동할 위험이 있기 때문이다. 찰나찰나 변해가는 무상한 가운데에서 무상하지 않은 것을 알아야 하고, 나라고 주장할 만한 것이 없는 가운데에서 참 나가 드러나는 이치를 깨달아야 한다. 이러한 이치가 체득이 되려면 아무래도 이론적인 설명으로는 부족할 수밖에 없다. 나머지 부분은 수행으로 채워져야 할 것이다. 그래야 이 법인의 이치가 진정으로 자기 것이 될 수 있다.

제4장 네 가지 성스러운 진리, 사성제

1. 불교의 실천과 사성제의 구조

불교는 석가모니 부처님에 의하여 처음 설해질 때부터 관념적인 철학이 아니라 실천을 중요시하는 가르침이었다. 부처님의 가르침은 초지일관하여 고로부터의 해탈이라는 대명제를 내세우고 이것을 달성하기 위한 실천수행을 중요시하고 있다.

서양철학이 우리의 삶에 직접적인 도움을 크게 주지 못하는 것은 관념적인 사변(思辨)에만 치우치고 뚜렷한 실천체계가 없기 때문이라고 할 수 있다. 이에 반하여, 불교에서는 고도의 철학적인 교리체계를 갖추고 있을 뿐만 아니라, 거기에 알맞는 실천체계를 갖추고 있다. 그 대표적인 것이 사성제라고 하는 것이다.

불교는 실천자세로서 중도(中道)를 중시한다.

부처님께서 부다가야에서 멀리 바라나시의 녹야원에까지 가셔서 다섯 비구들에게 설법을 하려 할 때, 이들은 석가모니 부처님이 고행을 버리고 타락해버린 사문으로 생각하고 설법을 들으려고 하지 않았다. 그때 부처님께서는 당신의 빛나는 얼굴을 가리키시면서 내가 이렇게 확신에 차서 말한 적이 있느냐고 이들을 설득하셨다. 그때에 부처님께서 이들 다섯 비구들에게 처음으로 하신 말씀이 중도에 대한 것이었다.

《잡아함경》 가운데의 〈전법륜경〉에 부처님께서 하신 말씀이 이렇게 나와 있다.

> 비구들이여, 출가한 자는 두 극단에 치우쳐서는 안 된다. 그 두 가지란 무엇인가? 하나는 온갖 욕망에 집착하는 것이니, 이는 어리석고 추한 것으로 범부의 소행이며 성스럽지 못하고 이익됨이 없다. 또 하나는 스스로 고행을 일삼는 것이니, 이는 오직 괴로움만 더할 뿐이며, 역시 성스럽지 못하고 이익됨이 없다.
>
> 나는 이 두 가지 극단을 버리고 중도를 깨달았으니, 그것은 눈을 뜨게 하고 지혜를 생기게 하며, 적정(寂靜; 마음에 번뇌가 끊어져 고요하고 편안한 모양)과 증지(證智; 참다운 지혜를 체득하는 것)와 등각(等覺; 더할 나위없는 깨달음)과 열반을 돕느니라.

이와 같이 중도라는 것은 욕망과 고행의 양 극단을 버린 것을 말한다. 즉, 쾌락과 고행 그 어느 것에도 치우치지 않고 집착하지 않는 견해와 태도를 말한다. 부처님께서는 이 중도의 이치를 깨달아 열반에 이르고 성불하셨던 것이다.

그렇기 때문에 이 중도라는 것은 교리면에서도 중요할 뿐 아니라, 실천면에서도 깨달음을 위해서는 필수적인 것이라고 할 수 있다. 즉, 중도는 불교의 가장 중요한 진리인 연기와 공의 철학을 실천면에서 드러낸 것이다.

그리고 양 극단을 떠난다든가 집착을 버린다고 하는 중도에 대한 설명만으로는 추상적이고 주체적이지 못한 점이 있기 때문에, 이것을 실천면에서 더욱 자세하게 드러낸 것이 팔정도이다. 팔정도는 앞으로 설명하게 될 사성제 가운데의 네 번째 항목인 도성제에 해당하는 것이다. 즉, 부처님께서 깨달으셨다고 하는 비고비락(非苦非樂)의 중도는 구체적으로 바로 이 팔정도를 가리키는 것인데, 이것을 알기 위해서는 먼저 사성제에 대해서 알아야 한다.

사성제(四聖諦)는 사제(四諦), 사진제(四眞諦) 등으로 일컬어지며, 고성제(苦聖諦) · 고집성제(苦集聖諦) · 고멸성제(苦滅聖諦) · 고멸도성제(苦滅道聖諦)의 넷을 가리킨다. 고제(苦諦) · 집제(集諦) · 멸제(滅諦) · 도제(道諦)라고 하기도 하며, 단순히 고 · 집 · 멸 · 도라고도 한다.

사성제에서의 제(諦)라는 말은 산스크리트어 satya의 의역으로서, '진리'라는 의미가 있다. 여기서 말하는 진리는 이론적이라기보다 실천적인 진리를 가리키는 것으로 볼 수 있다. satya는 또한 진리 가운데에서도 영원히 변하지 않는 진리를 뜻하기 때문에, 사성제라고 하면 네 가지 변하지 않는 진리라고 할 수 있다.

먼저 사성제에 대해서 《잡아함경》 가운데의 〈전법륜경〉에 설해진 것을 살펴보자.

비구들이여, 태어남도 고이고, 늙고 병들고 죽는 것도 고이다. 미워하는 사람을 만나는 것도 고이고[원증회고(怨憎會苦)], 사랑하는 사람과 헤어지는 것도 고이며[애별리고(愛別離苦)], 구하여도 얻지 못하는 것이 고[구부득고(求不得苦)]이다. 요컨대 취착(取着)하는 이 몸 자체가 고이다[오취온고(五取蘊苦)].

이것이 고에 관한 신성한 진리[고성제]이다.

또 비구들이여, 윤회하여 다시 태어나게 하고 쾌락과 탐욕을 수반하며 모든 것에 집착하는 갈애(渴愛)는 고가 일어나는 원인에 관한 신성한 진리[고집성제]이다.

또 비구들이여, 갈애를 남김없이 떠나고 멸하여 무집착인 것은 고의 멸에 관한 신성한 진리[고멸성제]이다.

또 비구들이여, 정견(正見)·정사유(正思惟)·정어(正語)·정업(正業)·정명(正命)·정정진(正精進)·정념(正念)·정정(正定)이라고 하는 이 여덟 가지의 신성한 도[팔지성도(八支聖道)]야말로 고의 멸에 이르게 하는 도에 관한 신성한 진리[고멸도성제]이다.

부처님께서는 고성제, 집성제, 멸성제, 도성제의 하나하나에 대해 말씀하신 다음 실천방도로서의 팔정도를 말씀하셨다.

또, 《증일아함경》에서는 사성제에 대해서 이렇게 설명하고 있다. 이 부분도 석가모니 부처님께서 다섯 비구들을 상대로 처음 설법하실 때 하신 말씀이다.

다섯 비구들이여, 그대들은 사제(四諦)가 있다는 것을 알아야 한다. 사제란 괴로움의 범위에 의한 진리인 고제, 괴로움의 원인에 대한 진리인 집제, 괴로움의 소멸에 대한 진리인 멸제, 괴로움의 소멸을 위해 실천해야 할 진리인 도제를 말한다.

다섯 비구들이여, 이 사제에 대한 진리는 예전에 들어보지 못한 진리로서 이를 들으면 통찰력이 생기고 사리를 꿰뚫는 지혜가 생기며 무명을 깨뜨리는 지혜, 깨달음, 광명, 진리를 꿰뚫는 지혜가 생긴다. 또 그것은 흔들림 없이 진실하고 허망하지 않으며 틀림없는 이치로, 부처가 설하는 바이기 때문에 네 가지의 진리라고 일컫는 것이다.

이와 같이 부처님께서는 사성제라는 진리의 여러 가지 공덕에 대해 밀씀하셨다. 이 신리는 흔들림이 없고 진실하며 틀림없는 이치라고 하셨다. 그렇기 때문에 사성제에 대해 잘 이해하는 것은 불교의 실천을 위해서 매우 중요한 첫걸음이 된다고 할 수 있다.

석가모니 부처님께서 최고의 깨달음을 얻으시고 성불하신 것은 연기법을 발견하셨기 때문이다. 특히 십이연기를 관찰함에 의하여 세계와 인생의 비밀을 깨닫고 해탈에 이르셨던 것이다. 십이연기를 통하여 스스로 마음에서 증득을 얻었다고 하여 이를 '자내증(自內證)의 법문'이라고 한다.

이것에 대하여 사제팔정도의 교법은 석존께서 깨달으신 연기의 이치를 남들에게 쉽게 드러내기 위하여 가르치신 것이다. 그래서 사제팔정도를 '화타(化他)의 법문'이라 한다. 이러한 두 가지는 각기 다른 것이 아니라 자내증의 내용인 십이연기를 다른 사람들에게 가르치기 위하여 알기 쉽게 표현한 것이 화타의 법문인 사성제라고 이해하면 되겠다. 경전에서는 자내증과 화타의 법문에 대하여 이러한 얘기를 남기고 있다.

석가모니 부처님께서 연기의 도리를 깨달아 성불하신 후, 보리수나무 아래에서 오랫동안 스스로 깨달음을 검증하며 법락을 즐기고 계셨다고 한다. 연기의 도리는 너무나 심오하고 이해하기 어려운 것이기 때문에 사람들에게 얘기해 봤자 소용이 없을 테니 이제 무상정등정각(無上正等正覺)이라는 최고의 깨달음을 이루어 생사에서 벗어난 지금 미련 없이 그 자리에서 입멸에 들려고 했다. 그러나 이를 안 범천(梵天)이 부처님 앞에 나타나 그래도 이 세상 누군가는 알아들을 사람이 있을 것이므로 설법을 해 주시기를 간청했다. 이것이 이른바 '범천의 권청(勸請)'이라는 것이다.

이에 석가모니 부처님께서 처음으로 설법할 대상을 찾아 천안(天眼)으로 둘러보니 출가 초기의 스승이었던 사람은 이미 세상을 떠나고 같이 수행하던 다섯 비구가 생각났다. 그래서 오랫동안의 좌선에서 일어나 이들이 머무르고 있던 녹야원으로 가서 처음으로 이들에게 설법한 것이 사성제였다. 이때 석가모니 부처님께서 처음으로 법을 설하셨다 하여 이를 초전법륜(初轉法輪)이라고 한다.

사성제는 불교의 교리구조를 단적으로 집약하여 보여주는 것으로서, 이를 통하여 불교의 가르침을 가장 쉽게 파악할 수 있다. 그렇기 때문에 사성제는 가장 뛰어난 가르침이라는 뜻에서 '최승설법(最勝說法)'이라고도 한다.

십이연기가 주로 유전연기의 설명에 중점을 두었다면, 사제팔정도에서는 환멸연기에 중점을 두고 설해졌다고 할 수 있다. 특히 팔정도는 고로부터의 해탈을 위한 여덟 가지 길을 제시한 것이다. 그렇지만 사성제는 유전연기와 환멸연기의 모두를 포함하는 이중구조로 되어 있다고 할 수 있다.

즉, 고제와 집제는 유전연기를 나타내고, 멸제와 도제는 환멸연기를 나타낸다. 불교에서는 고를 멸하여 열반적정에 이르는 것을 목표로 삼기 때문에, 사성제는 특히 환멸연기에 중점을 두고 있다고 할 수 있다. 그러나 사성제 전체의 구조를 보면, 고와 집의 이제(二諦)는 미혹의 인과를 보여주고, 멸과 도의 이제는 깨달음의 인과를 보여주고 있다. 다시 말하면, 집은 고의 인이 되고 고는 집의 과가 되며, 도는 멸의 인이 되고 멸은 도의 과가 된다는 말이다.

이처럼 사제의 각 항목은 서로 밀접하게 관련되어 전체로서 성불에 이르는 하나의 체계를 이루고 있다. 이러한 체계를 그림으로 나타내면 다음과 같다.

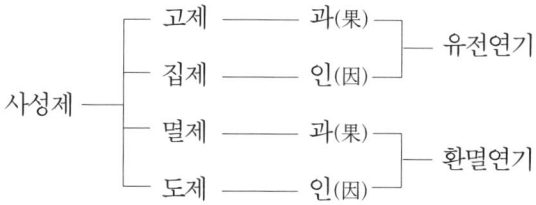

이와 같이 사성제는 고의 현상과 고가 일어나는 원인, 그리고 고가

멸해진 상태와 고의 소멸에 이르는 길을 보여주고 있다. 이 사성제의 구조는 마치 의사가 병을 고치는 것과 같은 이치라고 할 수 있다.

즉, 고란 몸에 병이 든 것과 같으며, 집은 병의 원인에 해당되며, 멸은 병이 없어진 이상적인 상태이며, 도는 병을 고치기 위한 방법에 해당된다. 병을 고치려면 먼저 그 증세를 정확하게 파악하여 진단을 내려야만 병의 원인을 정확히 알 수 있다. 그리고 병이 없어진 건강한 상태에 대한 올바른 지식을 가지고 그 병을 치료하기 위한 방법을 찾아내어야 한다. 부처님께서는 이러한 치병(治病)원리에 의하여 중생들의 고를 덜어주려고 하셨던 것이다.

실상을 파악하고 원인을 규명하여 그것을 적절한 방법에 의하여 제어하는 이러한 사성제의 원리는 매우 합리적인 방법이라고 할 수 있다. 이러한 방법은 우리가 일상생활의 여러 가지 문제를 해결해 나가는 데에도 도움이 되며 과학적인 탐구에도 적용될 수 있는 원리이다.

즉, 우리가 어떤 문제를 해결하기 위해서는 현재의 문제점을 바르게 파악해야 한다. 그런 다음 그 문제가 어디에서 발생했는가를 잘 살펴보아야 한다. 그리고 그 문제가 없어진 상태를 생각해 보아야 한다. 이것은 문제점이 없어진 정상적인 상태, 혹은 가장 바람직한 이상적인 상태를 생각해야 한다는 의미이다. 그리고 그런 정상적, 혹은 이상적인 상태가 되기 위해서는 어떤 방법을 써야 할지를 생각해 보아야 한다. 이와 같이 일상생활에서도 여러 가지 문제를 해결하기 위하여 사성제의 이러한 구조는 훌륭하게 적용될 수 있는 합리적이고 과학적인 방법이라고 할 수 있다.

불교의 모든 교리와 수행체계도 사성제의 원리에 비추어보면 그 역할이 더욱 분명해질 것이다. 고·집·멸·도의 네 가지 성제를 통하여 인생에서의 고의 실상을 명확히 알고, 고가 일어나게 된 원인을 파악하며, 팔정도를 통하여 고를 제거하는 것은 부처님의 가르침의 전부라고도 할 수 있다.

이렇게 보면, 사성제는 우리가 도달해야 할 목표와 그 방법을 제시해 주는 실천론이라고 할 수 있다. 또한 사성제는 이론과 실천면에서 불교의 전체 구조를 축약하여 알기 쉽게 보여주는 가장 근본적인 가르침이라고 할 수 있다. 다음은 《잡아함경》에 나오는 것으로 부처님께서 마가다국의 왕사성 근처 복덕사라는 곳에서 여러 비구들에게 하신 말씀이다.

> 만일 나와 그대들이 사성제에 대하여 알지도 못하고 보지도 못하여 그대로 깨닫지도 못하고 그대로 받아 지니지도 못했다면, 우리는 오랜 세월 나고 죽는 가운데에서 분주할 것이다.
>
> 사성제란 어떤 것인가? 이른바 고성제, 집성제, 멸성제, 도성제이니, 나와 그대들이 이러한 사성제에 대하여 알지도 못하고 보지도 못하며 그대로 깨닫지도 못하고 그대로 받아 지니지도 못했다면, 우리는 오랜 세월 나고 죽는 가운데서 분주할 것이다.
>
> 그러나 나와 그대들은 이 고성제에 대한 진리를 그대로 알고 그대로 깨달았기 때문에, 삼계의 번뇌를 끊고 생사에서 벗어나 후세의 생명을 받지 않게 되었다. 또 집성제, 멸성제, 도성제에 대한 진리를 그대로 알고 그대로 깨달았기 때문에, 삼계의 번뇌를 끊고 생

사에서 벗어나 후세의 생명을 받지 않게 되었다. 그러므로 비구들이여, 사성제에 대하여 아직 밝게 알지 못했거든 부지런히 방편을 쓰고 정진하여 밝게 알도록 노력하라.

또 이렇게도 말씀하셨다.

비유하면 힘 센 장사가 다섯 마디로 이어진 바퀴를 빨리 돌리는 것처럼 출가 수행자나 사제(師弟)로서 고성제, 집성제, 멸성제, 도성제에 대해 진실 그대로 알지 못하면 오취(五趣)를 윤회한다. 따라서 지옥에 떨어지거나 또는 축생계에 떨어지거나 아귀계에 떨어지거나 또는 인간계와 천상계에 났다가 다시 악도에 떨어지는 등 오랜 세월을 윤회한다.

그러므로 비구들이여, 사성제에 대하여 조금도 미혹됨이 없이 밝게 알지 못했거든 부지런히 방편을 쓰고 정진하여 밝게 알도록 하라.

이처럼 사성제는 불교의 실천에 있어서 무엇보다도 중요한 지침이다. 그러면 이 사성제를 배우기 위해서는 어떤 순서를 밟아야 하는지를 알아보자.

언젠가 부처님께서 사위국의 기원정사에 계실 때에 어떤 비구가 이렇게 부처님께 여쭈었다.

"세존이시여, 이 사성제를 조금도 미혹됨이 없이 밝게 아는 것은 점차 이루어지는 것입니까? 아니면 한꺼번에 이루어지는 것입니까?"

이러한 질문에 대해서 부처님께서는 계단을 오르는 비유를 들어 설명하셨다.

> 이 사성제를 조금도 미혹됨이 없이 밝게 아는 것은 점차 이루어지는 것이지 한꺼번에 이루어지는 것이 아니다.
> 예를 들면, 그것은 마치 네 개의 계단을 밟고 전당에 오르는 것과 같다. 만일 어떤 사람이 첫 계단을 밟지 않고 두 번째, 세 번째, 네 번째 계단을 밟고 전당에 올라갔다면 이는 있을 수 없는 일이다. 왜냐하면, 첫 번째 계단에 오른 뒤에 두 번째, 세 번째, 네 번째 계단을 차례로 밟고 전당에 오를 수가 있기 때문이다.
> 이와 같이 비구들이여, 고성제를 미혹됨이 없이 밝게 알지 못하고는 집성제, 멸성제, 도성제를 알려고 해도 알지 못한다.

이와 같은 부처님의 말씀으로 미루어 볼 때, 사성제는 고성제로부터 집성제, 멸성제, 도성제를 차례대로 이해해야 한다는 것을 알 수 있다. 우리도 이러한 순서에 맞추어 사성제를 살펴보도록 하자.

2. 우리의 삶은 괴로움 '고성제'

| 1) **괴로움**(苦)**이란 무엇인가** |

사성제 가운데의 첫 번째 진리는 고성제(苦聖諦)이다. 고는 범어로 둑카(duhkha)라고 하는데, '심신에 가해지는 핍박' 혹은 '심신을 괴롭히는 것'의 의미가 있다. 그러면 괴로움에 대한 고성제가 왜 사성제의 첫머리에 와야 하는지를 먼저 살펴보자.

이 세상의 모든 종교는 행복을 추구한다. 그것이 이 세상에서의 행복이든 죽어서 사후세계에서의 행복이든 사람들이 종교를 찾는 이유는 행복해지기 위해서이다. 불교도 마찬가지로 행복을 추구하는 종교이다. 그러나 불교에서 추구하는 행복은 일반적으로 사람들이 생각하는 것과 같은 재물이나 명예, 사랑의 획득, 건강 등과 같은 세속적 의미의 행복이 아니다. 이러한 것들은 수시로 변하는 것이기 때문에 불교에서는 절대적인 행복으로 보지 않는다. 또한 이러한 세속의 행복은 결국은 붕괴되는 것이기 때문에 그것을 누리는 정도가 크면 클수록 상실했을 때의 고통은 더욱 크다.

불교에서 추구하는 절대적인 행복은 열반, 혹은 해탈이라고 하는 것으로 깨달음의 지혜에 의하여 이러한 세속적 행복을 초월하는 것이다. 석가모니 부처님께서는 이러한 세속적 행복은 참된 행복도 안락도 아니라는 것을 간파하시고 우리에게 영원한 안락인 열반의 길을 알려주셨던 것이다. 불교에서는 인생의 진상이 고의 연속이라고 보고 이러한 고의 완전한 해결, 즉, 영원의 행복과 절대의 안락을 최종의 목표로 삼고 그것을 추구하고 있다.

이러한 절대적인 행복, 즉, 해탈이나 열반을 얻기 위해서는 현재의 상태에 대한 불만이 전제가 되어야 한다. 그것을 한마디로 불교에서는 '고'라고 한다. 즉, 괴로움이라는 것이다. 이 고에 대한 확실한 인식과 자각이 있은 다음에야 그것을 개선할 의지가 생기기 때문이다. 삶에서 고라는 것이 없다면 열반이고 뭐고 개선할 필요가 없다. 그러나 어쨌든 우리의 삶은 불만투성이이고 괴로움으로 가득 차 있다. 그렇기 때문에 불교에서는 언제나 고를 가장 앞에 내세워 그것에 대해 바르게 인식할 것을 강조한다.

불교에서는 우리가 사는 이 세계를 사바(娑婆: sahā)세계라고 하여 괴로움이 가득 찬 세계, 고통을 참아야 할 세계로 보고 있다. '고해(苦海)'라는 말도 그래서 생긴 것이다.

불교는 다른 종교에서처럼 자기가 받드는 신을 무조건 믿는 것에 의하여 세속적인 행복을 얻거나 사후세계에서 영생을 얻는다는 식으로 말하지 않는다. 무조건 믿는 것에 의하여 현실의 고통을 잊고 세속적 욕망을 부추기는 종교는 술이나 마약처럼 자기 최면에 의하여 일시적인 통증을 해소해 줄 따름이다.

여기에 반하여, 불교는 현재 나에게 일어나고 있는 현실에 대한 바른 인식을 통하여 그 개선을 꾀하고자 노력하는 낙관적이고 적극적인 종교이다. 그것은 사후세계를 기다릴 것도 없이 스스로 느끼고 알 수 있는 현실의 정확한 인식에서 출발한다. 현실을 정확하게 통찰하기 때문에 우리들의 삶이 고임을 아는 것이다. 그저 신에게 의지하거나 행운에 의지하여 살아가는 사람에게는 인생의 진면목이 나타나기 어렵다. 어떻게 생각하면, 괴로움이 닥쳐도 신이 자기를 시험한다고 치부해 버리면 속은 편할 것이다. 그리고는 열심히 기도해서 잠시 그 고통을 잊어버리기도 한다. 끝없이 이러한 행위를 되풀이하면서 살아가는 사람들도 많이 있다.

그러나 불교는 그런 종류의 종교와는 차원을 달리 한다. 불교는 지혜의 종교이며 자각의 종교이다. 정신을 바짝 차리고 현실을 냉철하게 분석해 본다. 과연 이 세상은 즐거움만 가득한 곳인가? 즐거움도 있고 괴로움도 있는 곳인가? 그리고 괴로움이 있다면 그 괴로움은 어디에서 오는 것인가? 이렇게 따져 들어가서 그것을 근본적으로 해결하려는 것이 불교이다.

현실을 냉철히 분석하다 보니 우리가 즐거움이라고 생각하는 것도 실은 자기 욕망의 충족에 불과할 뿐이고, 그 즐거움은 고통의 대가로 잠시 맛보는 것이거나 아니면 더 큰 불행의 원인이 된다는 것을 알게 된다. 잘 살펴보면 모든 것이 고로써 점철된 것이 우리의 한평생이다. 이러한 현실을 직시한 결과 괴로움이 우리 삶의 바탕을 이루는 것이고, 우리는 그것을 완전히 벗어나려고 노력하게 되는 것이다.

그렇기 때문에 현실의 괴로움을 벗어나기 위한 방법을 찾기 위해서는 괴로움 그 자체의 성질을 잘 파악해야 한다. 불교의 대명제로서 '고성제'를 가장 앞머리에 내세우는 것은 이러한 이유에서이다. 이것이 고를 전제로 한 불교의 현실인식이며 현실분석인 것이다. 또한 이것은 실천상의 진리이기도 한다. 석가모니 부처님의 출가동기도 사문출유(四門出遊)의 전설로 상징되는 고의 인식과 그로부터의 해탈을 지향하는 데에 있었기 때문이다.

| 2) 괴로움(苦)의 종류 |

불교는 합리적이고 논리적인 종교이기 때문에 교리를 여

러 가지로 분류한다. 삼법인·사성제·팔정도·오온·십이처·십팔계·삼십칠조도품 등과 같이 숫자로써 교리를 갈래짓는 것을 법수(法數)라고 한다. 고에 대해서도 마찬가지로 여러 가지 분류를 한다. 우선 삼고라고 하여 고고(苦苦)·괴고(壞苦)·행고(行苦)의 세 가지를 들고 있다. 이것에 대해서는 앞의 삼법인을 설명하는 부분에서 자세히 설명했으므로 여기에서는 상기하는 의미에서 한 번 더 간단히 설명하겠다.

고고는 우리가 육체를 지님으로써 느끼게 되는 괴로움이다. 즉 몸의 통증과 병이나 배고픔, 추위, 더위 등으로 인한 괴로움이 고고이다.

괴고는 좋아하고 집착하는 것이 허물어지는 것에서 생기는 괴로움이다. 자신이 늙어가는 것을 보고 괴로워하거나 부자로 살다가 가난하게 되어서 괴로워하거나 명예나 인기가 시들해지고 사랑하는 사람이 죽게 되는 것 등에서 오는 괴로움으로 좋은 상태에서 나쁜 상태로 변해 가는 과정에서 생기는 괴로움을 괴고라고 한다.

예를 들면, 부자인 상태에서 가난한 상태로 되었을 경우 가난으로 인한 직접적인 고통보다는 가난해졌다는 그 상태에 대한 자괴감이 더 괴롭다. 권력에서 밀려났을 경우에도 권력에 밀려난 것에 대한 육체적, 물리적 고통보다도 권력을 놓쳐버리고 남들에게 버림받았다는 느낌이 더 괴로운 것이다. 말하자면 이 괴고는 정신적인 것에 중점이 놓여지는 고통이라고 할 수 있다.

행고는 생로병사의 과정을 겪으면서 오는 무상함에 대한 괴로움이다. 이것은 자신이 집착하는 모든 것이 변화해 가는 것에서 오는 괴로움으로서 경전에서도 "변화하는 모든 것은 괴로움이다"라고 하고 있다.

건강하던 나의 육체가 늙고 병들며 사랑하는 사람과도 언제까지나 행복하게 살고 싶지만 이별의 순간이 찾아온다. 떵떵거리던 재산과 명예도 다할 날이 있다. 모든 것이 변해간다. 그렇기 때문에 우리의 삶 그 자체가 행고라고 할 수 있다. 일체개고라고 하는 것도 이 행고를 말하는 것이다. 즉, 모든 것이 변화하는 윤회계에 나타나는 모든 현상은 고로 볼 수밖에 없다.

또 팔고(八苦)라는 것이 있다. 《증일아함경》에서는 팔고에 대해 이렇게 설명하고 있다.

> 고성제란 무엇인가? 이른바 태어나는 것은 괴로움이요, 병드는 것도 괴로움이며, 늙는 것도 괴로움이요, 죽는 것도 괴로움이며, 구하는 것을 얻지 못하는 것도 괴로움이고 오온에 집착하는 자체가 괴로움이다.

이와 같이 경전에서는 생·노·병·사의 사고(四苦)에 원증회고(怨憎會苦)·애별리고(愛別離苦)·구부득고(求不得苦)·오취온고(五取蘊苦)의 네 가지 괴로움을 더하여 팔고(八苦)를 내세우고 있다.

팔고 가운데에서 먼저 생고를 살펴보자. 생고(生苦)라는 것은 태어나는 그 자체가 고라는 의미이다. 불교적 관점에서는 육도에 윤회하는 자체를 고로 보기 때문에 모태에 생명이 깃드는 순간 이미 고를 받도록 되어 있다. 그렇기 때문에 이것은 일체개고와 마찬가지로 행고를 의미한다고 할 수 있다.

늙고 병드는 것이 고라는 것은 더 이상 언급할 필요가 없을 것이다. 젊고 아름답던 육체가 노쇠하여 볼품 없어지고 병으로 신음하는 것은 인간이면 누구나 겪어야 하는 고통이다. 그리고 늙고 병드는 것에 대하여 우리가 느끼는 고통은 어쩌면 육체적인 고통 그 자체보다도 이로 인해 겪어야 하는 정신적인 불안과 고뇌가 더 클지도 모른다. 즉, 감각적·생리적인 고고보다도 괴고의 면이 더 강하다고 할 수 있다.

사고(死苦)에 대해서도 마찬가지이다. 인간으로 태어난 이상은 누구든지 죽게 된다. 그러나 죽는다는 것은 죽음 자체가 가져오는 고통보다도 죽음으로 인하여 겪어야 하는 심리적, 정신적인 고통이 더 클 수도 있다. 애착을 가지고 있는 사람들과의 이별, 육신으로서 즐길 수 있는 여러 가지 쾌락에 대한 미련, 재산과 명예에 대한 집착 등등 죽는 그 순간의 고통보다도 죽는다는 사실에 대한 고통이 더 크기 때문에 괴고를 더 느낀다고 할 수 있다.

또한 죽음은 생과 함께 윤회에 대한 고통을 가져온다. 불교에서는 무상한 것을 고라고 보기 때문에 생·노·병·사가 모두 행고에 포함된다고 할 수 있다. 보통 사람들은 기껏해야 육신의 고통인 고고나 애착을 지닌 것이 허물어지는 것을 바라보며 괴고를 느낄 따름이다.

그렇지만 생사의 큰 틀을 고로 인식한다는 것은 쉽지 않다. 윤회의 큰 틀을 바라보며 행고를 절실하게 느낄 수 있는 사람은 윤회를 초월하여 열반을 얻으려는 큰 이상을 지닌 사람밖에는 없다. 그렇기 때문에, 고제에 '성(聖)' 자를 붙여 고성제라고 하는 것이다. 고제는 고를 바르게 인식함에 의하여 열반의 이상을 추구하는 것이며, 그것은 신성한 것으로서 깨달음의 경지에 속하는 것이기 때문에 고성제라 하는 것이다.

원증회고(怨憎會苦)는 미워하는 사람과 부딪혀야 하는 데서 오는 괴로움으로 사랑하는 사람과 만나지 못하는 데서 오는 괴로움인 애별리고(愛別離苦)와 반대가 되는 상황에서의 고이다. 인간이 혼자서 살지 않고 사회생활을 해야 하는 한은 이러한 두 가지 괴로움을 겪지 않을 수 없다.

인간생활의 갈등은 대부분이 이러한 인간관계에서 비롯된다고 하여도 지나친 말이 아니다. 사랑하는 사람과 헤어져야 하고 미워하는 사람과 끊임없이 부딪혀야 하는 것이 현실이다. 우리가 깨닫지 못한 범부인 한은 사랑하고 미워하는 감정을 피할 수 없다. 그리고 이러한 감정을 바탕에 두고 현실생활을 해 나가면서 오는 고통이 우리 생활의 대부분을 차지한다.

쉬운 예로, 직장 생활을 하는 가운데에 가장 견디기 어려운 것이 싫은 사람과 매일 부딪혀야 한다는 것이다. 어떤 사람이든지 사회생활을 하다보면 싫어하는 사람이 있기 마련이다. 그런 사람의 얼굴을 매일 마주 봐야 한다는 것은 정말 견디기 힘든 일이다. 더구나 그런 사람이 자기의 상사라도 되면 정말 견디기 어렵다. 싫다는 내색도 못하고 매일 만나야 하니 사는 것이 죽는 것만큼이나 괴롭다.

그리고 사랑하는 사람과 헤어지는 것 또한 견디기 어려운 일이다. 사랑하는 사람과 더 이상 만나지 못하는 것도 죽음만큼이나 괴로운 일이다. 심지어는 사랑하는 사람의 죽음을 견디지 못하고 따라서 죽는 경우도 있다.

이처럼 애별리고와 원증회고는 인간이 삶을 영위하는 한 피할 수 없는 필연적인 고통이라고 할 수 있다. 이러한 고통은 육체적인 고통인 고고보다 오히려 정신적인 고통인 괴고에 속하는 것이라고 할 수 있다.

그리고 우리가 느끼는 고 가운데에 가장 대표적인 것으로 구부득고(求不得苦)라는 것이 있다. 구하지만 얻지 못하는 데서 오는 괴로움이다. 재산, 명예, 권력, 사랑 등을 간절히 바라지만 가지지 못하는 데서 오는 괴로움이 구부득고라고 하는 것이다.

우리는 현실생활에서 끊임없이 무엇인가를 갈구한다. 무엇인가 자기가 좋아하는 것을 가지고 싶어 한다는 뜻이다. 그러나 자기가 뜻한 바 대로 가질 수 있는 것은 그리 많지 않다. 그렇기 때문에 불만이 생기고 그것으로 인해 괴로워한다. 어떤 사람들은 구하여도 얻지 못하는 것을 한탄하며 스스로 목숨을 끊기도 한다. 때로는 자기가 가지고 싶은 것을 손에 넣기 위하여 폭행과 살인도 마다하지 않는다. 그리고 구하는 것을 손에 넣었다고 해도 또 다른 욕심이 생긴다. 차를 마련하면 기사까지 두고 싶은 것이 인간의 마음이다. 진세 살다가 스무 평짜리 집이라도 장만하면 기뻐하는 것도 잠시 뿐이고 더 큰 집을 가지고 싶어 한다. 이런 식으로 사람들은 끊임없이 가지려고 하며 또 그것으로 인해서 끊임없이 괴로워한다. 이것이 미혹한 중생들의 마음이다.

생·노·병·사의 고와 함께 애별리고·원증회고·구부득고는 인간인 이상 피하기 어려운 고통이다. 이러한 고통은 주로 고고와 괴고에 해당되지만 궁극적으로는 '일체가 고'라는 한마디로 나타낼 수 있다. 일체가 고라는 것은 윤회계의 깨닫지 못한 범부 중생의 모든 행이 고라는 뜻이다. 그것을 행고라고 한다. 경전에서는 이것을 '요컨대 오취온

(五取蘊)은 고이다'라고 하고 있다. 일체의 현상적 존재로서의 오온이 그대로 고라는 뜻이다. 여기에서 오온과 오취온은 비슷한 말 같지만 약간의 차이가 있다. 《잡아함경》에서는 오온과 오취온에 대해서 이렇게 설명하고 있다.

> 오온이 곧 오취온인 것은 아니다. 그렇다고 오온과 오취온이 다른 것도 아니다. 오온에 욕탐이 있으면 이것이 곧 오취온이다.

말하자면, 색·수·상·행·식은 인간을 이루는 요소이지만, 그것에 욕탐이 있을 때는 오취온이라고 한다는 것이다. 그렇기 때문에 정확하게 말하면, 오온이 고가 아니라 오취온이 고이다. 부처님께서도 우리와 같은 오온을 지니고 계셨지만 욕탐이 없었기 때문에 오온이 고의 원인이 된다고는 할 수 없다. 욕탐이 있는 중생의 오온을 특히 오취온이라고 하는데, 이것이 그대로 고라는 의미이다. 오취온고(五取蘊苦) 혹은 오음성고(五陰盛苦)라는 것은 곧 욕탐이 있는 오온이 고라는 의미이다.

그렇기 때문에 팔고라고 하여도 실은 앞의 생로병사, 원증회고, 애별리고, 구부득고의 7가지 고가 모두 이 오취온고에 속하는 것이 된다. 오취온고는 일체개고라는 말과 같다. 왜냐하면, 일체의 현상적 존재로서의 오온이 범부에 의하여 집착되고 윤회를 하는 원인이 되기 때문이다.

오온은 물질계와 정신계의 모든 것을 가리킨다고 할 수 있는데, 인간에게 있어서는 신체와 정신을 아우르는 것이 된다. 즉, 나라고 생각되는 이 신체와 정신이 곧 오온인 것이다. 경전에서는 오온의 각각에 대해 무상한 것이라고 설하고 있다. 색도 무상한 것이고, 수도 무상한 것이며, 상도 무상하고, 행도 무상하며, 식도 무상한 것이다.

오온이 무상하다는 것은 조금만 생각해보아도 알 수 있는 일이다. 나의 몸이 어제와 같지 않고 나의 생각은 수시로 바뀌어 간다. 어제는 좋았던 것이 오늘은 왠지 싫어지고 조금 전에는 싫었던 것이 지금은 좋아진다. 찰나찰나 몸도 변하고 마음도 변하고 있다. 그럼에도 불구하고 우리는 뭔가 변하지 않는 나라는 것이 있다고 집착한다. 그러므로 오온에 집착한다는 것은 무상한 것에 집착한다는 것으로 이것은 일체의 고를 일으키는 원인이 된다.

《잡아함경》에 보면 부처님께서 사위국의 기원정사에 계실 때에 비구들에게 이렇게 말씀하신 것이 있다.

> 색·수·상·행·식은 무상하다. 무상한 것은 곧 괴로운 것이요, 괴로운 것은 내가 아니며 실체로서의 내가 아니면 내 것 또한 아니다. 이렇게 관찰하는 것을 일러 진실하고 바르게 관찰하는 것이라 한다.
>
> 불제자로서 이와 같이 관찰하면 색·수·상·행·식을 싫어하게 되고, 싫어하는 까닭에 즐기지 않게 되며, 즐기지 않는 까닭에 해탈하게 되니, 해탈하면 진실한 지혜가 생겨 자신이 생사와 번뇌의 속박에서 벗어나며, 모든 잘못되고 치우친 행위를 여의어 바른 행위와 바른 정진만 하며, 할 일을 다 행해서 다시는 후세의 생명을 받지 않게 됨을 안다.

이와 같이 오온이 곧 괴로움의 근원인 것을 바르게 관찰하여 알고 그것에 집착하지 않음으로써 해탈하게 되고 바른 지혜가 생겨난다고 하셨다. 오온에 집착함으로써 생로병사에 대한 괴로움과 원증회고, 애별리고, 구부득고의 괴로움이 발생하기 때문에 오온에 집착하는 오취온 자체가 다 고라고 하고 있는 것이다. 즉, 깨닫지 못한 우리의 심신 자체가 괴로움의 근원이 된다는 뜻이다.

또 고에는 세속고(世俗苦)와 승의고(勝義苦)라는 것이 있다. 세속고는 지옥·아귀·축생의 과보에서 오는 고로서 누구나 이해할 수 있는 고이다. 그러나 승의고는 천계와 인간계의 고로서, 여기에는 즐거움도 많이 있기 때문에 중생은 이곳에 태어나더라도 진정한 고를 알지 못한다. 그러나 천계와 인간계도 복이 다하면 무너지는 무상한 세계이기 때문에 궁극적으로는 고의 세계이다.

천상계와 인간계는 지옥이나 축생계 등에 비하여 즐거움이 많기는 하지만 열반의 세계가 아닌 윤회의 세계에 속하기 때문에 복이 다하면 다시 괴로움이 시작된다. 즐거움이 많기 때문에 그것이 끝날 때는 더 큰 고통을 느끼게 되는 것이 천계와 인간계이다. 중생들은 그러한 것을 모르고 도리어 이러한 세계에 집착하고 그것을 구하려고 한다. 그렇기 때문에 인간계에 태어난 우리 중생들은 열반을 구하려고 하지 않고 현재의 삶에 집착하며 윤회를 되풀이하는 것이고 따라서 끊임없이 고를 받게 되는 것이다. 이처럼 천계와 인간계에 존재하는 괴로움은 일반중생들은 쉽게 느낄 수 없는 미묘한 고이기 때문에 승의고라 한다.

불교공부의 출발점은 바로 이 고에 대한 바른 인식과 자각에서 출발하는 것이기 때문에 삼법인과 십이연기 등을 통해서도 항상 고를 강조하여 가장 앞에 내세운다. 그렇기 때문에 사성제에서도 고성제를 첫머리에 내세움으로써 불교의 현실인식과 문제의식을 일깨우는 것으로부터 시작하여 그 해결책을 제시하려고 하는 것이다.

3. 괴로움은 번뇌로부터 '집성제'

1) 괴로움은 어디서 오는가

집성제의 집(集)은 산스크리트어로 사무다야(samudaya)라고 하는데, '모여서 일어난다', '함께 일어난다' 라는 뜻이 있다. 즉, 여러 가지 인과 연이 모여서 현상을 발생시키는 것을 가리킨다. 따라서 집성제라고 하면 고가 발생하는 원인을 나타내는 성스러운 진리를 의미한다.

고성제에서는 인생이 고라는 것을 밝히고, 집성제에서는 그 고가 발생하는 원인을 밝혀서 그것이 번뇌에 기인한다고 분석하고 있다. 석가모니 부처님께서는 집성제에 대하여 이렇게 말씀하셨다.

비구들이여! 윤회하여 다시 태어나게 하고 쾌락과 탐욕을 수반하며 모든 것에 집착하는 갈애는 고가 일어나는 원인에 관한 신성한 진리[고집성제]이다.

비구들이여! 이것이 고가 생기는 집의 성제이니 마땅히 들어라. 미혹을 일어나게 하고, 기쁨과 탐심을 수반하며, 모든 것에 집착하는 갈애가 그것이다. 그것에는 욕애와 유애와 무유애가 있느니라.

고성제는 쾌락과 탐욕을 수반하여 우리를 윤회하게 하는 갈애가 고를 생기게 하는 것임을 나타내는 진리라는 말씀이다. 여기에서 말하는 갈애(渴愛)가 곧 번뇌이다. 갈애는 목마른 자가 물을 찾는 것처럼 욕망에 가득 차서 집착하는 마음을 말한다. 갈애에는 욕애와 유애와 무유애가 있는데 이것을 단순히 애라고도 한다.

십이연기에서는 고의 근본원인을 무명에 두고 애는 제8지에 두고 있는데, 사성제에서는 고의 원인으로 애만을 들고 있어 십이연기설과 다르다고 생각할 수 있다. 그러나 여기에서의 애는 잘못된 맹목적인 집착이기 때문에 무명이 당연히 그 근저에 자리잡고 있다. 그렇기 때문에 무명은 곧 번뇌의 다른 이름이라고도 할 수 있다.

애라는 것은 좋아하는 것에 집착하여 탐심을 일으키는 것만이 아니라 싫어하는 대상에 대하여 미운 마음을 내는 것도 포함된다. 그렇기 때문에 애는 탐욕과 진에(瞋恚), 그리고 진리에 대하여 무지한 우치(愚癡: 어리석음)의 근본번뇌로써 이루어져 있다. 이것이 이른바 탐·진·치 삼독이라는 것이다.

탐·진·치를 삼독이라 하는 것은 이 세 가지가 근본번뇌가 되어 모든 고를 발생시키기 때문이다. 이러한 번뇌를 다른 말로는 혹(惑)이라고 한다. 이 혹이 업을 짓게 만들고 그 업에 의하여 우리는 고를 받게 된다. 업력에 의하여 생을 거듭하면서 고를 받는 것을 윤회라고 한다. 즉, 혹→업→고→혹→업→고의 구조로 우리의 윤회가 이루어지는데, 이 혹→업→고의 구조를 삼도(三道)라고 한다.

모든 중생은 혹(惑), 즉, 번뇌와 거기에 기인한 행위인 업에 의하여 삼계육도 고의 세계에 거듭 태어나서 끊임없이 윤회한다고 보는 것이 불교의 입장이다. 삼계는 윤회의 고의 세계를 정신적 경지의 정도에 따라 구분한 것으로 욕계(欲界)·색계(色界)·무색계(無色界)의 셋으로 나눈다.

욕계는 감각적인 욕망이 강한 세계로서 우리 인간의 세계가 여기에 속하며 천상계의 일부도 여기에 포함된다. 색계는 감각적인 욕망은 없지만 물질적인 것은 남아 있는 세계이다. 무색계는 물질적인 것이 없는 순수하게 정신적인 것으로만 이루어진 세계이다. 육도는 윤회의 고의 세계를 천·인·아수라·축생·아귀·지옥의 6가지 세계로 나눈 것을 말한다. 즉, 생존의 상태를 구체적으로 구분한 윤회의 세계를 육도라고 하는 것이다. 그렇기 때문에 고를 벗어나기 위해서는 그 근원이 되는 혹, 즉 번뇌를 제거해야 한다. 이처럼 집성제에서는 고의 근본원인이 번뇌라는 것을 밝혀서 그것을 제거할 기틀을 마련하는 데에 의의가 있다.

| 2) 번뇌와 업 |

집성제에서 말하는 갈애가 곧 번뇌인데, 다른 말로는 혹이라고도 한다. 번뇌는 산스크리트 kleśa의 의역으로서, 우리의 심신을 어지럽혀 괴롭게 하는 것을 의미한다. 혹 업 고의 구조에서 살펴 본 것

처럼, 우리는 번뇌에 의하여 업을 짓고 그것에 따라 고를 받는다. 그렇기 때문에 번뇌는 고를 발생시키는 근본원인이 된다고 하는 것이다.

불교에서는 번뇌에 대하여 매우 자세하게 분류하여 분석하고 있다. 흔히 '백팔번뇌'라고 말하지만, 실은 번뇌의 수는 헤아릴 수 없이 많다. 크게 보면 우리의 삶 자체가 번뇌덩어리라고 해도 지나친 말이 아니다. 그러나 우리의 번뇌도 크게 나누면 탐욕(貪慾)·진에(瞋恚)·우치(愚癡)의 세 가지로 분류될 수 있다. 이것을 간단하게 탐·진·치 삼독의 번뇌라고 말한다.

탐욕이란 자기가 좋아하는 대상에 대하여 취(取)하고 싶다는 욕심을 내는 것을 말한다. 여기에는 물건이나 지위나 명예, 혹은 이성에 대한 욕심 등 인간사의 모든 것이 욕심의 대상이 될 수 있다.

진에는 자기가 싫어하는 대상에 대하여 화내는 것을 말한다. 또한 싫어하는 것에 대해 화를 내는 것뿐만 아니라, 자기가 원하는 것을 취하지 못했을 때에도 진에는 일어난다. 탐욕이 자기가 좋아하는 것에 대한 집착이라면 진에는 싫어하는 것에 대한 또 하나의 집착으로서, 이것은 자기의 심신을 괴롭히고 나아가 악한 행위를 저지르는 원인이 되기도 한다.

이렇게 보면 번뇌의 밑바탕에는 자기중심적인 성향이 있음을 알 수 있다. 사람들은 좋아하는 것은 가지려고 욕심내고 싫어하는 것에 대해서는 화를 낸다. 이것은 인간의 본능에 가까운 성향으로서 거의 무의식적으로 작용하는 심리이기 때문에, 우리는 일상생활에서 여기에 대한 주의를 크게 기울이지 못하고 있다. 불교에서는 이러한 자기중심적인 무의식을 매우 중요시한다. 이러한 심리와 거기에 따른 작용이 업의 축적으로서 나타나고, 그것이 윤회를 거듭하면서 고를 받게 하는 원인이 되기 때문에 그런 것이다.

탐욕과 진에와 더불어 보다 근본적인 번뇌는 우치라고 할 수 있다. 우치란 진리를 모르는 어리석음을 말한다. 진실을 진실 그대로 보지 못하고 여러 가지 현상에 대하여 미혹된 것을 우치라고 한다. 불교에서는 이것을 다른 말로 무명이라고 한다. 무명은 지혜에 반대되는 것으로서, 불교에서는 특히 삼법인, 사성제, 팔성도의 진리를 모르고 자기중심적인 판단과 잘못된 행동을 하는 것을 일컫는다. 십이연기의 첫머리에도 무명이 자리잡고 있듯이 무명이라는 우치의 번뇌는 모든 업을 일으키는 원인이 되고 이것이 결국은 고를 낳게 된다.

탐욕과 진에도 그 근저에는 무명, 즉 우치가 자리잡고 있다. 우치, 즉 어리석음으로 인하여 제행무상, 제법무아의 도리를 모르기 때문에 자아라는 것에 집착하게 된다. 그래서 집착하는 모든 대상을 영원히 자기의 것으로 소유하려고 하며, 이를 방해하는 것에 대해서는 화를 낸다. 그렇기 때문에 불교에서는 처음부터 끝까지 지혜를 얻고 무명을 물리칠 것을 강조하고 있다. 진리를 모르는 어리석음에서 모든 고가 발생하기 때문에 그렇다. 한마디로 우치, 즉 무명과 그로 인한 탐욕과 성냄이 온갖 고를 초래하는 것이다.

이러한 현상은 우리의 일상을 관찰해보면 너무나 명확하게 알 수 있다. 내 마음이 왜 이렇게 초조하고 불안한지, 왜 내가 이렇게 분노하고 있는지 등등을 잘 따져 보면 결국은 탐진치 삼독에 연유한 것임을 알 수 있다.

　우리의 일상은 어리석음 때문에 부질없는 욕심을 내게 되고, 그 욕심의 대상을 가지지 못하므로 거기에 대해 화를 낸다. 나의 욕심을 충족하는데 방해가 된다고 생각되는 모든 것에 대해서 화를 내는 것이다. 대부분의 인간은 바깥의 대상뿐만 아니라 영원한 자아라고 생각되는 자기의 신체에 대해서도 욕심을 내고 화를 낸다. 예를 들면, 우리의 육신은 시간과 함께 변하기 마련인데도 영원히 젊음을 유지하고 싶어 하고 죽지 않으려고 발버둥친다. 그리고 그것이 뜻대로 되지 않을 때에는 우울해 하고 화를 낸다. 어리석음 때문에 연기로 이루어진 세계의 실상을 보지 못하고 부질없는 욕심을 내고 있는 것에 불과한 것이다.

　'혹'이라는 한마디로 나타내어지는 탐진치 삼독의 번뇌는 업력을 수반한다. 업은 산스크리트어 karman의 의역으로서, 행위, 행동, 작용, 행하는 힘 등의 뜻이 있는데, 주로 쓰이는 것은 행위의 의미이다.

　그런데 불교에서는 업이라고 하면 행위와 그 행위가 가지는 잠재된 힘의 두 가지를 의미한다. 우리가 어떤 행위를 하면 그 순간에 행위는 종료되지만, 표면적으로 나타나는 행위의 결과 이외에도 그 행위에 따른 여력이 마음에 남아 미래의 고락을 가져온다. 불교에서는 행위 그 자체를 표업(表業)이라고 하며, 행위로 인하여 마음에 남게 되는 잠재된 힘을 무표업(無表業)이라고 한다.

　예를 들면, 누군가와 다투었을 때, 다투는 행위는 그 자리에서 끝이 나지만 그 상대방에 대한 나쁜 감정은 오래도록 남아 있게 된다. 그러다가 다시 그와 마주칠 기회가 오면 그러한 감정이 다시 되살아나서 그에 대한 불쾌한 감정을 표출하게 된다.

불교에서는 표업보다도 미래에 결과를 가져올 잠재된 힘으로서의 무표업을 더 중시한다. 말과 입과 뜻으로 짓는 모든 작용은 선악의 어느 방향으로든지 미래에 결과를 낳을 잠재된 힘인 무표업을 지니게 되기 때문에, 그 사람이 어떠한 마음을 가지느냐에 따라 그 사람의 후천적 성격이 결정될 뿐 아니라 미래 고락의 결과도 달리 나타난다.

무표업에는 선의 무표업과 악의 무표업이 있다. 선의 무표업은 악의 무표업을 억제하고 악의 무표업은 선의 무표업을 억제한다. 우리가 끊임없이 수양을 해야 하는 이유도 우리의 잠재된 업의 힘을 선의 방향으로 전환하여 미래의 고통을 제거하자는 데에 있다.

이처럼 표업이든 무표업이든 선업은 미래에 좋은 결과를 가져오고 악업은 미래에 나쁜 결과, 즉, 고를 초래하게 된다. 이러한 업의 힘을 업력이라고 한다. 혹→업→고의 관계에서 보듯이 고를 초래하는 업은 번뇌에 의한 나쁜 업이며, 특히 무표업이 이러한 업력의 주동적 작용을 하게 된다.

번뇌에 의하여 초래되는 업은 우리의 몸과 입과 뜻에 의하여 이루어지는데, 이를 신(身)·구(口)·의(意)의 삼업(三業)이라고 한다. 즉, 우리의 행위는 온갖 신체적 행위와 언어활동, 그리고 여러 가지 마음의 움직임으로 나눌 수 있는데, 마음으로 생각한 것이나 의지 작용이 신체와 언어에 의하여 나타난다.

그리고 신·구·의의 삼업 가운데에서 마음의 작용을 사업(思業)이라 하며, 이 사업이 신체나 언어로 나타내어질 때 이를 사이업(思已業)

이라 한다. 즉, 우리의 업은 마음의 작용인 사업과 그것이 겉으로 표현되는 사이업으로 나눌 수 있다.

이처럼 불교에서는 실제적 행위뿐만 아니라 단순히 마음에 떠오르는 생각도 업으로 간주하여 고를 초래하는 것으로 본다. 그리고 불교에서는 특히 삼업 가운데에서 의업(意業), 즉, 사업(思業)을 가장 중요한 것으로 여기는데, 이것은 불교가 겉으로 드러난 결과보다도 거기에 이르는 동기나 과정을 더욱 중요시한다는 것을 보여주는 것이다. 이러한 것은 마음이야말로 우리에게 고를 가져오는 가장 중요한 계기가 된다는 것을 의미한다. 예를 들면, 어떤 사람이 위선적으로 자비를 베풀고 많은 사람들로부터 칭찬을 받더라도 자기의 마음이 진정으로 기쁨을 누릴 수 없는 것과 같은 이치이다.

그리고 업에는 선악의 행위에 대하여 그에 따른 결과가 반드시 있다는 인과응보(因果應報)와 자신이 저지른 행위의 결과는 반드시 자기가 받는다는 자업자득(自業自得)이라는 대원칙이 있다. 자기가 선업을 지으면 미래에 좋은 결과가 올 것이고, 악업을 지으면 미래에 고를 초래하게 된다. 이것을 '선인낙과, 악인고과(善人樂果, 惡人苦果)'라고 한다. 보통 '선인선과, 악인악과(善人善果, 惡因惡果)'라고도 하지만 교리적으로 엄밀하게 말하면 정확한 용어가 아니며 선인낙과, 악인고과라고 해야 한다. 왜냐하면 과에는 선하고 악한 것이 없으며 무기(無記)이기 때문이다.

선업을 지으면 좋은 과를 받고 악업을 지으면 나쁜 과를 받는 것은 당연한 이치이지만 여기에 예외가 있다. 즉, 선업만은 행위주체자가 아닌 자에게 그 결과를 돌릴 수 있으며, 또한 선인에 의한 낙과를 낙과만이 아닌 깨달음의 지혜를 획득하기 위하여 돌릴 수 있다는 것이다. 이것을 회향(廻向)이라고 한다. 특히, 선업에 의한 자기의 낙과를 다른 중생을 위하여 회향하는 것을 중생회향(衆生廻向)이라고 하며, 또 이를 자기의 깨달음의 지혜를 얻기 위하여 돌리는 것을 보리회향(菩提廻向)이라고 한다.

일반적으로는 선인낙과가 원칙이며, 낙과는 인간계나 천계의 행복한 상태를 의미하나 이것은 언젠가는 끝이 날 때가 있다. 그렇기 때문에, 이러한 낙과를 고로부터의 영원한 해탈이라 할 수 있는 열반으로 돌리는 것을 실제회향(實際廻向)이라고 하며, 중생회향, 보리회향과 함께 삼종회향(三種廻向)이라고 한다. 이러한 회향의 사상에 의하여 불교는 선업에 대한 당위성을 지니며 한없는 자비의 확대가 요구되는 것이다.

이상에서 살펴 본 것처럼, 집성제에서는 고를 초래하는 원인을 분석히여 그것이 탐진치의 심독에 의한 것이며 이 삼독의 행위는 악업이 되어 미래에 고를 가져온다는 것을 밝히고 있다.

4. 괴로움이 소멸된 상태 '멸성제'

| 1) 열반의 의미와 단계 |

멸성제는 불교의 궁극의 목표이며 최후의 이상이라고 하는 열반을 가리킨다. 삼법인에서 말하는 열반적정이 곧 이것이다. 갈애를 멸하여 집착하지 않음으로써 괴로움을 멸한 경지가 해탈이고 열반이다. 이것은 모든 것이 고라는 일체개고와 반대되는 개념이다. 깨닫지 못한 무명중생의 생사윤회의 상태가 일체개고라면 생사를 초월하여 모든 괴로움에서 벗어난 성자의 상태가 열반적정이다.

열반적정은 우리를 괴롭게 하는 모든 속박을 떨쳐버리고 심신이 안온한 이상적인 상태를 말한다. 아무 것에도 걸림이 없는 무애자재의 경지가 열반이다. 그것은 번뇌의 근본인 무명을 제거하고 지혜를 밝힘으로써 가능한 것이다. 우리가 깨친다는 것도 지혜를 밝혀 무명의 번뇌를 멸하고 무애자재의 경지를 얻는 것을 말한다. 그렇기 때문에, 깨친다는 것은 곧 열반적정을 얻는다는 말과 같다.

열반을 얻기 위한 깨침에도 두 가지가 있다. 견도(見道)와 수도(修道)가 그것인데, 견도는 이론적, 관념적인 미망으로서의 견혹(見惑)을 끊는 깨침이고, 수도는 정의적(情意的), 습관적인 미망으로서의 수혹(修惑)을 끊는 깨침이다. 쉽게 말하면, 견도는 삿된 견해를 여의고 바른 견해를 지님으로써 이루어질 수 있는 것이고, 수도는 올바른 수행에 의하여 우리에게 훈습된 나쁜 습성을 버림으로써 얻어질 수 있는 것이다.

견혹에는 흔히 탐(貪)·진(瞋)·치(癡)·만(慢)·의(疑)의 다섯 가지 근본번뇌를 든다. 그리고 심신에 실체적 자아가 있다고 보는 신견(身見), 모든 것은 단멸한다든가 상주한다고 생각하는 치우친 견해인 변견(邊見), 진리를 바로 알지 못하는 사견(邪見), 자기의 견해가 최고라고 생각하는 견취견(見取見), 터무니없는 계율이나 맹세를 해탈의 참 원인으로 여기는 계금취견(戒禁取見)의 오견(五見)을 더하여 열 가지 혹이 있다고 본다. 이것을 더 상세하게 나누어 팔십팔사(使)라고도 한다.

수혹이라는 것은 우리가 태어나면서 가지고 있는 감각적, 육체적 미혹으로서 정의적이고 습관적인 번뇌라고 할 수 있는데, 오랫동안의 습성으로 인해 우리에게 훈습된 번뇌이다.

견도에 의하여 연기와 사성제의 이치를 잘 이해했다고 하더라도 실제로 그것을 체득하여 실천하지 않으면 별 소용이 없다. 부뚜막의 소금도 집어넣어야 짜다는 말과 같이 소금이 짜다는 것은 알아도 그것으로 음식의 간을 맞추지 못하면 아무 소용이 없는 것과 같다. 이론적으로는 알아도 실천이 안 되면 소용이 없는 것이다. 이론적인 깨침만으로는 부족하고 그러한 깨침이 체득이 되어 실천될 수 있어야 진정한 열반에 이를 수가 있다.

그렇기 때문에 우리는 이론적으로도 사성제와 같은 교리를 잘 이해해야 할 뿐 아니라, 수행에 의하여 사성제의 도리를 실천할 수 있어야 한다. 이러한 이유로 깨침을 견도와 수도로 구분하는 것이다.

이론적인 깨침은 열반에 이르기 위한 초보적인 단계이다. 많은 재가 신자들이 부처님을 처음 뵙고 시론, 계론, 생천론의 삼론에 의해 불도로 인도되고, 더 나아가서 연기의 이치와 사성제에 대한 설법을 듣고 법안을 얻었다고 하는 것은 바로 이 초보단계의 깨달음을 말하는 것이다. 어떤 사람들은 이처럼 연기나 사성제에 대한 이치를 이론적으로 이해해서 초보적인 깨달음에 이를 수 있다. 또 어떤 사람들은 불·법·승의 삼보를 믿으며 공경하고 계행을 지키는 것에 의하여 연기나 인과의 이치를 깨친다. 이것을 사증정(四證淨)이라고 한다.

이지적으로 깨치든 실천에 의해서 깨치든 초보의 깨달음을 얻은 사람은 불교의 진리에 맞게 살아가며 계율을 범하지 않고 나쁜 짓을 하지 않게 된다. 이러한 사람은 지옥·아귀·축생 등의 악취계에 떨어지는 일이 없다. 이것을 불타법(不墮法)이라고 한다. 그리고 이러한 사람은 미래에 반드시 열반에 이를 것이 결정되어 있다고 해서 정성결정(定性決定), 혹은 정정취(正定聚)라고 한다. 이러한 사람은 다시는 윤회의 세계에 돌아오지 않기 때문에 불퇴전의 위에 이르렀다고도 한다.

이처럼 견혹을 끊어 법안을 얻는 것만으로도 삿된 견해를 여의고 삼악도에 떨어지지 않으며 범부의 윤회세계를 벗어나게 된다. 그러나 최고의 깨달음인 열반에 이르기 위해서는 견혹만 끊어서는 되지 않는다. 수혹이 남아 있다는 것은 아직도 습관적인 악습과 습성 등이 남아 있다는 의미이다. 그러므로 수혹을 완전히 단절하지 않으면 최고의 깨달음에 이를 수가 없다.

견혹은 지혜로써 그 잘못을 인정하고 사견을 버리면 즉시 끊을 수 있는 것이지만, 수혹은 우리가 태어나기 이전부터 우리의 본성처럼 훈습된 것이기 때문에 끊기가 어렵다. 나쁘다고는 알고 있어도 쉽사리 고쳐지지 않는 것이 수혹이다.

예를 들면, 담배나 술을 좋아하는 사람이 그것이 몸에 나쁘다는 것은 알고 있어도 끊기가 어려운 것과 같다. 담배나 술이 건강을 해치고 해롭다는 것은 알고 있어도 눈앞에 담배나 술이 있으면 저절로 손이 가는 것과 마찬가지이다. 술이나 담배뿐만 아니라 일상생활에서의 여러 가지 나쁜 습성들은 하루아침에 고쳐지는 것이 아니다. 끊임없는 자기 절제와 굳센 의지가 있어야만 가능하다.

우리가 어떤 사실을 이해하는 것과 그것을 실행에 옮기는 것은 많은 차이가 있다. 거짓말을 하고 남을 속이고 남을 괴롭히고 화내는 것이 나쁘다는 것은 누구나 알고 있지만, 그러한 행위를 단절하는 것은 참으로 어렵다. 사람에 따라서는 어떤 것이 나쁜지도 모르고 마구 저지르는 사람도 있지만, 대부분의 사람들은 자기가 하고 있는 행위가 나쁜지를 스스로 알고 있다. 그럼에도 그러한 행위를 고치는 것이 쉽게 되지 않는다. 견도와 수도도 이러한 차원에서 이해하면 된다.

우리가 연기의 이치나 사성제의 도리를 어느 정도 이해했다고는 하나 그것을 실천하는 것은 무척 어렵다. 오랫동안 습성으로 굳어져 온 우리의 나쁜 성향은 상당한 수행에 의해서만 고쳐질 수 있다. 불교의 교리에 대해 많이 알고 있는 사람이라도 일상생활상에서는 그것을 전혀 실천하지 못하는 사람도 많다.

아무튼 견혹을 끊고 수혹을 완전히 끊어야만 아라한으로서의 깨달음이 얻어진다. 경전에서는 사향사과(四向四果)라고 해서 깨달음을 얻은 정도에 따라 여덟 가지로 구분한다. 수다원향(須陀洹向), 수다원과(須陀洹果), 사다함향(斯陀含向), 사다함과(斯陀含果), 아나함향(阿那含向), 아나함과(阿那含果), 아라한향(阿羅漢向), 아라한과(阿羅漢果)가 그것인데, 이것을 예류(預流), 일래(一來), 불환(不還), 무학(無學)으로 구분하기도 한다.

즉, 수다원향이라는 것은 초보의 성자를 말하는 것이며 깨달음으로 향하는 사람이라는 뜻이 있다. 이것을 예류향이라고도 한다. 깨달음의 흐름에 들어간다는 뜻이다. 수다원과는 초보적인 깨달음을 얻은 사람을 말한다. 그래서 이것은 예류과라고 부른다.

사다함향은 견혹을 끊는 과정이며, 그것을 다 끊으면 사다함과를 얻게 된다. 이 단계의 깨달음을 얻은 사람은 욕계에 한 번만 더 태어나면 색계와 무색계를 지나 완전한 깨달음을 얻기 때문에 일래향, 일래과라고 한다. 욕계에 태어난다는 것은 욕계의 번뇌가 아직 다 없어지지 않았기 때문이다. 욕계의 번뇌가 다하면 색계와 무색계에 태어나서 그러한 번뇌를 다 끊게 된다고 한다. 수다원향까지는 견혹을 끊은 견도의 성자로 일컬어진다. 수다원과 이후는 수혹을 끊은 수도의 성자로 일컬어진다. 즉, 수다원과(須陀洹果)와 사다함향, 사다함과, 아나함향과 아나함과, 아라한향의 여섯 단계는 수도의 성자로 불린다는 의미이다.

아나함향은 수혹을 끊고 다시는 욕계에 돌아오는 일이 없이 색계와 무색계를 거쳐 아라한과를 얻을 수 있는 단계에 들어가기 때문에 불환향이라고 한다. 그리고 그것을 완성한 것을 아나함과라고 한다. 견도에서 일체의 견혹을 끊고 욕계와 색계, 무색계의 모든 수혹의 번뇌를 단멸하면 아라한향이 된다. 그리고 이 단계에서 아라한과를 얻게 되면 더 이상 배울 것이 없기 때문에 아라한과를 무학(無學)이라고 한다.

여기에 대해서 그 이전의 견도나 수도의 단계에 있는 성자를 유학(有學)이라고 한다. 배울 것이 아직 남아 있다는 뜻이다. 이렇게 해서 무학의 아라한과를 얻으면 최고의 깨달음을 얻게 되는 것이며, 모든 괴로움의 속박에서 벗어나 열반을 얻게 되는 것이다. 부처님께서는 바로 이 아라한과를 얻어 성불하신 것이다.

열반에 이르는 단계는 이처럼 복잡하지만 결국은 견도에 의하여 바른 견해를 지니고 수도에 의하여 우리에게 훈습된 수혹을 떨쳐버리면 열반이 얻어지는 것이다. 그런데 수혹이라는 것은 거의 우리의 생존본능과 같은 것이기 때문에 그것을 끊는다는 것은 여간한 수행이 아니고는 불가능하다. 이것은 완전한 열반은 아주 어렵다는 것을 말해주는 것이기도 하다.

| 2) 열반의 종류 |

보는 갈애와 번뇌를 멸하고 괴로움의 속박으로부터 벗어나는 것이 열반이다. 이러한 열반의 정의에 대해서는 여러 가지가 있다.

먼저 열반 중에서도 유여열반(有餘涅槃)과 무여열반(無餘涅槃)이 있다. 유여열반은 최고의 깨달음을 얻었다고 해도 과거의 선악업의 과보로써 얻어진 육신이 남아 있는 한 완전한 열반은 아니라고 보는 것이다. 왜냐하면, 육신이 있는 한은 완전히 윤회를 벗어난 것이 아니라고 보기 때문이다.

여기에 반해서 무여열반이라는 것은 업보에 관계된 육신까지도 완전히 없어져 버린 뒤에 얻게 되는 완전한 열반이라는 뜻이다. 그래서 이것을 반열반이라고도 한다. 부처님의 입멸을 중심으로 설해진 《대반열반경》의 반열반이라는 말이 여기에서 나온 것이다.

그러나 이러한 유여열반이나 무여열반의 개념은 열반을 실재시하는 당시의 일반적인 인도인들의 사상에 영향을 받은 것으로 불교에서는 원래 이런 개념이 없었다. 육신이 없어진 후에 완전한 열반이 얻어질 수 있다는 이러한 생각은 불교에서 말하는 열반의 취지와는 다른 것이다.

원래 열반이라는 말은 앞에서도 언급한 것처럼, 불어서 꺼진 상태를 의미한다. 활활 타오르던 탐진치의 불꽃이 수행에 의하여 잠잠하게 꺼진 상태를 열반이라고 한다. 경전에서는 열반을 한마디로 정의하여 '탐욕이 멸하고 진에가 멸하고 우치가 멸한 것, 이것을 열반이라고 한다'고 설하고 있다. 즉 탐진치의 삼독의 번뇌가 완전히 멸한 것이 열반이다.

그렇기 때문에 열반은 몸과 마음이 모두 없어져서 아무 것도 없는 회신멸지(灰身滅智)의 상태가 아니다. 즉, 죽어서 아무 것도 없는 상태를 열반이라고 하는 것은 불교에서 말하는 열반과는 다른 것이다. 불교에서 말하는 열반은 생명의 소멸이 아니라 모든 번뇌가 멸해서 마음이 적정안온의 이상적인 상태에 있게 되는 것을 말한다. 이러한 상태의 열반에 대해 아함부의 경전에서는 여러 가지로 표현하고 있다.

그중의 하나로 《잡아함경》에서는 열반의 정의에 대해 이렇게 나열하고 있다.

> 무위(無爲), 구극(究極), 무루(無漏), 진제(眞諦), 피안(彼岸), 미묘(微妙), 극난견(極難見), 불로(不老), 견뢰(堅牢), 불괴(不壞), 불가설(不可說), 불희론(不戱論), 무장애(無障碍), 적정(寂靜), 불사(不死), 극묘(極妙), 정복(淨福), 안온(安穩), 애진(愛盡), 희유(稀有), 미증유(未曾有), 무재(無災), 무재법(無災法), 이것이 열반이라고 선서(善逝)께서는 말씀하셨다.

경전에서 설한 이러한 열반의 정의를 하나하나 살펴보자.

먼저 열반을 무위라고 표현한 것이 있다. 이것은 업을 짓는 것은 더이상 없다는 뜻이다. 열반은 윤회의 굴레를 벗어난 것이기 때문에 더이상 번뇌를 일으키는 행위는 없다는 뜻이다.

다음으로 구극이라는 것이 있다. 궁극적으로 도달해야 할 것이라는 뜻이다. 열반보다 더 나은 것은 없기 때문에 이렇게 표현했다.

그리고 무루라는 것이 있다. 루라는 것은 더러운 번뇌를 말한다. 열반은 그 번뇌가 다 소멸된 것이기 때문에 무루라고 한 것이다.

진제는 열반이야말로 참된 신리라는 뜻이다. 세간법인 속제와 반대되는 개념으로서 열반은 변함없는 진리라는 뜻을 담고 있다.

피안은 괴로움의 이쪽 언덕에서 안온한 깨달음의 저쪽 언덕으로 건너갔다는 뜻인데 열반을 상징적으로 나타낸 말이다. 흔히 도피안이라고 말하기도 한다.

다음으로 열반을 미묘라고 표현하고 있다. 헤아릴 수 없을 만큼 깊고 훌륭한 것이 열반이리는 의미이다.

극난견이라는 것은 열반의 경지는 매우 도달하기 어렵다는 뜻이다.

불로는 불사와 마찬가지로 늙고 죽음의 경지를 초월해 있다는 뜻이다.

견뢰라는 것은 다음에 나오는 불괴와 거의 같은 뜻으로 열반의 경지는 견실하여 허물어지지 않는다는 뜻이다. 변하고 허물어지는 것은 세간의 유위법이지만, 열반은 견고하여 변함이 없는 무위법이기 때문에 이러한 표현을 쓴 것이다.

또 열반을 불가설이라고 하고 있다. 열반의 경지는 말로 표현될 수 있는 것이 아니라는 뜻이다. 즉, 직접 체득해 봐야 알 수 있다는 뜻이다. 어떤 음식이 아무리 맛있다고 설명해줘도 직접 먹어보지 않고는 그 진정한 맛을 모르는 것과 같다는 뜻이다. 혹은 누군가가 장엄하고 감격스러운 장면을 보고 나서 다른 사람에게 그때의 그 감동을 아무리 잘 설명해줘도 그 사람은 남이 보았던 그런 광경을 쉽사리 이해하지 못한다. 그런 것과 같이 열반의 경지도 스스로 체득해봐야 알 수 있는 것이기 때문에 이렇게 불가설이라고 말한 것이다.

불희론이라는 것은 헛된 논의의 대상이 아니라는 것이다. 열반은 죽어야만 체험할 수 있는 우리의 경험과 지각을 넘어선 세계도 아니고, 단순한 형이상학적 논의의 대상도 아니라는 뜻이다. 누구나 바른 견해를 지니고 수행을 하면 체득할 수 있는 그런 경지이기 때문에 있지도 않은 것을 말하는 것이 아니라는 뜻이다.

무장애라는 것은 어떠한 구속과 속박에서도 자유자재한 경지가 열반이라는 뜻이다. 생로병사를 비롯한 모든 괴로움으로부터 벗어나 아무것에도 구애받지 않는 절대자유의 경지가 바로 열반이라는 의미이다.

적정이라는 것은 번뇌의 불길이 다 꺼져서 더 이상 흔들림이 없는 고요한 경지를 말한다.

불사는 앞에서 말한 불로와 같은 의미이다. 태어남과 죽음의 경지를 이미 초월하였기 때문에 더 이상의 죽음은 없다는 뜻이다. 우리의 무명과 헛된 망상에 의해 만들어진 삶과 죽음이 현실을 있는 그대로 통찰하는 여실지견(如實知見)에 의하여 그 실상을 드러냄으로서 윤회를 벗어난 것이 불사의 경지이다.

감로는 더할나위없이 안온하고 편안한 경지라는 의미이다. 갈애의 불꽃으로 목이 타들어 갈 때 시원한 물로 축여주듯이 열반은 더 이상 탐욕과 집착의 갈증이 없는 경지이다.

극묘라는 말은 극히 미묘한 경지라는 뜻이다. 말로 표현할 수 없는 묘하고도 묘한 경지가 열반이라는 뜻이다.

정복은 한 점의 번뇌도 없는 참된 복을 누리는 것이 열반이라는 의미이다. 세간복은 다할 때가 있지만 열반에 의해 누리는 복은 끝이 없으며 가장 뛰어난 복이다.

인온은 편안하고 흔들림이 없는 경지가 열반이라는 의미이다. 애진은 애욕이 다한 것이 열반의 경지라는 뜻이다. 애는 갈애로서 탐진치를 말한다. 그리고 이 갈애의 밑바탕에는 무명이 자리잡고 있다고 말했는데, 지혜에 의하여 무명이 멸해지고 탐욕과 집착의 갈애가 다한 경지가 곧 열반이다.

희유라는 말은 미증유라는 말과 비슷한 개념으로서 아주 드물다는 뜻이다. 열반의 경지는 누구나 쉽사리 얻어질 수 있는 것이 아니다. 완전한 열반은 부처님만이 증득하셨다. 이것은 그만큼 우리 중생들이 무명의 뿌리가 깊다는 것을 말해주는 것이기도 하다. 열반의 경지는 부처님처럼 지혜를 지니신 분에게나 가능한 드문 일일 뿐더러 역사상 그 누구도 도달하지 못했던 일이기 때문에 미증유라고 하는 것이다.

또 열반을 무재라고 한 것은 모든 재난이 없는 경지가 열반이라는 뜻이다. 열반은 생로병사와 온갖 괴로움을 벗어났고 더 이상 업의 구속을 받지 않기 때문에 어떠한 재난도 더 이상 닥치지 않는다. 모든 괴로움을 초월했기 때문에 무재라고 하는 것이다. 무재법이라고 하는 것은 괴로움을 초월한 경지를 드러낸 것이 열반이라는 뜻이다.

이상과 같은 열반을 나타내는 여러 가지 표현을 통하여 열반의 개념을 어느 정도 유추해 볼 수 있다. 열반의 경지는 말로도 나타낼 수 없고 지극히 미묘하며 증득하기 어려운 것이지만 형이상학적인 헛된 논의의 대상은 아니라는 것이다. 무명을 제거하고 탐진치의 불꽃을 남김없이 끄는 것에 의하여 도달되어지는 열반은 생로병사의 모든 괴로움을 초월하여 허물어지지 않는 영원한 안락을 누리는 것이다. 그리고 열반이라는 것은 결코 죽어서 아무 것도 없게 되는 회신멸지의 상태가 아니라 진리를 자각하고 실천함에 의하여 얻어지는 절대 안온의 경지이다.

앞에서 설명한 것처럼, 열반이라는 것을 보통 생사를 초월했다든가 불사의 경지라는 말로 표현을 하는데, 죽음이 없다든가 생사를 초월했다고 하는 것은 생사계의 바깥에 따로 열반의 세계가 있다는 것을 의미하는 것이 아니다. 우리의 현실을 떠난 열반이라는 것은 있을 수가 없다. 그렇기 때문에 생사가 열반이요 열반이 곧 생사라고 말하는 것이다. 이 말은 우리의 현실 세계 가운데에서도 열반이 찾아질 수 있다는 말이다. 번뇌가 있고 생사가 있기 때문에 열반이 있다. 번뇌가 없다면 열반이라는 것도 없다. 도피안이라는 말을 쓰지만 이것은 상징적인 표현에 불과하다. 이 세계를 떠나서 달리 열반의 세계가 있다는 뜻이 아니다.

열반의 진정한 의미는 부처님의 생애를 살펴보면 잘 알 수 있을 것이다. 석가모니 부처님께서는 보리수 아래에서 깨달음을 얻으신 후 80세로 입멸하실 때까지 늘 열반의 상태로 계시면서 교화를 하셨다. 열반이 반드시 죽어서 이루어지는 것이라면 석가모니 부처님의 이러한 열반은 어떤 의미를 지니는 것일까?

부처님께서 말씀하신 열반은 앞에서도 설명한 것처럼 탐진치 삼독이 없어진 상태를 말한다. 그것은 지혜에 의하여 무명을 제거했을 때에 얻어지는 절대 평안의 경지이다. 그리고 그 경지는 우리가 사는 이 현실세계를 떠나 따로 있는 것이 아니라 부처님의 내면세계가 바뀌어짐으로써 얻어질 수 있는 것이었다.

위없는 지혜에 의하여 미망에 덮인 존재의 실상이 드러날 때 우리가 겪고 있는 괴로움이라는 것이 모두 무명에 의하여 나타나는 번뇌라는 것을 깨닫게 되는 것이다. 석가모니 부처님뿐만 아니라 최고의 깨달음을 얻어 아라한이 된 성자들은 모두 생사에 사로잡히지 않는다고 했다. 이것은 열반에 있어서 생사라는 것은 객관적 사실로서의 생사를 말하는 것이 아니라 무명이 없어졌기 때문에 생사 자체가 문제가 되지 않는 것을 나타내는 말이다.

생사윤회의 세계라는 것은 선악업의 지배를 받고 업보에 좌우되는 것인데 무명 중생들은 거기에 집착하고 두려움을 느낀다. 지혜의 등불에 의하여 일체의 번뇌를 태워버리고 깨달음을 얻은 성자는 더 이상 집착하고 두려워 할 것이 없다. 집착하고 두려워할 것이 없기 때문에 아무 것에도 구애되지 않는 자유자재의 삶을 살 수가 있다. 생사윤회의 세계에 머물러 있어도 이미 그것을 초월해 있기 때문에 자기의 고락이나 일신의 안위는 문제가 되지 않는다.

지혜로써 무명을 밝히게 되면 마음에 장애되는 것이 없고, 장애가 없게 되면 두려워 할 것도 없으며, 모든 잘못된 망념을 여의게 된다.《반야심경》에서 말하는 '마음에 걸림이 없으면 모든 두려움에서 벗어나게 되고 잘못된 생각을 여의어 마침내 열반을 얻게 된다(心無罣碍, 無罣碍故, 無有恐怖, 遠離顚倒夢想, 究竟涅槃)'라고 하는 구절이 바로 이러한 경지를 가리키는 것이라고 할 수 있다.

그렇기 때문에 열반에 이른 부처님께서는 무애자재로써 오직 중생제도에 전념할 따름이다. 밀교의 경전인 《대일경》에서 '방편을 구경으로 삼는다'고 하는 것도 성불의 궁극적 경지가 바로 중생제도를 위한 방편의 활용에 있다는 뜻이다. 열반을 얻은 성자에게 있어서는 이 세계가 그대로 불국토이다. 불국토가 객관적으로 따로 존재하는 것이 아니라 깨침을 얻은 자의 마음상태가 변하기 때문에 불국토가 나타나는 것이다. 너와 나의 분별도 없어지고 집착하고 두려워 할 아무 것도 없어지기 때문에 깨닫는 순간 이 세계는 그대로 불국토로 변하게 되는 것이다. 그러한 마음이 확대되어서 무명 중생에게까지 미치는 것이 자비이다. 우리는 이러한 깨달은 성자들의 자비에 의하여 서서히 괴로움에서 벗어나는 길을 모색해 가고 있는 것이다.

대승불교에서 가장 이상적으로 생각하는 무주처열반(無住處涅槃)이라는 것이 있다. 생사에도 머무르지 않고 열반에도 머무르지 않는 무애자재의 경지가 이 무주처열반이다. 불교의 궁극적 목표이며 이상은 바로 이 무주처열반이며, 깨달아서 무주처열반에 머무르는 분들은 어떠한 걸림도 없이 오직 자비로써 무명 중생에게 지혜의 길을 열어주기 위해 노력할 뿐이다. 석가모니 부처님의 삶은 바로 이 무주처열반을 보여주신 것이다.

우리는 사성제의 가르침을 통하여 이러한 열반의 의미를 대략적이나마 파악하여 수행의 목표를 분명히 해야 한다. 병을 다스리는 원리를 사성제에 비추어 볼 때 멸성제는 병이 없어진 건강한 상태를 의미한다고 할 수 있다. 그것이 열반이다. 즉, 열반이라는 것은 괴로움의 굴레를 벗어나 건전한 상태로 되돌아오는 것을 의미한다. 이렇게 보면 우리의 현재의 삶은 모두 건전하지 못한 잘못된 것임을 알 수 있다. 아니 우리의 삶이 잘못된 것이 아니라 우리가 미망의 세계를 만들어 놓고 거기에서 헤어나지를 못하고 있는 것이다. 열반은 그러한 상태에서 벗어나 정상적인 상태로 되돌아오는 것이다.

경전에서 열반의 상태에 대하여 구체적으로 묘사한 것은 없다. 열반이라는 것은 직접 체험해봐야 알 수 있는 실천적인 것이기 때문에 그렇다. 그러나 우리는 사성제를 통하여 이론적으로나마 열반의 의미를 유추해 봄으로써 건강하지 못한 삶에서 건강한 삶으로 나아갈 수 있는 방향을 설정할 수 있다. 멸성제를 잘 이해함으로써 우리가 도달해야 할 궁극의 목표를 분명히 인식하게 되고 그에 따라 고성제와 집성제, 그리고 마지막의 도성제도 더 잘 이해할 수가 있게 되는 것이다.

5. 괴로움으로부터 벗어나는 길 '도성제'

도성제는 열반에 이르는 방법을 설해 놓은 것이다. 병을 고치는 원리에 비유해 보면 치료법에 해당된다고 할 수 있다. 석가모니 부처님께서는 도성제에 대해서 이렇게 말씀하셨다.

> 또 비구들이여! 정견(正見)·정사유(正思惟)·정어(正語)·정업(正業)·정명(正命)·정정진(正精進)·정념(正念)·정정(正定)이라고 하는 이 여덟 가지의 신성한 도[팔지성도(八支聖道)]야말로 괴로움의 소멸에 이르게 하는 도에 관한 신성한 진리[고멸도성제]이다.

말하자면 정견에서 정정에 이르는 여덟 가지의 신성한 도인 팔정도가 바로 고를 멸하게 하는 도성제라는 의미이다. 즉, 고로부터 해탈하여 열반에 이르는 것이 바로 이 도성제이다.
《율장》〈대품〉에 의하면 부처님께서는 녹야원에서 다섯 비구들을 상대로 처음으로 이렇게 설법하셨다.

> 비구들아, 출가자들이 결코 가까이 해서 안 되는 두 가지 극단이 있다. 두 가지란 무엇인가? 하나는 여러 가지 애욕에 빠져 그것을 즐기는 것이니 그것은 열등하고 천한 범부의 짓으로 성스럽지 못하고 이익되는 바가 없다. 다른 하나는 스스로를 괴롭히는 것이니 이 또한 성스럽지 못하고 이익되는 바가 없다.
> 비구들아, 여래는 이 두 가지 극단을 버리고 중도를 깨달았다. 중도는 눈을 뜨게 하고 지혜를 생기게 하며 적정, 증지, 등각, 열반에 이르게 하는 것이다.

부처님께서는 먼저 욕락과 고행의 두 극단을 버리라고 하셨다. 왜냐하면 그것은 성스럽지 못하고 이익되는 바가 없기 때문이다. 이익되는 바가 없다는 것은 괴로움을 버리고 열반을 얻는 데에 도움이 되지 않는다는 뜻이다. 그리고 부처님께서는 이 두 극단을 버린 중도로써 열반에 이를 수 있다고 하셨다.

비구들이여, 그러면 눈을 뜨게 하고 지혜를 생기게 하며 적정, 증지, 등각, 열반에 이르게 하는 중도를 깨달았다는 것은 어떤 것인가? 그것은 성스러운 여덟 가지의 도를 말하는 것이다. 즉, 정견 · 정사유 · 정어 · 정업 · 정명 · 정정진 · 정념 · 정정이 그것이다.

비구들이여, 이것이 여래가 깨달을 수 있었던 중도이며, 이것이 눈을 뜨게 하고 지혜를 생기게 하며 적정, 증지, 등각, 열반에 이르게 하는 것이다.

여기에서 중도라는 것은 부처님께서 선택하신 실천적인 입장을 드러낸 것이다. 세간적인 욕락도 버리고 스스로를 괴롭히는 고행을 버리는 것이 중도인데, 그것을 여덟 가지의 좀 더 구체적인 방식으로 펼쳐 놓은 것이 팔정도라는 것이다. 부처님께서는 이처럼 먼저 중도를 말씀하시고, 다음으로 열반에 이르는 방법으로서 팔정도를 거론하셨다. 그렇기 때문에 팔정도는 곧 중도라고도 할 수 있다.

사성제의 가르침에 의하면 집성제에는 고의 원인으로서의 갈애를 들고 있다. 멸성제에서는 갈애가 멸한 상태인 열반이 설해져 있다. 즉, 멸성제로서의 열반을 얻기 위해서는 갈애가 멸하지 않으면 안 된다. 그 갈애를 소멸하는 방법을 사성제의 마지막인 도성제에서 설하고 있으며 그것이 바로 팔정도이다.

팔정도는 팔성도(八聖道), 팔진도(八眞道), 팔직도(八直道), 팔정행(八正行) 등 여러 가지로 부르고 있다. 팔정도는 열반에 이르게 하는 성스러운 길이기 때문에 팔성도라고 하는 것이며, 또 열반에 이르는 길은 허망하고 삿된 길이 아니기 때문에 팔진도라고 한다. 그리고 그 길은 치우치지 않은 곧은 길이기 때문에 팔직도라고 하는 것이며, 또한 바른 행위이기 때문에 팔정행이라고 한다. 이처럼 팔정도에는 성스러우며 진리에 이르는 바른 길이고 바른 행위라는 의미가 있다.

우리가 괴로움의 원인이 되는 갈애를 끊기 위해서는 탐진치를 다스려야 한다. 그러나 탐진치를 직접 다스리는 것도 물론 좋지만 탐진치를 다스리기 위해서는 여러 가지 종합적인 수행이 바탕이 되어야 한다. 우리가 탐심이 일어나거나 진심이 일어날 때 그러한 마음이 일어난다는 것을 눈치채고 그것을 억누르는 경우도 있다. 그러나 일반적으로는 그러한 마음이 불끈 일어날 때는 자신도 그러한 마음이 일어난다는 것을 모르고 거기에 따라 행동한다.

예를 들면, 보통 사람의 경우에는 갑자기 화가 치밀어 오를 때 스스로도 억제하지 못하는 경우가 있다. 그리고 경우에 따라서는 욕을 해대거나 화가 나서 물건을 팽개치거나 심지어는 상대방을 후려 패기도 한다. 자신도 그러한 마음이 일어날 때에는 도저히 억제할 수가 없다. 그리고 일이 저질러진 다음에는 후회한다.

팔정도라는 것은 이렇게 하여 이루어지는 고를 제거하기 위해서 고의 직접 원인이 되는 갈애를 다스리는 것뿐만 아니라 종합적으로 마음의 제어능력을 향상시키는 방법이라고 할 수 있다.

예를 들면, 눈병이 났을 때 눈에 안약을 넣어 치료를 하는 것이 중요할 수 있다. 서양 의학에서는 대체로 이렇게 치료한다. 눈이 아프면 눈을 치료하고 머리가 아프면 두통약을 먹인다. 그러나 동양의학에서는 눈이 나쁘다고 해서 눈만을 치료하지 않는다. 눈병이 생기는 원인이 나쁜 물질이 들어가서 발생하는 경우도 있을 수 있지만 과로나 수면부족에 의해서 생길 수도 있고 비타민이 부족하거나 신장이 나빠서 그렇게 될 수도 있다. 그렇기 때문에 그 근본원인을 잘 살펴서 눈병을 치료하는 것이 장기적이고 효과적일 수가 있다. 또 두통이 있더라도 약만 먹을 것이 아니라 보다 근본적으로 몸의 상태를 살펴서 원인을 치료하면 보다 확실하게 치료할 수 있을 것이다. 이 말은 서양의학이 열등하다는 것을 말하려는 것이 아니라 우리의 몸은 전체적으로 관계가 있고 유기적이기 때문에 단순한 대증요법(對症療法)으로서는 충분하지 못한 것처럼 마음의 병도 그러한 원리가 있다는 것이다. 다시 말하면, 병이 났을 때에도 그 부위만 살필 것이 아니라 몸의 다른 부위의 상태와 관련을 지어보고 원인을 밝혀보는 것이 중요하며 전체적인 체질을 건강하게 함으로써 병에 대한 저항력을 기르는 것이 중요하다는 의미이다.

이와 같이, 마음의 번뇌도 육체적인 병과 마찬가지로 종합적으로 다스려져야 한다. 그러한 의미에서 팔정도는 갈애의 근본이 되는 탐진치를 제어함에 있어서 종합적으로 우리의 마음을 향상시킬 수 있는 방법이 된다.

　우리의 마음이라는 것은 육체 이상으로 그 작용이 유기적으로 관련이 되어 있다. 예를 들면, 어떤 대상에 대하여 탐심이 일어나는데 그것을 자기 것으로 만들지 못하니까 화가 치밀게 된다. 그래서 어리석은 생각에 훔치기도 하고 빼앗기도 해서 화를 초래한다. 이렇게 탐진치는 서로 관련이 되어 작용을 한다. 그것을 다스리기 위해서는 우리의 생활 전반의 정신적 수준이 향상되어져야 한다. 탐진치의 어느 하나만을 직접적으로 다스리려면 결코 쉽지 않다.

　그러나 우리의 마음의 제어 능력을 전반적으로 향상시켜 놓으면 그것이 유기적으로 작용하여 탐진치의 제어가 쉽게 이루어질 수 있다. 고를 제거하기 위해서는 그 직접원인이 되는 갈애만이 아니고 다른 여러 가지 번뇌도 함께 제거되어야 한다. 그리고 마음의 장애가 되는 일체의 것을 소멸하여 자유자재의 건전한 정신을 소유하게 될 때에 갈애도 자연스럽게 다스려질 수가 있는 것이다. 그러한 역할을 하는 것이 바로 이 팔정도이다. 열반이라는 궁극의 목표를 향하여 마음의 전반적인 향상과 인격의 완성을 도모하기 위하여 설정된 방법이 바로 팔정도인 것이다.

제5장 여덟 가지의 실천 방법, 팔정도

1. 바른 견해 '정견'

　불교를 공부하는 데에 있어서 가장 중요한 것은 정견(正見)을 확립하는 것이다. 정견은 바른 견해를 말한다. 견해라는 것은 사물을 관찰하고 상황을 판단하며 결정을 하는 데에 있어서의 바른 통찰력과 생각이다.

　견해가 바르지 못하면 어떤 일을 할지라도 잘못된 길을 가게 된다. 대통령이 욕을 먹고 사회 지도자들이 손가락질을 받는 것도 바른 견해를 지니지 못하고 사태에 대처하고 행동했기 때문이다. 한 사람의 인생이 그릇된 길로 들어서게 되는 것도 견해가 바르지 못해서 생기는 일이다. 견해가 발라야 모든 것을 바르게 처리할 수 있고 대중들을 바르게 이끌 수 있다.

　예를 들면, 정견이 없는 사람은 좋은 일을 한다고 하는 것이 도리어

해악을 끼치게 되는 경우가 있다. 마치 정견이 없는 사람은 누구를 도와주더라도 도리어 그 사람의 의뢰심만 키워서 그 사람을 망치게 하는 것과 같다. 국가 지도자는 말할 것도 없고 어떤 단체나 조직의 지도자가 바른 견해를 가지지 못하면 그 구성원들 또한 막심한 피해를 보게 된다. 바른 견해를 가지는 것은 이처럼 한 개인의 운명을 좌우할 뿐만 아니라 수많은 대중들의 명운도 좌우하게 된다.

그렇기 때문에 바른 견해는 반드시 불자들에게만 필요한 것이 아니다. 정견을 가진다는 것은 수행자에게만 필요한 것이 아니라 모든 사람에게 필요한 덕목이다. 바른 견해를 가지기 위해서는 치우치지 않고 흔들리지 않고 객관적으로 사물의 본질을 꿰뚫어보는 통찰력이 있어야 할 것이다. 바른 견해를 가지기 위해서는 자기가 하는 일의 본질을 알고 그것을 중심으로 폭넓은 지식을 갖추어야 함은 물론 공명정대한 마음가짐이 필요하다. 바른 견해를 가진 사람들이 많을수록 그 사회, 그 집단은 더욱 성숙하고 발전하며 안정된 곳이 될 것이다.

그러면 불교에서 어떤 것을 정견이라고 하는가? 불교에서 말하는 바른 견해란 불교적인 바른 세계관, 인생관으로서 연기의 도리와 삼법인, 사성제에 대해서 바르게 아는 것이다. 《분별성제경(分別聖諦經)》에 보면 사성제와 팔정도에 대하여 자세하게 설해놓고 있는데, 그중에서도 팔정도의 하나하나에 대해 설명해 놓은 것이 비교적 자세하게 나와 있다. 우선 정견에 대해 이 경에 나와 있는 것을 살펴보면 이렇게 정의가 내려져 있다.

어떤 것이 정견인가? 이른바 성인의 제자는 고를 고로 생각하고 집을 집이라고 생각하며 멸을 멸이라고 생각하고 도를 도라고 생각할 때, 혹은 본래 지은 바를 관찰하거나 모든 행을 생각하기를 배우며 모든 행의 재환을 보거나 열반과 그치어 쉼을 보며, 혹은 집착이 없는 착한 마음의 해탈을 생각하여 관찰할 때 두루 가리어 가진 법을 결정하며, 두루 보고 관찰하여 훤히 안다. 이것을 정견이라고 한다.

즉, 사성제에 대한 관찰을 여실히 알며 업과 행, 그리고 해탈에 대하여 바로 보고 바로 생각하는 것을 정견, 즉 바른 소견이라고 한다는 것이다. 팔정도가 성스러운 것이라고 하는 점에서 볼 때 정견뿐만 아니라 팔정도의 각 항목은 적어도 성위(聖位)를 얻은 자의 실천법이라고 할 수 있다. 정견에 대해 말하더라도 범부 중생들이 연기와 사성제 등의 모든 진리에 대하여 바른 견해를 가진다는 것은 어렵다. 바른 견해를 가지는 것만으로도 벌써 성자의 대열에 들어가는 것이 된다. 즉, 견도를 이루었기 때문에 사향사과 가운데의 가장 초보단계인 수다원향에 이르러 성자의 대열에 합류한 것이 된다. 그렇기 때문에 원래 팔정도는 성자의 대열에 들어간 사람의 실천법이라고 할 수가 있다.

그러나 경전에서는 깨달음을 얻지 못한 유루(有漏)의 범부들에게도 팔정도가 설해져 있다. 즉, 팔정도는 성자의 대열에 들어간 사람들의 실천법이면서 범부 중생들이 지향해야 할 목표로서의 실천법인 것이다. 그렇기 때문에 팔정도는 불교적인 신앙 실천면에서 뿐만 아니라 우리의 일상생활에서도 필요한 실천법이라고 할 수 있다. 누구나 팔정도에 따라서 생활을 하면 인격의 완성을 이루어 개인적인 해탈뿐만 아니라 이상적인 사회를 건설할 수가 있기 때문이다. 이러한 이유로 팔정도는 반드시 성자의 실천법에 한정되지 않고 범부 중생들의 생활지침으로서도 받들어져야 할 것이다.

2. 바른 생각 '정사유'

정사유(正思惟)는 정지(正志) 혹은 정사(正思)라고도 한다. 정사유는 한마디로 올바른 생각이며 올바른 마음가짐이라 할 수 있다. 정견이 전체에 대한 종합적이고 기본적인 바른 견해라고 한다면, 정사유는 하나하나의 사안에 대해 바르게 생각하는 것이라고 할 수 있다. 즉, 정견에 준한 바른 사유, 바른 의사(意思)로서 이것은 우리의 언어와 행동을 일으키는 바른 의지작용이라고도 할 수 있다. 이것에 대해서 경전에서는 세속의 바른 사유와 세속을 떠난 지혜로운 자의 바른 사유로 나누어 설명하고 있다. 《잡아함경》에서는 여기에 대해 이렇게 구분하고 있다.

> 어떤 것이 바른 사유인가? 바른 사유에는 두 가지가 있다. 하나는 세속의 바른 사유로 번뇌와 집착이 있으나 선취로 향하게 한다. 다른 하나는 세속을 벗어난 지혜로운 자의 바른 사유로 번뇌와 집착이 없고 괴로움을 바르게 다하여 괴로움의 끝으로 향하게 한다.

정견에서 본 것처럼 정사유도 세속의 것과 세속을 떠난 지혜로운 자의 것으로 나누어진다. 세속의 바른 사유는 번뇌와 집착을 다 버리지는 못했으나 선취에 태어나게 한다는 것이다. 세속을 벗어난 바른 사유는 지혜로운 자의 것으로서 번뇌와 집착을 벗어났고 괴로움을 벗어나는 것이라고 했다. 그러면 우선 세속의 바른 사유란 어떤 것인지를 경전을 통해서 살펴보자.

번뇌와 집착이 있으나 선취로 향하게 하는 세속의 바른 사유란 어떤 것인가? 이른바 생사를 벗어나려는 생각, 성냄이 없는 생각, 해치지 않으려는 생각을 일러 세속의 바른 사유라 한다.

세속의 바른 사유로서 생사를 벗어나려는 생각을 출리각(出離覺)이라고 한다. 그리고 성냄이 없는 생각은 무에각(無恚覺)이라고 한다. 또 해치지 않으려는 생각은 불해각(不害覺)이라고 하는데, 이 세 가지 생각을 선취(善趣)에 태어나게 하는 좋은 생각이라고 하여 삼선각(三善覺)이라고 한다.

앞에서도 언급한 적이 있지만 팔정도는 두 가지 관점에서 보아야 한다. 즉, 팔정도는 깨달음에 가까이 간 지혜 있는 자의 실천 덕목으로서 생각할 수도 있고, 세속인으로서의 바른 실천 덕목을 나타낸다고도 할 수 있다. 우리가 세속인으로서 번뇌와 집착을 완전히 벗어버리지는 못했지만 팔정도를 실천함에 의하여 우리의 지혜도 열리게 되어 있다.

이러한 관점에서 삼선각을 살펴보자. 삼선각에서 첫 번째에 해당하는 출리각은 생사를 벗어나려는 생각을 말한다고 했는데, 이는 곧 생사를 초월한다는 의미이다. 물리적으로 보면 우리는 분명히 태어나서 죽는다. 그러나 존재의 실상을 알고 보면 우리는 그저 변화의 한 과정 가운데에 있을 뿐이다. 생과 사라는 것을 구분지어 보는 우리의 인식이 생사라는 것을 만든다.

우리는 세속 생활을 하면서도 기본적으로는 항상 생사를 초월하겠다는 생각을 가져야 한다. 그래야 오히려 사는 것이 즐겁고 보람된 생애를 보낼 수 있다. 생이라는 것에 집착하면 오히려 인생을 망치게 된다.

예를 들면, 생에 집착하는 사람 가운데에는 자기의 삶이 영원히 지속되는 줄로 착각하고 죽을 때까지 돈을 벌기만 할 뿐 쓰지 못하는 사람이 있다. 그래서 친구고 친척이고 다 멀리 하게 되고 돈벌레처럼 돈만 지키다가 돈의 노예가 되어 추한 몸뚱이를 껴안고 죽음을 맞이한다. 혹은 자기의 삶에 너무 집착하다 스스로를 들볶아 마음의 평화를 잠시도 맛보지 못하고 과로로 쓰러지는 사람도 있다. 꼭 그렇게까지는 아니더라도 삶에 너무 집착함으로써 인생의 참된 의의를 잊어버리고 인간다운 삶을 살지 못하는 경우가 많다.

등산을 다니다 보면 어떤 사람은 산에 올라가는 데만 정신이 팔려 주위 경관을 하나도 즐기지 못하고 지나친다. 산을 올라가는 것에만 목적을 둔 사람은 굳이 산에 가지 않아도 될 것이다. 다른 운동을 해도 산에 올라가는 효과를 볼 수 있기 때문이다. 인생에서도 마찬가지이다. 집착과 탐욕을 버리지 못하고 저 고개만 넘으면 뭔가 새로운 세계가 나타나겠지 하면서 한없이 앞으로만 달려간다. 멈추어 서서 주위 풍경도 둘러

보고 자신이 어디 와 있는지도 한번쯤 살펴보고 가면 좋을 텐데 앞으로만 마구 달려간다. 그래봐야 마지막에는 결국 죽음만이 기다리고 있다.

그렇기 때문에 우리는 세속 생활을 하면서도 바른 사유를 통하여 이러한 것에 대한 인식을 가져야 한다. 그것이 생사를 초월하려는 출리각이라는 것이다. 오히려 생사를 초월하겠다고 마음먹으면 인생살이에서 그렇게 안달복달하면서 자신을 괴롭힐 필요가 없다는 말이다. 친구도 사귀고 좋은 경치도 보고 푸른 하늘도 보고 느긋하게 즐기면서 들판에 소풍 나온 것처럼 살아가면 된다.

우리는 태어난 순간에 이미 죽음을 향해 달려가고 있다. 그리고 그 죽음이 언제 어떤 형태로 찾아올지 아무도 모른다. 그런데도 천년만년 살 것처럼 욕심을 부리고 자신을 괴롭힌다. 우리가 생사를 벗어나겠다는 것에 대해 바른 사유를 한다면 삶에 대해 그처럼 집착할 것이 없다. 항상 지금 이 순간이 중요하고, 또 지금 우리가 어떻게 사는가가 미래를 결정할 것이기 때문에 오지 않는 미래에 대해 불안해 할 필요도 없다. 생사를 초월할 때에 오히려 삶다운 삶을 살 수가 있다. 생사의 틀을 크게 보고 탐욕을 떠나며 관능의 향락을 멀리하는 것이 세속의 바른 사유인 출리각이다.

삼선각에서 두 번째로 성냄이 없는 무에각이라는 것이 있다. 우리가 바른 사유를 한다는 것은 바른 마음가짐을 가지는 것과 같은 말이다. 마음이 바르지 못한 상태에서는 바른 생각이 나올 수가 없다. 그래서 성냄이 없는 생각을 세속의 바른 사유라고 하는 것이다.

화가 나서 자기의 마음을 바로 보지 못하는 사람에게서 바른 사유를 기대하는 것은 근본적으로 불가능하다. 마음이 평정하고 고요한 상태에서 사물이 바르게 보이는 것이지 마음이 성냄으로 가득 차 있을 때는 바른 생각이 자리를 잡을 공간이 없다. 우리는 '홧김에 어쩌고……' 하는 말을 자주 쓰는데, 화가 난 상태에서는 이성적으로 생각할 수가 없다. 바른 사유를 할 수 없다는 의미이다.

세상의 얼마나 많은 사람들이 화내는 것 때문에 큰일을 저지르는가? 화가 나서 하지 말아야 할 말을 해서 다른 사람의 원한을 사기도 하고 때로는 다른 사람의 비밀을 말해버리기도 한다. 그런 것이 빌미가 되어서 더 끔찍한 일로 발전하기도 한다. 화를 낸다는 것은 자기 뜻대로 되지 않기 때문에 그렇다. 자기 뜻대로 되지 않는다는 것은 자기의 욕심을 채울 수가 없어서 그런 것이다. 자기가 욕심나는 것을 가지지 못하니까 화가 난다. 그리고 자기의 욕심을 방해하는 모든 것에 대해서 화를 낸다. 화의 근원도 따지고 보면 결국은 자기의 탐욕 때문에 발생하는 것이다.

생사를 초월하겠다는 초연한 마음을 가지면 탐욕을 부릴 것이 없다. 모든 것이 변하고 허물어지는 세상 이치 가운데에서 자기 것이라고 고집할 게 뭐가 있겠는가? 세상 이치에 대한 바른 견해를 가지지 못하기 때문에 어리석은 탐욕이 일어나는 것이다. 그리고 그것 때문에 화를 냄으로써 모든 일을 바르게 생각하지 못하게 된다. 세상이 내 욕심대로 되기를 바란다는 것은 어리석은 일이다. 다른 사람들도 마찬가지의 욕심을 가지기 때문에 나의 욕심과 만나면 충돌하게 되어 있다. 그래서 화가 나는 것이다. 성불한다고 세상이 변하는 것이 아니다. 세상이 변해서 극락정토가 되는 것이 아니다. 내 마음, 나의 내면의 세계가 변함으로써 세상이 달리 보이는 것이지 내가 부처가 되었다고 해서 세상에 착한 사람만 남고 나쁜 사람은 다 없어지는 것이 아니다.

그렇기 때문에, 화를 내지 않고 고요한 마음으로 사유하면 무엇이든지 바르게 보인다. 바둑이나 장기를 둘 때 뒷전에서 구경하는 사람에게 판이 더 잘 보이는 이치와 같다고 할 수 있다. 평정한 마음으로 사유하면 더 현명하고 바른 사유가 된다. 어떤 대상에든 화를 내지 않는 것이 바른 사유를 하는 데에 있어 필수 조건이라 할 수 있다. 무에각이라는 것은 바로 이러한 사유를 말하는 것이다.

다음으로 불해각이라는 것이 있다. 해치지 않으려는 생각이다. 이것은 한마디로 자비에 바탕을 둔 사유라고 할 수 있다. 바른 사유를 하는 데에 있어서는 남을 해치려는 마음이 있어서는 안 된다. 꼭 때리고 욕하고 살생하는 것뿐만 아니라 어떠한 형태로든 남에게 손해를 끼치는 것은 해치는 것과 같다. 남을 해치려는 것은 어리석은 생각에서 나온 것이다.

자기의 이익만 추구하려고 해서도 올바른 생각을 할 수가 없다. 그것은 어리석은 생각이다. 남을 해치지 않고 무엇이든지 도우려는 마음을 가지고 시작하면 잘못될 것이 없다. 이기적인 생각을 버리고 다른 사람의 행복을 위한다는 마음가짐으로 사유해야 한다. 그것은 물론 한없는 자비심이 바탕이 되어야 할 것이다. 남을 해치지 않는다는 소극적인 면을 넘어서 남의 행복을 위하여 모든 일을 한다는 생각을 가진다면 자신의 행복은 저절로 찾아질 것이다.

어떤 조사에 의하면 다른 사람을 위한 삶을 사는 사람의 행복도가 그렇지 못한 사람보다 더 높다고 했다. 세계 최대의 갑부가 되고도 행복하지 못했던 록펠러가 다른 사람을 위하여 살겠다고 생각한 순간부터 자신도 행복해졌다는 것이 이런 것을 입증하는 사례라고 할 수 있다.

생사를 초월하겠다는 생각인 출리각, 화를 내지 않겠다는 생각인 무에각, 남을 해치지 않겠다는 생각인 불해각은 비록 세속의 번뇌와 집착을 완전히 버리지는 못했더라도 우리를 선취로 이끄는 지혜로운 생각이라는 것이 바로 세속적인 정사유라고 하는 것이다. 앞에서 언급한 정견과 마찬가지로 정사유는 지혜의 면을 말한 것이다.

3. 바른 말 '정어'

정어(正語)는 팔정도의 세 번째 덕목으로서 정견과 정사유를 바탕으로 바른 언어적 행위를 하는 것을 말한다. 《잡아함경》에서는 바른 말에 대해서도 세속적 바른 말과 세속을 떠난 지혜로운 자의 바른 말로 나누어 설명하고 있다.

> 어떤 것이 바른 말인가? 바른 말에는 두 가지가 있다. 하나는 세속의 바른 말로 번뇌와 집착이 있으나 선취로 향하게 한다. 다른 하나는 세속을 벗어난 지혜로운 자의 바른 말로 번뇌와 집착이 없고 괴로움을 바르게 다하여 괴로움의 소멸로 향하게 한다.

번뇌와 집착이 있으나 선취로 향하게 하는 세속의 바른 말이란 어떤 것인가? 거짓말, 이간질하는 말, 나쁜 말, 꾸며서 하는 말을 떠난 말을 일러 세속의 바른 말이라 한다.

경전에서는 이처럼 망어(妄語), 양설(兩舌), 악구(惡口), 기어(綺語)의 네 가지의 말을 떠난 것을 세속의 바른 말, 즉, 정어라고 하고 있다. 세속인들의 말은 대부분이 거짓말인 망어, 이간질하는 양설, 욕설 등과 같은 악구, 꾸며서 말하는 기어 등이다.

그러므로 정어가 아닌 것은 다 망어이거나 기어, 아니면 양설, 악구 그 어느 하나에 속한다는 애기가 되겠다. 절에서 '망어중죄 금일참회, 기어중죄 금일참회……' 하면서 살생, 투도, 사음, 망어, 기어, 양설, 악구, 진심, 치심, 탐심 등의 열 가지 죄악을 참회하는 십악참회(十惡懺悔)를 할 때에는 망어, 기어, 양설, 악구의 순서로 하고 있다.

먼저 망어는 거짓말하는 것을 말힌다. 이느 때 생각해보면 세상에는 온통 거짓말만 나돌아다니는 것 같다. 세상 사람들이 진실만 말한다면 얼마나 좋겠는가마는 그렇지 못해서 온갖 불신이 쌓인다.

거짓말에는 일상생활의 자질구레한 것에서부터 온 국민의 안전과 행복에 나쁜 영향을 미치는 거짓말도 있다. 세상이 온통 거짓말투성이다 보니 진실을 말하는 사람조차도 애꿎게 오해를 받기도 한다. 우리나라 사람들은 워낙 거짓말에 자주 당해봐서 누가 친절하게 말을 걸거나 안내를 해주면 도리어 의심을 한다. '이 사람 나한테 사기치려고 이렇게 친절하게 구는 것 아니야', 혹은 '나한테 뭔가 뜯어먹으려고 이러는 것 같은데' 하면서 쓸데없는 의심을 하기도 한다. 거짓말 때문에 우리 사회가 이렇게 불신이 팽배한 사회가 되어버렸다. 이제는 누가 말해도 곧이곧대로 듣지 않는 세상이 되어버렸다. 우리의 거짓말이 우리를 이렇게 비참하게 만들어버린 것이다.

거짓말은 또 다른 거짓말을 낳는다는 게 거짓말의 속성이다. 그냥 있는 대로 툭 털어 내어 놓고 말하면 될 것을 거짓말로 둘러대다 보면 나중에는 자꾸 거짓말이 늘어나 자신도 수습하지 못하는 지경에 이르기도 한다. 거짓말하는 사람의 마음은 늘 불안하고 편치 않다. 범죄를 저지른 사람이 거짓말로 자신을 숨기다가 자백을 하고 나니 오히려 속이 더 후련해졌다고 하는 경우가 있다. 《정법염처경》에서는 거짓말에 대해 이렇게 설하고 있다.

> 거짓말은 불 중에 가장 큰 불이요,
> 독 중에 가장 독한 독이요,
> 악도에 이르는 계단이며,
> 나와 남을 불태우고 독에 죽으니
> 불과 독을 버리듯 거짓말을 버려라.
> 감로수와 독약은 입 안에 있으니
> 진실한 말은 감로수요, 거짓말은 독약이라.
> 감로수는 버려두고 독약을 가져다
> 자기도 멸망하고 남마저 해치네.

이와 같이 거짓말은 남에게도 피해를 주지만 우선 자기 자신부터 괴롭게 만든다. 정어는 괴로움을 소멸하기 위한 실천 덕목이다. 남에게 피해를 주기 이전에 먼저 스스로를 괴롭히는 거짓말을 버리고 바른 말을 하게 되면 괴로움이 없게 된다.

기어라는 것은 꾸며서 하는 말이다. 이것 또한 진실대로 말하지 않는다는 의미에서는 거짓말과 비슷하기는 하지만 아첨하는 말 등과 같은 것이 기어라고 할 수 있다. 그리고 삶에 아무 도움이 되지 않는 헛된 논의라든가 대중을 현혹하는 요설(饒舌), 점쟁이들이 꾸며서 하는 말이나 사기꾼들의 바람잡는 말 등이 다 기어에 속한다.

기어도 온갖 분란의 원천이 될 수 있다. 남에게 아부하고 아첨하는 말로써 그 사람의 바른 판단을 가리고 자기의 이익을 취하려고 하기 때문에 남의 미움을 받게 된다. 그리고 쓸데없는 요설로써 대중을 선동하여 분란을 일으킴으로써 구업을 짓게 되는 것이다. 기어의 반대는 진실만을 말하는 실어(實語)이다.

그리고 이간질하고 남을 모략, 중상하는 것을 양설이라고 하는데 이것도 인간사회에서 많이 볼 수 있는 것이다. 자기의 이익을 위해서, 혹은 질투심에서 서로를 이간시키거나 없는 말을 만들어 비방해서 파멸로 이끄는 것이 양설이다. 항상 대중의 화합을 생각하고 분쟁이 일어나는 것을 막도록 해야지 이간질로써 사람과 사람 사이를 불신과 반목으로 몰아가는 것은 큰 죄악이라고 할 수 있다.

어리석은 사람들은 그 누구에게도 도움이 되지 않는데 이쪽저쪽 다른 말을 해서 공연히 분란을 일으키기도 한다. 그리고 서로 싸우는 것을 보면서 즐기기도 한다. 사람들이 싸우는 것을 보면 늘 이 양설이 발단이 된다. '누가 너에 대해 이런 이런 말을 하더라' '누가 이런 이런 말을 하던데 너가 그랬다더라' 하면서 싸움이 붙기도 한다. 그리고는 내가 언제 그랬느냐, 너가 그랬지 않느냐 하면서 싸움이 끝도 없이 이어진다.

가장 좋기로는 본인이 직접 들은 말이 아니면 믿지 않는 것이 현명한 방법일 것이다. 서로 만나서 대화를 해보면 금방 오해가 풀릴 것을 중간에 엉뚱한 사람이 들어 말을 잘못 전달하는 바람에 싸움이 일어나는 경우가 있기 때문에 남의 흉을 보는 말은 아예 안 듣는 것이 좋다. 들어도 귀를 씻어버리는 것이 좋다. 사람들은 대체로 남의 흉보는 것을 좋아하기 때문에 말을 할 때도 혹시나 본의 아니게 양설을 하는 것은 아닌가 조심을 해야 한다.

악구는 상대방을 비난하거나 욕설 등의 천한 말, 거친 말을 쓰는 것을 말한다. 인간 사회에서는 이 악구 때문에도 많은 싸움이 일어난다. 부드러운 말로 해도 될 것을 언성을 높여서 욕하고 천한 말을 써서 싸우기도 하는데, 사람들이 싸움을 할 때 처음에는 주로 말로 싸우게 된다. 그러다가 감정이 격해지면 큰 소리도 지르고 욕도 하다가 나중에는 주먹다짐으로까지 발전한다. 얼마나 추한 모습인가?

악구의 반대는 애어(愛語)이다. 사람들을 존중하고 사랑하고 아끼는 말씨를 쓰는 것이 애어이다. 애어를 씀으로써 사회가 좀 더 순화되고 인간관계가 더 부드러워질 것이다. 우리가 세속에서 이 네 가지 말만 피하더라도 많은 괴로움에서 벗어날 수 있고 선취로 태어난다고 했다.

《잡아함경》에 보면 구업에 대해 이런 구절이 있다.

사람이 세상에 나면 입 안에 도끼가 생겨 도리어 자기 몸을 베나니 이는 나쁜 말을 하는 탓이라. 비방해야 할 것을 도리어 칭찬하고 칭찬해야 할 것을 도리어 비방하니 구업으로 인하여 죽으면 악도에 떨어지리라.

이처럼 말이라는 것은 입 안의 도끼와 같아 늘 조심해야 하는 것이다. 지도자나 남을 이끄는 위치에 있는 사람들은 특히 말을 조심해야 한다. 잘못하면 입 안의 도끼로 수많은 사람들에게 상처를 입힐 수 있기 때문이다. 정견과 정사유가 바탕이 되지 않는 사람들은 비방할 것은 칭찬하고 칭찬할 것은 비방한다. 이런 사람들이 점점 많아지고 바르게 보고 바르게 말하는 사람들이 적어지면 사회는 그만큼 혼란스럽고 불신으로 팽배하게 된다.

인간의 행위를 보면 속에서 먹은 마음이 겉으로 드러나는 것은 입과 몸을 통해서이다. 사람들이 어떤 마음을 먹고 있어도 그것이 겉으로 드러나는 것은 언어와 행동에 의해서 뿐이라는 의미이다. 겉으로 드러나는 나쁜 행동은 금방 표가 나기 때문에 심하면 세간의 법의 저촉을 받는다. 폭행이나 도둑질 등이 그런 예이다. 그러나 언어는 남을 비난하는 경우 심하면 명예훼손죄 같은 것에 저촉되기는 하지만 세간의 법으로 일일이 구속하기에는 무리가 있다. 어떤 사람이 거짓말을 한다고 해서 일상생활에서 그것을 일일이 입증할 수도 없는 일이고 누가 이간질을 한다고 해서 어떻게 해볼 수도 없다. 욕을 하는 것도 상대방의 기분만 상하게 할 뿐 적절히 제재를 가하기가 어렵다. 이처럼 언어라는 것은 중요하면서도 그것을 어떻게 쓰느냐에 따라 우리의 생활을 좋게 할 수도 나쁘게 할 수도 있는 것이다.

우리 인간이 다른 동물과 가장 큰 구별이 되는 것은 언어활동이고 언어가 있음으로 사회생활이 이루어질 수 있다. 언어라는 것은 인간의 생활을 매우 편리하게 만들어주는 반면에, 언어 때문에 온갖 괴로움이 시작되기도 한다. 그렇기 때문에 바른 말을 써야 한다. 정직하고 화합을 도모하며 진실을 전달하고 남을 기쁘게 하는 말을 쓴다는 것은 곧 우리의 삶을 행복하게 만들 수 있다는 말과 같다. 언어가 어떤 방식으로 구사되고 어떻게 활용되느냐에 따라 우리 사회의 성격이 규정될 수 있다.

언어의 위력은 대단한 것이다. 법관이 "사형"이라고 말을 하면 그대로 시행이 된다. 대장이 "공격"하고 명령을 내리면 그 말 한마디 때문에 수많은 사람이 피를 흘리고 죽기도 한다. 때로는 훌륭한 사람의 말 한마디가 사람의 일생을 바꾸어 놓기도 한다. 그러니 어떻게 이 언어활동을 소홀히 할 수 있겠는가?

밀교에서는 삼밀행(三密行)이라는 것이 있다. 이것은 우리의 생각과 언어활동과 행위를 컨트롤하기 위한 수행법이다. 즉, 생각으로는 불보살이나 밀교의 특유한 상징을 관하고, 손으로는 결인을 맺어 나쁜 행위를 제어한다. 그리고 입으로는 진언을 염송하거나 다라니를 외우는데 이것은 인간의 언어활동을 순화하여 구업을 소멸하고 정신적인 차원을 높이려는 의미가 있다. 거짓말하고 이간질하며 꾸민 말과 거친 말을 쓰는 입으로 신성한 진언과 다라니를 외움으로써, 적어도 그 순간만은 구업을 짓지 않게 될 것이다.

  이런 것이 반복되면 입으로 짓게 되는 여러 가지 업장, 즉, 구업이 소멸되는 것은 자명한 이치라고 할 수 있다. 세속인으로서의 정어는 이러한 수행을 통하여서도 순화될 수 있지만 네 가지 바르지 못한 말을 하지 않는 것뿐만 아니라 더욱 적극적인 언어활동이 필요하다. 다른 사람을 올바르게 지도하고 다른 사람에게 이익이 되는 정보를 전해주며 조직과 단체를 화합시키고 다른 사람을 칭찬하여 용기를 북돋아 주거나 격려를 하는 것도 정어의 실천이 될 수 있을 것이고, 품위있고 부드러우며 남을 기쁘게 하는 말을 씀으로써 인간관계를 더욱 따뜻하게 하고 행복한 사회를 만드는 것도 정어를 통하여 좋은 업을 짓는 것이 될 수 있을 것이다. 《법구경》에서도 정어에 대해 이렇게 설하고 있다.

> 고운 말에 힘쓰고 나쁜 말 말며
> 말하였거든 그 과보를 두려워하라.
> 나쁘게 말한 것은 화로써 오니
> 칼날이 자기 몸에 들어오리라.
> 언제나 착한 말을 하는 사람은
> 먼 데서 들려오는 종소리처럼
> 칭송하는 명성이 널리 퍼져서
> 세상을 안락하게 보낼 것이다.
> 항상 입을 지키고 조심하여서

> 원한으로 악한 말하지 말라.
> 지자는 악한 말 않음으로써
> 두려움을 없애고 선을 지킨다.
> 한 것을 안 했다 망어 하는 자
> 스스로 지옥으로 향하여 가네.
> 착한 말과 온화한 말을 하는 자
> 열반을 알고 있는 성직자이다.

이와 같이 망어, 기어, 양설, 악구의 나쁜 말을 하게 되면 먼저 자기 자신부터 해치게 된다. 그리고 바르고 착한 말을 하는 사람은 항상 사람들이 칭송하고 그 사람을 신뢰하게 됨으로써 두려움 없는 삶을 살게 되고 결국에는 열반에 이르게 된다.

그래서 《대지도론》에서는 '진실한 말을 하는 사람은 보시와 지계와 학문과 다문에 의하지 않고도 오직 진실한 말만 닦아도 한량없는 복을 얻는다'고 했다.

정어는 곧 진실한 말이다. 인간생활을 지배하는 가장 중요한 도구인 언어에 대한 각성을 팔정도의 정어로써 나타내고 있는 것이다. 정어는 바른 견해와 바른 사유가 바탕이 되어야 함은 물론이다.

지금까지 언급한 정어에 대한 것은 선취로 향하게 하는 세속의 정어이다. 그러면 세속을 벗어난 지혜로운 자의 바른 말이란 어떤 것인가를 살펴보자.

번뇌와 집착이 없고 괴로움을 바르게 다하여 괴로움의 소멸로 향하게 하는 세속을 벗어난 지혜로운 자의 바른 말이란 어떤 것인가? 이른바 불제자가 고성제를 있는 그대로 사유하고, 집성제, 멸성제, 도성제를 있는 그대로 사유하여, 바르지 않는 생활을 버리고, 입의 네 가지 악행과 입의 나머지 악행들을 생각하여 그것들을 여의고, 번뇌를 없애 집착하지 않는 것으로, 그러한 태도를 지니고 범하지 않으며 때를 어기지 않고 한계를 넘지 않는 것을 지혜로운 자의 바른 말이라 한다.

여기에서도 마찬가지로 바른 말의 전제조건으로서 사성제의 도리를 바르게 생각하는 것을 들고 있다. 그리고 사성제를 생각하여 바르지 않은 생활을 버리고 입으로 짓는 네 가지의 악행과 나머지 구업을 여의어 번뇌를 떠나고 집착을 떠나라고 하고 있다.

속세를 띠난 지혜로운 자의 정어는 망어, 기어, 양설, 악구의 네 가지 바르지 못한 말을 하지 않는 것은 물론일 것이다. 여기에 더하여 바르지 못한 생활을 버리라는 것은 중요한 뜻이 있다. 생활이 바르지 못하면서 바른 말을 한다는 것은 불가능한 일이다. 사회생활을 하는 재가인의 경우에는 생활이 경제적인 것과 결부되어 있기 때문에 아무래도 정직하게만 말할 수는 없을 것이다.

장사를 한다면 물건의 장점을 부각시켜야 되니까 과장이 없을 수가 없을 것이고 그러면 기어를 하게 되는 것이다. 때로는 다 팔리고 남은 게 하나밖에 없다든지, 밑지고 판다는 말도 해야 하니까 망어를 하는 것이 된다. 저쪽 가게와 비교를 해야 하니까 양설을 하는 것이 된다. 또 그러다가 손님이 물건을 헤집어 놓거나 시간만 빼앗고는 사지 않고 가면 때로는 화가 나서 거친 말도 하니 악구를 하게 된다. 그렇기 때문에 정도의 차이는 있지만 사회생활을 하는 재가인들은 아무래도 구업을 짓기가 쉽다.

세속을 벗어난 지혜로운 자의 말이란 늘 진실을 말하고 진리를 말하며 자비롭고 부드러운 말로 세속인을 교화시킬 수 있어야 한다. 그렇기 때문에 세속을 벗어난 지혜로운 자의 말이란 것은 출가자의 정어를 뜻한다고 할 수 있다.

4. 바른 행위 '정업'

정업(正業)은 바른 신체적 행위를 말한다. 우리의 생각은 반드시 언어적 행위나 신체적 행위로 표현된다. 그것이 구업(口業)이 되고 신업(身業)이 되는 것이다. 물론 마음으로 생각하는 것은 의업이 된다. 그렇기 때문에 의업에 해당하는 정견과 정사유가 있으면 반드시 정어나 정업으로 나타난다. 즉, 바른 구업과 바른 신업이 이루어지는 것이다.

반대로 정견과 정사유가 없으면 잘못된 어업과 신업이 이루어지게 된다. 정업은 바른 행위를 말하는 것으로 살생과 도둑질과 음행을 하지 않는 것을 말한다. 정업에 대해서도 경전에서는 세속적인 정업과 세속을 떠난 지혜로운 자의 정업으로 나누어 설명하고 있다. 《잡아함경》에 정업을 이렇게 설명하고 있다.

> 어떤 것이 바른 행위인가? 바른 행위에는 두 가지가 있다. 하나는 세속의 바른 행위로 번뇌와 집착이 있으나 선취로 향하게 한다. 다른 하나는 세속을 벗어난 지혜로운 자의 바른 행위로 번뇌와 집착이 없고 괴로움을 바르게 다하여 괴로움의 소멸로 향하게 한다.
>
> 번뇌와 집착이 있으나 선취로 향하게 하는 세속의 바른 행위란 어떤 것인가? 이른바 죽이는 것, 도둑질, 음행을 떠난 것을 일러 세속의 바른 행위라고 한다.

죽이는 것, 도둑질, 음행을 보통 살생, 투도, 사음이라고 말하고 있다. 이 세 가지는 바르지 못한 신업의 대표적인 것으로 이러한 것을 하지 않는 것이 정업이라고 했다. 그러나 이런 것만 하지 않는다고 정업을 모두 실천하는 것이 아니다. 불자로서 기본적으로 지켜야 할 오계만 하더라도 살생, 투도, 사음의 세 가지 악업과 망어, 음주를 들어서 이것을 금지하고 있다. 그렇지만 바르지 못한 업은 이것 이외에도 많이 있다. 폭력이나 고문, 학대, 기물 훼손 등은 물론이고 현대사회에는 환경 오염을 유발하는 행위 등도 바르지 못한 업이라고 할 수 있을 것이다. 그러나 정업의 주안점이 되는 것은 살생, 투도, 사음을 하지 않는 것이다. 이것은 곧 생명을 존중하고 다른 사람의 재물을 존중하며 인간관계를 중시하는 것이라고 할 수 있다.

생명은 인간뿐만이 아니라 살아 있는 모든 것에 있어서 가장 귀중한 것이다. 내가 나의 목숨에 애착을 가지고 위협받는 것을 싫어하듯이 다른 생명 있는 것들도 마찬가지이다. 요즘은 세상이 분업화가 되어 있기 때문에 직접 살생을 하는 일은 그다지 많지 않다. 사냥이나 낚시를 취미로 삼아서 살생을 즐기는 사람이야 더 언급할 필요도 없지만 대부분의 사람들은 직접 생명을 죽이지는 않더라도 간접살생을 하게 되는 경우가 많다.

옛날에는 시골에서 닭이며 개 등 가축을 집에서 직접 잡았다. 지금 생각해 보면 참으로 끔찍한 일이다. 그러나 지금은 그렇게 하는 경우는 비교적 드물다. 고기나 생선도 이미 누군가가 잡아놓은 것을 사다 먹으면 되고, 또 많은 육류들이 가공되어 있기 때문에 직접 손에 피를 묻히고 살생을 할 필요는 없어졌다.

그러나 우리가 육식을 즐기면 그만큼 다른 생명이 죽어야 하니까 간접적으로 살생을 돕는 것이 된다. 가능하면 다른 생명을 해치는 살생은 멀리하는 것이 좋다. 요즘은 육류의 피해에 대해서도 많은 연구결과들이 나오고 있다. 육류는 직접적으로 인체에 비만이나 고혈압 등의 좋지 못한 영향을 미칠 뿐만 아니라 육류 생산을 위해서 막대한 환경오염이 유발되기 때문에 선진국에서는 육식을 줄이려고 하고 있다. 사람도 마찬가지고 짐승들도 화를 내면 몸에 독성이 증가된다고 한다. 죽기 싫은 생명이 죽는 순간 내뿜는 독성이 체내에 축적되어 있다가 그것이 우리 몸으로 들어온다고 생각해 보라. 우리 몸에도 좋지 못한 영향을 끼칠 것은 틀림없는 사실이다. 건강상의 이유가 아니더라도 다른 생명을 존중하는 의미에서 육식을 즐기는 행위는 삼가야 한다.

그러나 살생을 남의 생명을 중시한다는 차원에서 보면 꼭 죽이는 것만 금할 것이 아니라 다른 생명에게 위협을 가하는 모든 행위는 금지되어야 한다. 고문하고 학대하고 폭력을 행사하는 것 등도 생명을 경시하는 행위라고 할 수 있다. 살생뿐만 아니라 폭력이나 학대, 고문 등의 행위를 하지 않는 것이 정업인 것은 말할 필요도 없지만, 정업을 더 적극적으로 행하여 모든 생명들이 두려움없이 살 수 있도록 폭력과 학대를 추방하고 남을 괴롭히는 모든 행위를 근절해야 한다. 나아가서 기아나 질병에 허덕이는 사람들을 위하여 보시를 베풀고 자비를 베푸는 것이 정업의 적극적인 실천이 된다.

투도는 남의 물건을 훔치는 것을 말한다. 이것도 살생의 경우와 마찬가지로 자신의 재산이 소중하면 남의 재산도 소중한 줄을 알아야 한다. 그렇기 때문에 남의 재산을 훔치거나 손해를 입히는 것은 악업이 되는 것이다.

꼭 물건을 훔치는 것만이 도둑질은 아니다. 사기를 쳐서 남의 재산을 빼앗고 나라의 세금을 축내는 것 등이 다 도둑질이라고 할 수 있다. 정당한 방법으로 재물을 취득하는 것이 아니면 다 도둑질이다. 고위공직자가 지위를 이용하여 부를 축적한다든가, 거두어야 할 세금을 뇌물을 받아먹고 눈감아 준다거나, 자연보호를 위해 허가를 내어주어서는 안 되는 곳에 뇌물을 받아먹고 건축허가나 개발허가를 해주는 것 등이 다 도둑질하는 것이다. 국가의 재산을 관리하고 운용하는 데에 있어서도 자신의 이익을 취하여 부당하게 비싼 값으로 사들여 나라 살림을 축내는 것도 도둑질이고, 터무니없이 비싸게 물건값을 받는 것도 사실은 도둑질이라고 해야 할 것이다. 이처럼 현대사회의 투도행위를 들자면 아마 끝이 없을 것이다. 이러한 행위를 하지 않는 것이 정업이다.

도둑질을 하지 않는 것뿐 아니라 어려운 사람을 위하여 보시를 행하고 공공의 재산이나 기물을 아끼며, 사회 전체를 부유하게 만드는 것이 참된 정업이라고 할 수 있을 것이다. 투도라는 것은 바른 견해와 바른 생각이 없기 때문에 일어나는 탐욕이다. 그래서 《니건자경》에서는 탐욕에 대해 이렇게 설하고 있다.

> 탐욕 있는 사람은 많이 쌓아두고도 싫증을 낼 줄 모르므로 무명의 뒤바뀐 마음으로 항상 남을 침해하고 손해를 끼칠 생각을 지녀 현세에서 원한과 미움이 많고 몸을 버리고는 악도에 떨어지는 것이니 이런 까닭에 지혜로운 사람은 마땅히 만족할 줄 알아야 한다.

탐욕이 있으면 남의 것을 항상 탐내게 되는데 이것은 무명으로 인해 그런 것이다. 무명으로 인한 잘못된 견해와 잘못된 생각에 남의 것을 탐내는 것이고, 또 그로 인해 남의 것을 훔치고 빼앗으려고 하며, 그 결과 사람들의 미움과 원한을 사게 되어 악의 구렁텅이에 떨어지는 것이다. 그렇기 때문에 지혜로운 사람은 만족할 줄 아는 것이 무엇보다도 중요하다.

다음으로 사음을 떠난 것을 바른 행위라고 했는데, 사음이란 바르지 못한 성관계를 가지는 것을 말한다. 성욕이라는 것은 인간의 본능이다.

이것은 식욕, 수면욕과 더불어 우리의 숙명적인 3대 본능이라고 할 수 있다.

인간 자체가 성욕의 산물로 태어났기 때문에 그 굴레를 벗어난다는 것은 인과의 이치로 보아도 정말 어려운 일이다. 더구나 생물은 종족번식본능이 있기 때문에 자기의 개체를 끊임없이 확대하고 번식하려고 한다. 그중에서도 특히 인간은 시도때도없이 이러한 본능을 발산시키려고 한다. 짐승들은 교미 때가 되면 일 년에 한두 번 교미하는 것으로 그치지만 인간이라는 고등동물은 자아에 대한 집착이 특히 강하기 때문에 자기의 개체를 번식시키려는 본능 또한 강해서 교미시기가 제한이 없다. 이것도 앞에서 언급한 유애의 일종이라고 할 수 있을 것이다. 즉, 자기의 개체를 유지 존속시키려는 욕구이다.

그러나 인간은 여러 가지 사회적 제약이 있기 때문에 자기의 욕구대로 교미를 실행하지 못한다. 그리고 성욕은 식욕이나 수면욕과는 달리 혼자서 해소하지 못하는 특징이 있다. 성욕을 충족시키기 위해서는 항상 상대가 있어야 한다. 상대방과의 교감이 이루어지지 않으면 성적인 관계는 이루어지기 어렵다. 물론 강간이나 매춘 등의 특수한 경우가 있기는 하지만 일반적인 관계에서는 상대방의 동의가 있어야 이루어지는 것이 성관계이다. 그러나 성욕해소의 대상자를 선택하는 것은 상당히 어려운 일이다. 어느 한 사람을 두고 많은 경쟁자가 있을 수도 있고 또 자기는 좋다고 해도 상대방이 동의를 하지 않을 수도 있다. 따라서 대상을 선택하는 과정에서의 경쟁 때문에 싸움이 일어날 수도 있고 또 상대방이 성관계에 동의를 하지 않을 경우 폭력이나 권위에 의한 강제적 방법이 동원될 수도 있다.

이러한 상황이 방치되면 짝짓기 과정에서 많은 혼란이 올 수 있다. 그래서 인간들은 결혼이라는 형식을 통하여 공인된 짝짓기를 하도록 했다. 이렇게 해놓으면 짝짓기도 비교적 수월할 뿐만 아니라 짝짓기를 하느라 시간을 소비해야 하는 번거로움도 없게 되어 생산이나 경제활동에 더 많은 시간을 할애할 수 있게 되어 안정된 생활을 영위할 수 있게 될 것이다. 또한 결혼이라는 형식을 통하여 상대에 대한 소유를 공인받을 수 있고 다른 사람의 소유에 대해서도 함부로 넘보지 못할 것이다. 인간들이 다툼을 피하고 안정된 사회생활을 하고자 하는 데서 이런 지혜가 나온 것으로 보인다.

즉, 결혼이라는 굴레를 벗어나서 행해지는 변칙적인 짝짓기를 사음이라고 규정할 수 있다. 출가자의 경우에는 일체의 성행위나 음란한 행위가 금지되지만 재가자들에게 있어서는 성행위도 하나의 생활이기 때문에 완전한 금지가 어렵다. 문제는 사음이라는 변칙적인 성행위인데, 이것은 여러 가지 좋지 않은 영향을 인간사회에 끼치기 때문에 특히 금지되어야 한다는 것이다. 아무리 재가자라 할지라도 성적인 것에 너무 집착하게 되면 정상적인 사회생활을 하는 것이 어렵다. 그리고 성에 대한 것은 상호관련 하에 성립되는 행위이고, 더구나 결혼이라는 사회적 제도를 일탈한 사음은 거기에 관련된 사람들 사이의 소유개념과 질투에 의하여 심각한 장애를 불러일으킬 수 있을 것이다.

《분별선악소기경》이나 기타의 경전에서 사음을 경계한 이유를 종합해보면, 첫째는 사음을 즐김으로써 정신이 흐트러지고 진리를 가까이

할 생각을 내지 못하기 때문에 근절해야 한다는 것이다. 성적인 것에 너무 집착하면 아무래도 자기가 하는 일에 소홀해지기 마련이다. 모든 사건의 배후에는 돈과 이성문제가 관련되어 있다고 하듯이 성적인 것에 집착함으로써 중요한 일을 망친 경우를 많이 볼 수 있다. 역사상으로 보아도 성적인 방종으로 인해 국가의 대사를 망친 경우가 허다하고 주위를 둘러보아도 그런 경우가 많다. 성적인 유혹으로 인해 부정을 저지르거나 범죄를 저지르는 경우도 많다. 물불을 가리지 않고 사음에 집착하기 때문에 바른 정신을 가지고 사태를 바르게 바라볼 수 있는 능력을 상실해 버리는 것이다. 그래서 결국은 자신과 타인을 망쳐버리기 때문에 특히 사음을 경계하라는 것이다.

그리고 사음은 재산의 손실을 가져오고 주위의 신뢰를 잃어버리게 된다고 했다. 사음에 집착하게 되면 서로의 환심을 사기 위하여 돈을 써야 하는 경우가 많고 그것 때문에 부정을 저지르거나 신용을 잃어버리기도 한다.

사음의 이러한 폐단을 보면 사음은 먼저 자신의 내면세계에 대해 악영향을 미칠 수 있고, 다음으로는 대사회적인 면에서 악영향을 유발할 수 있다는 것이다. 그렇기 때문에 사음을 바른 행위라고 하지 않는 것이다. 사음에 대해서 적극적으로 생각하여 이성의 인격을 존중하고 정조를 존중해줌으로써 건전한 가정과 사회를 이루고 많은 사람들이 행복한 생활을 영위할 수 있도록 하는 것이 정업이라고 할 수 있을 것이다.

그러면 살생, 투도, 사음을 떠난 것을 세속의 바른 행위라고 한다면, 세속을 떠난 지혜로운 자의 바른 행위는 어떤 것인가를 살펴보자.

번뇌와 집착이 없고 괴로움을 바르게 다하여 괴로움의 소멸로 향하게 하는 세속을 벗어난 지혜로운 자의 바른 행위란 어떤 것인가?

이른바 불제자가 고성제를 있는 그대로 사유하고, 집성제, 멸성제, 도성제를 있는 그대로 사유하여, 바르지 않는 생활을 버리고, 몸의 세 가지 악행과 몸의 나머지 악행들을 생각하여 그것들을 여의고, 번뇌를 없애 집착하지 않는 것으로, 그러한 태도를 지니고 범하지 않으며, 때를 어기지 않고 한계를 넘지 않는 것을 지혜로운 자의 바른 행위라 한다.

세속을 떠난 지혜로운 자의 정업도 마찬가지로 우선은 사성제에 대한 명확한 인식과 이해가 있어야 한다. 이것은 진리에 대한 정견을 가진다는 것을 의미한다. 정견은 팔정도의 나머지 덕목들에 대해서 기본적이고 필수적인 조건이므로 정견이 갖추어지지 않고는 어떠한 생각이나 행위도 바른 것이 될 수가 없다.

여기에 더하여 지혜로운 자의 바른 행위는 살생, 투도, 사음의 세 가지 악행을 떠남은 물론 나머지 악행들도 여의어 번뇌를 없애고 집착하지 않는 것을 말한다. 여기에서 때를 어기지 않고 한계를 넘지 않는다고 한 것은 바른 행위를 하는 데 시간과 장소에 적절하게 행동하는 것이 필요하다는 것을 말한다. 바른 말을 하고 바른 행동을 하는 데에는 시기를 놓치지 않는 것이 중요하다. 말해야 할 때에 하지 않고 행동해야 할 때에 하지 않는 것은 때로는 비겁한 것이 될 수 있다. 또 그 장소에 어울리는 합당한 행위를 해야 한다.

예를 들면, 약한 사람에게는 강하게 굴고 강한 사람에게는 비굴하게 군다면 그것은 바른 행위가 아니라고 할 수 있다. 사람이 많은 곳에서는 예절을 지키다가 없는 곳에서 법도를 위반한다면 그것도 바른 행위라고 할 수 없을 것이다. 바른 행위라는 것은 중도의 입장에서 바르다는 것이다. 그렇기 때문에 너무 지나치거나 과격한 행동들도 바른 행동이라고 할 수 없다.

정업은 정어와 함께 바른 사유에서 나오는 것이다. 잘못된 생각의 바탕 위에서는 잘못된 말과 잘못된 행위가 나올 수밖에 없다. 바른 사유와 바른 말, 그리고 바른 행위는 우리의 신, 구, 의의 업을 바르게 하는 것으로서 미래에 좋은 결과를 가져오는 것이다. 우리의 수행을 계(戒)·정(定)·혜(慧)로 나누면, 정견과 정사유가 우리의 지혜를 밝히는 부분이 될 수 있고, 정어와 정업은 다음에 설명할 정명과 함께 계율에 해당하는 부분이라고 할 수 있다.

5. 바른 생활 '정명'

정명(正命)은 바른 생활을 말한다. 여기에서의 명(命)이라는 말은 생활을 가리킨다. 일상생활에서 바른 말과 바른 행위를 하는 것도 중요하지만, 여기에 더하여 바른 생활을 하는 것도 중요하다. 《잡아함경》에서는 바른 생활에 대해서도 세속의 바른 생활과 세속을 벗어난 지혜로운 자의 바른 소멸로 나누어 설명하고 있다.

어떤 것이 바른 생활인가? 바른 생활에는 두 가지가 있다. 하나는 세속의 바른 생활로 번뇌와 집착이 있으나 선취로 향하게 한다. 다른 하나는 세속을 벗어난 지혜로운 자의 바른 생활로 번뇌와 집착이 없고 괴로움을 바르게 다하여 괴로움의 소멸로 향하게 한다.

번뇌와 집착이 있으나 선취로 향하게 하는 세속의 바른 생활이란 어떤 것인가? 이른바 정당하게 음식, 의복, 침구, 탕약을 구하는 것을 일러 세속의 바른 생활이라고 한다.

세속의 생활에서 번뇌와 집착을 완전히 버리기란 쉽지 않다. 그러나 바른 생활을 함으로써 완전한 깨달음에는 이르지 못하더라도 선취에 태어날 수 있다는 말씀이다. 선취는 인간계와 천계를 말하는데, 이것은 꼭 죽어야만 가는 세계는 아니다. 지금 이 순간에 우리가 어떤 마음을 먹고 어떻게 행동하느냐에 따라 미래 우리의 삶이 결정되기 때문에, 우리가 바른 행위에 의하여 선업을 쌓으면 당연히 좋은 미래가 기다리고 있다. 그것을 선취에 태어난다고 표현한 것이다.

그리고 음식, 의복, 침구, 탕약을 정당하게 구하는 것이 세속의 바른 생활이라고 했다. 이러한 것들은 생활에 필요한 기본적인 물건으로 쉽게 말하면 의식주와 건강을 지키기 위한 약인데, 인간이 생활하기 위해 갖추어야 할 필수적인 것이라고 할 수 있다. 이를 나쁜 방법에 의해서가 아니라 정당하게 구하는 것이 바른 생활이라고 했다.

옛날에는 자급자족과 물물교환에 의하여 이러한 것을 구했지만 요즘은 모두 돈으로 살 수 있다. 그렇기 때문에 생활을 하기 위해 돈을 버는 것도 정당한 방법에 의해서 벌어야 한다는 것을 알 수 있다. 사기를 친다거나, 도박이나 매춘을 업으로 삼는다거나, 살생을 하는 것으로 생활의 방편을 삼는다면 이것은 바른 생활이라고 할 수 없을 것이다. 불량식품을 만든다거나 주류나 환각제 등을 파는 것도 잘못된 생활방편이라고 할 수 있다. 그리고 끊임없이 거짓말을 해야 하는 직업을 택한다거나, 아니면 환경오염과 자연훼손을 함으로써 돈을 버는 것 등도 모두 올바른 생활이라고 할 수 없다.

바른 생활은 생계수단으로서의 직업을 택하는 것과도 관련이 있지만 정어와 정업을 제외하고 이루어지는 일상생활에서의 모든 바른 행위를 뜻한다고 할 수 있다. 입으로 짓는 죄인 망어, 기어, 양설, 악구와 몸으로 짓는 죄인 살생, 투도, 사음을 하지 않는 것 이외에도 일상생활에서 바르게 해야 할 행위는 많다. 꼭 다른 사람에게 직접적 침해를 가하는 공공연한 나쁜 행위가 아니더라도 일상생활에서의 나쁜 습관을 버리는 것도 바른 생활이라고 할 수 있다. 예를 들면, 규칙적이고 예의에 어긋나지 않으며 절도 있는 생활을 하는 것이 다 바른 생활이라고 할 수 있다. 일찍 자고 일찍 일어나며, 유흥가와 환락가를 기웃거리지 않고, 술과 담배 등 중독성 물질을 입에 대지 않으며, 자신의 건강을 위하여 노력하며, 청결을 유지하고 성실하게 일하는 것 등이 다 정명에 포함된다고 할 수 있다. 또한 공공 기물을 아끼고, 자연을 사랑하며 환경을 오염시키지 않는 행위 등이 모두 세속인으로서의 바른 생활에 포함되는 것이다.

정명은 한마디로 정당한 생활방편을 가지고 살아가되 잘못된 생활습관을 버리고 합리적이고 건전하게 사는 것을 말한다고 할 수 있다. 이렇게 살면 번뇌와 집착을 완전히 버리지는 못하더라도 선취에 태어날 수 있다. 지금 바로 천상 세계의 즐거움도 누릴 수가 있다는 말이다.

흡연이나 음주의 나쁜 버릇을 버리면 거기에 대해서 자유로워지는 것처럼, 우리가 마음의 평화를 얻는 것도 탐욕과 집착에서 벗어날 때 비로소 얻어질 수 있다. 바른 생활을 하지 않는 사람은 바른 길이 있는데도 불구하고 그릇된 길이 자기의 전부라고 생각하고 거기에 집착한다.

정명의 반대는 사명(邪命)이다. 바르지 못한 생활이라는 뜻이다. 경전에서는 출가자의 사명에 대해 네 가지를 들고 있다. 이것을 사사명(四邪命) 혹은 사사식(四邪食)이라고 한다.

첫 번째는 하구식(下口食)이 있다. 이것은 밭을 갈거나 탕약을 만드는 것으로 생활하는 것을 말한다. 출가자들이 이러한 것으로 생활하는 것은 출가의 본의에 어긋나므로 사명으로서 금했던 것이다.

다음은 앙구식(仰口食)이라는 것이 있는데, 이것은 별을 보고 점을 치거나 하늘의 변화를 보고 점을 치는 것 등을 말한다.

세 번째로 방구식(方口食)은 사방으로 심부름을 해 주면서 생활하는 것을 말한다. 그래서 출가한 사람들은 나라의 사신으로 가는 것도 금했다.

다음으로 잡구식(雜口食)이라는 것이 있다. 이것은 길흉화복을 점쳐 주는 것으로 생활하는 것이다. 즉, 운명을 점쳐 주는 것으로 생활하는 것을 말한다. 스님들 중에 사주나 운세를 점쳐주는 것을 자랑으로 삼는 경우가 있는데, 이러한 것은 모두 잡구식에 들어가는 것이다. 출가자로서는 바른 생활태도가 아니라고 할 수 있다.

경전에서는 또 세속을 벗어난 지혜로운 자의 바른 생활에 대해 이렇게 설명하고 있다.

> 번뇌와 집착이 없고 괴로움을 바르게 다하여 괴로움의 소멸로 향하게 하는 세속을 벗어난 지혜로운 자의 바른 생활이란 어떤 것인가? 이른바 불제자가 고성제를 있는 그대로 사유하고 집성제, 멸성제, 도성제를 있는 그대로 사유하여, 모든 바르지 않는 생활에 대해 번뇌를 버리고 즐기거나 집착하지 않으며, 그러한 태도를 지니고 범하지 않으며, 때를 어기지 않고 한계를 넘지 않는 것을 지혜로운 자의 바른 행위라 한다.

여기에서도 마찬가지로 세속을 떠난 지혜로운 자는 먼저 사성제에 대해 바르게 사유해야 한다고 했다. 불교의 실천에는 항상 사성제가 기본이 된다. 이것에 대해 바르게 사유하는 것이 없다면 어떠한 행위를 하던 거기에서 맴돌 뿐이다. 고에 대한 인식을 제대로 못하면 그것을 벗어날 생각도 하지 않고 그 삶이 좋다고 생각되어 그냥 그렇게 살아간다. 그래서 윤회를 벗어나지 못하게 되는 것이다.

고에 대한 자각을 제대로 하지 못하는 사람도 이와 같다. 지금 자기가 살고 있는 세계가 전부라고 생각한다. 그래서 거기에 집착하고 그것에 대해 탐욕을 부리고 자기의 것을 침해한다 싶으면 화를 낸다. 바로 옆에 좋은 길이 나 있는데도 그리로 갈 생각은 않고 가시덤불을 헤치면서 가고 있다. 그러니 깨달은 사람, 지혜 있는 사람이 보면 얼마나 한심하겠는가? 그래서 부처님께서도 자비의 마음으로 우리에게 열반이라는 세계가 있다고 알려주신 것이다.

그리고 바른 생활은 시절을 어기지 않는 것이 중요하다. 항상 이 순간이 중요한 것이며 지금 당장이 중요한 것이지 나중에 잘하겠다고 하는 것은 소용이 없다. 지금은 어쩔 수 없어 이렇게 하지만 나중에 잘하겠다고 하는 것은 자기기만에 불과하다. 그때 가면 또 핑계가 생긴다. 잘못된 것은 지금 당장 고치고 바른 것은 지금 당장 실천해야 한다. 그것이 도이다.

또한 바른 생활에 있어서 한계를 넘지 말라고 한 것은 항상 중도의 입장에서 생활해야 한다는 것이다. 어떤 것은 해야 한다든지 하지 말아야 한다고 지나치게 의식하는 것도 또 하나의 집착이다. 지혜 있는 자의 바른 생활은 이러한 것도 떠나야 한다는 것이다. 정명은 계·정·혜의 삼학에서 볼 때 정어, 정업과 함께 계에 속하는 부분이다. 정명 또한 정견과 정사유의 바탕 위에서 나올 수 있다는 것은 두 말할 필요도 없다. 바른 견해와 바른 생각이 없는 한 바른 생활을 한다는 것은 사상누각이라고 할 수 있다.

6. 바른 노력 '정정진'

정정진(正精進)은 올바른 노력을 말한다. 그리고 끊임없이 선을 지향하는 용기이다. 올바른 노력은 앞에서 설명한 정사유, 정어, 정업, 정명 등의 실천을 위해서 반드시 갖추어야 하는 것이다. 그리고 뒤에 설명할 정념과 정정에서도 반드시 갖추어져야 할 덕목이다. 그렇기 때문에 바른 노력을 기울이는 것은 팔성도의 다른 모든 덕목을 실천하기 위해서 반드시 필요하고 팔정도의 실천에 있어서 뿐만 아니라 어떤 일을 하든지 필요한 것이다. 왜냐하면 올바른 노력과 용기가 없으면 아무 것도 이룰 수가 없기 때문이다.

경전에서는 정정진에 대해서 네 가지로 나누어 설명하고 있다. 이것을 사정근(四正勤)이라고 하는데, 여기에서의 근이란 노력이라는 뜻이다. 사정근을 사정단(四正斷) 혹은 사의단(四意斷)이라고도 한다. 이것은 바른 노력을 네 가지로 나누어 고찰한 것이다. 즉, 선과 악에 대해서 어떻게 하는 것이 바른 노력인가를 나타낸 것이다.

우리의 이상이나 목적을 달성하는 데에 도움이 되는 것을 선이라고 하고 반대로 장애가 되는 것을 악이라고 한다. 그런데 우리의 이상과 목적은 괴로움으로부터 벗어나는 것이기 때문에 괴로움을 벗어나는 데에 도움이 되는 것은 선이라고 할 수 있고 그것을 방해하는 것은 악이라고 할 수 있다.

부처님께서 사위국의 기수급고독원에서 비구들에게 사정단에 대해 설명하신 것이 《잡아함경》에 실려 있다.

> 사정단은 어떤 것인가? 하나는 단단(斷斷)이요, 둘은 율의단(律儀斷)이요, 셋은 수호단(隨護斷)이요, 넷은 수단(修斷)이다.
> 단단이란 어떤 것인가? 이미 생긴 악한 것은 끊어지도록 욕심을 내고 방편을 쓰며 부지런히 힘쓰고 마음을 지키는 것이요, 아직 생기지 않은 악한 것은 생기지 않도록 욕심을 내고 방편을 쓰며 부지런히 힘쓰고 마음을 지키는 것이요, 아직 생기지 않은 착한 것은 생겨나도록 욕심을 내고 방편을 쓰며 부지런히 힘쓰고 마음을 지키는 것이요, 이미 생긴 착한 것은 더욱 불어나도록 욕심을 내고 방편을 쓰며 부지런히 힘쓰고 마음을 지키는 것이다.
> 율의단이란 어떤 것인가? 눈을 잘 보호하여 감추고 조복하며 좋은 데로 향하게 하는 것이요, 이와 같이 귀, 코, 혀, 몸, 마음도 그렇게 하는 것이다.
> 수호단이란 어떤 것인가? 갖가지 진실한 삼매의 모습, 즉 청어상(靑瘀相), 창상(脹相), 농상(膿相), 괴상(壞相), 식부정상(食不淨相)을 닦고 지키며 사라지지 않게 하는 것이다.
> 수단이란 어떤 것인가? 사념처를 닦는 것이다.

여기에서의 사정단은 출가자를 위주로 설하신 것이다. 사정단 가운데에서 우선 단단에 대해 이렇게 정리할 수 있다.

첫째, 이미 일어난 악은 없애도록 노력해야 한다.

둘째, 아직 일어나지 않은 악은 앞으로도 일어나지 않도록 노력해야 한다.

셋째, 아직 일어나지 않은 선은 일어나도록 노력해야 한다.

넷째, 이미 일어난 선은 자라나게 하고 잘 지키도록 노력해야 한다.

불교를 통하여 우리의 이상과 목표인 괴로움으로부터 벗어나는 방법은 이것 이외에는 있을 수 없다. 악을 억제하고 선을 조장하는 것이 곧 단단의 내용인데, 바른 노력이라는 것은 바로 이것을 말한다. 이렇게 함으로써 악업은 점점 적게 싯게 되고 선업은 쌓여서 마침내 열반에 이를 수 있게 된다.

그리고 이렇게 하기 위해서는 우리의 눈, 귀, 코, 혀, 몸, 마음의 육근을 잘 제어해야 한다는 것이다. 그리고 더 나아가서 수호단에 의하여 우리 몸의 더러움을 관하여 탐욕과 집착을 벗어나려는 것이다.

수호단이라는 것은 시체를 관하여 몸에 대한 애착을 벗어나려는 수행법이다. 시체가 썩어서 문드러지는 모습을 하나하나 관조함으로써 우리의 몸이 얼마나 허무하고 덧없는 것인가를 관하는 것이다.

나아가서 우리의 육신이 부정하다고 관하는 신념처(身念處), 우리가 즐거움이라고 생각하는 모든 것이 사실은 괴로움이라고 관하는 수념처(受念處), 마음은 늘 생멸 변화하는 것이라고 관하는 의념처(意念處), 모든 존재와 현상은 실체가 없다고 관하는 법념처(法念處) 등의 사념처(四念處)를 닦음으로써 모든 집착과 탐욕을 끊을 수 있다는 것이다.

악을 방지하고 선을 조장하는 것은 종교적 실천에서 뿐만 아니라 일상생활에서도 반드시 필요한 것이다. 윤리도덕의 실천에 있어서나 정치나 경제 등 사회생활의 전반에 걸쳐서도 악을 소멸하고 선을 조장하는 것은 절대 필요하다. 악을 제거하고 선을 조장하는 바른 노력이 있다면 개인의 향상이나 사회의 발전도 점차적으로 이루어질 수 있기 때문이다.

예를 들면, 한 개인의 건강 문제에 대해서 말하더라도 이미 발생한 병은 고치려고 노력해야 한다. 그리고 아직 병이 나지 않았다면 예방주사도 맞고 약한 부분을 보완하는 것이 필요하다. 그리고 현재 몸이 약하다면 몸이 건강해질 수 있도록 몸을 돌보고 규칙적인 운동을 해서 튼튼한 체력을 유지해야 한다. 현재 건강한 상태에 있더라도 더욱 건강해질 수 있도록 과로를 피하고 나쁜 습관을 멀리하고 운동을 게을리하지 말아야 하는 것과 같다.

이러한 바른 노력에 대해서도 경전에서는 세속적인 것과 세속을 떠난 지혜로운 자의 것으로 구분하고 있다.

> 어떤 것이 바른 노력인가? 바른 노력에는 두 가지가 있다. 하나는 세속의 바른 노력으로 번뇌와 집착이 있으나 선취로 향하게 한다. 다른 하나는 세속을 벗어난 지혜로운 자의 바른 노력으로 번뇌와 집착이 없고 괴로움을 바르게 다하여 괴로움의 소멸로 향하게 한다.

> 번뇌와 집착이 있으나 선취로 향하게 하는 세속의 바른 노력이란 어떤 것인가? 이른바 의욕과 정진과 방편이 뛰어나고 흔들리지 않

으며, 정진을 하되 십법으로 섭수하여 항상 멈추지 말아야 하는 것을 일러 세속의 바른 정진이라고 한다.

어떤 일을 하고자 할 때에는 먼저 마음이 있어야 한다. 그리고 거기에 따른 노력과 적절한 수단이 있어야 좋은 결과를 얻어낼 수 있다. 그리고 흔들리지 말아야 한다. 흔들리지 않는다는 것은 자기가 하는 노력에 대해 회의를 가지고 중도에 포기를 하지 않는 것이다. 그리고 그 일에 대한 신념을 잃지 않고 견고하게 마음을 가지는 것이다.

많은 사람들은 흔히 처음에는 용기를 내어 도전했다가 이내 지쳐버리고 만다. 그러나 중도에 포기하지 않고 끝까지 초지일관으로 노력하는 사람은 반드시 그 결과를 얻는다. 그리고 노력 정진을 하되 항상 마음을 놓지 말고 멈추지 말아야 한다는 것이다. 노력은 처음에는 어렵지만 자기 몸에 붙게 되면 자연스럽게 이루어진다. 공부도 그렇다. 처음에는 책 잡는 것이 두렵기도 하고 또 지루한 일이지만 점차 하다보면 거기에 재미를 붙이고 빠져들게 된다. 나중에는 책 보는 것이 습관이 되어서 어디를 가든 책을 놓고 다니면 불안해지기까지 한다. 다른 모든 일에 있어서도 마찬가지이다. 처음에는 어렵지만 꾸준히 하다보면 재미가 나고 노력하는 것이 고통이 아니라 즐거움이 된다.

그리고 정진이라는 말은 산스크리트로 바야마(vāyāma)라고 하는데 여기에는 용기라는 뜻도 있다. 바르다고 믿는 것은 용기를 가지고 매진하는 것이다. 두려워하지 않고 앞으로 달려간다는 뜻이다. 정진한다는 것은 이러한 용기가 필요하다. 나쁜 것을 알면 그것을 단호하게 끊어버리는 용기가 있어야 한다. 좋은 일이라는 것을 알면 어떤 것도 두려워하지 않고 그것을 실행하는 용기가 있어야 한다. 용기없이 우물쭈물 하고 있으면 나쁜 일도 끊지 못하고 좋은 일도 착수할 수가 없다. 정진이라는 말에는 이러한 의미도 포함되어 있다.

금연을 예로 들어 보자. 많은 사람들이 담배를 끊고 싶어 한다. 담배가 몸에 해롭다는 것을 알기 때문이다. 그러나 용기가 없어 과감하게 끊지를 못한다. 이런 사람은 바른 노력을 하지 않는 것이다. 흔히 우리가 불퇴전의 정진이라는 말을 자주 쓰는데, 이것이 바로 선을 향하여 물러서지 않는 용기를 가지고 노력하는 것을 말한다. 바른 정진에는 이러한 의미가 있다.

우공이산(愚公移山)이라는 말이 있다. 중국의 옛날 이야기인데 우공이라는 사람이 자기 마을을 가로 막고 있는 산을 옮기려고 마음을 먹고 온 가족이 달라붙어 흙을 옮겼다. 그러나 사람 몇이 산을 옮긴다는 것은 무모한 짓으로 보였다. 처음에는 코웃음을 치던 지신(地神)이 우공에게 그렇게 해서 언제 산을 옮기겠느냐고 하니까 우공이 대답했다. 자기 당대에 못하면 자손대대로라도 이 산을 옮기겠노라고. 그 기세에 감동한 지신이 마침내 산을 옮겨 주었다는 이야기이다.

불퇴전의 노력이라는 것도 이러한 정신이 필요하다. 흔히 보면 나이가 들었다는 핑계로 어떠한 노력도 하지 않고 지내는 사람이 있다. 그러나 모든 것은 노력 여하에 달려 있다. 비록 늦게 공부를 시작했더라도 내가 이생에서 다 못 마치면 다음 생에라도 계속해서 공부하겠다고 생각해 보라. 백 미터 달리기를 할 때 결승 테이프를 끊는 곳에 가까이

왔다고 속도를 늦추면 안 된다. 지금까지 달려오던 속도를 늦추지 말고 계속해서 달려야 좋은 기록을 낼 수 있다.

사는 것도 이와 같다. 나이 들어 곧 죽을 내가 이까짓 것은 해서 무엇 해 하고 주저앉아버리는 것은 어리석은 일이다. 그런 태도야말로 늙음을 재촉하는 것이다. 어떤 목표를 세웠으면 죽는 그날까지 최선의 노력을 다하고 다음 생에서라도 반드시 이루고야 말겠다는 기백이 있어야 한다. 이것이 정진하는 인간의 아름다운 모습이 아니겠는가?

> 번뇌와 집착이 없고 괴로움을 바르게 다하여 괴로움의 소멸로 향하게 하는 세속을 벗어난 지혜로운 자의 바른 노력이란 어떤 것인가? 이른바 불제자가 고성제를 있는 그대로 사유하고, 집성제, 멸성제, 도성제를 있는 그대로 사유하여 번뇌 없는 생각에 상응하는 심법으로 의욕을 내고 정진과 방편을 씀이 부지런하고 뛰어나며 흔들리지 않고, 정진을 하되 심법으로 섭수하여 항상 멈추지 말아야 하는 것을 일러 지혜로운 자의 바른 노력이라 한다.

이와 같이 바른 노력에도 사성제에 대한 바른 사유가 전제조건으로 되어 있다. 그리고 번뇌 없는 깨끗한 마음으로 의욕을 가지고 정진하여 멈추지 말아야 한다.

정정진에 대해서는 세속인의 정진이나 세속을 떠난 성스러운 자의 노력이나 다를 바가 별로 없다. 이것은 출가와 재가를 막론하고 반드시 지녀야 할 덕목이다. 어떠한 일도 바른 노력 없이는 아무 것도 이루어질 수 없다는 것이 정정진의 가르침이다.

　말하자면, 악을 억누르고 선을 지향하는 것이 바른 정진이라고 할 수 있는데, 이것이 만약 반대로 되면 어떻게 되겠는가? 노력을 하되 바른 것을 염두에 두지 않고 하는 노력은 그 결과가 어떻게 될까? 도박 기술을 익히기 위하여, 사기를 치기 위하여 끊임없이 노력하는 것은 바른 노력이 아니다. 그것은 자기를 파멸로 이끌고 가정과 사회를 파멸로 이끄는 길이 될 것이다.

　그렇기 때문에 노력을 하되 바른 노력이라야 한다. 바른 노력은 반드시 악을 멸하고 선을 기른다는 목표가 있어야 한다. 따라서 바른 노력에도 정견과 정사유가 바탕이 되어야 함은 물론이다. 바른 견해와 바른 생각을 가지지 못한 사람은 공부를 많이 해서 높은 자리에 올라가더라도 자기가 공부한 것을 나쁜 일에 써먹을 수 있는 것과 같다.

　팔정도의 여덟 가지 덕목은 언제나 바른 것을 기준으로 하고 있다. 바른 것은 곧 중도라고 말했지만, 중도는 이것도 좋고 저것도 좋다거나, 이것도 아니고 저것도 아닌 어중간한 것이 아니다. 아직도 중도라고 하면 중간을 생각하는 사람이 많이 있다. 물리적인 중간이 중도라고 잘못 생각한다. 그래서 바른 말을 해야 할 때 하지 않고 이쪽저쪽 눈치를 보면서 중도를 지킨답시고 입을 다무는 경우도 있다. 혹은 나아가는 것도 아니고 물러서는 것도 아닌 어정쩡한 태도를 취하는 것이 중도라고 잘못 생각하고 있는 사람들도 많이 있다.

　중도는 가장 바르고 가장 잘된 것을 말한다. 그래서 중도를 정도(正道)라고 하는 것이다. 정정진도 중도의 실천방법이다. 따라서 정정진은 바른 견해와 바른 생각을 바탕에 두고서 행해지는 가장 바른 노력을 말한다. 정정진은 팔정도의 모든 덕목에 연결되어 있지만 다음에 설명하게 될 정념 및 정정과 특히 관계가 깊다.

7. 바른 기억 '정념'

정념(正念)은 바르게 기억하고 바르게 의식하는 것을 말한다. 원래 '염'이라는 말에는 두 가지 뜻이 있다. 첫째는, 현재의 경험을 기억하여 잊지 않는 것이고, 둘째는, 일찍이 경험하여 기억하고 있는 것을 생각해 내는 것이다. 정념의 염도 이런 두 가지 뜻을 다 포함하고 있지만, 정념이라고 하면 늘 마음에 새겨서 기억하여 잊지 않는 것과 함께 현재 자기가 하고 있는 것에 대해 늘 마음을 놓지 않고 의식하는 것을 의미한다.

보통 정념이라는 말은 정지(正知)라는 말과 함께 사용되어 정념정지라고 한다. 정념에는 정지의 뜻도 포함되어 있지만 굳이 이 둘을 나누어 분석하면, 정념이라는 것은 어떤 것을 기억하여 잊지 않는다는 뜻이고, 정지라고 하면 현재 자기가 경험하고 있는 것, 예를 들면, 길을 갈 때는 나는 지금 길을 가고 있다, 운전을 할 때는 나는 지금 운전을 하고 있다 등등 현재 자기가 하고 있는 일을 놓치지 않고 의식하는 것이다.

그러므로 이 두 가지 의미를 포함한 정념이라는 것은 자기가 해야 할 것에 대해 잘 기억하고 있는 것이며, 언제나 바른 의식을 가지고 지금 하고 있는 것에 대해 주의를 기울이며 방심하지 않는 것이다.

이러한 태도는 진리를 추구하고 실천하는 것뿐만 아니라 일상생활에서도 반드시 지녀야 할 생활태도라고 할 수 있다. 우리 주위에서 매일 일어나고 있는 안전사고 등을 보면 대부분이 자기가 하는 일에 마음을 기울이지 않고 방심하는 데서 온다. 특히 교통사고는 대부분이 운전자의 방심에서 오는 경우가 많다. 이밖에도 전철이나 철도, 선박, 항공기 사고 등도 마찬가지다. 화재나 수재도 담당자들이 방심하고 있는 사이에 사고가 발생하고, 또 방심으로 인해서 신속히 조치를 취하지 못해서 대형사고로 이어지는 경우가 많이 있다. 자기가 하고 있는 일에 대해서 마음을 기울이지 못하고 타성에 젖어서 건성건성하다가 큰 사고를 일으킨다. 이러한 사고로 인한 인명이나 재산의 손실은 살인이나 강도로 인한 피해보다도 어떤 면에서는 더 크다고 할 수 있다.

이밖에도 마음이 흐트러진 상태에서 부주의로 계약을 잘못해서 손실을 입는다든가, 시합이나 경기에서 패배하는 경우도 많이 있다. 이런 예들은 모두 바른 의식을 지니지 못하고 방심하는 데서 오는 결과이다. 경전에서는 정념에 대해서도 세속의 정념과 세속을 벗어난 지혜로운 자의 정념으로 나누어 설하고 있다.

> 어떤 것이 바른 기억인가? 바른 기억에는 두 가지가 있다. 하나는 세속의 바른 기억으로 번뇌와 집착이 있으나 선취로 향하게 한다. 다른 하나는 세속을 벗어난 지혜로운 자의 바른 기억으로 번뇌와 집착이 없고 괴로움을 바르게 다하여 괴로움의 소멸로 향하게 한다.

번뇌와 집착이 있으나 선취로 향하게 하는 세속의 바른 기억이란 어떤 것인가? 기억을 하되 기억을 놓치지 않으며 거듭 기억하고, 기억하여 성취하는 것이 거짓되지 않고 허망하지 않은 것을 세속의 바른 기억이라고 한다.

세속의 바른 기억은 번뇌와 집착을 다 떨쳐버린 것은 아니나 선취로 향하게 할 수 있다는 것이다. 이러한 기억은 항상 자기가 해야 할 것을 염두에 두고 거듭하여 상기하는 것이다. 우리는 어떤 일을 대할 때 처음에는 잔뜩 긴장하고 주의를 기울이지만 조금 지나면 자기도 모르게 타성에 젖어서 처음의 그 마음은 온데간데없고 마음을 흐트러뜨린다.

실수를 하지 않으려면 항상 자기가 하는 일을 마음에 두고 있어야 한다. 대부분의 사람들은 자기가 지금 무엇을 하고 있는지도 모르는 경우가 많이 있다. 정치인이면 정치인답게 나라 운영하는 일에 마음을 두어야 하는데 재산 불리기에만 급급하다든지, 혹은 공무원이면 공무원답게 공무에 충실해야 하는데 부정을 저지르는 일에만 정신이 팔려 있으면 정념이 아니라고 할 수 있다. 학자가 연구에 전념해야 하는데 명예와 직위만 탐낸다든지 하는 것은 다 마음을 바르게 기울이는 것이 아니다.

정념은 한마디로 자기가 해야 할 것에 대해 늘 잊지 않고 마음을 기울이는 것을 말한다. 학생이면 공부에 마음을 기울이고 운동선수는 운동에 마음을 기울여야 한다. 늘 자기가 해야 할 것을 잊어버리기 때문에 성적이 떨어지고 실력이 발휘가 되지 않는 것이다.

세속을 떠난 성스러운 정념에 대하여 《잡아함경》에서는 이렇게 설명하고 있다.

> 번뇌와 집착이 없고 괴로움을 바르게 다하여 괴로움의 소멸로 향하게 하는 세속을 벗어난 지혜로운 자의 바른 기억이란 어떤 것인가? 이른바 불제자가 고성제를 있는 그대로 사유하고, 집성제, 멸성제, 도성제를 있는 그대로 사유하여 번뇌 없는 사유를 따라 기억을 놓치지 않으며 거듭 기억하고, 기억하여 생각하는 것이 거짓되지 않고 허망하지 않은 것을 세속을 벗어난 지혜로운 자의 바른 기억이라고 한다.

정념에 대해서도 세속의 정념이나 세속을 벗어난 지혜로운 자의 정념이 거의 같다. 다만 여기에서도 사성제에 대해 바르게 사유해야 하는 것이 전제조건으로 되어 있다.

경전에서는 정념에 대하여 사념처로써 설명하고 있다. 사념처는 사념주(四念住)라고도 하는데, 우리의 몸과 느낌, 마음, 현상으로서의 법에 대해 마음을 놓지 않고 관찰하는 것이다. 여기에는 신념처, 수념처, 심념처, 법념처가 있는데, 이것을 흔히 신·수·심·법의 사념처라고 한다.

여기에 대해서는 앞에서 언급했지만 다시 한번 간략히 설명하자면 먼저 신념처라는 것은 우리의 육신을 부정하다고 관찰하여 잊지 않는 것이다. 수념처는 우리가 받아들이는 느낌이 모두 고통이라고 관찰하여 잊지 않는 것이다. 즉, 우리가 즐거움이라고 생각하는 모든 느낌이 실은 고통의 근원이라고 생각하는 것이다. 심념처는 의념처라고도 하는데, 우리의 마음은 항상 그대로 있는 것이 아니고 끊임없이 변화하는 것임을 관찰하여 잊지 않는 것이다. 법념처라는 것은 모든 존재와 현상에 고정된 실체는 없다는 것을 관찰하여 잊지 않는 것이다. 말하자면 몸의 부정, 느낌의 고, 마음의 무상, 법의 무아라는 진리를 잘 관찰하여 항상 잊지 않는 것을 사념처라고 하는 것이다. 사념처는 출가, 재가를 막론하고 열반을 지향하는 모든 불자들이 지녀야 할 바른 기억이라고 할 수 있다.

《분별성제경》에 부처님께서 정념에 대해 이렇게 요약하여 설명하셨다.

> 정념이란 어떤 것인가? 이른바 불제자가 고를 고라고 생각하고, 고의 원인을 고의 원인이라고 생각하며, 고의 소멸을 고의 소멸이라고 생각하고, 고의 소멸에 이르는 방법을 고의 소멸에 이르는 방법이라고 바르게 생각하는 것이며, 본래 지은 바를 관찰하고 생멸 변화하는 모든 존재와 현상을 생각하는 것을 배우며, 모든 존재와 현상의 재난을 보고 열반의 안락을 보며, 집착 없는 훌륭한 심해탈을 생각하고 관찰하는 것이며, 마음이 생각을 따르되 바르지 않은 생각은 버리며, 두루 생각하여 잊지 않고 기억하며, 반복하여 기억하고 마음을 바로 하여 거기에 상응하는 것을 잊지 않는 것을 일러 정념이라고 한다.

한마디로 정념은 사성제의 이치를 바르게 생각하여 기억하고 모든 존재와 현상에서 나타나는 괴로움을 관찰하고 그것에 비추어 열반이라는 것을 잊지 않는 것이다. 그러기 위해서는 집착을 버리고 바른 생각을 가지며, 그러한 바른 생각을 반복하여 기억함으로써 잊지 않는 것이라고 할 수 있다. 이러한 정념의 실천은 팔정도의 마지막 항목인 정정을 얻기 위한 기초가 된다.

8. 바른 선정 '정정'

팔정도의 마지막 실천덕목은 정정(正定)이다. 정정은 바른 선정, 바른 정신통일을 말하는 것으로, 앞에서 설명한 정념에 의해서 더욱 쉽게 도달할 수 있다. 마음을 놓치지 않고 주의를 기울이는 것이 정념이기 때문에 정념이 잘 되면 바른 정신통일이 지속되는 것도 수월할 것이다.

정정에서의 정(定)이라는 말은 산스크리트 samādhi의 의역이다. 이 말은 흔히 삼마지(三摩地) 혹은 삼매(三昧)로 음사되며 정(定)이나 등지(等持) 등으로 의역이 된다. 즉, 마음이 한 곳에 집중되어 산란하지 않는 것을 말한다. 마음이 침울해지거나 들뜨지 않는 상태라고도 할 수 있다.

정과 비슷한 말로 선(禪)이 있다. 선은 산스크리트어 드히야나(dhyāna)의 음사인 선나(禪那)에서 온 말로 줄여서 선이라고 하는 것이다. 드히야나는 의역을 해서 사유수(思惟修) 혹은 정려(靜慮)로 번역되는데, 쉽게 말해서 명상(冥想)을 뜻한다. 선은 고대 인도인이 요가라고 하는 명상과 정신집중의 방법에서 나온 것이다. 그리고 정은 선(禪)을 닦아서 얻어지는 결과를 가리킨다고 할 수 있고, 또 선이 한층 향상되고 완성된 단계를 가리키기도 한다.

즉, 명상을 통해서 마음이 한 곳에 모아지고 그것이 흐트러지지 않은 상태에 머무르는 것을 정이라고 보면 되겠다. 선과 정은 모두 마음을 일정한 대상에 붙들어 매는 것에 의하여 번뇌를 가라앉히고 지혜를 얻고자 하는 데에 목적이 있다. 그러나 크게 보면 정의 개념에 선도 포함된다고 볼 수 있는데, 이 둘을 묶어서 흔히 선정(禪定)이라고 한다.

인도불교에서의 선정사상은 불교수행 전반에 걸친 기본적 요소인데 선정사상만을 취하여 그것을 중심으로 종파가 발생하고 발전된 것이 중국에서의 선종(禪宗)이다. 이 과정에서 최초의 순수한 드히야나의 의미로서의 성격이 변질되어 인도와는 다른 중국적 색채가 농후한 새로운 의미의 선이라는 개념이 생겨나게 되었던 것이다.

일반적으로 선정이라고 하면 가부좌를 틀고 가만히 앉아서 명상하는 것을 의미한다. 그러나 팔정도에서 말하는 정정은 반드시 앉아서 좌선하는 것만을 의미하지 않는다. 일상생활에서 마음이 흐트러짐없이 한 가지 대상에 대해 집중하는 것도 모두 포함하여 정정이라고 한다.

정정은 마음을 육체적, 정신적인 한 가지 대상에 집중하여 발전시켜 나가는 수련이다. 정정이 잘 되면 정신적, 육체적으로 평안함과 고요함을 얻게 되고 대상을 있는 그대로 보는 마음의 능력을 지니게 됨으로써 지혜가 얻어지게 된다.

정정은 정념의 훈련에 의하여 더욱 잘 도달될 수 있지만 정정에 의해서 정념이 더욱 잘 얻어질 수도 있다. 그리고 정념뿐만 아니라 팔정도의 다른 일곱 가지 덕목, 즉, 정견에서 정념의 일곱 가지는 모두 정정을 얻기 위해 도움이 되는 것이다.

바른 견해를 지니고 바르게 생각하며 바른 말과 바른 생활을 하고 바른 삶을 살며 바르게 정진하고 바르게 마음을 기울이는 것에 의하여 정정이 쉽게 얻어질 수 있다. 그릇된 견해를 지니고 그릇된 생각과 그릇된 생활을 하고 흐트러진 마음으로서는 정정이 얻어질 수가 없다는 뜻이다. 정견을 지니려고 해도 마음이 고요하게 집중되어 있지 않으면 안 되고, 정념에 의한 세심한 주의를 하는 데에도 정신이 통일되어 있지 않으면 안 된다.

이와 같이 팔정도의 각 항목은 서로가 서로를 도와주는 역할을 하는데, 특히 정정은 팔정도의 모든 덕목의 최종 단계이며 목적이라고 할 수 있다. 또 팔정도의 모든 덕목이 잘 실천되기 위해서는 정정이 기본이 되어야 한다는 것이다. 마음이 거울과 같이 맑고 고요해짐으로써 바른 견해를 지닐 수가 있는 것이며 바른 삶을 살 수가 있다.

정정에 의하여 사물을 고요하게 관찰하고 지혜를 얻을 수가 있기 때문에 정정은 일상생활에서 뿐만 아니라 진리를 탐구하는 데에 있어서도 반드시 필요하다. 경전에서는 정정에 대해서도 세속의 정정과 세속을 떠난 지혜로운 자의 바른 선정으로 나누고 있다.

어떤 것이 바른 선정인가? 바른 선정에는 두 가지가 있다. 하나는 세속의 바른 선정으로 번뇌와 집착이 있으나 선취로 향하게 한다. 다른 하나는 세속을 벗어난 지혜로운 자의 바른 선정으로 번뇌와 집착이 없고 괴로움을 바르게 다하여 괴로움의 소멸로 향하게 한다.

번뇌와 집착이 있으나 선취로 향하게 하는 세속의 바른 선정이란 어떤 것인가? 마음이 어지럽게 흐트러지지 않으며 움직이지 않으며 거두어들이고 고요함에 머무르는 삼매에 들어 한 마음이 되는 것을 이름하여 번뇌와 집착이 있으나 선취로 향하게 하는 세속의 바른 선정이라 한다.

우리의 마음을 관찰해 보면 일 분, 일 초도 제자리에 머물러 있기가 힘든다. 이것도 생각했다가 저것도 생각했다가 이리저리 계속 움직이고 있다. 이러한 우리의 마음을 경전에서는 까불면서 마구 날뛰는 원숭이에 비유했다. 원숭이가 이 나무에서 저 나무로 폴짝거리고 뛰어다니듯이 우리의 마음도 그런 것이기 때문에 바른 선정의 첫째 조건은 마음을 어지럽게 하지 않고 흐트러지지 않게 하는 것이다. 그리고 그 마음을 움직이지 않게 붙들어 매야 한다.

마음을 붙들어 매거나 마음을 거두어들이는 것을 섭수(攝受)라고 한다. 마음을 섭수한다는 것은 외부의 반응을 있는 그대로 받아들이는 것이다. 우리의 마음은 끊임없이 외부에 반응한다. 어떤 물건이 있으면 그것에 대해 좋다거나 싫다는 생각이 든다. 그래서 좋은 것은 가지고 싶어 탐심을 내고 싫은 것은 치워버리고 싶어 진심을 낸다.

사물을 대하되 그저 있는 그대로 받아들이기만 하면 우리의 마음이 움직일 일이 없다. 좋고 싫어할 게 없다는 말이다. 사물뿐만 아니라 현실에서 나타나는 온갖 현상에 대해서도 마찬가지이다. 누가 나에게 뭐라고 하면 그것에 대해 좋다거나 싫다는 생각이 든다. 칭찬해 주면 우쭐해지고 비난을 받으면 화가 치민다. 칭찬을 해 주는 사람은 좋은 사람이고 비난을 하는 사람은 미운 사람이 된다. 마음이 들뜨기도 하고 부글부글 끓어오르기도 한다.

그러나 마음이 흔들리지 않고 안정된 사람은 칭찬이든 비난이든 개의치 않는다. 칭찬을 하면 하는가 보다, 비난을 하면 하는가 보다고 생각하고 그냥 있는 그대로 받아들인다. 이것이 섭수이다.

마음이 흔들리지 않고 고요하게 머무르면 무슨 일을 하던 지혜가 우러나온다. 우리가 늘 잘못을 저지르게 되는 것은 마음이 흔들리고 요동치기 때문에 지혜가 일어나지 못해서 그런 것이다. 평정심을 유지하지 못하기 때문에 마음이 들뜨기도 하고 침울해지기도 한다. 욕심으로 마음이 조급해지기도 하고 화가 나서 마음이 부글부글 끓어오른다. 그래서 바른 판단을 하지 못하고 잘못을 저지르게 된다. 마음이 흔들림에 따라 지혜 구멍이 꽉 막혀 버린다. 일상생활에서 참선을 권장하는 것도 우리의 요동치는 마음을 잔잔히 가라앉히기 위해서이다. 우리의 마음은 늘 탐진치로 부글부글 끓기 때문에 그것을 식히는 것이 참선이다. 그리고 그러한 상태가 되는 것이 정이다.

우리의 마음이 고요히 가라앉아 움직이지 않으면 맑은 물에 사물의 모습이 바르게 나타나듯이 온갖 현상이 제 모습을 드러낸다. 거기에서 지혜가 나오는 것이다. 명경지수(明鏡止水)라는 말이 있는데, 맑은 거울처럼 움직이지 않는 물이라는 뜻이다. 바른 선정에 머무른다는 것은 우리의 마음이 그런 상태가 되는 것이다.

마음이 고요하게 요동치지 않음으로써 모든 사물과 현상이 바른 모습을 나타나게 되면 어리석은 생각을 내지 않게 된다. 흔들리는 우리의 마음에 따라 사물과 현상이 왜곡되게 나타나기 때문에 우리 중생들은 어리석은 일을 저지르게 된다. 마치 불나비들이 제 몸 타들어가는 줄도 모르고 불을 향해 뛰어 들어가는 것처럼, 사람들도 왜곡된 사물과 현상에 현혹되어 그것에 반응한다. 그래서 깨달은 사람들은 중생의 이러한 모습을 보고 허깨비 놀음을 하고 있다고 말하는 것이다.

마음이 고요하게 머물러 있으면 모든 것이 바르게 보여 대처하는 것도 지혜롭게 할 수 있지만, 마음이 산란하면 어른거리는 현상이 진짜인 줄 알고 거기에 탐심을 내고 어리석은 일을 저지른다. 돈이 일상생활에서 약간의 불편을 덜어주는 것으로 족하다는 것을 모르고 과도한 욕심을 내어 온갖 부정을 저지르기도 하고 심지어는 부모도 살해하는 어리석음을 저지른다. 세상에는 많고 많은 사람들이 있는데 자기가 집착하는 그 사람만 있다고 생각하여 그 사람의 사랑을 얻지 못하면 평생을 가슴앓이하며 괴로워하기도 하고 때로는 질투로 폭행과 살인도 서슴지 않는다. 이러한 것들은 모두 마음이 고요하게 가라앉아 있지 않기 때문에 실상을 보지 못하고 왜곡되게 나타나는 현상에 현혹되어 어리석음을 저지르는 것이다.

마음이 고요하게 가라앉아 있는 사람은 어떠한 유혹에도 넘어가지 않는다. 누가 좋은 곳에 투자하라고 하면 어리석은 사람은 자기 욕심에 이끌려 그만 속고 만다. 그래서 전 재산을 날리기도 하고 그러다가 돈이 모자라면 공금을 횡령하기도 한다. 들뜬 마음에서 그런 어리석음을 저지르는 것이다. 그래서 세속에서도 바른 선정이 필요하다는 것이다.

마음이 고요하면 지혜가 우러나온다. 그렇기 때문에 불교에서는 특히 이러한 마음의 훈련을 강조하여 참선이나 다라니의 지송, 염불 등에 의하여 마음을 고요하게 하는 수련을 하도록 하고 있다. 불교라고 하면 뭔가 정적이며 고요한 이미지를 떠올리는 것도 이러한 이유에서이다. 마음을 한 곳에 집중하거나 들뜬 마음을 가라앉히는 것에 의하여 지혜를 얻으려는 것이 불교의 수행법이다.

다음으로 세속을 벗어난 지혜로운 자의 바른 선정은 어떤 것인지 살펴보자. 《잡아함경》에서는 여기에 대해 이렇게 설명하고 있다.

> 번뇌와 집착이 없고 괴로움을 바르게 다하여 괴로움의 소멸로 향하게 하는 세속을 벗어난 지혜로운 자의 바른 선정이란 어떤 것인가? 이른바 불제자가 고성제를 있는 그대로 사유하고, 집성제, 멸성제, 도성제를 있는 그대로 사유하여, 번뇌 없는 사유를 따르는 마음의 법에 머물러 어지럽게 흐트러지지 않으며, 움직이지 않으며, 거두어들이고 고요함에 머무르는 삼매에 들어 한 마음이 되는 것을 이름 하여 바른 선정이라 한다. 이는 세간을 벗어난 성스러운 것으로서 번뇌와 집착이 없고 괴로움을 바르게 다하여 괴로움의 소멸로 향하게 하는 것이다.

세속을 벗어난 바른 선정에도 사성제에 대해 바르게 사유할 것이 전제조건으로 되어 있다. 진리에 대한 바른 소견을 가지는 것이 정견이고 정견은 곧 사성제의 도리를 바르게 아는 것이라고 했지만, 정정을 위해서도 정견이 먼저 갖추어져야 한다.

정견을 지닌다는 것은 불교의 목적인 깨달음의 지혜를 갖추고 열반을 얻기 위해서 무엇보다도 중요하다. 다시 말하면, 정견을 갖추지 않고서는 그 어떠한 노력도 사상누각이라는 의미이다.

이 말은 불교의 진리를 바르게 알지 못하고서는 아무리 노력을 해 봐야 한계가 있다는 의미도 된다. 연기와 삼법인 사성제, 팔정도의 공식을 제대로 이해하지 못하고서 도를 추구한다는 것은 맨몸으로 급류의 물살을 건너려는 것처럼 무모한 짓이다.

마음이 산란하고 한곳에 머무르지 못하는 것은 마치 탁하고 출렁이는 물에 모습을 비쳐보는 것과 같다. 그러한 곳에는 어떠한 모습도 나타나지 않듯이 지혜가 생겨날 수 없다. 명경지수의 마음이 될 때에 비로소 존재의 실상이 오롯이 드러나는 것이다. 그렇기 때문에 바른 선정이 없으면 지혜가 나올 수 없다. 불교의 궁극적인 목적은 깨달음의 지혜를 얻는 것이라고 했다. 깨달음의 지혜는 결국 정정에 의해서 그 모습을 드러내게 된다.

경전에서는 정정의 이상적인 형태를 사선정(四禪定)에 두고 있다. 사선정은 욕심과 악을 떠난 색계의 초선(初禪)에서 제사선(第四禪)에 이르는 네 가지 선정을 말한다. 이것을 사정려(四靜慮)라고도 한다. 그러면 사선정이 어떤 것인가를 먼저 경전을 통해서 자세히 살펴보자. 《잡아함경》에서는 사선정에 대해 이렇게 설명하고 있다.

> 탐욕과 착하지 않은 일[불선법(不善法)]을 여의어 알아차림[각(覺)]과 세심한 관찰[관(觀)]이 훌륭해지고 욕계의 악을 여읜 기쁨과 즐거움이 생기는 초선(初禪)을 성취하여 머물고, 또 알아차림과 세심한 관찰을 쉬고서 내면이 고요하여 한 마음이고 알아차림과 세심한 관찰마저 없어지고 선정에서 생기는 기쁨과 즐거움이 있는 제이선(第二禪)을 성취하여 머물고, 또 기쁨에 대한 욕구도 버리고 구함이 없이 자적하며 바른 생각과 바른 지혜로 있어 몸으로 즐거움을 체험하여 이른바 성인이 설하고 베푸는 바의 바른 생각과 안락의 경지에 머무는 제삼선(第三禪)을 성취하여 머물고, 또 즐거움과 괴로움이 멸하고 기쁨과 근심의 근본도 이미 멸하여 즐겁지도 괴롭지도 않으며 고요하고 바른 생각을 지니며 청정의 경지인 제사선(第四禪)을 완전히 성취하여 머물고자 하면 다 성취하게 된다.

이 부분은 계를 지녀 청정하고 마음이 애욕을 여의면 이러한 것을 성취한다는 부분을 인용한 대목이다. 초선에서 제사선을 근거하여 다시 쉽게 설명을 해보자.

초선은 온갖 욕구를 버리고 불선법을 여의어서 기쁨과 안락을 느끼지만 분별과 헤아림이 남은 상태라고 할 수 있다. 이러한 경지는 우리의 마음이 탐심과 집착을 떠나 있을 때 머리가 맑아지면서 사물의 진상이 명확하게 파악될 때에 오는 기쁨과 비슷하다고 할 수 있을 것이다.

남들이 보지 못하고 듣지 못하는 것을 혼자만 보고 들을 때 오는 기쁨처럼 마음의 헤아림과 분별이 명확하게 작용하면서 욕심과 집착에 사로잡히지 않는 상태가 초선의 경지라고 할 수 있을 것이다. 그러나 초선에서는 알아차림과 세심한 관찰이 훌륭해진다고 했는데, 이것이 분별과 헤아림이라고 할 수 있다. 분별과 헤아림이 있으면 마음은 계속해서 작용을 하기 때문에 초선에서는 아직도 수고로움이 있을 수 있다.

제이선은 분별과 헤아림이 없어지고 오직 선정에서 오는 기쁨과 즐거움만이 있는 상태이다. 마음이 한곳에 집중되어 흐트러지지 않는 상태에서 오는 안락이 제이선에서 얻어진다.

제삼선은 기쁨에 대한 욕구까지도 없어지고 더 이상 구하는 것이 없기 때문에 마음에 걸림이 없으며, 오직 바른 생각과 바른 지혜만이 빛이 나는 안락의 경지이다.

제사선은 즐거움과 괴로움도 멸하고 기쁨과 근심의 뿌리까지도 도려 내어져서 더 이상 즐기움이라든가 괴로움이 없고 오직 명경지수와 같은 청정한 마음의 경지에 이르는 것이다.

이러한 네 가지의 선정을 색계사선이라고 한다. 선정의 단계에 이러한 색계사선 위에도 무색계의 네 가지 정이 있고 가장 위에는 멸진정(滅盡定)이 있다. 즉, 초선에서 제사선에 이르는 색계사선 이외에도 무색계의 공무변처정(空無邊處定), 식무변처정(識無邊處定), 무소유처정(無所有處定), 비상비비상처정(非想非非想處定)의 사무색정(四無色定)이라는 것이 있다.

즉, 물질에 대한 일체의 생각을 여의고 대상이 있다는 생각도 멸하고 모든 것을 한량없는 허공으로 보는 경지인 공무변처정, 모든 것을 무한한 분별의식으로 보는 식무변처정, 모든 것을 비어 있다고 보는 무소유처정, 또 비어 있다는 것을 이해하려는 의식조차 버려 지각작용이 있는 것도 아니고 없는 것도 아닌 비념비상의 경지인 비상비비상처정이 사무색정인 것이다.

그리고 무색계정을 지나면 더 깊은 경지로서 선정의 최고 경지라는 멸진정이라는 것이 있다. 멸진이라는 말에서도 알 수 있듯이 이것은 마음이 완전히 정지하여 소멸해 버린 상태의 선정으로 완전한 무념무상의 경지라고 할 수 있다.

선정에는 이처럼 색계사선과 무색계의 사선, 그리고 최후의 멸진정이 있다. 이러한 아홉 가지의 선정을 구차제정(九次第定)이라고 한다. 수행자는 색계사선의 낮은 단계에서부터 점차로 올라가 멸진정에 이르도록 수행을 한다. 그러나 이 아홉 단계의 선정에서 정도가 가장 높은 멸진정이 선정 중에서 가장 좋으냐 하면 그런 것은 아니다. 가장 좋은 것은 색계의 사선정이며, 그중에서도 제사선을 가장 이상적인 선정의 상태로 본다. 그 이유는 색계사선이 지관균등(止觀均等)의 상태에 있기 때문에 그렇다는 것이다.

일반적으로 선정이라고 하지만, 불교의 선정을 엄밀하게 나누면 지(止)의 정이 있고 관(觀)의 정이 있다. 이것을 합쳐서 지관이라고 부른다. '지' 라는 것은 사마타(samatta)라고 하는 것으로서 마음을 가라앉혀 고요하게 하며 글자 그대로 마음을 움직이지 않게 붙들어 매는 것이다. '관' 이라고 하는 것은 위빠사나(vipasyana)라고 하는 것으로서 지혜를 가지고 대상을 관찰하는 것이다. 관은 지의 정에 의하여 고요해진 마음의 수면에 대상을 바르게 비추어 내는 지혜의 작용이라고 할 수 있다. 즉, 지에 의해서 고요해진 마음으로 대상을 여실하게 관찰하는 것을 관이라고 한다.

이렇게 지와 관을 동시에 활용하는 것을 지관쌍운(止觀雙運)이라고 하는데 이 지와 관이 균형을 이룬 상태를 불교에서는 이상적인 선정으로 본다. 색계사선은 바로 이 지와 관이 균형을 이룬 선정의 상태이기 때문에 가장 이상적인 경지라고 하는 것이다. 왜냐하면, 명상을 할 때에 관의 쪽이 너무 작용하게 되면 마음이 산란해질 것이다. 반대로 지의 쪽이 우세하면 마음이 정지하여 너무 가라앉아버리기 때문에 기절한 상태와 비슷하게 되기 때문이다. 그렇게 되면 지혜가 얻어지기가 어렵다.

석가모니 부처님께서 처음으로 출가해서 만났던 알라라 칼라마나 웃다카 라마풋다와 같은 선인들은 무소유처정과 비상비비상처정에 도달했던 사람들인데, 이들은 지의 정에 치우쳤던 사람들로 보인다. 그래서 완전한 지혜를 얻지 못했던 것이다. 이들은 선정에 들었을 때는 더없이 안락한 상태를 유지하지만 선정에서 깨어났을 때는 여전히 번뇌 속에 머물러야 했던 것이다. 부처님께서는 이러한 모순점을 발견하시고 이들의 곁을 떠나 지와 관이 균형을 이룬 지관쌍운의 독자적인 선정에 의하여 깨달음을 얻으셨던 것이다.

석가모니 부처님께서는 특히 색계의 제사선의 정에 의하여 깨달음을 얻으셨는데, 입멸하실 때에도 색계의 제사선의 정에 들어서 입멸하셨다. 그리고 신통력이라는 것도 바로 이 제사선에 의하여 얻어진다고 한다. 불교의 목적은 깨달음을 얻는 것에 있으며 신통력을 얻거나 신비체험을 하기 위한 것은 아니지만 선정에 숙달한 불보살은 현대적 의미의 초능력이라고 할 수 있는 여러 가지 신통력을 지닐 수 있다고 한다. 그 중에서도 누진통은 모든 번뇌를 멸하고 자유자재한 지혜를 얻는 것인데, 이러한 능력도 지관균등의 제사선을 통해서 얻어질 수 있다는 것이다. 팔정도의 정정은 바로 지와 관이 균등한 이러한 선정을 통하여 깨달음을 얻는 것을 궁극의 목표로 하고 있다.

9. 사성제와 팔정도의 관계

팔정도는 사성제의 도제에 관한 세부적 실천 사항이라고 할 수 있다. 사성제에서 도제는 열반에 이르는 실천방법을 설한 것이고 그것이 팔정도로 나누어지는 것이다. 이 팔정도를 완전히 실천하게 되면 열반에 들어 아라한이 된다. 즉, 완전한 깨달음을 얻어 성불하게 되는 것이다.

사성제의 도제는 중도의 실천에 의해서 완성될 수 있다. 팔정도는 이러한 중도의 실천을 여덟 가지로 나누어 구체적으로 나타낸 것이라고 할 수 있기 때문에 팔정도의 각 항목은 따로 떨어져 있는 것이 아니다. 즉, 팔정도는 중도라는 하나의 수행방법을 여덟 가지 측면에서 실천하려는 것이다. 그렇기 때문에 팔정도의 각각의 실천 덕목은 유기적으로 결합되어 서로를 보완하고 있다.

따라서 팔정도의 각 항목에 대한 경중을 따질 수는 없지만, 그래도 가장 처음에 나오는 정견과 마지막의 정정이 특히 중요시해야 할 덕목이다. 정견을 가진다는 것은 다른 모든 실천 덕목의 전제조건이 되는 것이고, 또한 정정은 불교의 궁극적 목적에 해당되기 때문이다.

보통 불교의 실천을 계(戒)·정(定)·혜(慧)의 세 가지 방면으로 나눌 수가 있다. 이것을 삼학(三學)이라고 한다. 언행을 바르게 가지는 계에서 바른 마음가짐인 정이 나오고 여기에서 지혜가 나올 수 있다고 보고 삼학을 닦는 것이다.

이러한 삼학의 차원에서 팔정도를 계·정·혜에 대비해 보면, 정견과 정사유는 혜에 해당하는 부분이고 정어와 정업, 정명은 계에 해당한다고 할 수 있다. 그리고 정념과 정정은 정에 해당하며, 정정진은 계·정·혜 모두에 공통되는 실천덕목이라고 할 수 있다. 팔정도는 이와 같이 불교 실천의 근간이 되는 계·정·혜 모두에 해당되는 것이기도 하다. 그렇기 때문에 팔정도는 불교 실천의 모든 것이라고 할 수가 있다.

그런데 사성제에 삼전십이행상(三轉十二行相)이라는 것이 있다. 이것은 석가모니 부처님께서 녹야원에서 처음으로 다섯 비구에게 사성제를 설하시고 나서 이 사성제의 각각에 대해서 시전(示轉), 권전(勸轉), 증전(證轉)의 삼 단계로 실천할 것을 말씀하셨다.

우선 고성제에 대한 삼전을 보면, 석가모니 부처님께서는 "고제는 이러한 것이다 라고 하는 아직 들어본 적이 없는 가르침에 대하여 나에게 눈이 생기고, 지가 생기고, 혜가 생기고, 명이 생기고, 광명이 생겼다"고 하셨다. 이것은 '고제란 이러이러한 것이다' 라고 하는 고제의 내용을 나타내 보인 것이기 때문에 시전이라고 한다.

권전은 '고제를 완전하게 알아야 한다'라고 하는 것으로, 이것에 의하여 "나에게 눈이 생기고, 지가 생기고, 혜가 생기고, 명이 생기고, 깨달음이 생겼다"고 하신 것이다. 이것은 고제에 대하여 완전하게 알아야 한다는 것을 권하는 것이기 때문에 권전이라고 하는 것이다.

다음으로 증전은 '고제가 이러이러한 것임을 완전하게 알았다'는 것인데, 이것은 고제에 대한 깨달음을 증득했다는 것으로 증전이라고 하는 것이다.

집성제에 대한 삼전도 마찬가지 형식이다. 즉, 시전은 '집제란 이런 것이다'라고 하는 내용을 나타내 보인 것이다. 집제는 끊어야 하는 것이라고 권하는 것이므로 권전이다. 이것은 집제의 시전에서 나타난 갈애 등의 번뇌를 끊을 것을 권하는 것이다. 증전은 집제를 끊은 것을 말하는 것이다.

멸성제의 삼전에서 시전은 '멸제란 어떤 것인가?'라는 것을 나타내 보인 것이다. '멸제는 현증(顯證)해야 한다'고 권하는 것이 권전이다. 현증한다는 것은 고의 멸을 실현하는 것으로서, 이것은 멸제에서 보여준 열반을 실현할 것을 권하는 것이다. 즉, 깨달아야 한다는 것을 권하는 것이다. 증전은 멸제를 이미 현증했다, 증득했다는 것으로 깨달음을 얻고 열반을 증득했다는 뜻이다.

도성제의 삼전에서 시전은 '이것이 도제이다'라는 도제의 내용을 보이는 것이다. 권전은 도제는 이렇게 실천해야 한다는 것을 권하는 것이다. 이것은 팔정도를 반복하여 배우고 실천할 것을 권하는 것이다. 증전은 도제를 닦고 익히는 것을 완성했다는 것이다.

고성제뿐만 아니라 집 · 멸 · 도성제의 각 제에도 마찬가지 형식으로 시전, 권전, 증전이 있다. 여기에 대해서도 모두 '나에게 눈이 생기고, 지가 생기고, 혜가 생기고, 명이 생기고, 깨달음이 생겼다' 고 하고 있다. 여기에서의 '눈이 생기고, 지가 생기고, 혜가 생기고, 명이 생기고, 깨달음이 생겼다' 고 하는 안(眼), 지(知), 명(明), 각(覺)을 사행상(四行相)으로 하여, 삼전 각각에 이것이 있는 것으로 보아 십이행상이라고 하는 설도 있다. 즉, 이것은 사제 각각에 십이행상이 있다는 의미가 된다.

그러나 일반적으로는 사성제 각각에 삼전이 있는 것으로 보아 십이행상으로 하고 있다. 즉, 사성제의 각각에 대하여 시전, 권전, 증전이 있기 때문에 합하면 열두 가지가 되는데, 이것을 사성제의 '삼전십이행상' 이라고 하는 것이다. 혹은 이것을 '삼전십이행법륜(三轉十二行法輪)' 이라고도 한다.

이것을 요약하여 좀 더 쉽게 설명하면, 시전이라는 것은 한마디로 '고 · 집 · 멸 · 도가 이런 것이다' 라는 것을 나타낸 것이다. 그리고 권전이라는 것은 '고는 알아야 하고, 집은 끊어야 하며, 멸은 증득해야 하며, 도는 닦아야 한다' 는 것을 권하는 것이다. 증전이라는 것은 고를 바로 알고, 집을 끊으며, 멸을 증득하고, 도를 완전히 닦는 것을 보여 자신은 물론 다른 사람들로 하여금 깨닫도록 밝힌 것을 말한다.

삼전은 사성제의 각각에 대해 아는 것으로 그치는 것이 아니라, 이것을 실천하고 증득해야 한다는 것을 말씀하신 것이다. 예를 들면, 고제만 하더라도 시전에서는 '고가 이러한 것이다' 라는 것을 알았다고 하더라도, 고가 어떤 것이라는 것을 단순한 지식으로서만 지니는 것이 아니라 고는 반드시 끊어야 한다는 것을 권전을 통하여 실천하는 것이다. 그리고 그러한 실천을 통하여 고를 없애는 것이 증전이다.

집제에 대해서도 마찬가지이다. 시전을 통하여 고를 생기게 하는 원인을 아는 것으로만 그치는 것이 아니라, 고를 생기게 하는 원인을 실제로 없애도록 해야 하는 것이 권전이다. 그리고 그 원인을 실제로 완전하게 없애는 것이 집제의 증전이다.

이와 같이 멸제와 도제에 대해서도 삼전은 적용이 된다. 멸제와 도제가 어떤 것인지를 알았으면, 아는 것에 머무르지 않고 그것을 실천해야 하며, 그렇게 해서 실제로 증득해야 한다. 이와 같이, 사제의 각각은 실천되지 않으면 안 되는 것이며, 실천에 의하여 사제가 완성되는 것이며, 깨달음이 열리는 것이다. 즉, 사성제의 각각에 대해 이러한 삼전으로서 불도를 완성하는 것이다. 그렇기 때문에 부처님께서도 다섯 비구들에게 이렇게 말씀하셨다.

> 다섯 비구들이여, 이 사제의 삼전십이행상을 진실 그대로 알지 못하면, 위없는 지혜를 얻고 등정각(等正覺)이 되지 못한다. 나는 이 삼전십이행상을 진실 그대로 알았기 때문에 위없는 지혜를 얻고 등정각이 될 수 있었다.

이처럼 사성제를 바르게 이해하는 것도 중요하지만 이해하는 것만으로는 부족하다. 그것을 실천하려는 의지가 있어야 하며 노력이 있어야 한다. 그리고 사성제는 하나의 이상으로서 그치는 것이 아니라 실제로 우리가 도달해야 할 목표인 것이다.

　그리고 그 가운데에서 팔정도는 우리가 실천해야 할 구체적인 덕목을 드러낸 것이기 때문에, 이에 대한 명확한 이해가 있어야 하고 거기에 따른 실천이 있어야 한다.

제6장 불교수행의 세 가지 실천 덕목, 계·정·혜

1. 깨달음과 계·정·혜

지금까지 불교교리의 근본구조를 연기에서 시작해서 삼법인, 사성제, 팔정도의 순서로 설명했다. 팔정도의 삼전십이행상에서도 보았듯이 불교의 교리는 머리로만 이해한다고 해서 되는 것이 아니다. 반드시 실천이 따라 주어야 한다. 그리고 실제로 불교의 교리는 머리만으로는 이해되지 않는 부분이 많다. 자기가 실천을 통하여 직접 증득해 보지 않으면 바르게 알 수가 없다. 그래서 팔정도에서도 세속의 팔정도와 세속을 떠난 지혜로운 자의 팔정도로 나누어 설명을 했던 것이다.

불교의 궁극적 목적은 실천을 통하여 열반에 이르는 것이다. 모든 괴로움을 여의고 안락의 저 언덕에 이르기 위해서 우선 교리의 내용을 이해하고 수행이라는 실천을 통해서 깨달음의 지혜를 얻어야 열반에 도달하게 되는 것이다.

십이연기를 통하여 살펴 본 것처럼, 모든 괴로움의 근본원인은 무명이다. 무명은 지혜가 없는 상태를 말한다. 지혜가 없기 때문에 우주와 인생의 실상을 바로 보지 못하고 부질없는 것에 집착하여 온갖 염심(染心)을 일으킨다. 염심이라는 것은 번뇌이다. 이것을 혹(惑)이라고 하며, 이 혹이 온갖 업을 지음으로써 고가 발생하는 것이다.

고를 없애기 위해서는 무명에서 야기된 번뇌, 즉, 혹을 제거해야 한다. 그것은 지혜의 칼로써 베어낼 수밖에 없다. 밝은 지혜가 나타나면 무명의 번뇌는 저절로 사라진다. 어두운 방 안에 등불을 들고 들어오면 그 순간 어둠이 없어지고 방이 환해지듯이, 지혜가 밝아지는 순간 무명은 동시에 사라져 버린다. 그래서 불교에서는 깨달음을 얻기 위해서 항상 지혜가 있어야 한다고 강조한다.

깨달음의 지혜를 얻기 위한 방법으로서 불교에서는 계, 정, 혜의 삼학(三學)을 들고 있다. 계라는 것은 계율이다. 정은 선정을 말하는데, 흔히 얘기하는 명상과 비슷하지만 불교의 선정은 일반적인 명상과는 성질을 달리하는 부분이 있다. 혜는 지혜를 밝히는 것이다. 이러한 세 가지를 삼학이라고 한다.

계에 의하여 심신을 바르게 가지고 생활을 흐트러짐없이 이끌어 나간다. 그리고 선정에 든다. 그렇게 함으로써 깨달음의 지혜가 얻어진다. 이것이 삼학의 구조이다. 즉, 계학(戒學), 정학(定學), 혜학(慧學)이라고 하기 때문에 삼학인데, 여기에서의 학은 학문으로서 배운다는 의미보다도 실천의 의미가 강하다. 우리가 얼핏 생각해 보아도 절도 있고 절제된 생활을 하지 않으면 정신이 흐트러진다. 그렇게 되면 바른 생각과 지혜가 나올 수 없다.

외국의 어떤 조사에 의하면 거액의 복권에 당첨되었던 사람들의 76%가 그 전보다 더 불행해졌다고 응답했다. 대부분이 무절제한 생활로 인해 건강과 가족과 친구들을 잃고 재산마저도 날려버렸기 때문에 그렇다는 것이다. 이러한 예들은 무절제한 생활 때문에 바른 생각을 하지 못하고 지혜 구멍이 막혀 자신을 황폐화시킨 경우라고 할 수 있다.

이런 것을 보면 불교에서 왜 계, 정, 혜의 삼학에 의해서 지혜를 얻을 것을 설하는지 이해가 될 것이다. 혹-업-고의 삼도(三途)가 고가 발생하는 구조를 나타내는 것이라면, 계-정-혜의 구조는 고를 멸하기 위한 지혜가 발생하는 구조를 나타내 보인 것이라고 할 수 있다.

그렇기 때문에, 계·정·혜의 삼학은 불교의 목적인 열반에 도달하기 위해서 반드시 실천해야 할 기본적인 행이라고 할 수 있다. 깨달음을 얻기 위한 실천을 불교에서는 수행이라고 한다. 삼학은 불교 수행의 기본적인 구조를 나타내 보인 것이다. 불교의 구체적인 수행방법에는 여러 가지가 있지만 그 어떤 것이든지 모두 계·정·혜의 삼학에 포함되지 않는 것이 없다.

바꾸어 말하면, 이러한 삼학 이외에 불교의 다른 수행은 있을 수 없다. 삼학은 이론적으로는 계-정-혜의 순서로 되어 있지만, 실천적으로는 세 가지가 모두 병행되어 행해지는 것이며, 서로 보완작용을 하고 있다.

2. 스스로를 다스린다 '계(戒)'

| 1) 계를 지키는 목적 |

삼학에서 말하는 계학이라는 것은 계의 실천이라는 의미가 있다. 계학의 목적은 계에 의하여 우리의 심신을 다스림으로써 정(定)에 들어가기 쉽게 하고자 하는 것이다.

태도와 생활이 절도있고 절제되지 못하면 고요한 마음의 상태를 유지하는 것이 어렵다. 운동선수는 중요한 시합을 앞두고 술도 마시지 않고 이성과 성적인 접촉도 하지 않으며 음식 등도 극히 조심해서 몸을 돌본다. 그렇게 함으로써 몸의 상태를 최적으로 만들 수 있을 뿐만 아니라, 정신이 흐트러지지 않기 때문에 시합에서 좋은 결과를 낼 수 있다.

수행에 있어서도 마찬가지이다. 방만하고 절도 없는 생활을 하면서 마음의 평정을 유지하고 고요하게 명상을 한다는 것은 근본적으로 불가능하다. 그래서 옛날부터 계는 선정의 근본이 된다고도 하고 훌륭한 선정을 위해서는 빈틈없이 계를 지키는 청정지계(淸淨持戒)가 반드시 따라주어야 한다고 하는 것이다.

계를 지키지 않으면서 수행을 한다는 것은 그야말로 벽돌을 갈아 거울을 만들려는 것과 같다. 기초공사가 부실한데 어떻게 크고 훌륭한 집이 세워질 수 있겠는가? 그래서 불교에서는 시종일관 계행을 지킬 것을 강조한다. 부처님께서는 계에 대해 《증일아함경》에서 이렇게 설하셨다.

한 가지 일을 닦고 널리 펴야 한다. 이 한 가지 일을 닦으면 명예를 얻고 큰 과보를 얻어 온갖 선이 두루 모이게 되고 감로미를 얻어 무위처(無爲處)에 이르게 되며, 신통을 이루고 온갖 산란한 생각을 제거해 사문과에 이르며, 스스로 열반을 이루게 된다. 그 한 가지 법이란 무엇인가? 이른바 계를 생각하는 것이 그것이다.

즉, 계를 생각함으로써 명예를 얻고, 선을 쌓으며, 오묘한 경지인 감로미를 얻고, 깨달음의 경지인 무위처에 이르게 된다는 것이다. 그리고 산란한 생각을 멈추고 신통을 얻으며 아라한이 되어 열반을 얻는다는 말씀이다. 부처님께서는 계속해서 이렇게 설하셨다.

계는 온갖 악을 그치게 하는 까닭에 도를 이룰 수 있게 하고, 사람들을 기쁘게 하며, 계는 몸을 휘감아 온갖 좋은 일을 나타나게 한다. 무릇 금계(禁戒)란 길상병(吉祥甁)과 같아서 바라는 바를 성취하게 하며, 모든 도품법(道品法)은 다 계로 말미암아 이루어진다.
비구들이여, 이와 같이 금계를 지키는 이는 큰 과보를 얻어 온갖 선이 두루 모이게 되고, 감로미를 얻어 무위처에 이르게 되며, 신통을 이루고 온갖 산란한 생각을 제거해 사문과에 이르며, 스스로 열반을 이루게 된다. 그러므로 비구들이여, 늘 계를 잊어버리지 않도록 생각해야 한다. 그러면 온갖 좋은 공덕을 얻을 것이다.

계를 지키면 모든 악이 멈추게 되고 바라는 바를 모두 성취하게 되며, 불교의 모든 수행은 계를 잘 지킴으로써 이루어진다는 말씀이다. 즉, 계가 모든 선법의 바탕이 된다는 의미이다.

계는 산스크리트어로 실라(śīla)라고 한다. 이 말에는 '습관'이라든가 '습성'이라는 의미가 있다. 그렇기 때문에 습관적인 것은 선이든 악이든 모두 계라고 할 수 있지만, 일반적으로 계라고 할 때에는 선의 쪽만을 말한다. 즉, 계라는 것은 심신에 선을 행하는 습관을 붙이는 것을 말한다. 그렇기 때문에 계는 누구의 강요에 의해서가 아니라 자발적으로 행한다는 의미가 있다. 따라서 계를 지키는 데 있어서 강제적이거나 그것을 어겼다고 해서 벌칙을 요하는 것은 아니다. 현대적인 의미로 말하자면, 계는 윤리적이고 도덕적인 것에 해당한다. 계를 지킨다는 것은 스스로가 스스로를 규율하는 것으로서 자신의 내면에 관한 문제라고 할 수 있다.

그런데 불교에서는 흔히 '계율(戒律)'이라고 말한다. 계율은 엄밀한 의미에서는 계와 율로 나누어진다. 계라는 것은 앞에서 설명한 것처럼 스스로가 스스로를 규율하는 자발적인 것이지만, 율은 타율적인 규제의 성질이 있다.

율은 산스크리트어로 비나야(vinaya)라고 하는데, 이 말에는 '훈련', '제지', '조복' 등의 의미가 있다. 특히 신·구·의의 삼업 가운데에서 특히 몸과 말의 두 가지를 조복한다는 의미가 강하다. 이것은 출가자의 생활규범과 규칙을 말하는 것으로 출가집단의 질서를 유지하기 위한 타율적인 규제조항이라고 할 수 있다.

우리가 보통 오계(五戒)라고 부르는 불살생, 불투도, 불망어, 불사음, 불음주 같은 것은 자율적인 면이 강한 계이지만, 이것이 승단에서 적용되면 율이 된다. 살생을 한 비구는 말할 것도 없고 투도와 망어, 사음, 음주를 한 출가승은 승단에 머무를 수가 없다. 재가자들에게는 자율적인 계이지만 이것이 승단에서 적용될 때는 추방을 받는 율이 된다는 의미이다. 계와 율에는 이러한 차이가 있다.

율은 승단에서 문제가 일어날 때마다 석가모니 부처님께서 제정하신 것이다. 그것이 《율장》에 잘 기록되어 오늘날까지도 전해지고 있다. 미리 율을 정해 놓지 않고 문제가 생길 때마다 정하는 것을 수범수제(隨犯隨制), 혹은 수연제계(隨緣制戒)라고 하지만 계는 수범수제는 아니다. 계와 율은 엄밀하게 나누면 앞에서 설명한 것처럼 자율과 타율의 차이가 있는 것이지만, 일반적으로 혼용하여 그냥 계율이라고 말한다. 그리고 율을 설하는 가운데에 계가 설해지는 경우도 많다. 그리고 계를 설하면서 율도 포함하여 설하는 경우도 있다.

승단에서는 일반적으로 비구들은 250계를 지켜야 하고, 비구니들은 348계를 지켜야 한다고 하는데, 이 경우에도 계와 율이 혼동되어 쓰이고 있다. 이 경우에는 정확하게 말하면 율이라고 해야 하지만 이렇게 계라고도 하고 계율이라고도 한다. 그래서 이 책에서도 계와 율을 구분하지 않고 그냥 계율이라고 하는 말을 쓰겠다.

석가모니 부처님께서 성도하시고 십이 년 정도까지는 계율이 정해지지 않았던 것으로 보인다. 초기에 부처님의 제자가 된 비구들은 정신적으로 상당한 경지에 오른 사람들이 대부분이었기 때문에 그들을 규제할 규율의 필요성이 없었다. 그러나 출가자들이 급증하고 승단의 인원이 많아짐에 따라 별별 사람들이 다 모여들게 되었고 따라서 정신적 수련이 부족한 사람들도 늘어나게 되어 그들을 규제할 규율이 생기게 되었던 것이다.

예를 들면, 불음계가 처음으로 제정된 과정은 이러하다.

수다나라는 비구가 음행을 하게 되었는데, 그때 비로소 성행위를 금지하는 불음계가 정해졌다고 한다. 그런데, 수다나 비구는 그 당시 스스로 원해서 음행을 했던 것은 아니었다. 당시의 국법으로는 대가 끊어지면 재산이 나라에 몰수되있기 때문에 외동아들이었던 수다나는 대를 잇기 위해 음행을 했다고 한다. 수다나는 출가할 당시에 결혼은 했지만 자식은 없었기 때문에 재산이 몰수될 것을 염려한 모친이 며느리를 데리고 와서 간청하는 바람에 어쩔 수 없이 음행을 하게 되었던 것이다. 그러나 비구로서는 바르지 못한 행위를 한 것이 되었기 때문에 이를 계기로 여기에 대한 계율이 정해졌던 것이다.

또 다니야라는 비구가 있었다. 이 비구는 조용한 곳에 토굴을 짓고 수행하고 있었는데, 어느 날 탁발을 갔다 오니 나무꾼들이 사람이 살지 않는 집인 줄 알고 토굴을 덮었던 나무를 전부 걷어 가버렸다. 그래서 이 사람은 더 튼튼한 집을 지어야겠다고 생각하고 옛 친구였던 궁중의 목재관리인에게 가서 왕의 명령이라고 하면서 목재를 가져다가 집을 지었다. 국왕이 부처님의 제자들은 나라의 초목과 물은 마음껏 써도 된다는 말을 악용하여 궁중의 목재를 몰래 가져다 썼기 때문에 이를 계기로 주지 않는 남의 물건은 취하지 말라는 불투도계가 정해졌다.

이렇게 해서 교단에 불미스러운 일이 일어날 때마다 재발을 방지하기 위하여 계율을 제정하게 되었던 것이다.

그 이후 승단의 인원이 늘어나면서 잡다한 문제가 발생하자 그에 따라 점차적으로 계율이 제정되어 나중에는 비구 250계, 비구니 348계라는 방대한 계율이 제정되었던 것이다. 이 숫자는 남방불교와 북방불교 사이에 약간의 차이는 있지만 근본적으로 내용이 거의 같다. 이것을 구족계(具足戒)라고 하는데, 정식의 출가자로서 지켜야 할 모든 계율이 포함되어 있는 갖추어진 계율이라는 의미에서 이렇게 말하는 것이다. 미성년 출가자인 사미는 십계를 지켜야 하고 재가자는 보통 오계를 지킨다. 그러나 이러한 계는 모두가 구족계에서 비롯된 것이라고 할 수 있다. 즉, 구족계에 모두 포함되어 있는 것이 십계, 오계 등인 것이다.

그러나 석가모니 부처님께서는 입멸하시기 전에 필요하다면 소소한 계율은 버려도 좋다고 하셨다. 이것은 계율을 제정하는 목적이 심신을 바르게 갖추고 바른 선정에 이르는 것이기 때문에 시대상황이나 환경을 고려하지 않고 계율에 집착함으로써 도리어 계율제정의 본뜻을 잃어버리지 않을까 염려해서일 것이다. 부처님께서 계율을 정하실 때 수범수제의 원칙에 따라 제정하셨던 것도 이러한 맥락에서 파악할 수 있다.

계율에 대한 부처님의 이러한 유연한 태도는 계율이 절대적, 고정적인 것이 아님을 나타낸 것이다. 시대와 환경이 변함에 따라 계율의 세세한 부분은 변할 수 있다. 너무 계율의 조항에만 얽매여 큰 것을 놓치는 잘못을 범해서는 안 될 것이다. 계율이 제정된 원래의 취지를 잘 이해하고 거기에 맞추어 행동하는 것이 더 중요하다. 계율을 통하여 심신을 제어하고 그럼으로써 악을 누르고 선을 조장하는 것이 원래의 목적이므로, 계율 자체가 목적이 되어서는 안 될 것이다. 부처님께서 소소한 계율을 버리라고 하신 것도 이러한 취지에서 말씀하신 것이다.

그러나 소소한 계율을 버리라고 했다 해서 계율을 등한시해서는 안 된다. 특히 출가승들은 시대가 아무리 변하고 환경이 변했더라도 기본적으로 지켜야 할 계율이 있다. 특히 음주에 대해서는 출가승이든 재가 신도이든 너무 관대한 경향이 있다. 온갖 핑계를 다 대어서 음주행위를 합리화하려고 하지만 특히 출가승에게 있어서의 음주는 독약을 마시는 것과 같다는 것을 알아야 한다.

계에는 두 가지의 기본적인 성격이 있다.

첫째는 계를 통하여 악을 방지하는 것이다. 이것을 방비지악(防非止惡)이라고 한다. 잘못을 막고 악을 그친다는 의미이다. 이것이 계율이 지닌 원래의 의미인데, 계가 지닌 이러한 악을 방지하는 특성을 가리켜 지지계(止持戒), 혹은 지악계(止惡戒)라고 한다. 구체적으로 비구의 250계, 비구니의 348계가 이것에 해당하는 것이다.

또 계가 지닌 두 번째의 성격으로서는 선을 조장하는 측면이다. 이것을 행선(行善)이라고 하는데, 계의 이러한 특성을 작지계(作持戒), 혹은 작선계(作善戒)라고 한다. 작선이라는 말은 보시나 자비를 베푸는 등의 선을 행한다는 의미이지만, 여기에서의 작선은 이러한 일반적인 의미의 선행이 아니라 참회나 수계 등 교단내의 의례나 행사에 관한 것을 말한다. 이러한 것을 규정한 대표적인 것으로 20건도라는 것이 있다. 건도는 빨리어의 칸다카(khandhaka)의 음사인데, 수계나 포살, 안거, 출가승의 복장 등에 대한 승단 내부의 규정을 적어 놓은 것을 말한다.

| 2) 계의 형식과 종류 |

계는 원래 자격이 있는 스승으로부터 받아야 한다. 계를 주는 스승을 계사(戒師)라고 한다. 불교에 입문하는 사람은 원래 계사로부터 계를 받아야 한다. 계를 받아 지님으로써 불교에 첫발을 내디디는 셈이 된다. 그래서 맨 처음 입문하는 사람은 삼귀의계를 받는다. 즉, 불·법·승 삼보에 귀의하는 계를 받는 것이다.

계를 주는 것과 받는 것을 모두 '수계'라고 하지만, 한자로는 주는 것을 '授戒', 받는 것을 '受戒'라고 한다. 그리고 일정한 수계의식에 의하여 구족계를 받게 되면 정식으로 출가승이 되는 것이다.

구족계의 수계의식에는 먼저 계를 주는 계화상(戒和尙)이 있어야 한다. 이를 전계아사리(傳戒阿闍梨)라고 한다. 아사리는 스승이라는 뜻이다. 다음으로는 수계식을 주도하는 갈마아사리(羯磨阿闍梨), 그리고 계를 받을 사람의 자격을 조사하고 그것을 입증해주는 교수아사리(教授阿闍梨) 등과 7명의 증인이 있어야 한다. 이렇게 세 명의 아사리와 7명의 증인을 삼사칠증(三師七證)이라고 하여 구족계를 받을 때에 반드시 갖추어져야 할 조건이다.

부처님께서 처음에 제자들을 출가시킬 때는 부처님과 부처님의 가르침에 귀의하겠다는 맹세만으로 간단하게 출가가 이루어졌다. 그러나 교단이 확대됨에 따라 일일이 부처님께 와서 출가를 허락받는 것은 거리상으로나 시간상으로 불편한 점이 많았기 때문에 먼저 출가한 스님들로 하여금 대신해서 출가를 허락하도록 했다. 그러나 시간이 흐르면서 출가를 허락하는 사람이나 출가지원자의 자격에 문제가 발생하게 되어 이를 좀 더 엄격하게 규제할 필요가 생기게 되었다.

예를 들면, 당시의 출가지원자 중에는 빚을 지고 도망오거나 군대를 기피한 사람이 있었다. 심지어는 어린 아이들이 많은 집에서 먹여 살릴 길이 없어 부처님 밑으로 보내면 평생 입는 것, 먹는 것 걱정은 하지 않아도 되겠지 하는 생각에 동네 아이들이 부모들의 권유에 의하여 집단으로 출가한 적도 있었다. 승단에서는 이들에 대한 검증을 제대로 하지 않고 무조건 출가를 허락하여 대내외적으로 많은 폐단이 있었다. 당시에는 왕들이 불교를 존중하여 승단에는 간섭을 하지 않는 것이 원칙이었기 때문에 범법자들이 도피처로 생각하고 출가를 하는 경우도 많았다.

이러한 무자격자들의 출가를 규제하기 위하여 아사리를 정하고 또 이들의 출가를 입증할 증인을 세웠던 것이다. 승가에서는 세속의 신분이나 지위, 명예, 연령 등은 모두 의미가 없다. 오직 누가 먼저 구족계를 받고 출가했는가에 따라서 선후배가 결정되었다. 구족계를 받은 햇수를 보통 법랍(法臘)이라고 한다. 구족계를 일찍 받은 사람이 법랍이 높은 것은 당연한 일이다. 나이가 많은 왕족출신이라도 미천한 집안의 젊은이가 먼저 구족계를 받고 출가했으면 선배로서 우러러보아야 했다. 석가족의 일곱 왕자가 이발사인 우빨리보다 늦게 출가했기 때문에 우빨리에게 머리를 숙여야 했던 얘기는 유명하다. 이런 일은 계급차별이 엄격했던 당시의 사정으로 보아서 정말 파격적인 조치였다. 만인의 평등을 주장하는 불교에서만 가능했던 일이다.

이처럼 언제 출가했느냐가 승단 안에서의 위치를 결정하기 때문에 승단의 질서유지를 위하여 수계를 받은 날을 따지는 것은 무척 중요했다. 그래서 이를 입증하기 위해 7명의 증인이 수계식에 참석하여 지켜보도록 했던 것이다.

계를 주는 장소는 결계(結界)라고 하여 일정한 범위의 구획을 정하고 청결히 했다. 이렇게 만든 수계식의 장소를 계장(戒場) 혹은 계단(戒壇)이라고 한다. 이렇게 구획을 정한 이유는 어느 일정 구역 안에서의 자치와 의결에 의하여 계사가 정해지고 증사(證師)가 정해지기 때문이었다. 그렇지 않으면 계를 받기 위하여 넓은 지역에 흩어져 있는 스님들을 모아야 했다. 계단은 필요할 때마다 만들었지만 나중에는 고정된 장소에 만들어 수계를 하기도 했다.

수계식의 형식을 보면 보통 갈마아사리가 먼저 계를 받을 사람을 가리켜 이 사람에게 구족계를 주고 싶은데 어떻게 생각하느냐고 계사에게 묻는다. 그러면 교수아사리가 갈마아사리에게 수계지원자가 계를 받을 여러 가지 조건을 갖추고 있는지를 묻는다. 조사가 끝나면 갈마아사리는 다시 수계지원자에게 틀림이 없는가를 묻는다. 그런 다음 갈마아사리는 다시 다른 비구들에게 이 사람에게 구족계를 주어도 좋은가라고 묻고 이의가 없으면 침묵하고 이의가 있으면 말하라고 세 번을 묻는다. 이렇게 세 번 물은 다음 이의가 없으면 정식으로 구족계를 주었다. 이처럼 갈마아사리가 한 번 동의를 구하고 세 번 찬부를 묻는 것을 백사갈마(白四羯磨)라고 하기도 하고 혹은 일백삼갈마(一白三羯磨)라고도 한다.

구족계를 줄 때는 많은 계율 가운데에서 어기면 가장 중죄를 받는 4바라이(波羅夷: pārājika)죄를 어기지 말 것에 대해서 들려준다. 사바라이죄는 사음, 절도, 살인, 깨닫지 않고 깨달았다고 하는 네 가지 죄이다. 그리고 이것을 범하면 불제자가 아니라고 계사 앞에서 선언한다. 불교에서 4바라이죄라는 중죄를 범해도 어떤 형벌을 가하는 것은 아니었다. 교단에서 추방하는 것이 가장 큰 형벌이었다. 이렇게 해서 구족계를 받은 자만이 정식의 출가자가 되었다. 실제로는 이러한 절차 이외에도 여러 가지 수계에 대한 작법이 있어 엄숙하게 진행이 된다.

대승불교 시대가 되면 보살계라는 것이 주어졌다. 보살계는 세세한 계율을 규정하지 않고 삼취정계(三聚淨戒)라는 대승보살이 지켜야 할 계법을 포괄적으로 규정한 것이다. 삼취정계는 《범망경(梵網經)》이나 《영락경(瓔珞經)》 등에서 설한 대승불교 독자의 계율이다. 여기에는 섭률의계(攝律儀戒), 섭선법계(攝善法戒), 섭중생계(攝衆生戒)의 세 가지가 있다.

섭율의계라는 것은 부처님께서 만드신 계율을 지키고 일체의 악을 모두 끊어야 한다는 것을 규정한 것이다. 대승불교에서는 섭율의계의 내용으로 열 가지의 중대한 금지사항인 십중대계(十重大戒)와 48가지의 비교적 가벼운 48경계(輕戒), 그리고 십선계(十善戒)가 있다.

십중대계는 생명을 해치지 않는 불살계(不殺戒), 훔치지 않는 불도계(不盜戒), 사음을 하지 않는 불음계(不淫戒), 술을 팔지 않는 불고주계(不酤酒戒), 타인의 죄나 잘못을 폭로하지 않는 불설과죄계(不說過罪戒), 자신을 칭찬하고 타인을 욕하는 것을 금하는 불자찬훼타계(不自讚毀他戒), 재물이나 법을 베푸는 것을 아까워하지 않는 불간탐계(不慳貪戒), 화가 나서 상대가 사과해도 용서하지 않는 것을 금하는 불진계(不瞋戒), 불·법·승을 비방하지 않는 불방삼보계(不謗三寶戒)이다.

섭률의계는 이러한 십중대계를 지키는 것은 물론 48경계와 모든 계율을 지켜 악을 끊는 것이다. 섭선법계라는 것은 적극적으로 모든 선을 실천하는 것이다. 그리고 섭중생계는 일체의 중생을 완전히 감싸 안고 널리 이익을 베푸는 것이다. 즉, 자비심을 바탕으로 모든 중생을 위해 힘을 다하는 이타행(利他行)이다.

섭률의계와 섭선법계는 스스로에 대한 계행이며, 섭중생계는 남을 위하는 이타적인 것이라고 할 수 있다. 또 섭율의계는 악을 그치는 지악에 해당되고, 섭선법계와 섭중생계는 행선에 포함된다고 할 수 있다. 계라는 것은 지악행선을 위한 것이므로, 이 삼취정계에는 모든 계법이 포함된다고 하여 '섭(攝)'이라는 말을 붙인 것이다.

이처럼 대승불교의 계율은 세세한 규정을 정하기보다는 대승보살이 지켜야 할 계율을 매우 포괄적으로 규정하고 있다. 삼취정계는 지악행선이라는 계율의 제정 취지를 살리는 의미가 강하여 초기불교에서 보는 것과 같은 엄격함이 많이 줄어들어 있다. 이것은 아마 대승불교가 아무래도 재가신도의 입장을 많이 반영하여 승단에서 지켜야 할 율의 성격을 많이 배제했기 때문에 그런 것으로 보인다.

그리고 대승보살계의 수계에는 경우에 따라서 스스로 삼취정계를 지킬 것을 맹세하고 계를 받는 자서수계(自誓授戒)의 형태도 있었다. 즉, 삼사칠증의 형식을 갖추지 않고도 스스로 참회하고 맹세하면 계를 받은 것으로 간주했던 것이다.

| 3) 수계와 파계 |

계율을 지키는 것을 지계(持戒) 혹은 수계(守戒)라고 한

다. 그리고 계를 어기는 것을 파계 혹은 범계(犯戒)라고 한다. 계율은 물론 지계가 중요하다. 그러나 그에 못지않게 계를 주는 수계(授戒)와 계를 받는 수계(受戒)도 마찬가지로 중요하다. 그래서 수계(受戒)가 없이는 불교의 계는 성립하지 않는다고까지 말할 정도이다. 계를 받아 지키는 것도 중요하지만 그것과 더불어 수계가 왜 그렇게 중요한가?

계를 받게 되면 우리에게 계를 지키겠다고 하는 마음이 생긴다. 이것을 계체(戒體)라고 한다. 수계식을 통하여 우리에게 계체가 형성되면 우리에게는 계를 지키고 악을 방지하는 힘이 생기게 된다. 마치 학생들이 신학기가 되거나 상급학교로 진학하면 이러이러한 것을 하겠다고 결심하고 책상 앞에 써서 붙여 놓는 것과 같은 효과가 있다는 의미이다. 불교의 계라는 것을 단순히 금지조항을 적어 놓은 것이나 승단의 규율에 대해서만 적어 놓은 것으로 이해해서는 안 된다. 앞에서도 언급했다시피 계는 지악행선에 그 근본취지가 있다.

그렇기 때문에 불자가 된 이상 계율이라는 것은 **출가승들이나 지키는** 것이지 나하고는 상관이 없다고 생각해서는 안 된다. 수계식을 통해서 자신이 거듭 태어나는 계기로 삼아야 한다. 그렇게 해서 우리에게 계체가 형성되면 점차적으로 악을 멀리하고 선을 행하게 되기 때문이다.

계체라는 것은 선의 무표업이다. 무표업이라는 것은 실제로 겉으로 드러나는 신체적인 행위나 언어의 표업이 잔영으로서 마음에 남게 되는 보이지 않는 업력이다. 무표업이 어떤 연을 만나 겉으로 드러나게 되는 것이 언어나 행위이다. 그렇기 때문에 무표업이 어떠한 성향을 지니는가에 따라서 우리들의 언행은 선이 되기도 하고 악이 되기도 한다. 수계를 통하여 우리에게 계체가 형성되면 선의 무표업이 자라나게 되어 자연히 악한 것은 억누르게 된다. 그래서 계체가 유지되도록 거듭해서 계를 받아도 상관없다는 것이다.

계체는 우리에게 선의 무표업을 형성하여 후천적인 성격을 형성하게 하는 것이다. 그렇기 때문에 악을 방지하고 선을 행하기 위해서는 수계에 의해서 계체가 생길 수 있도록 해야 한다. 이처럼 수계에 의하여 계체를 얻게 되는 것을 계체발득(戒體發得)이라고 한다.

이렇게 보면 수계라는 것은 단순한 의례절차가 아니라 우리들의 마음을 다스리는 대단히 중대한 의식이라고 할 수 있다. 수계에 의해서 계체가 생기는 것은 구족계를 받는 출가자에게만 해당되는 것은 물론 아니다. 일반 재가자들도 수계식을 통하여 오계 등을 받게 되면 당연히 계체가 생긴다.

그렇기 때문에 옛날부터 재가신도도 오계를 받으면 공덕이 매우 크다고 하는 것이다. 불자가 되기를 결심하고도 계를 아직 받지 못한 사람은 가까운 절에 가서 계를 받는 것이 좋다. 한 번이 아니라 여러 번 반복해서 받아도 괜찮다. 그리고 그럴 인연이 되지 않는 사람은 스스로 지난날의 잘못을 참회하고 앞에서 설명한 삼취정계를 지킬 것을 맹세해도 계를 받은 것과 마찬가지이다. 계를 지키겠다고 맹세를 하고 어기면 어쩌나 하고 걱정이 되어서 계를 받지 않는 사람은 잘못 생각하고 있는 것이다. 계를 받으면 계체가 생기기 때문에 만약 계를 어겼더라도 계속해서 거듭 계를 받는 것이 좋다.

우리가 계를 어기게 되면 계체의 힘이 약해진다. 그러나 몇 번이고 거듭해서 계를 받으면 계체의 힘이 회복된다. 예를 들면, 계를 받고 파계를 해도 계체는 완전히 없어지지 않는다. 술을 마시지 않겠다고 맹세를 하고 나서 어쩔 수 없이 술을 마시게 되는 경우라도 이래서는 안 되는데 하는 생각이 남아서 마음에 걸리는 것처럼 계체도 그런 역할을 한다.

우리가 수계를 통하여 계를 지킬 것을 맹세했지만 현실생활에서는 그게 잘 안 된다. 특히 재가자들에게 있어서는 오계조차도 제대로 지키기가 어렵다.

살생을 하지 않는냐고 하지만 모기약, 바퀴벌레약 뿌리는 것도 엄격하게 따지면 다 살생이다. 우유 한 모금만 마셔도 그 속에는 수많은 미생물들이 살고 있다. 그런 것들이 다 생명 있는 것들인데 우리의 위산에 녹아버리니 그것도 살생이라면 살생이라고 할 수 있을 것이다. 그리고 설렁탕, 육개장을 사 먹어도 육식을 하게 되니 그것도 간접살생이 되는 것이다.

그리고 거짓말을 하지 않는 것도 그렇다. 뚱뚱한 손님이 옷 고를 때에 잘 안 어울려도 어울린다고 해야지 입는 것마다 안 어울린다고 하면 장사가 되지 않을 것이다. 부하직원이 일을 서투르게 하는 경우가 있어도 칭찬해 줘야 다음에는 더 잘 하게 된다. 누가 선물을 주는데 마음에 안 들어도 맘에 든다고 해야 그 사람이 기뻐할 것이다. 남의 것을 훔치지 말라고 하지만 장사하면서 이익을 많이 붙이는 것도 도둑질이 되는 것이고, 넓은 땅 많이 차지하고 있는 것도 남의 것을 빼앗는 거나 마찬가지이고, 불필요한 물건을 많이 가지고 있는 것도 남의 것을 훔친 것이 될 수 있다. 다른 사람이 필요로 하는 것을 나만 많이 가지고 있다면 그것도 훔친 것이라고 할 수 있다. 지구의 재화는 한정이 있는데 나만 과도하게 소유하는 것은 다 남이 가지게 될 것을 가로채어 훔치는 것이 될 수 있다는 말이다.

계라는 것은 율과는 달라서 자기 스스로에 대한 규제이다. 자발적인 마음의 움직임이 계를 지키는 것이다. 율은 승단의 질서 유지를 위하여 반드시 지켜져야 한다. 그러나 계는 철저하게 지키기가 무척 어렵다. 오죽하면 사계(捨戒)라고 하여 도저히 계를 지키지 못할 형편이 되면 일시적으로 계를 버리는 것도 있겠는가. 이것은 계를 버리기 때문에 계를 어기는 것은 아니라고 생각해서 그렇게 하는 것이다. 그리고나서 상황이 회복되면 다시 계를 받는 것이다. 이렇게 하는 것은 어쩌면 계란 것은 완전하게 지키기가 어렵다는 전제를 두고 편법을 쓰는 것이 아닌가 하는 생각이 들기도 한다.

사계라는 방법은 터무니없는 것 같지만, 불교에서 이러한 방편을 쓰는 것은 인간의 나약한 심리를 고려해서 그렇게 하는 것이다. 첫째는, 계를 어겼다는 죄책감을 오래도록 남겨두어 도리어 그것이 수행에 방해가 되는 것보다는 차라리 일시적으로 계를 버려 그러한 죄책감을 떨쳐 버리는 것이 도리어 수행에 도움이 되기 때문이다.

둘째는, 사람들은 계를 어기게 되면 파계했다는 죄책감 때문에 더 이상 계를 지키려고 하지 않는 경향이 있다. 어린이들이 새 옷을 입고 놀면서 어쩌다가 흙탕물이 튀기기라도 하면 그 다음부터는 옷에 흙이 묻건 말건 마구 첨벙거리며 노는 것과 같다.

이렇게 사계라는 방편을 사용하는 것은 나약한 인간에게 계체의 힘이 완전히 사라지지 않게 유지하려는 것이다. 인간은 처음부터 완벽해질 수 없다. 끊임없이 실패를 하면서 또 다짐을 하고 일어서는 것처럼, 비록 계를 어겼더라도 다시 계를 받고 새롭게 결심을 굳혀 나가야 한다. 그렇게 해서 악을 방지하고 선을 키워나간다. 그래서 수계는 거듭 받아도 좋다는 것이다. 불교의 계라는 것은 이처럼 실천적 의미가 강하고 우리가 살아가는 힘으로서 작용을 하는 것이다.

불교의 계는 지악행선(止惡行善)이라는 말에도 나타나듯이 악을 억누르고 신을 조장하는 것이기 때문에 자기 스스로에게도 도움이 될 뿐 아니라 다른 사람에게도 이익을 줄 수 있는 것이다. 그리고 계를 준수함에 있어서 우리의 심리적인 영향을 더 중시하기 때문에 단순한 규칙이나 법률 등과는 차원을 달리하는 것이라고 할 수 있다.

그러나 그렇다고 해서 쉽사리 파계해도 된다는 의미는 아니다. 어쩔 수 없는 상황하에서 파계해야 할 경우에는 차라리 계를 버리고 다시 받아 계체를 유지할 수 있도록 해야 한다는 말이다. 계를 범했다고 해서 자기는 이제 버린 몸이라고 생각하고 앞으로도 계속해서 계를 지키지 않는다면 그 사람은 악업만 쌓게 될 것이다. 그것보다는 차라리 잠시 계를 반납하고 나중에 다시 계를 받아 지키는 것이 낫다는 취지에서 사계라는 개념을 도입한 것이다.

부처님께서는 마가다국의 파타리라는 마을에 가셨을 때 파계의 재화(災禍)와 지계의 공덕에 대해서 그곳의 불교도들에게 이렇게 말씀하셨다.

거사들아, 오계를 범한 파계자는 다음과 같은 다섯 가지 재화가 있느니라. 첫째, 계를 범한 파계자는 제멋대로 방일하여 재물의 손실을 입는다. 이것이 파계자의 범계(犯戒)에 의한 첫 번째 재화이다.

다음에 거사들아, 계를 범한 파계자에게는 나쁜 평판이 생긴다. 이것이 파계자의 범계에 의한 두 번째 재화이다.

다음으로 거사들아, 계를 범한 파계자는 왕족의 모임이나 바라문의 모임, 거사의 모임, 사문의 모임 등 어떠한 모임에 가도 자신이 없고 두려워하며 부끄러워한다. 이것이 파계자의 범계에 의한 세 번째 재화이다.

다음으로 거사들아, 계를 범한 파계자는 정신이 착란되고 몽매한 채로 죽는다. 이것이 파계자의 범계에 의한 네 번째 재화이다.

다음으로 거사들아, 계를 범한 파계자는 몸이 허물어져 죽은 뒤에 고계, 악취, 타처(墮處), 지옥에 태어난다. 이것이 파계자에 대한 다섯 번째 재화이다.

거사들아, 파계자는 범계에 의하여 이러한 다섯 가지 재화를 받는다.

여기에서 말씀하신 파계에 대한 훈계는 주로 재가자들을 상대로 설법하신 것이다. 재가자들이 파계를 하게 되면, 우선 재산상의 손실이 생기게 된다. 살생까지는 가지 않더라도 남을 다치게 한다든가 공금을 횡령하는 따위의 부정을 저지르게 되면 그것을 물어주어야 하기 때문이다. 음주로 인하여 교통사고를 내어도 마찬가지이다. 계를 지키는 절도 있는 생활을 하지 못하고 방종한 생활을 하면 자기의 재산이 축나는 것은 당연한 일이다.

또 파계자에게는 나쁜 평판이 생긴다고 하셨다. 절제되고 절도있는 생활을 하지 않는 사람은 남들로부터 신뢰를 얻지 못한다. 술을 잘 마시거나 사음을 즐기는 사람이라면 아무래도 중대한 일을 맡기기에 망설여질 것이다. 돈에 대한 욕심이 많아서 부정과 횡령을 일삼는 사람이나 땅투기를 하는 사람들도 다 불투도계를 어긴 경우라고 할 수 있다.

또 계를 어기는 사람은 어떤 모임에 가도 두려워하고 부끄러워한다고 했다. 인간사회에 모여 살면서 늘 부끄러워하고 두려워한다면 그것보다 더 괴로운 것이 어디 있겠는가?

바르지 못한 언행을 하는 사람은 어디에 가서도 인정을 받지 못하고 떳떳하지 못해서 사람들의 이목을 두려워한다. 그래도 부끄러워하는 사람은 어느 정도 개선의 희망이 있지만 온갖 잘못을 저지르고도 뻔뻔하게 굴고 도리어 큰 소리치는 사람도 있다. 그는 점점 더 악업을 짓게 되어 벗어날 기망이 없는 사람으로 불교에서는 일천제(一闡提)라고 한다. 일천제는 이찬티카(icchantika)라는 말의 음사인데, '선근을 끊는다〔단선근(斷善根)〕'라고 하는 뜻이다. 선근이 끊어져서 영원히 구제될 희망이 없는 사람이 일천제이다.

주위를 살펴보면 일천제 비슷한 사람들이 많이 있다. 요즘은 이런 사람들이 점점 더 늘어나는 것 같기도 하다. 그러나 불교에서는 일천제라는 표현을 써도 모든 사람들이 마음만 고쳐먹으면 다 성불할 수 있다고 한다. 흉악한 살인범이라도 한 가닥 선근은 있다. 그런 것을 잘 길러 주면 새롭게 태어날 수 있다고 보는 것이 불교의 관점이다. 그러나 워낙 뻔

뻔하고 악독한 사람들도 있어 이렇게 일천제라는 비유를 썼던 것이다.

부처님께서는 계를 어기면 정신이 착란되고 몽매한 상태로 죽는다고 하셨는데, 계를 어긴 사람은 죽기 전까지도 이러한 상태로 있다가 죽게 된다. 계행을 지키고 청정한 생활을 하지 않았던 사람들은 대체로 죽을 때도 여러 가지 추한 모습을 보이기 마련이다. 거기에다가 정신마저도 온전하지 못해 주위 사람을 괴롭히고 가슴 아프게 한다.

계를 지켜 절제되고 절도 있으며 청정한 생활을 하지 않게 되면 정신이 흐려지는 것은 물론 우선 몸이 나빠진다. 육식을 즐기거나 술 마시기를 좋아하는 사람치고 나이 들어서 건강한 사람이 드물다. 거기에다가 남의 물건 탐내고 거짓말하기 좋아하는 사람들의 말로가 어떤지 주위를 관찰해 보면 잘 알 수 있다. 부처님 말씀은 조금도 거짓이 없다. 계를 지키지 않는 사람은 몸도 마음도 추하게 되어서 죽는다. 다시 태어나더라고 고계에 태어나고 악취에 태어나게 된다.

여기에 반하여 계를 잘 지키는 지계자는 파계자와는 반대로 다섯 가지 공덕을 얻게 된다고 부처님께서 말씀하셨다. 즉, 계를 잘 지킴으로써 큰 재산을 얻을 수가 있고, 좋은 평판이 생기며, 어떤 모임에 가도 자신이 있고 두려워 하거나 부끄러워 할 필요가 없으며, 죽을 때에도 바른 정신을 가지고 죽으며, 죽은 뒤에는 선취에 태어날 수 있다고 하셨다.

이와 같이 계를 잘 지키면 여러 가지 공덕이 있는 것은 당연한 일이다. 불살생의 계를 지켜 자비심을 기르면 인간을 비롯한 모든 생물이 나를 해치지 않고 따르게 할 수 있다. 또 불투도의 계를 지킴으로써 욕심을 누르고 집착을 끊을 수 있다. 불사음으로써 감각적 탐욕을 버리고 편안한 마음을 가질 수 있으며, 불망어로써 진실하고 성실한 생활을 이끌어 많은 사람들이 믿고 의지하게 된다. 또 술을 마시지 않음으로써 맑은 정신을 지니고 올바른 판단을 하게 되니 지혜로운 삶을 살 수가 있는 것이다.

이처럼 오계만 하더라도 우리가 살아가는 데에 반드시 필요한 기본적인 윤리라고 할 수 있다. 물론 이러한 생활을 통하여 늘 마음이 안정됨으로써 바른 지혜가 우러나오는 것은 당연한 결과일 것이다. 이러한 기본적인 계율을 지키지 않고서는 어떤 행위를 하던 죄업을 더하는 어리석고 사악한 사람이 될 수밖에 없다.

| 4) 출가자의 계와 재가자의 계 |

계는 불교도라면 누구나 지켜야 하는 것이다. 그러면 어떤 사람이 불교도가 되는지를 보자. 불교신자가 되려면 먼저 불·법·승 삼보에 대한 귀의가 있어야 한다. 삼보에 귀의한 사람은 모두 불교신자가 되는 것이다. 즉, 불교도가 된다는 뜻이다.

귀의한다는 것은 몸과 마음을 다 바쳐 믿고 받드는 것이다. 부처님과 부처님의 가르침, 그리고 부처님의 가르침을 전해주는 승단에 몸과 마음을 다 바쳐 믿고 따르며 공경하는 것이 삼보에 귀의한다는 것이다. 그래서 불교신자가 되려면 먼저 삼보에 귀의하는 삼귀계(三歸戒)를 받아야 한다. 삼귀계는 삼귀의계(三歸依戒)라고도 한다. 그렇게 함으로써 삼보를 믿고 따르며 받들겠다는 결심이 서고 그 순간 불교도가 되는 것이다.

출가승은 세분하면 비구, 비구니, 사미, 사미니, 식차마나의 다섯 종류가 있다. 비구와 비구니는 성인남녀로서 정식으로 구족계를 받은 승려이다. 사미와 사미니는 아직 정식으로 구족계를 받지 않은 소년, 소녀의 출가자를 말한다. 식차마나(式叉摩那; śikmāṇā)는 정학녀(正學女)라고도 하는데, 정식의 출가자가 되기 전의 2년 동안의 견습기간에 있는 18세에서 20세의 여성을 말한다. 이것은 기혼여성이나 이혼한 여성의 경우 임신여부를 확인하기 위하여 이런 기간을 둔 것이며, 만약 출산을 했다면 육아기간이 필요하기 때문에 일정 기간을 두고 보는 것이다.

비구와 비구니는 모두 20세 이상으로서 우리나라나 중국, 일본의 불교에서 적용하고 있는 〈사분율(四分律)〉이라는 율장에 따르면 비구는 구족계로서 250계, 비구니는 348계를 받는다. 스리랑카나 태국, 미얀마 등의 남방불교에서는 비구 227계, 비구니 311계를 구족계로서 받는다. 사미와 사미니는 일반적으로 14세에서 20세 미만에 해당되는 미성년의 출가자이다.

이들은 구족계를 받기 전에 십계(十戒)를 받는다. 십계는 불살생계, 불투도계, 불음계, 불망어계, 불음주계의 오계에다가 화장을 하거나 장신구를 지니지 않는 불도식향만계(不塗飾香鬘戒), 음악을 듣거나 춤이나 연극 등을 보지 않는 불가무관청계(不歌舞觀聽戒), 사치스러운 자리나 침상을 쓰지 않는 불좌고광대상계(不坐高廣大牀戒), 오후에는 식사를 하지 않는 불비시식계(不非時食戒), 금은 등의 재물을 모으거나 받지 않는 불축금은보계(不畜金銀寶戒)를 더한 열 가지의 계이다.

그리고 식차마나는 일반적으로 사미니에서 18세 정도가 되면 육법계

(六法戒)라는 것을 받는다. 육법계는 불음, 불투도, 불살생, 불망어, 불음주, 불비시식의 여섯 가지 법을 말한다. 출가자들은 이렇게 세분되어 각각에 맞는 계를 받는다.

그리고 재가자는 삼귀계를 받는 이외에 불살생, 불망어, 불투도, 불사음, 불음주의 오계를 받는다. 재가신도는 사회생활을 해야 하기 때문에 아무래도 출가자처럼 까다롭고 많은 계율조항은 지킬 수가 없으므로 대체로 오계만 지키도록 했다. 재가자도 구분하면 남성신자인 우바새와 여성신자인 우바이로 나눌 수 있지만 오계는 남녀 구분없이 모두 공통되는 것이다.

재가자들에게 주어지는 오계를 보면 모두가 일상생활의 윤리라고 할 수 있다. 다른 생명을 해치지 않는 것은 내 생명이 소중하다는 것으로 미루어 보면 당연한 원리이다. 그리고 남의 물건을 욕심내고 거짓말을 하여 사람 사이의 신뢰를 무너뜨리고 사음을 통하여 다른 사람의 마음을 상하게 하는 것 등은 다 우리 인간 사회의 질서를 어지럽히는 것이라고 할 수 있다.

술을 마시는 것은 그 자체는 죄가 되지 않지만 정신을 흐리게 하기 때문에 그것으로 인해서 다른 모든 계행이 파괴될 염려가 있으므로 마시지 말라는 것이다. 이런 것을 차계(遮戒)라고 한다. 부처님께서 계를 제정해 놓으신 것이든 아니든 그 자체가 악을 멈추게 하는 것은 성계(性戒)라고 한다. 거기에 반하여, 필요에 따라 부처님께서 제정하신 것을 차계라 한다. 차계는 성계와 비교하면 비교적 가벼운 것이다. 예를 들면, 살생은 계 조항이 있든 없든 엄중한 것이기 때문에 성계로 제지하는 것이지만, 음주는 그 자체가 죄가 되는 것은 아니기 때문에 차계로써 제지한다.

그리고 이것뿐만 아니라 상황에 따라 계를 지켜야 하는 경우가 있고 융통성이 발휘되어야 할 경우가 있다. 출가자가 술을 마시는 것은 안되지 않지만 약으로써 할 수 없이 마셔야 하는 경우에는 허용하고 있다. 이런 것을 불교에서는 상황에 따라 열고〔開〕 닫는다〔遮〕고 하여 개차법(開遮法)이라고 한다.

출가자에게도 오계가 있는데 출가자는 무조건 음행을 금해야 하므로 불음계(不淫戒)이지만, 재가자에게는 부부 이외의 사람과 관계를 가지는 불사음계(不邪淫戒)가 적용되는 것에 차이가 있다.

그리고 재가신자는 하루 동안 출가 계율을 지키는 것이 있는데, 이것을 팔재계(八齋戒)라고 한다. 팔재계는 앞에서 언급한 사미, 사미니의 십계에서 불축금은보계를 제외하고 불도식향만계와 불가무관청계를 하나로 묶어 여덟 가지로 한 것이다. 그리고 이 날만은 부부간에도 성관계를 가지지 않기 때문에 재가자의 불사음계가 아니라 불음계로 대체하여 팔재계에 포함하고 있다.

팔재계는 보통 한 달 가운데에서 8일, 14일, 15일, 23일, 29일, 30일의 6일 동안 지키는데 이것을 육재일(六齋日)이라고 한다. 또 육재일 중에서 4일만 택하여 팔재계를 지키는 사재일도 있다.

재가신자는 이처럼 불·법·승 삼보에 귀의하는 삼귀의계를 받고 불교도가 되며, 여기에 오계를 받아 지킴으로서 진정한 불자가 되는 것이다. 그리고 육재일에 팔재계를 지킴으로써 재가신자도 한 달에 6일 동안만은 출가자와 같은 엄격한 생활을 함으로써 청정한 삶을 이끌어 갈 수 있다.

이와 같이 계는 구족계를 비롯하여, 오계, 십계, 육법계, 팔재계 등 지키는 사람의 입장에 따라 다양하게 주어졌다. 오계, 팔재계, 십계, 구족계를 한꺼번에 묶어서 오팔십구(五八十具)의 계라고 한다. 그러나 모든 계는 구족계가 바탕이 되며 여기에서 비롯된 것이라고 할 수 있다.

대승불교에서는 삼취정계를 비롯하여 대승보살에 어울리는 여러 가지 종류의 계가 있다. 계율에 대한 것은 출가사와 재가사, 북방불교와 남방불교, 상좌불교와 대승불교에 따라 약간씩 차이가 있고 또 종파에 따라 나름대로의 계율이 있다.

이렇게 다양한 계율이 이루어지게 된 것은 무엇보다도 심신을 청정하고 조화롭게 유지하여 좋은 습관을 몸에 붙이고자 하는 것이다. 그렇게 함으로써 악을 억제하고 바른 생활을 영위함으로써 삼학 가운데 정에 들기가 쉽기 때문이다. 바른 생활태도와 습관을 몸에 붙임으로써 마음이 안정되고 맑게 되어 진리에 대한 관찰과 명상이 한결 쉽게 된다는 의미이다. 그렇게 함으로써 깨달음의 지혜가 얻어질 수 있다.

계를 지킨다는 것은 윤리적이고 도덕적인 선만 추구하는 것이 아니라 심신을 건전하게 함으로써 지혜를 이끌어내는 데에 목적이 있다는 것을 항상 염두에 두고 사소한 계율에 얽매여 도리어 계의 정신을 훼손하는 일이 있어서는 안 되겠다.

그렇기 때문에 청정계율을 지킨답시고 주위 사람들에게 부담을 준다든가, 계율을 지키는 것을 큰 벼슬이나 한 것처럼 여기며 그렇지 못한 사람들을 경멸하거나 거만함이 몸에 붙어서는 안 된다. 언젠가 부처님께 반역했던 제바닷타가 육식은 절대로 안 되며, 수행승은 반드시 나무 밑에 거처를 해야 하며, 공양이나 초대를 받아서는 안 된다고 주장했을 때, 부처님께서는 그런 것이 좋으면 너 혼자서 지키지 다른 사람에게 강요하지는 말라고 하셨다. 부처님께서는 제바닷타가 계의 근본정신을 망각하고 엄격한 계율을 핑계로 자신을 돋보이게 하고, 그로써 교단을 분열시키려는 것을 아시고 이렇게 말씀하셨던 것이다.

　이와 같이, 계를 지키더라도 지계의 근본정신을 잊어버리고 계를 지키는 그 자체를 목적으로 삼아서는 도리어 자신과 남을 괴롭히는 것이 될 것이다.

　계를 지킨다는 것은 어디까지나 선정이라는 정신통일을 얻기 위한 신체적, 정신적 훈련과 습성을 몸에 붙이는 것을 가리킨다. 즉, 좋은 습관으로 인하여 몸과 마음의 상태가 건전하게 되는 것이 지계의 목적이다. 계가 바르게 지켜지게 되면 심신이 안정되고 조화를 이루어 선정의 상태가 쉽게 얻어지고 또 완전하게 얻어진다. 그리고 그러한 정으로부터 깨달음의 지혜가 얻어진다. 이렇게 해서 결국은 열반에 이르게 되어 모든 괴로움으로부터 벗어나게 되는 것이다. 그렇기 때문에 계를 지키는 것도 열반을 향해 나아가는 방법의 하나인 것이지 그 자체가 목적은 아니라는 것을 반드시 명심해야 한다.

3. 마음을 집중하여 살핀다 '정(定)'

| 1) 불교의 선정 |

계에 의해서 심신이 안정되면 다음에는 정을 추구해야 한다. 마음이 산란하지 않고 통일된 상태로 고요히 머무는 것을 정이라고 하는데, 이러한 수련을 정학(定學)이라고 한다.

'정(定)'이라는 말은 사마디(samādhi)를 의역한 것인데, 음사하여 삼마지(三摩地) 혹은 삼매(三昧)라고 한다. 이것을 의역해서 등지(等持)라고도 하고, 또 마음이 한곳에 집중되어 산란하지 않은 상태를 말하기 때문에 심일경성(心一境性)이라고도 한다. 보통 선정이라고 하는 것은 바로 이 사마디를 의미하는 것이다.

그런데 정을 나타내는 말은 이밖에도 여러 가지가 있다. 사마히타라는 말도 있고, 사마빠티, 드햐나, 찌타이카_그라타 또 사마다라는 말도 있다. 이런 말들은 모두 정의 성격이나 종류에 따라 다르게 부르는 것인데, 너무 전문적인 용어이기 때문에 여기에서는 설명을 생략한다.

불교에서의 삼학 가운데 정은 사마디에 해당하는 것인데, 이것은 사마디가 가장 포괄적인 뜻으로 쓰이기 때문에 그렇다. 그리고 이와 비슷한 것에 요가(yoga)라는 것이 있다. 요가는 불교 이전에 바라문교의 시대에서부터 있었던 명상법이다. 이 말은 불교에서 그대로 쓰기도 하는데, 한문으로는 유가(瑜伽)라고 음사한다. 요가라는 말은 불교에서도 정이나 삼매라는 말과 거의 같은 뜻으로 쓰이지만, 그 내용은 바라문교의 요가와는 차원이 다르다. 밀교에서는 특히 이 유가라는 말을 자주 쓰는데, 삼밀유가(三密瑜伽)라고 하는 것이 있다. 이것은 우리의 언어와 신체 행동, 그리고 정신을 동시에 통제하여 삼매에 드는 것을 말한다.

선정의 형태는 어느 종교에서든 보편적으로 나타난다. 요즘은 명상이라는 말을 많이 쓰지만 이것도 선정의 한 형태라고 볼 수 있다. 그런데 인도의 종교와 사상에서는 이 명상이 선정의 형태로서 특히 강조되고 있다. 인도출신의 명상가들 가운데 세계적으로 활약하는 사람들이 많아서 명상의 원조는 인도라는 생각이 들 정도이다.

인도의 선정은 불교보다도 그 기원이 훨씬 오래이다. 인도의 선사 시대의 유물 중에 명상을 하고 있는 모습의 신상이 발견되기도 했다. 이러한 전통이 이어져 인도에서 명상이 발달했는지도 모른다. 그리고 인도의 기후나 풍토가 덥기 때문에 아무래도 휴식하는 시간이 많다 보니 인생과 우주의 신비 등에 대해 사색하고 명상하는 것이 발달했을 것이다. 그리고 인도 사람들은 고행과 명상을 병행하여 행했기 때문에 이러한 것에 대한 연구가 세계의 다른 지역보다도 앞섰는지 모른다.

불교가 인도의 이러한 명상 내지는 선정의 영향을 많이 받은 것은 틀림없는 사실이다. 불교 이전에 정식으로 선정이 행해지게 된 것은 대체로 우파니샤드시대부터라고 본다. 그때에는 선정을 요가라고도 했고, 후에는 정려(靜慮)라는 뜻으로 드히야나(dhyāna)라는 말을 썼다. 이 말이 나중에 중국에 와서 선나(禪那)라고 음사가 되었고, 그것을 줄여서 선이라고 일컬었던 것이다.

브라만시대의 말기, 우파니샤드시대의 초기에는 인도 사회에 계급제도가 정착되고 바라문들은 학생기, 가장기, 임서기, 유행기 등의 네 시기에 걸친 일생을 살았다. 그런데 이들은 임서기나 유행기 동안에 조용한 곳을 찾아 인생과 우주의 비밀을 탐구하고 신에 대해 명상하면서 선정법을 발전시켰던 것이다. 석가모니 부처님께서 탄생하실 무렵에는 신흥 사문들이 많이 등장하면서 고행과 함께 바라문들의 여러 가지 선정법을 채용하여 더욱 발전시켰다.

석가모니 부처님께서는 인도의 이러한 일반적인 여러 가지 명상이나 선정법을 경험하시고 마침내 독자적인 방법을 개발하셨던 것이다. 부처님께서는 다른 종교가나 사상가들과 달리 선정 그 자체에 목적을 두신 것이 아니라 선정을 통하여 우주와 인생의 진리를 통찰할 수 있는 최고의 지혜를 얻고자 하셨다.

그렇기 때문에 불교의 선정은 외형적인 모습에서는 인도 일반의 선정법과 유사하지만 그 내용과 실질에 있어서는 많은 차이가 있다고 할 수 있다. 즉, 선정의 우열은 조용한 상태에 들어 마음을 멈추는 데에 목적이 있는 것이 아니라, 선정을 통하여 지혜를 개발하는 데에 목적이 있는 것이기 때문에 다른 종교나 사상에서의 선정과 불교의 선정이 차이가 나는 것이다.

마음을 통일하여 집중하는 선정은 지혜를 얻기 위해서 반드시 필요한 것이다. 정을 실천하는 것에 의해서 쉽게 깨달음의 지혜가 얻어질 수 있다는 의미이다. 계·정·혜의 삼학의 구조에서는 먼저 계율을 잘 지켜서 심신의 안정을 이루고 그것에 의하여 정을 실천한다. 그리고 정의 실천에 의해서 깨달음의 지혜가 얻어지는 것이며 깨달음의 지혜에 의하여 번뇌를 끊을 수 있다고 본다. 그렇게 해서 열반에 이르는 것이다. 이처럼 열반은 깨달음의 지혜로부터 생기고 깨달음의 지혜는 선정으로부터 생긴다고 했는데, 지혜를 얻기 위해서는 어째서 정이 필요한가를 비유를 들어서 설명해 보자.

등불을 들고 어둠을 비춘다고 할 때 큰 바람이 불어서는 등불이 꺼져 버릴 것이다. 그러나 등불을 바람이 불지 않는 방 안에 가지고 들어가면 흔들리지 않고 잘 비출 수 있다. 이와 같이 선정이라는 울타리가 있어야 지혜의 등불이 제대로 탈 수가 있다. 마음이 산란하고 흔들리는 상태에 있어서는 어떠한 생각도 제대로 할 수가 없다. 집 안에 큰 걱정거리가 있으면 신경이 쓰여서 다른 일에 열중할 수 없는 것과 마찬가지이다. 선정으로 마음을 고요히 해놓지 않으면 정신집중이 될 수가 없고 바른 지혜가 나올 수 없다. 그리고 선정이 있어야 깨달음의 지혜가 유지될 수 있다. 순간적으로 나오는 재치가 아니라 꾸준히 지혜의 등불이 타오르게 하기 위해서는 언제나 요동 없는 마음의 상태를 유지하는 것이 필요하다. 그래서 지혜를 얻기 위해서는 반드시 선정이 실천되어야 하는 것이다.

원래 정이라는 것은 불교 이전부터 인도에서 내려오던 일반적인 실천법이었다. 부처님께서 처음으로 만났던 알라라 카라마나 웃다카 라마풋트라 같은 선인들도 선정의 대가였다. 그렇기 때문에 선정의 수행은 불교에만 있었던 것은 아니다. 불교 이외의 인도의 종교나 사상에서는 깊은 선정의 경지를 열반과 동일시한다.

불교에서는 정에 의해서 깨달음의 지혜를 얻고 그 지혜의 힘에 의하여 고의 원인인 번뇌를 단절하고 악의 무표업을 남김없이 제거하여 열반에 이르고자 한다. 그렇기 때문에 정이 아무리 깊은 경지에 도달해도 그 자체로서는 고로부터 해탈한 것도 아니고 열반에 이른 것도 아니다. 정에 들어 있을 때는 마음이 안락하여도 정에서 벗어나면 번뇌로 가득 찬 현실로 돌아와 버리기 때문에 선정 그 자체가 목적이 될 수 없다.

그리고 깊은 명상에 들어 마음이 정지하거나 없어져버린다면 선정을 통하여 얻어야 할 지혜도 얻지 못하게 될 것이다. 부처님께서 알라라 칼라마와 웃다카 라마풋드라에게 선정을 배울 때 선정의 가장 깊은 단계인 무소유처정과 비상비비상처정에 이르셨지만 만족하지 못하고 그들의 곁을 떠나버리신 것도 이러한 이유에서였다.

이처럼 불교에서는 어디까지나 깨달음의 지혜를 얻는 것을 선정의 목적으로 보며 정의 완성 그 자체를 목적으로 삼거나 열반으로 여기지 않는다는 점이 다른 종교나 사상과 다른 점이다.

| 2) 마음을 멈추고 바라보기 |

그러면 불교에서는 어떤 형태의 선정을 가장 이상적인 것으로 보는가? 불교에서는 이른바 지관균등(止觀均等)의 선정을 가장 이상적인 형태로 보고 있다. 이상적이라는 것은 지관균등의 선정에 의해서 깨달음의 지혜가 가장 잘 얻어질 수 있다는 말이다.

선정에는 지(止)와 관(觀)이 있다. 지의 정이라는 것은 앞에서 설명한 정의 종류 가운데에서 사마타(samatta)에 해당하는 것이다. 이것은 마음을 한곳에 집중시켜 고요하게 가지는 것이다. 즉, 마음의 움직임없이 한곳에 붙들어 매는 것이다. 여기에 대하여, 관의 정이라는 것은 위빠 싸나(vipaśyanā)라고 하는 것인데, 지혜를 가지고 대상을 관찰하는 것이다. 지의 정에 의하여 고요해진 마음으로 대상을 지혜롭게 관찰하는 것이 관의 정이다.

불교에서는 일반적으로 명상하는 것을 관한다고 하는데, 이것은 지에 의해서 고요해진 마음으로 대상을 관찰하고 사유하는 것이다. 지는 번뇌를 차단하는 것과 같고, 관은 번뇌를 끊는 것과 같다. 예를 들면, 지는 잡초를 움켜쥐는 것과 같고, 관은 그렇게 움켜쥔 잡초를 낫으로 베는 것과 같다고 생각하면 된다.

이처럼 불교에서 지와 관을 균등하게 사용하여 지혜를 자아내고 번뇌를 끊는 것을 지관쌍운(止觀雙運)이라고 한다. 불교에서 말하는 이상적인 정은 지와 관이 균형을 이루는 상태인데, 이 상태를 지관균등이라고 하는 것이다.

팔정도의 정정을 설명할 때도 언급했지만, 선정에서 지의 상태가 너무 깊어지면 마음의 움직임이 완전히 정지하여 기절상태와 같이 되어버리기 때문에 지혜가 일어나지 않는다. 또 관의 상태가 너무 깊어지면 마음이 이것저것을 살핀다고 산란해지기 때문에 이 또한 바른 지혜를 얻기 어려워진다.

그런데 불교에서는 지관균등의 이상적인 선정을 색계의 사선정에 두고 있다. 즉, 색계 초선정에서 제이선, 제삼선, 제사선정의 네 단계의 선정을 지와 관이 균형을 이루는 것으로 본다. 그중에서도 특히 가장 높은 단계인 제사선이 가장 뛰어난 지관균등의 선정이다.

이 사선정을 사정려(四靜慮)라고도 하는데, 부처님께서 알라라 칼라마와 웃다카 라마풋드라의 곁을 떠나 독자적으로 개척한 선정이 바로 이것이다. 그래서 부처님께서 성도하실 때에도 사선정 가운데의 제사선(第四禪)의 상태에서 아누다라삼먁삼보리(阿耨多羅三藐三菩提; anuttarā samyak-saṃbodhiḥ)를 얻으시고 또 육신통을 구비하셨다고 한다. 아누다라삼먁삼보리는 무상정등각(無上正等覺)을 말한다. 즉, 더할나위없이 높은 깨달음이다. 그리고 입멸하실 때에도 제사선에 머물러 입멸하셨다고 한다. 알라라 칼라마와 웃다카 라마풋드라는 선정으로서는 가장 높은 단계인 무소유처정과 비상비비상처정에 쉽게 도달할 수 있었지만 그것은 지에 치우친 선정이었기 때문에 인생의 괴로움을 근원적으로 극복하기 위한 지혜를 개발하는 데에는 한계가 있었던 것이다.

그런데 지와 관의 정에서 어느 것이 더 깊은 단계의 선정인가 하면 지의 정은 무색계의 정에 속하고 관의 정은 색계의 정에 속하기 때문에 지의 정이 더 깊은 경지라고 말할 수 있다. 선정수행을 하게 되면 낮은 단계에서 점차 깊은 단계의 정으로 나아가기 때문에 수행이 깊어짐에 따라 관의 정에서 지의 정으로 옮겨간다고 할 수 있다.

욕망으로 덮여 있던 욕계의 우리 마음이 수행이 깊어짐에 따라 욕망을 배제한 색계의 사선정으로 옮겨가게 되고 그것이 다시 깊어지면 무색계의 정에 들 수 있다. 무색계의 정에는 공무변처정, 식무변처정, 무소유처정, 비상비비상처정의 네 단계가 있다.

그리고 마지막으로 멸진정이라는 것이 있는데 이것이 정 가운데에서 가장 깊은 정에 해당된다. 멸진정은 그야말로 모든 것을 멸하고 마음이 완전히 정지하여 소멸해버린 상태와 같은 참된 무념무상의 경지라고 할 수 있다.

이와 같이 선정의 깊이에 따라 색계사선과 무색계의 네 가지 단계, 그리고 멸진정을 포함하여 아홉 단계의 선정을 구차제정(九次第定)이라고 한다. 아라한 가운데에서 뛰어난 자는 구차제정의 순서를 따라 차례대로 선정의 깊이를 더해 갈 수 있다고 한다. 여기에 반하여, 보살 이상의 경지는 어떤 경지의 정이든지 자유자재로 드나들 수가 있다고 한다. 그러나 이러한 선정의 단계에서 가장 깊은 단계의 멸진정이 가장 좋은 것이냐 하면 반드시 그런 것은 아니다. 역시 지관균등의 색계 사선정이 지혜를 드러내게 하는 데에 가장 좋은 것이며 그중에서도 제사선이 가장 이상적인 선정이라고 볼 수 있다. 선정이 깊어져 지의 쪽이 강하게 되면 마음의 작용이 거의 멈추어 그 자체로는 나무나 돌과 다를 바가 없게 되기 때문이다.

우리가 추구하는 것은 선정에 의하여 움직이지 않는 상태로 되는 것에 목적이 있는 것이 아니라 현실 생활 가운데 고의 근원을 제거하는 것이 목적이기 때문에 지관균등, 지관쌍운에 의하여 끊임없이 변화하는 현실에 대처할 지혜를 개발하는 것이 더 중요한 일이다. 그래서 색계사선을 가장 이상적이라고 하는 것이다. 팔정도의 정정도 바로 이 색계사선을 가장 이상적인 것으로 보고 그것을 행하고자 하는 것이다.

이처럼 사선정이 정으로서 가장 기본적인 것이고 또 모든 선정 가운데에서 가장 근본이 된다고 해서 이것을 근본정(根本定)이라고도 한다.

| 3) 선정의 종류와 단계 |

사선정은 지관균등을 이루어 지혜를 밝히는 가장 이상적인 선정의 상태이기 때문에 불교에서는 이것을 가장 중요하게 여긴다. 그러면 사선정에는 어떤 단계가 있으며, 그 경지는 어떤 것인지에 대하여 하나하나 살펴보자.

먼저 초선(初禪)에 대해서 살펴보면 경전에는 이렇게 설명되어 있다.

> 초선에서는 모든 욕구를 떠나고, 모든 불선법을 떠나며, 심(尋)이 있고 사(伺)가 있으며, 오개(五蓋)를 벗어나 생기는 기쁨과 즐거움이 있다.

이 가운데에서 모든 욕구를 떠난다는 것은 감관의 욕구를 떠난다는 것이다. 감관의 욕구란 우리가 눈·귀·코·혀·몸으로 느끼는 오욕을 말하는 것으로서, 감관의 대상에 마음을 빼앗겨서는 바른 선정이 얻어질 수가 없다.

우리가 일상생활에서 추구하는 것은 모두 이 감관의 욕구이다. 눈으로는 아름다운 것을 추구하고, 귀로는 좋은 소리를 듣고 싶어 하며, 코로는 좋은 냄새를 맡고 싶어 하고, 혀로는 맛있는 것을 먹고 싶어 하며, 몸으로는 편안함을 느끼려고 한다. 이러한 것에 마음을 빼앗기면 언제나 그것을 추구하려고 하며 구하지 못해 안달한다. 그리고 그것을 방해하는 것에 대해서는 미운 마음이 생겨난다. 초선에서는 이러한 욕구를 떠나는 것이다.

그리고 모든 불선법을 떠난다고 한 것은 여러 가지의 불선과 번뇌를 떠난다는 것이다. 이것은 계율을 준수하고 나쁜 일을 하지 않는 것이다. 그리고 심과 사는 모두 사유작용을 말한다. 심은 뚜렷한 생각이고, 사는 미세한 생각이라고 보면 되겠다.

초선의 상태에서는 마음이 가라앉고 통일되어 우리의 기본적인 욕구로부터 벗어나 있지만, 아직 생각하는 작용이 남아 있기 때문에 외부로부터의 자극을 인식할 수 있는 단계이다. 오관의 욕구에 이끌리고 집착하는 것은 없지만, 오관의 작용은 계속되고 있는 단계라고 할 수 있다. 즉, 감관의 대상이 되는 색·성·향·미·촉 등의 색법에 대한 생각과 의식이 아직 남아 있는 단계가 색계 초선인 것이다. 그래서 초선의 단계에서는 심과 사라는 표면적인 사유작용이 존재한다는 것이다.

오개를 벗어나 생기는 기쁨과 즐거움이 있다는 것은 정신통일을 방해하는 오개의 번뇌를 떠나서 생기는 기쁨과 즐거움을 말한다. 오개라는 것은 욕탐, 진에, 혼침수면(惛沈睡眠), 도거악작(掉擧惡作), 의(疑) 이 다섯 가지를 말한다.

욕탐이라는 것은 감관의 욕구에 대한 것으로서 눈·귀·코·혀·몸을 즐겁게 하는 것에 대해 욕심을 내어 집착하는 것이다.

진에는 화를 내는 것으로 이것은 색계에서는 전혀 일어나지 않는 욕계에만 있는 마음작용이다.

혼침수면은 마음이 침울하게 가라앉거나 잠드는 것으로서, 이런 상태에서는 바른 의식과 바른 자세가 갖추어질 수 없다. 따라서 제대로 된 정신통일이 이루어질 수가 없다.

도거악작은 마음이 들떠서 산란하거나 잘못을 저지른 것에 대해서 후회하는 것이다. 이러한 상태에서도 마음이 제대로 집중될 수가 없을 것이다.

의라는 것은 선악의 존재를 의심하고 인과를 의심하며 연기의 진리를 의심하는 것으로서, 이러한 마음 상태에서도 바른 정신집중이 이루어질 수 없다. 이것은 정을 방해하는 가장 큰 번뇌이다.

올바른 정에 들기 위해서는 이 오개를 단멸해야 한다. 마음을 통제함으로써 일시적으로 이러한 번뇌가 사라졌다가 다시 일어나고 하는 것이 아니라 영원히 단멸해야 바른 선정에 들 수가 있다.

초선의 단계에서는 이러한 오개가 단멸되고 거기에서 오는 기쁨과 즐거움이 생긴다. 초선에서는 일시적이기는 하지만 마음의 안정을 방해하는 번뇌가 진압되기 때문에 오개의 번뇌를 벗어난다는 기쁨과 즐거움이 생기는 것이다. 기쁨이라는 것은 정신적인 기쁨이고 즐거움이라는 것은 신체적인 편안함을 뜻한다고 할 수 있다. 즉, 초선에 들게 되면 심신 모두가 어떠한 근심걱정도 없이 편안한 상태에 머무르는 것이다.

이처럼 초선에서는 감관에 대한 욕구는 없으나 거기에 대한 의식이 남아 있어 기쁨과 편안함을 느끼면서 마음의 집중을 이룰 수 있기 때문에 심(尋), 사(伺), 희(喜), 낙(樂), 심일경성(心一境性)의 오지(五支)가 있다고 하는 것이다. 이러한 단계의 색계초선에 드는 것은 불교 이외의 다른 외도들에게도 가능한 것이기는 하지만, 이 단계에서는 아직 번뇌로부터 완전히 벗어난 것은 아니라고 할 수 있다.

초선에 익숙해지게 되면 제이선(第二禪)으로 나아가게 된다. 제이선에 대해서 경전에서는 이렇게 설명하고 있다.

> 심과 사가 멈추고 내심이 깨끗하게 되며, 마음이 통일되고 심과 사가 없어져서, 정으로부터 생긴 기쁨과 즐거움이 있는 제이선을 구족하게 된다.

이 단계에서는 초선에 남아 있던 심과 사의 사유작용이 완전히 없어진다. 사유작용이 없어지기 때문에 오관의 작용도 없어진다. 심과 사라는 표면적인 생각이 완전히 멈추게 되어 마음은 깨끗하게 되며 집중이 된다. 고요하고 맑은 선정으로부터 생기는 기쁨과 즐거움만이 있게 된다. 그렇기 때문에 제이선에서는 희, 낙과 심일경성의 삼지(三支)가 있다고 한다. 초선과 제이선의 차이점은 이처럼 심과 사의 유무에 있다.

경전에서는 선정을 유심유사정(有尋有伺定), 무심유사정(無尋有伺定), 무심무사정(無尋無伺定)의 세 가지로 나누고 있다.

이 가운데에서 유심유사정은 선정 가운데에서 심과 사가 있는 것을 가리키는데 색계 초선이 여기에 해당된다. 그리고 불완전한 선정이기는 하지만 욕계정(欲界定)도 심과 사를 가지고 있기 때문에 유심유사정이라고 할 수 있다. 욕계정이란 감관의 탐욕을 버리지 못한 욕계의 중생들이 하는 선정으로서, 우리 범부 중생들이 일반적으로 선정을 한다고 할 때는 기껏해야 이 정도의 차원일 것이다.

그러나 욕계의 선정도 숙달이 되면 더 이상의 단계로 발전하는 것은 당연한 일이다. 무심무사정은 선정 가운데에 심과 사가 존재하지 않는 것을 말한다. 제이선으로부터 제삼선, 제사선의 색계정(色界定)이 여기에 해당되며, 무색계정(無色界定)도 모두 무심무사정이라고 할 수 있다.

무심유사정이라는 것은 심은 없지만 사는 작용하는 선정을 말한다. 현저한 사유작용은 없지만 미세한 사유작용이 남아 있는 것이 바로 이것이다. 그러나 사선정 가운데에는 이론적으로 무심유사정은 없다고 할 수 있다. 그러나 실제로는 이러한 단계의 선정도 있기 때문에 이렇게 구분해 놓은 것인데, 무심유사정은 유심유사정인 초선정보다는 뛰어나고 무심무사성인 제이선보다는 못하기 때문에 초선과 제이선의 중간에 위치하는 것이라고 할 수 있다. 그래서 이것을 중간정(中間定)이라고도 한다.

제이선에 숙달되면 제삼선(第三禪)으로 나아간다. 경전에서는 제삼선에 대해 이렇게 설명하고 있다.

기쁨을 버리고, 사(捨)에 의하여 머물고, 염(念)이 있으며, 정지(正知)가 있고 몸의 즐거움을 받으며, 사와 염의 즐거움에 머문다고 모든 성현께서 이르신 제삼선을 구족한다.

제삼선에서는 제이선에서 얻었던 선정에서 오는 기쁨을 버리고 즐겁지도 괴롭지도 않은 불고불락의 사에 머물러 정념(正念)과 정지(正知)를 지니게 된다. 정념과 정지는 바른 생각과 바른 인식을 뜻한다. 이 단계에서도 물론 심과 사라는 표면적인 의식작용은 사라지게 되며 오직 마음 깊은 곳에서의 이성이 밝게 빛나는 단계라고 할 수 있다. 또한 신체적으로는 마음의 고요함에서 오는 안락을 누리게 된다. 이 상태의 깨달음을 연 성현들은 '사(思)와 염(念)에 의하여 안락에 머문다'고 했다. 여기에는 낙과 심일경성의 이지(二支)가 있다고 한다. 이렇게 해서 제삼선에 숙달되면 제사선(第四禪)에 들어갈 수 있다. 제사선에 대해서는 다시 이렇게 설명하고 있다.

즐거움과 고를 끊고 이미 기쁨과 괴로움을 멸했기 때문에, 사에 의하여 염이 청정하게 된 제사선을 구족한다.

제사선에서는 제삼선에서 얻었던 신체적 안락함인 낙을 버려 육체적으로도 정신적으로도 고와 낙, 기쁨과 괴로움에 대한 감정이 없게 된 상태이다. 그리고 불고불락의 사에 의하여 제삼선에서 얻었던 정념과 정지가 한층 더 명료하게 되는 경지이다.

제사선에서는 감정적, 정신적으로 고와 낙, 희와 우(憂)를 떠나 어떠한 방해도 없이 마음이 명료하게 되어 지혜롭게 사물을 관찰할 수 있게 된 경지이다. 이 단계에서는 마음과 몸이 즐거움과 괴로움의 어떠한 것에도 기울지 않고 고요하게 머물러 정신이 거울과 같은 상태로 되기 때문에 지와 관이 균형을 이루게 된다. 즉, 마음이 고요에 머무는 사마타와 그 고요함으로 여실하게 사물을 관찰하는 위빠싸나가 균형을 이루어 이상적인 선정의 상태가 되는 것이다.

불교에서 깨달음의 지혜는 바로 이 제사선에서 가장 이상적으로 얻어질 수가 있다는 것이다. 석가모니 부처님께서 보리수 아래에서 깨달음을 얻으실 때에도, 마지막으로 입멸하실 때에도 모두 이 제사선에 머무셨다고 한다. 그리고 삼명육통의 신통력을 얻게 되신 것도 바로 이 제사선의 경지에서 얻었다고 하기 때문에 제사선은 지혜를 얻기 위한 가장 이상적인 선정의 경지라고 할 수 있다.

물론 제사선에서 더욱 깊은 단계의 선정에 들어가면 무색계정의 네 가지가 있지만, 이러한 것들은 지에 치우친 선정으로서 마음의 작용이 거의 멈추어버린 상태이므로 지혜를 개발하기 위한 것은 아니라고 할 수 있다.

근본정이라고 할 수 있는 색계사선을 얻기 위해서는 그 예비단계로서 여러 가지 방법으로 정신의 통일과 집중을 얻는 수행을 해야 한다. 이러한 단계의 선정을 욕계정이라고 한다.

욕계정에서는 어느 정도의 정신집중과 통일은 되지만 우리의 오관에 대한 욕구와 의식이 남아 있는 상태이다. 그래서 옆에 무슨 소리가 나면 귀를 기울이고 그새 무슨 소리인가 분석도 하게 된다. 맛있는 냄새가 나면 먹고 싶어지기도 한다. 그러다가 다시 정신을 집중하여 자기의 의식을 제어하려고 한다.

욕계정은 이렇게 불안정한 상태의 선정이지만, 욕계정을 반복하여 열심히 수행하면 어느 한 순간 색계의 근본정이 얻어진다. 그러나 그러한 상태는 지속되지 않고 곧 사라져버린다. 그럼에도 불구하고 이것을 반복하여 수행하면 점점 쉽게 색계초선에 이를 수가 있고 또 오랜 시간 이러한 경지에 머물 수 있게 된다. 그리고 정에 들어가고 나오는 것이 한결 쉽게 되어 자유자재로 색계정에 이를 수가 있다.

욕계정은 초선에 들어갈 때뿐만 아니라 초선에서 제이선에 들어갈 때에도 역시 거쳐야 한다. 즉, 초선의 근본정에서 제이선의 근본정에 들어갈 경우에 욕계정이라는 예비단계가 필요한데, 이것을 미지정(未至定)이라고 한다. 이것은 제삼선, 제사선에 대해서도 마찬가지여서 반드시 욕계정을 거쳐서 들어가게 되는 것이다.

어떤 단계의 선정이던 높은 단계의 선정에 곧바로 들어간다는 것은 실제로 어려운 일이다. 물론 욕계정을 거치는 시간이 극히 짧기는 하겠지만 형식상으로는 마음이 집중되기까지 욕계정을 거칠 수밖에 없다. 그런데 제이선 내지 제사선, 그리고 그 윗단계인 사무색정에 들어가기 전의 욕계정을 특히 근분정(近分定)이라고 한다. 미지정이던 근분정이던 모두 욕계정에 속하지만 이러한 예비정은 그 직후에 일어나는 근본정과 유사한 상태라고 한다.

초선의 예비정인 미지정은 초선과 마찬가지로 정신적인 기쁨과 육체적인 안락함이 있고, 제삼선의 근분정은 제삼선과 마찬가지로 고와 낙을 버린 편안함이 있으며, 제사선과 그 위의 무색정의 근분정은 그 근본정과 마찬가지로 불고불락의 사가 있다고 한다.

이러한 구분은 부파불교에서 세밀하게 나누어 놓은 것인데, 결론적으로 말하자면, 어떤 단계의 선정에 이르던지 반드시 기초단계라고 할 수 있는 욕계정의 상태를 넘어서야 한다는 것을 말하고 있다. 비록 불완전한 선정인 욕계정이라도 반복하여 수련하면 더 높은 단계의 선정에 쉽게 이를 수가 있기 때문에 모든 선정의 기초가 되는 것이 욕계정이다. 즉, 욕계정에서 색계초선으로, 그리고 색계초선에서 다시 제이선으로,

제이선에서 다시 제삼선으로 이렇게 점차 단계적으로 경지를 높여가는 것이 불교의 수행법이다.

그렇기 때문에 선정의 올바른 방법도 모르면서 화두 하나 들고 뭔가 단박에 깨쳐보려고 하는 것은 상당히 무리라고 볼 수 있다. 우리 주위에 참선한다는 사람은 많아도 제대로 지혜가 뚫린 사람이 드문 것은 선정의 방법이 체계적이지 못하거나 근본적으로 잘못된 방법에 매달려 시간을 낭비하고 있다고 보아야 한다.

이러한 현상은 석가모니 부처님께서 제시하신 불교 본래의 선정에 대한 체계적이고 합리적인 방법을 무시하고 중국에서 전해진 여러 가지 비정통적인 참선방법에 매달리기 때문에 나타난 현상으로 볼 수 있다. 물론 중국에서 독자적으로 발달한 여러 가지 참선방법이 전혀 소용없다는 뜻이 아니라, 근본경전에 나타난 여러 가지 방법들과 비교해 볼 때 중국 선종의 참선방법이 너무 빈약적인 면이 있고, 또 비효율적이며 대중적이지 못한 면이 있다는 뜻이다.

그렇기 때문에, 우리는 이 책에서 선정의 종류와 단계에 대해 공부하고 선정에 대한 올바른 이해를 통하여 좀 더 효율적이고 합리적인 방법으로 깨달음을 열어가려는 것이다.

이상과 같이 욕계정을 지나 색계정에 이르고 나서도 선정의 단계로 더 이상의 것이 있다. 즉, 마음을 고요히 멈추게 하는 지의 작용과 고요한 마음으로 관찰하는 관의 작용이 균형을 이루는 색계사선에서 더 나아가 적정심(寂靜心)의 더욱 깊은 경지를 바란다면 무색계정에 이르게 된다.

무색계정은 무념무상의 지의 작용에 치우친 선정이다. 무색계라는 것은 색, 즉, 물질에 대한 의식이 완전히 없어진 상태로서 이 경지에서는 호흡만이 아니고 자기의 육체나 외계의 존재까지도 전혀 의식하지 않는 경지이다. 이것이 더욱 진전되어 물심의 일체 존재를 의식하지 않게 되는 무념무상 상태가 된다. 이러한 무색계의 선정의 경지에도 그 깊이에 따라 네 단계로 나누어지는데 공무변처정(空無邊處定), 식무변처정(識無邊處定), 무소유처정(無所有處定), 비상비비상처정(非想非非想處定)의 사무색정(四無色定)이 그것이다.

먼저 공무변처정에 대해서 경전에서는 이렇게 설명하고 있다.

> 두루 색과 상(相)을 초월하고 유대상(有對想)을 멸하여 없애며, 여러 가지 상(想)을 만들지 않기 때문에, 허공은 무변하다고 하는 공무변처를 구족하여 머문다.

공무변처정에서 색과 상을 초월한다는 것은 색, 즉, 육체와 물질을 초월하는 것이다. 유대상을 멸한다는 것은 대립하여 방해하는 것이 있다는 생각을 없애는 것이다. 색계정에서는 감각적인 욕구로서의 욕은 없지만, 육체나 물질 등에 대한 의식과 생각은 존재하고 있다. 그러나 무색계에 있어서는 이러한 육체나 물질에 대한 생각과 의식을 완전히 초월하게 된다.

사무색계정의 최초에 해당하는 공무변처정은 허공, 즉, 공간은 무한한 것이라고 생각하여 이것을 대상으로 삼고 정신을 집중시키는 것이다. 이때에 없어지는 것이 유대상과 여러 가지의 상이라고 했다. 유대상이라는 것은 오관의 대상으로서 색·성·향·미·촉 등의 오경에 대한 상념이다. 여러 가지 상이라는 것은 욕계심에서 생기는 여러 가지 선악 등에 대한 생각이다. 즉, 무색계의 정에 들어가게 되면 물질만이 아니고 물질에 대한 생각과 그 이외의 선악 등에 대한 여러 가지 생각조차도 생기지 않게 된다. 이것이 무색계정의 첫째 경지인 공무변처정이다.

다음으로 식무변처정에 대해서는 이렇게 설하고 있다.

> 두루 공무변처를 초월하여 식은 무변하다고 하는 식무변처를 구족하여 머문다.

식무변처정은 제 일 단계의 공무변처정에서 공은 무변하다는 외적 허공에 대한 생각을 초월하여 허공을 생각하고 있는 식, 그 자체도 무한하다고 생각하는 것이다. 그렇게 함으로써 마음을 무념무상의 상태로 가져가려는 것이다.

세 번째의 무소유처정에 대해서는 두루 식무변처를 초월하여 어떠한 것도 없다고 하는 무소유처를 구족하여 머문다고 하고 있다. 식무변처정의 식이 무변하다는 생각조차도 초월하여 어떠한 것도 없다, 공이다 라고 생각하여 어떠한 것에도 마음을 향하게 하지 않는 무념무상의 경지를 추구하는 것이 무소유처정이다.

무색계정의 마지막 단계인 비상비비상처에 대해서는 두루 무소유처정을 초월하여 무소유라고 하는 생각도 없앤 비상비비상처를 구족하여 머문다고 하고 있다. 무소유처정에서 아무 것도 없다고 생각하는 그 생각조차도 버리고 최종적으로 무념무상의 상태로 되는 것이 이 비상비비상처이다. 그러나 이것은 죽은 자와 같이 완전히 정신작용이 없어져 버린 것이 아니고, 생각이 있는 것과도 같고 없는 것과도 같아서 극히 미세한 상념의 상태에 있는 선정이다. 이것이 무색계 최고의 경지인 것이다.

부처님께서는 알라라 카라마와 웃다카 라마풋드라에게서 무색계정의 최고라고 할 수 있는 무소유처정과 비상비비상처를 배우고 금방 그러한 경지에 도달하셨지만 그런 식으로 마음의 활동을 정지시키는 것은 지혜의 개발에는 아무 소용이 없다는 것을 아시고 그들의 곁을 떠나셨다. 선정에 들었을 때는 더할나위없이 편안한 상태에 머물 수 있지만 선정에서 깨어나면 곧 생로병사의 괴로움과 직면해야 했기 때문에 그러한 선정은 인간의 괴로움을 근원적으로 해결해 줄 수 있는 것이 아니라고 판단하셨던 것이다.

선정의 목적이 의식을 멈추고 나무나 돌과 같은 것으로 되려는 것이 아니기 때문에 살아 있는 인간의 선정은 지혜를 개발하는 것이 목적이 되어야 한다. 주위를 둘러보면, 명상을 하면서 목석과 같이 되는 것을 궁극의 목적으로 삼는 사람이 더러 있지만 지혜의 개발을 전제로 하지 않는 이러한 선정은 마취제를 맞는 것과 크게 차이가 없다고 생각된다.

이러한 선정은 선정에 들어 있을 동안에는 한없는 안락감을 누리지만 정의 상태를 벗어나면 괴로움이 가득 찬 현실로 되돌아오게 된다. 이런 식의 선정을 즐기는 사람 중에 지혜의 개발은커녕 오히려 사회부적응자가 되는 사람들이 많이 있는 것도 그러한 까닭이다. 때로는 이런 사람들이 불교의 간판을 내걸고 기괴한 행동으로 불교의 이미지를 훼손

하는 경우도 있기 때문에 지혜의 개발을 전제하지 않는 자아도취적인 선정은 문제가 많다고 볼 수 있다.

색계사선의 근본정과 무색계정의 네 가지 선정을 팔등지(八等至)라고도 하고 사선팔정(四禪八定)이라고도 한다. 여기에 더하여 멸진정(滅盡定)이라는 것이 있다. 팔정에다가 멸진정을 더하여 구차제정(九次第定)이라고 한다.

멸진정은 자세하게는 멸수상정(滅受想定)이라고 하는데, 아나함이나 아라한과 같은 뛰어난 성자만이 이를 수 있는 경지라고 한다. 다른 팔정은 외도들이나 범부들도 노력에 의하여 이를 수 있지만, 멸진정은 불교의 성자만이 도달할 수 있는 경지이기 때문에 불교 특유의 것이라고 할 수 있다.

멸진정은 수(受)나 상(想) 등의 일체의 심작용을 멸한 무념무상에 의하여 심신의 안락에 머무르기 위하여 들어가는 정이라고 한다. 멸진정은 일체의 심작용을 멸했기 때문에 겉으로 보기에는 움직임이 없어 죽은 상태와 같이 보일 수도 있다. 그러나 죽은 자는 목숨과 체온이 없어지고 오근이 파괴되어 신구의 삼업이 멈추지만 멸진정에 들어간 사람은 오근이 파괴되지 않고 목숨과 체온도 그대로 존재하게 된다.

석가모니 부처님께서 입멸하실 때에 "비구들이여, 제행무상이니 게으르지 말고 노력하라"는 말씀을 남기시고 색계초선에서 시작하여 무색계의 사선을 거쳐 마지막에 멸진정에 머무르시자 아난다는 부처님께서 입멸하신 줄 알았다. 그러나 천안제일 아나룻다는 부처님께서는 아직 입멸하신 것이 아니고 멸진정에 들어가셨다고 알려 준다. 그리고나서 부처님께서는 다시 멸진정에서 나오셔서 비상비비상처를 거쳐 색계 초선까지 이르셨다가 다시 거슬러 올라가 지와 관이 균등하다는 색계 제사선에서 마침내 열반하셨다.

이런 것을 보면 멸진정은 심작용이 멈추어 어떠한 동요도 없지만 미세한 생명활동은 남아 있는 상태라고 볼 수 있다. 그러나 멸진정은 선정의 힘에 의하여 심신의 활동을 멈춘 채로 언제까지나 살아 있을 수 있다는 믿음에 의하여 신설된 것으로 외도들의 무상정(無想定)에 대응하기 위한 것으로 보인다. 따라서 멸진정을 굳이 말한다면 단지 법상(法相)의 차원에서 신설된 것으로 비상비비상처정의 연장이라고도 볼 수 있다. 어쩌면 멸진정은 선정에 있어서 전설로만 전해 내려오는 경지가 아닌가하는 생각도 든다. 단지 이러한 심오한 경지를 목표로 삼고 정진하다가 보면 여러 가지 선정의 단계에 쉽게 도달할 수 있을 것이다.

《잡아함경》에 보면 아난다가 코살라국에 있을 때 여러 상좌비구들에게 이렇게 물은 적이 있다.

"만일 비구가 수행하기 좋은 한적한 장소나 나무 아래, 또는 조용한 방에서 사유하려면 어떤 방법으로 면밀히 사유하여야 합니까?"

"아난존자여, 지와 관으로써 사유하여야 한다."

"지를 몸에 익을 때까지 닦은 뒤에는 무엇이 이루어지고, 관을 몸에 익을 때까지 닦은 뒤에는 무엇이 이루어집니까?"

"아난존자여, 지를 몸에 익을 때까지 닦으면 결국 관이 이루어지고, 관을 몸에 익을 때까지 닦으면 결국 지가 이루어진다. 이른바 불제자는 지와 관을 함께 닦아 모든 해탈의 경계를 얻는다."

아난다가 다른 비구들에게도 똑같이 물었더니, 모두가 지와 관을 함께 닦아 해탈을 이룬다고 대답했다. 아난다가 나중에 이 이야기를 부처님께 사뢰었더니 부처님께서는 그렇게 말한 상좌비구들은 모두 다 해탈을 얻은 훌륭한 아라한이라고 칭찬하셨다.

이 이야기에서도 알 수 있듯이, 지를 통하여 관을 닦고 관을 통하여 지가 이루어진다. 이렇게 지와 관을 함께 닦아야 해탈을 이룰 수 있다. 지와 관이 균형을 이루지 못한 선정법은 해탈을 얻기 위한 지혜를 개발하는 데에는 적합하시 않다는 것을 알 수 있다. 그래서 지와 관이 균형을 이루는 색계사선이 가장 이상적인 선정이라고 하는 것이다.

| **4) 마음 관찰의 다섯 가지 방법** |

색계사선과 같은 이상적인 근본정에 이르는 방법에는 여러 가지가 있겠지만 그 방법은 각자의 근기와 자질, 성격 등에 따라서 각기 다를 수기 있다. 그중에서 유명한 것으로 오정심관(五停心觀)이라고 하는 것이 있다. 오정심관이란 부정관(不淨觀), 자비관(慈悲觀), 인연관(因緣觀), 계차별관(界差別觀), 수식관(數息觀)의 다섯 가지 관법을 말한다.

먼저 부정관은 인간의 육체가 더럽다는 것을 관하는 방법이다. 이것은 주로 탐욕이 많고 성욕이 강한 사람에게 적당한 방법인데, 인간의 시체가 부패되어 가는 과정을 관하는 것에 의해서 탐욕의 번뇌를 제거하는 데에 중점을 두는 것이다.

예를 들면, 청어상(青瘀相)이라고 해서 시체가 햇볕에 바래 변색되는 것을 관하기도 하고, 창상(脹相)이라고 하여 시체가 부풀어 오르는 것을 관하기도 하며, 농상(膿相)이라고 하여 시체가 문드러져 고름이 나는 모양을 관하는 등 시체의 여러 가지 추악한 모습을 관하여 마침내 백골이 되어 가는 상태를 관하는 것이다. 혹은 백골관(白骨觀)이라고 하여 사람의 해골을 앞에 놓고 이러한 여러 가지 부패의 과정을 떠올리기도 한다.

부정관은 이렇게 하여 인간의 여러 가지 더러운 모습을 관찰함으로써 육체에 대한 애착을 없애고 근본적으로는 탐욕 자체를 없앰으로써 마음을 가라앉히는 방법이다. 우리의 몸에 대한 애착이 없어지면 자연히 탐욕이 없어지게 된다. 그렇게 되면 탐심으로 부글부글 끓던 마음이 조용하게 되어 정신통일이 이루어질 수 있는데, 이것을 부정관이라고 한다.

두 번째로 자비관이라는 것이 있다. 이것은 화를 잘 내는 사람에게 적합한 관법으로서 진심(瞋心)을 다스리기 위한 것이다. 이것은 친하거나 좋아하는 사람뿐만 아니라 무관심하고 미워하는 사람에게조차 자비의 마음을 내는 것이다. 더 나아가서 살아 있는 모든 것에 대하여 이들의 괴로움을 제거해 주고 즐거움을 주겠다는 자비심을 발하는 것이다.

이렇게 하여 미워하는 마음을 없애면 마음이 편안해져 정신집중이 쉽게 이루어질 수 있다. 우리가 화가 났을 때는 어떤 행동을 하게 되며 자비심을 가지고 대할 때는 마음이 어떻게 변화되는지에 대해 생각해 보면 이 관법의 효과를 짐작할 수 있을 것이다.

오정심관의 세 번째는 인연관이다. 인연관은 연기관이라고도 하는데, 십이연기를 관찰함에 의하여 어리석음의 번뇌를 없애는 것이다. 인연관은 십이연기를 순의 방향으로도 관찰하고 역의 방향으로도 관찰하는 것이다. 즉, 무명에서 시작하여 괴로움이 발생하는 순서대로 관찰하는 방법과 생로병사의 괴로움에서 시작하여 괴로움이 발생하는 원인을 밝혀가는 것이다. 순의 방향으로 관찰한다는 것은 고의 원인으로부터 그 결과를 더듬어 나가는 것이며, 역의 방향으로 관찰한다는 것은 고라는 결과에서 그 원인을 찾아나가는 것이다. 혹은 고의 원인을 제거함에 따라 고가 소멸되는 것을 관찰하는 것이기도 하다. 이것을 십이연기의 순관과 역관이라고 한다. 이렇게 십이연기를 관찰함에 의하여 어리석음으로 일어나는 번뇌를 세거하여 정신을 통일시키는 것이다.

이러한 인연관은 우치한 사람들에게 적합한 수행법이라고 할 수 있다. 앞에서 언급한 부정관, 자비관, 연기관은 각각 탐진치의 삼독을 제거하여 선정에 드는 방법이라고 할 수 있다.

네 번째 계차별관은 다른 말로 계분별관이라고도 한다. 이것은 자아에 집착하는 사람에게 적합한 관법으로서, 아집을 버리고 마음을 고요하게 하기 위한 방법이디. 여기에서 계(界)라는 깃은 지·수·화·풍 등의 온갖 요소를 말하는 것으로, 이러한 요소의 분별을 통하여 나라는 것을 포함한 그 어떤 것에도 영원한 실체나 본체 같은 것은 없다고 관하는 것이 바로 이 계분별관이다.

이 관법을 행하기 위해서는 먼저 이 세계의 모든 것은 실체나 자아라고 할 수 있는 것이 없으며, 여러 가지의 구성요소들에 의하여 이루어져 있다고 관하는 것이다. 엄밀하게 말하면, 그 구성요소라는 것도 실은 존재하지 않는 것이지만, 연기에 의하여 모든 것이 임시로 결합되어 있다고 보는 것이다. 특히, 인간은 오온 가화합에 의하여 이루어져 있기 때문에, 그 어느 것도 나라고 주장할 수 있는 것이 없다고 관하는 것이다. 우리들은 인연에 의하여 구성된 가화합의 것을 나라고 고집하는 아견에 사로잡혀 탐욕을 부리고 집착하는 어리석음을 저지른다. 또한 그로 인해서 모든 괴로움이 발생하게 된다. 이런 것을 단멸하고 마음을 평정하게 가지는 것을 계차별관, 계분별관이라고 하는 것이다.

다음으로 수식관은 자기의 호흡을 관찰하여 정신을 통일시키는 것인데, 산란한 마음을 진정시키는 관법이다. 이 관법은 자기의 날숨과 들숨을 관찰하여 세는 것으로서, 이것에 의해 점차로 잡념을 제거하고 마음이 가라앉게 되며 따라서 정신이 통일된다. 사람이 화가 나거나 흥분하게 되면 우선 호흡이 거칠어진다. 그럴 때는 자기의 숨이 들락거리는 것을 관찰하여 세고 있으면 화가 나거나 들뜬 마음이 잠잠하게 가라앉게 된다.

이 수식관을 경전에서는 안나반나염(安那般那念; āna-apāna)이라고도 한다. '안나'는 날숨을 가리키고 '반나'는 들숨을 가리킨다. 경전 가운데에《안반수의경(安般守意經)》이 있는데, 이것은 안나와 반나, 즉 안반을 중심으로 한 관법에 대해 설한 경전이다. 수식관에 해당하는 이 안나반나염의 효과에 대해서《잡아함경》에서는 이렇게 설하고 있다.

> 비구들이여, 안나반나염을 닦아라. 안나반나염을 몸에 익을 때까지 닦으면 몸이 피로하지 않고, 눈으로 보아 근심하지도 즐거워하지도 않게 되어, 관하는 것을 따라 즐거움에 안주하게 되고, 집착하지 않는 즐거움을 깨달아 알게 된다.

이와 같이 수식관을 잘 닦으면 몸이 피곤하지 않고 호흡에 집중함으로써 마음이 가라앉게 되며, 호흡과 몸에 대한 세밀한 관찰이 이루어져서 그 자체로서 편안함을 느끼게 된다. 그리고 호흡을 통한 안락한 상태에서는 자연히 마음이 고요하게 되어 욕탐이 가라앉으며, 욕탐으로 인한 집착을 놓아버린다.

부처님께서는 수식관을 닦는 방법에 대해서 이렇게 설하셨다.

안나반나염은 어떻게 닦는가? 비구는 마을이나 도시에 의지하여 살면서 아침 일찍 가사를 걸치고 발우를 들고 마을에 들어가 걸식하되, 그 몸을 잘 보호하고 여섯 감각 기관의 문을 잘 지키며, 마음을 잘 매어 둔다. 걸식을 마치면 자기 거처로 돌아와 가사와 발우를 챙겨두고 발을 씻은 뒤, 숲속이나 조용한 방이나 나무 아래 또는 수행하기 적합한 한적한 곳으로 가 몸을 단정히 하고 바로 앉아 생각을 앞에 매어 둔다. 그리고는 세속의 탐욕을 끊고 욕망을 버려 청정하게 하며, 성냄과 수면, 도거, 의심을 끊고 모든 의혹을 건너, 모든 옳은 가르침에 대해 확실한 자신감을 얻는다. 그리하여 지혜의 힘을 약하게 하고 장애가 되어 열반으로 나아가지 못하게 하는 오개의 번뇌를 멀리 여읜다.

부처님의 이러한 말씀을 통해 볼 때, 수식관을 닦기 위해서는 먼저 마음가짐이 바르게 준비가 되어 있어야 한다. 그러기 위해서는 안·이·비·설·신·의의 육근을 잘 제어하여 마음이 산란하지 않도록 해야 한다. 수식관을 닦아 마음을 가라앉힐 수 있다고 하지만 육근이 잘 제어되지 않으면 보이고 들리고 생각나는 것이 모두 마음을 산란하게 한다. 이러한 것들이 모두 탐욕의 대상이 되기 때문이다.

계율을 수록해 놓은 《마하박가(Mahāvagga)》에 보면, 가사를 입고 벗는 법, 그리고 그것을 개어 놓는 법, 그리고 발우를 씻어 보관해 놓고 침구를 정돈하는 법 등등이 매우 자세하게 규정되어 있다. 우리가 마음공부를 하기 위해서는 우선 자기 주변부터 깨끗하게 정리하는 자세가 필요하다고 말씀하신 것이다.

주위 환경이 어지러운 상태에서 마음공부을 한다는 것은 참으로 우스운 일이다. 자기의 몸가짐은 물론, 주변이 깨끗하게 정돈된 상태라야 마음도 바르게 된다. 일반 사회에서도 제대로 된 가정이나 상점은 정리 정돈과 청결이 잘 되어 있다. 자기의 몸과 주변 환경을 바르게 가꾸지 못하고 정돈이 되지 않은 사람은 무슨 일을 하든지 바르지 못하다. 그러한 사람이 설혹 일시적 성공을 거두고 발전하더라도, 잘 관찰해 보면 모래 위에 집을 지은 것이나 마찬가지이다. 자기 주변도 정리를 못하는 사람이 사업을 하든 정치를 하든 제대로 할 리가 있겠는가. 그러한 사람이 무슨 일을 해 봐야 이웃에 해만 끼치지 진정으로 인간을 위하는 일은 하기가 어렵다. 특히 마음공부를 하겠다는 사람의 경우에는 자기 몸을 청결히 하고 단정하게 가꾸며 주변 환경을 깨끗이 정리 정돈하는 자세가 필수적이다. 이것이 되지 않고는 아무 것도 제대로 되지 않는다.

《마하박가》 등에 묘사된 부처님과 제자들의 생활태도를 보면, 일상생활에서 사용하는 사소한 물건까지도 모두 아끼고 잘 보존하며, 주위를 청결히 하고 정리정돈을 잘 하였다는 것을 알 수 있다. 거지 차림을 하고 더러운 생활을 하는 사람이 도사인 체하는 경우가 더러 있는데, 그런 것은 다 사도의 무리이고 거짓말로 사람을 속이는 것이다.

지혜가 있는 우리 불자들은 행여나 거짓놀음에 속아서는 안 된다. 깨달았다고 해서 술 마시고 고기 먹고 음행을 저지르고 거지차림으로 북 치고 장구치며 돌아다니는 그런 것은 있을 수 없다. 그리고 정말 깨달은 사람은 그런 짓을 하지도 않는다. 이상한 사람이 이상한 짓하면서 불교를 욕되게 하는 그런 일은 없어야 하겠다. 몸과 마음이 단정해야 수행도 제대로 되고, 수행을 제대로 한 사람은 몸과 마음이 단정하다는 것을 명심해야 한다.

수식관을 닦는 것에 의하여 몸과 마음이 바르게 된 상태에서 가만히 마음을 붙들어 매고 탐욕과 성냄, 정신이 혼미한 혼침과 수면을 경계하고 마음이 들뜨는 도거악작과 진리를 의심하는 마음 등의 오개의 번뇌를 멸할 수 있다. 수식관의 목적이 숨을 쉬는 것에만 있는 것이 아님은 물론이다. 호흡이 들어가고 나가는 것을 관찰함으로써 이러한 번뇌를 끊는 것이 수식관의 궁극적 목적이다.

그리고 이러한 수식관을 효과적으로 닦기 위해서는 우선 마음을 가라앉히고 주변을 정돈함으로써 탐욕과 번뇌를 제거하는 정지작업이 더욱 필요하다는 뜻이다. 수식관을 닦음으로써 오개의 번뇌를 멸할 수도 있지만, 역으로 오개의 번뇌를 제거하기 위한 노력에 의하여 수식관이 더욱 효과적으로 닦여질 수 있다는 말이다. 수식관의 좀 더 구체적인 방법에 대해서 경전에서는 이렇게 설하고 있다.

들숨을 생각하면서 생각을 잡아매어 잘 공부하고, 날숨을 생각하면서 생각을 잡아매어 잘 공부한다. 긴 숨이나 짧은 숨 등 몸에 들어오는 모든 숨을 깨달아 알고 잘 공부하며, 몸에서 나가는 모든 숨을 깨달아 알고 잘 공부한다.

호흡은 정념이 바탕이 된다. 숨을 내쉬고 들이쉬는 것에 대해 깊은 주의를 기울이면 정념이 시작된다. 이 단계에서 들숨과 날숨을 쫓는 것이 정념인가, 아니면 마음이 들숨과 날숨을 쫓아가도록 하는 것이 정념인가를 구별할 필요는 없다. 숨을 들이쉴 때는 코끝에서 시작해서 배꼽에서 끝나며 숨을 내쉴 때는 배꼽에서 시작해서 코끝에서 끝나는 것이라고 상상한다. 물론 실제로 숨이 배꼽으로 들어가는 것은 아니지만 그렇게 상상을 하는 것이다. 그렇게 해서 숨이 들어가고 나가는 것을 끊임없이 의식하는 것이다. 그 가운데 코에서 배꼽에 이르는 호흡의 공간이 긴 것인가 짧은 것인가에 대한 관찰도 이루어진다. 이렇게 해서 마음이 흐트러지지 않도록 잠시도 쉬지 않고 들숨과 날숨의 움직임에 대해 집중하는 것이 수식관이다.

이런 수행은 쉬운 것 같지만 사실은 매우 어려운 수행법이다. 사람에 따라서는 삼 일이 걸릴 수도 있고, 삼 년이 걸릴 수도 있다. 이렇게 해서 몸의 행위를 들숨과 날숨의 움직임을 통해 깨닫고 기쁨, 즐거움 등 마음의 움직임을 들숨과 날숨을 통해 깨달으며 마음의 평정, 무상, 무욕 등에 대해 들숨과 날숨을 통해서 깨닫는다고 경전에서는 설하고 있다. 경전에서는 이 수식관만 잘 닦아도 큰 공덕을 얻는다고 하고 있다.

이와 같이 안나반나염을 잘 닦으면 큰 결과와 큰 복과 이익을 얻는다. 만일 비구가 탐욕과 악하고 착하지 않은 법을 떠나 각과 관이 훌륭해지고 욕계의 악을 여읜 기쁨과 즐거움이 생기는 초선을 완전히 성취하여 머물고자 하면, 그는 안나반나염을 닦아야 한다.

이처럼 수식관은 욕계의 악을 여의고 초선을 얻을 수 있다고 하고 있다. 경전에서는 이어서 초선뿐만 아니라 제이선, 제삼선, 제사선을 얻으며, 무색계 사선에까지도 이르고, 수다원, 사다함, 아나함과는 물론, 마침내 누진지를 포함한 육신통까지도 얻을 수 있다고 하고 있다. 이처럼 수식관은 가장 기초적이면서도 중요한 수행법이다.

이상의 오정심관 가운데에서 부정관과 수식관은 초심자들이 행하는 입문 단계의 선정이라고 할 수 있다. 특히 수식관은 모든 관법의 기초가 되는 것으로서, 일상생활에서도 우리의 마음을 다스리기 위하여 유용하게 쓰일 수 있는 수행방법이다. 물론, 경지가 깊어지면 앞에서 설명한 것처럼 당연히 최고의 깨달음도 얻을 수 있게 된다.

이러한 오정심관 가운데에서 네 번째의 계차별관을 제외하고 대신에 염불관(念佛觀)이라는 것을 더하여 오문선(五門禪)이라고 부른다. 염불관이라는 것은 부처님을 생각하는 것인데, 이것은 누구에게나 다 적합한 수행법으로서 부처님을 관하는 것에 의하여 심신의 정화를 방해하는 모든 장애를 제거하는 것이다. 그렇게 함으로써 정신통일을 이룰 수 있는 것이 염불관인데, 우리가 일반적으로 말하는 염불과는 차이가 약간 있다.

우리가 지금 염불이라고 하면 '나무아미타불'이나 '관세음보살'을 외우는 것처럼, 부처님의 명호를 부르는 것이다. 그런데 원래 부처님을 염한다고 하는 이 '염불'이라는 것은 부처님을 명상하는 것이다. 즉, 생각으로 부처님을 떠올리는 것이 염불이다. 지금 우리가 말하는 부처님의 명호를 부르는 것은 '칭념염불(稱念念佛)'이라는 것인데, 이것은 부처님의 명호를 부르는 것에 의하여 부처님을 우리 마음에 떠올리는 명상 수행의 한 방법일 뿐이다. 그런데 시대가 변하면서 누구든지 쉽게 따라할 수 있는 이 칭념염불이 주류가 되어 원래 마음으로만 부처님을 생각하는 관상염불(觀像念佛)은 그다지 행해지지 않고 있다. 그러나 원래의 염불의 뜻은 마음 가운데에 부처님을 생각하는 관상염불이라는 것을 알아야 한다.

오정심관이나 오선문과 같은 수행법은 주로 북방불교에서 행해지는 것이며, 남방불교에서는 선정에 드는 방법으로서 40종의 업처(業處)를 설하고 있다. 여기에서의 업은 선정을 의미하며, 업처라는 것은 선정의 토대 혹은 관법의 대상을 말한다. 관법의 대상으로서는 물질적인 것은 물론 관념적인 것도 모두 포함된다.

이 방법은 처음에는 구체적인 사물을 관하다가 나중에 숙달되면 구체적인 사물이 없어도 관념상으로 마음에 대상을 떠올리는 것이다. 이러한 수행법은 염불관에서 처음에는 구체적인 불상을 앞에 놓고 관하다가 나중에는 마음으로만 부처님을 떠올리는 것과 비슷하다고 할 수 있다. 수행방법은 40종의 업처 가운데에서 수행자의 성격에 맞는 적당한 업처를 선택하여 행하다가 점차 상위의 것으로 나아가는 것이다. 이렇게 수행자의 성격 등에 맞추어 선택하는 업처를 '응용업처(應用業處)'라고 한다.

여기에 대하여, 모든 수행자들에게 공통으로 사용되는 업처를 일체업처(一切業處)라고 하는데, 여기에는 보통 자(慈)와 사념(死念)과 부정(不淨)의 세 가지를 들고 있다.

자는 자비심을 이용한 선정으로서, 처음에는 일정한 구획을 정해 놓고 그 구역 안에 있는 모든 것에 자비심이 미친다고 생각하다가 나중에는 점차로 그 범위를 확대해 나가는 것이다.

사념은 죽음을 생각함으로써 모든 집착을 벗어나고자 하는 것이다. 우리의 삶이라는 것은 집착할수록 도리어 괴롭게 되는 성질이 있다. 그러나 죽음이라는 것을 담담하게 받아들일 수 있고 초월하게 될 때에는 집착을 벗어나게 되므로 오히려 삶이 더 풍요로워질 수가 있다. 그래서 죽음을 생각함으로써 도리어 번뇌를 벗어나게 되고 마음이 고요해질 수 있으므로 사념관의 명상을 하는 것이다.

부정관은 우리 몸의 온갖 부정함을 생각함으로써 욕정을 누르고 육신에 대한 애착을 벗어나게 하여 마음의 평온을 가져오는 명상법이다.

불교에서의 선정법은 이러한 것만 아니라 각자의 근기에 맞추어서 행할 수 있는 여러 가지 방법이 있다. 예를 들면, 《반주삼매경(般舟三昧經)》에서 말하는 반주삼매, 《법화경》에서 말하는 무량의처삼매(無量義處三昧), 《화엄경》에서 말하는 해인삼매(海印三昧), 천태종의 《마하지관(摩訶止觀)》에서 말하는 사종삼매(四種三昧), 밀교의 아자관(阿字觀), 오상성신관(五相成身觀)이나 오자엄신관(五字嚴身觀) 등 실로 그 수가 셀 수 없이 많지만 대략적으로는 앞에서 언급한 이러한 것들이 기본이 된다.

불교에서의 선정은 이처럼 정이나 관, 혹은 삼매라는 이름이 붙여져서 지혜를 개발하기 위한 다양한 방법으로 활용되고 있다. 다른 종교나 사상 등에서는 불교와 같은 체계적이고 다양한 수행법을 찾아보기 어렵다. 불교에서는 지혜를 개발하기 위하여 일상생활에서의 여러 가지 윤리적인 차원에서의 실천 방도도 설하고 있지만, 선정을 활용한 더욱 깊고 구체적인 실천방법을 제시하고 있는 고등종교라고 할 수 있다. 그럼에도 불구하고 이러한 좋은 실천방법을 잘 활용하지 못하고 많은 불자들이 기복의 차원에만 머물러 진정한 해탈의 길로 들어서지 못하고 있는 현실은 불교지도자나 불교도들이 다 함께 반성해 보아야 할 문제라고 생각한다.

선정을 구분할 때는 정신통일의 정도에 따른 구별과 마음의 청정함에 의한 구분을 해볼 수 있다. 정신통일의 정도에 따른 구분으로서는 마음이 산란하고 통일되지 못한 상태에서 마음이 어느 정도 통일된 욕계정으로부터 색계사선을 거쳐 무색계정의 최고 경지인 비상비비상처까지를 들 수 있다. 이러한 구분법에 따르면 오정심관이나 사십업처 등의 대부분은 욕계정에 속한다고 볼 수 있다.

다음으로, 선정에 들었을 때의 청정함에 의한 구분은 그 마음 가운데 지혜의 유무에 따른 구분이 될 수 있다. 이것은 반드시 정신통일의 상태와는 일치하지 않는 것으로서, 최고의 정신통일을 이루는 무색계정에서도 무루의 지혜를 지니지 못하면 범부의 선정과 차이가 없게 된다. 그러나 마음이 완전히 통일을 이루지 못한 욕계정에서도 거기에 깨달음의 지혜가 들어 있으면, 그것은 뛰어난 무루의 선정이 될 수 있다. 예를 들면, 정신통일이 완전하지 못한 욕계정에 속하는 수식관이라도 거기에 지혜가 포함되어 있으면 아라한과를 얻고 육신통을 얻을 수 있다고 한다.

가장 뛰어난 선정의 상태는 정신통일과 뛰어난 지혜가 동시에 이루어지는 것이겠지만, 그러한 것을 이루기 위해서는 지와 관이 균등한 것이어야 한다. 이러한 의미에서 색계사선이 바로 지관균등의 이상적인 선정이며 그 가운데에서도 색계 제사선이 가장 이상적인 선성이라는 것이다.

정학에서 추구하는 것은 어디까지나 깨달음에 이르기 위한 최고의 지혜를 얻기 위한 것이다. 즉, 선정이라는 것은 우리가 모든 괴로움을 벗어버리고 열반에 이르기 위한 지혜를 획득하는 데에 그 목적이 있는 것이며 선정 그 자체가 목적이 되어서는 안 된다는 것을 항상 명심해야 한다.

선정을 통하여 어떤 황홀한 상태를 경험한다거나, 정 그 자체의 편안함에 도취되어 그것을 즐기는 것은 바른 선정이라고 할 수 없다. 불교에서는 이러한 상태를 마경(魔境)이라고 한다.

외도들 가운데에는 이러한 선정에 잘못 몰입되어 그러한 신비적 상태에 도취하면서 그것을 탐하는 것에 그치고 지혜의 개발은 등한시하는 경우가 많다. 흔히 세간의 도사라는 사람들 중에는 이러한 종류의 선정을 즐기는 사람들이 많은데, 이러한 사람들은 불교의 입장에서 볼 때는 모두 마경에 빠진 것이라고 할 수 있다. 그렇기 때문에 이러한 사람들에게서 깨달음의 지혜는 나올 수가 없다. 어느 정도까지는 그럴싸한 말을 해도 조금만 깊이 들어가 보면 이런 사람들은 여전히 무명의 상태에 머물고 있으며 번뇌 가운데에 머물고 있다는 것을 알 수 있다.

  불교에서는 이러한 종류의 선정의 위험에 대해 주의를 하라고 옛날부터 엄하게 가르치고 있다. 따라서 선정을 배울 때에도 바른 스승 밑에서 바른 방법으로 배워야 함은 말할 것도 없다. 그렇지만 바른 선정을 가르쳐 줄 분들이 무척 드물다는 데에 또한 현실적 어려움이 있다. 아무튼 정학에서 추구하는 궁극적 목표는 선정을 즐기는 데에 목적이 있는 것이 아니라, 선정을 통해서 깨달음의 지혜를 얻기 위한 것임을 반드시 명심해야 한다.

4. 지혜로써 깨닫는다 '혜(慧)'

| 1) 분별과 무분별 |

  불교의 목적은 해탈과 열반에 이르기 위한 것이다. 그리고 이것을 달성하기 위해서는 깨달음의 지혜가 있어야 한다. 깨달음의 지혜를 얻기 위해서는 계학을 통하여 마음을 바로 다스리고, 정학에 의하여 정신통일을 이루며 그러한 상태에서 지혜를 개발해야 한다. 지혜가 있어야 인생과 우주의 실상을 꿰뚫어 보고 우리의 고의 원인을 밝혀 그것을 제거하는 방법을 찾을 수가 있다. 그리고 그 지혜는 계·정·혜의 삼학에 의해 얻어질 수가 있다. 우리가 삼학에서 말하는 계도 정도 그것이 불교적인 것이 되기 위해서는 그 가운데에 혜라는 것이 있어야 한다. 혜가 빠지게 되면 계도 정도 그 자체로서는 별 의의가 없는 것이 된다.

혜는 깨달음에 관한 것이면서도 사회적, 세간적인 지혜도 포함된다. 그러나 혜학(慧學)에서 말하는 혜는 깨달음에 관한 것에 한정된다. 이 것을 반야(般若; paññā, prajñā)라고도 하며, 특히 지혜라는 말을 써서 나타낸다. 세간 일반에서 말하는 지혜와는 차원을 달리 하는 것이다.

지혜에는 번뇌의 유무에 따라 유루의 지혜와 무루의 지혜로 나누어진다. '누(漏)'라는 것은 번뇌를 의미한다. 번뇌가 남아 있는 지혜를 유루지(有漏智)라고 하며, 번뇌가 완전히 멸한 상태의 지혜를 무루지(無漏智)라고 한다. 깨달음의 지혜는 물론 무루지이다.

그리고 지혜가 작용하는 방법에 따라 유분별지(有分別智)와 무분별지(無分別智)로 나누기도 한다. 유분별지라는 것은 지혜가 지금 무엇을 파악하고 있다는 것을 아는 지혜이다. 즉, 파악하는 쪽인 지혜와 파악이 되는 쪽인 대상이 명확하게 구분되어 의식되는 것으로 분별이 작용하는 지혜라고 할 수 있다.

무분별지는 진리와 지혜가 일체화된 지혜이다. 이것은 진리를 파악하는 쪽인 지혜와 파악되는 쪽인 진리가 일치하여 구분이 없는 지혜를 말한다. 말하자면, 지혜가 곧 진리이고, 진리가 곧 지혜인 그런 상태의 지혜를 무분별지라고 한다. 진리와 일치한다는 것은 진리와 조금도 어긋남이 없다는 뜻이다. 불교에서 추구하는 지혜는 궁극적으로는 바로 이 무분별지라는 최고의 지혜이다. 이것을 반야바라밀(般若波羅蜜)이라고도 한다. 그리고 진리와 일체화한 이 무분별지가 비로소 모든 번뇌를 끊고 열반에 이르게 하는 것이다.

그런데 사회 일반에서는 이 분별에 대해서 견해가 다르다. '그 사람 참 분별 있는 사람이네'라든지 '그 사람 참 무분별하게 설쳐대네' 하는 말을 자주 쓴다. 그래서 분별이 있는 사람은 생각이 깊고 지혜로운 사람이고, 무분별한 사람은 앞뒤도 못 가리는 무식한 사람으로 치부해 버린다.

불교에서 말하는 분별에 대해서는 여러 가지 해석이 있지만, 자기의 마음, 혹은 지혜가 그 인식대상이 되는 것을 구분하고 구별하여 차이점을 인식하는 것이다. 즉, 보거나 듣거나 냄새 맡거나 맛보거나 신체로 느끼는 것, 혹은 마음에 떠오르거나 생각하는 것 등에 대해서 이것은 이렇고 저것은 저렇다고 분별하는 것이다. 그렇게 해서 인식되는 차이점에 대해서 나름대로의 판단을 내리고 그것을 개념화하는 것이 모두 분별이다.

이러한 분별이 일어나게 되면 우선 그것을 인식하는 주체와 대상이 생기게 된다. 즉, 자기라는 인식주체가 있어 대상을 보고 저것은 빨간 것이다, 저것은 좋은 냄새다 하고 구분하게 된다. 어떤 것을 인식하는 순간, 이렇게 인식주체와 인식대상으로 분별이 되면 거기에서 좋다거나 싫다고 하는 감정이 생겨난다. 그것뿐만 아니라 옳다, 그르다, 혹은 맞다, 틀리다고 하는 판단도 생겨난다. 그리고 그러한 대상에 대하여 좋으면 좋은 대로, 싫으면 싫은 대로 우리의 마음은 집착을 하게 된다. 옳다, 그르다, 좋다, 나쁘다 라고 하는 판단 그 자체가 집착이라고도 할 수 있다.

이렇게 집착이 생기면 거기에 따라 번뇌가 생긴다. 즉, 좋다고 느끼는 것에 대해서는 그것을 가지고 싶어 하고 누리고 싶어 한다. 말하자면, 욕탐이라는 번뇌가 생기는 것이다. 싫은 것에 대해서는 멀리 하려고 하며, 그에 따라 진심이라는 번뇌가 생긴다. 혹은 좋은 것을 가지지 못했을 때에도 진심이 일어난다. 이렇게 해서 여러 가지 번뇌가 일어나면, 그에 따라 괴로움이 발생하게 된다. 즉, '혹-업-고'의 구조에서 본 것처럼, 번뇌에 의하여 악업이 이루어지고 그에 따라 괴로움이 생기는 것이다.

이와 같이 분별이 일어나는 순간, 인식주체로서의 나와 인식대상으로서의 타자의 관계가 생겨나게 된다. 그리고 그것에 의하여 여러 가지 번뇌가 생기고 마침내 괴로움이 생기는 것이다. 자기와 타자를 분별하게 되면, 항상 자기는 소중한 것이며 대단한 것이라는 생각을 버릴 수가 없고, 또 자기의 이익만을 생각하게 된다.

이렇게 자기라는 것에 집착하게 되면 어떠한 행위를 하든 이기적이고 자기중심적이 될 수밖에 없다. 이런 성향이 더욱 강렬해지면 오직 자기의 이익만을 위해 행동하기 때문에 윤리라든가 도덕이라는 것을 생각하지 않게 된다. 자기의 이익을 침해하거나 방해하는 것에 대해서는 화를 내고 다른 사람들과 다투게 된다. 왜냐하면, 자기 이외의 타자도 자기와 똑같이 이기적이고 자기중심적인 사고로 행동하기 때문에 그것이 서로 부딪히다보면 다툼이 일어날 수밖에 없다. 그래서 사회는 점점 살벌해지고 각박해지는 것이다. 이러한 모든 것이 분별에 의해서 자기와 타자를 구별하기 때문에 일어나는 현상이다.

일반 사회에서는 분별심을 사려 깊고 지혜 있는 것으로 높이 평가하지만, 불교에서 분별을 괴로움의 근원으로 경계하는 것은 이러한 이유에서이다. 이러한 분별심을 불교에서는 허망분별(虛妄分別) 혹은 망분별(妄分別)이라고 한다.

그러면 궁극적으로 괴로움을 일으키게 되는 분별은 어떻게 해서 발생하는지를 살펴보자. 분별이 없는 상태는 마치 맑은 거울에 온갖 사물이 비추어져서 있는 그대로 나타나는 것과 같다. 이와 같이 우리가 어떤 것을 보고 들어도 우리의 마음이 있는 그대로 받아들이는 것이 무분별이다.

그런데 실제에 있어서는 우리는 모든 사물을 있는 그대로 받아들이는 것이 아니라 자기가 보고 듣는 것에 구분을 짓는다. 즉, 보고 듣는 나와 보고 들리는 대상을 구분하여 거기에 나라는 주관적인 것을 척도로 하여 판단을 하게 된다. 이것은 좋은 것이다, 저것은 나쁜 것이다, 이것은 아름다운 것이다, 저것은 추한 것이다 하면서 분별을 일으킨다. 그리고는 자기가 정한 가치에 따라 좋아하고 싫어하는 것이 생기게 된다. 즉, 대상과 나 사이에 구분을 지어 자기중심적으로 생각하게 된다는 의미이다. 달은 달로서 그냥 그 자리에 있을 뿐인데 자기의 마음이 슬플 때는 달이 슬퍼 보인다. 혹은 반대로 자기가 기분이 흥겨울 때 달을 보면 왠지 술이라도 한잔하고 싶어지기도 하고 누군가와 그 달빛 아래에서 데이트라도 하고 싶어진다. 이렇게 같은 사물이라도 자기의 마음에 따라 분별이 일어나고 거기에 따라 좋고 싫어하는 감정이 나타나며 또 그것에 집착하게 된다.

그리고 우리가 보고 듣고 느끼는 세계를 분별하여 구분하는 데에는 언어라는 것이 결정적인 작용을 하고 있다. 우리는 언어에 의하여 정보를 얻고 사물의 가치를 판단하고 생각한다. 예를 들면, 우리가 컵이라고 말은 하지만 어느 정도 높이까지만 컵으로 할 것인지, 입구는 어느 정도 큰 것이 컵인지 단정을 할 수가 없다. 엄밀하게 말하면, 컵이라는 실체는 없지만 그래도 우리는 컵이라는 이름을 붙여 놓고 그것에 의해 가치판단을 한다.

이처럼 우리는 실체가 없는 것임에도 불구하고 언어를 사용하여 개념을 확정짓고 온갖 사물과 현상을 구분한다. 말로 표현하는 것이 불가능한 세계에 살면서도 그러한 세계를 언어에 의지하여 나타내고 있는 것이다. 언어에 의하여 만들어진 이러한 가공의 사물과 현상은 인간이 주관에 의하여 구분지어 놓은 세계라고 할 수 있다. 깨끗한 물이라고 말하지만, 원래 깨끗한 물은 없다. 무슨 말인가 하면, 인간은 자기의 필요에 의하여 깨끗한 물이라고 하지만 더러운 곳에 사는 벌레들에게는 더러운 물이 깨끗한 물이 되는 것이다.

우리는 세계를 객관적으로 인식하고 있다고 생각하지만 실은 이렇게 자기의 생각에 따라 판단하고 거기에 이름을 붙이기 때문에 사물과 현상의 실제 모습을 잘못 인식하고 있는 것이다.

이처럼 말에 의하여 분별이 생기고 분별에 의하여 집착이 생긴다. 집착에 의하여 번뇌가 생기고 번뇌에 의하여 업이 일어나고 업으로 인해서 괴로움이 발생한다. 그렇기 때문에, 거울에 사물이 있는 그대로 비추어지듯이 모든 것을 분별없이 받아들이게 되면 집착이 생기지 않고,

집착이 없으니 번뇌도 없고, 번뇌가 없으므로 괴로움도 생기지 않게 된다.

이렇게 사물을 있는 그대로 볼 수 있는 지혜를 분별이 없는 지혜, 즉, 무분별의 지혜라고 하는 것이다. 산은 산이요, 물은 물이라는 선사의 말씀이 바로 이러한 무분별의 지혜를 가리킨다. 무분별지는 분별을 끊고 번뇌를 끊으며 집착을 끊는 깨달음의 지혜이다. 이러한 지혜는 이것이 진리다, 혹은 이것이 진리가 아니다 라고 하는 분별도 없으며, 진리와 그 진리를 인식하는 주체로서의 자아라는 의식도 없으며, 진리와 완전히 일치한 지혜이다.

그러나 분별하지 않는다는 것은 어떤 것도 보지 않는다거나 어떤 것도 느끼지 않는다는 의미가 아니다. 만약 그렇다면 분별하지 않는 지혜를 얻는다는 것은 목석이 되는 것과 다름없을 것이다. 만약 우리가 눈을 감고 어떤 것도 보지 않는다고 한다면 그것은 이미 보고 있던 것을 보지 않고 있는 것이기 때문에 그것 또한 이미 분별이 된 것이다. 어떤 것도 보지 않는다고 하는 자기라는 것이 이때 이미 분별하여 의식되기 때문이다. '내가 보고 있었다, 그러나 이제는 내가 보지 않는다' 라고 할 때, 이미 나라는 것이 보인다, 보이지 않는다 라고 하는 것과 분별되어 존재하기 때문이다. 즉, 어떠한 것도 보이지 않는다고 하는 그 자체가 이미 분별인 것이다. 만약 정말 어떠한 것도 보이지 않고 들리지 않는 상태가 된다고 하면 그것은 기절이나 졸도한 상태와 같은 것이 될 것이다. 또 그것은 지나치게 깊은 지(止)의 선정에 든 것과 마찬가지 상태가 되기 때문에 그 자체로서는 지혜가 작용하지 못하게 된다. 그렇기 때문에, 분별하지 않는다는 것과 어떤 것도 보지 않고 듣지 않으며 느끼지 않는다는 것은 다른 것이다.

진리와 일체가 된 지혜라고 하더라도 자기라는 존재, 혹은 정신이 진리에 용해됨이 없이 일체화했다고 인식하고 있는 자기가 있다면 그것은 실재로는 진리와 일체화한 지혜가 아니라고 볼 수 있다. 우리가 어떤 것에 몰입되어 있을 때에는 자기라는 것을 잊어버리고 그 대상과 일체가 된다. 이러한 상태에서 작용하는 것이 무분별지라고 볼 수 있다.

그러나 무분별지만으로는 진리를 깨달을 수 있어도 중생을 구제하는 활동은 할 수 없다. 왜냐하면, 무분별지는 앞에서 언급한 것처럼 분별이라는 것이 완전히 없어진 상태이기 때문에 자기는 물론이고 구제대상조차도 인식하거나 의식하지 않게 되기 때문이다. 그리고 무엇보다도 고라는 자체가 인식이 되지 않기 때문에 무엇을 구제해야겠다는 생각도 일어나지 않게 된다. 그래서 불보살은 이미 얻은 무분별지에 의지하면서도 대상을 의식하여 구별하는 지혜를 작용시킨다. 이 지혜는 당연히 분별이 있는 지혜, 즉 유분별지가 된다. 이렇게 해서 이 유분별지에 의해서 불보살들은 중생구제의 활동을 하게 되는 것이다.

그러나 이 유분별지는 무분별지를 얻기 전의 유분별지와는 다른 것이다. 이미 무분별지를 얻은 후 그 무분별지에 의지한 유분별지인 것이다. 그래서 이러한 유분별지를 무분별후득지(無分別後得智) 혹은 간단하게 후득지(後得智)라고도 한다. 그리고 여기에 대하여 무분별지는 근본적인 것이기 때문에 특히 근본무분별지(根本無分別智) 혹은 근본지(根本智)라고도 한다.

분별과 무분별의 입장에서 살펴보면, 우리가 누군가를 위하여 선행을 베푸는 경우에 있어서도 베푸는 나와 베풂을 받는 남이라는 분별이 생긴다. 또한 이 경우에도 구제해야 할 사람과 그렇지 않은 사람, 괴로움을 겪고 있는 사람과 그렇지 않은 사람을 구분하는 분별이 생긴다.

불교에서는 이러한 구분과 분별도 좋지 않다고 말한다. 왜냐하면, 분별이 일어나게 되면 구제나 보시를 베푸는 것에 대해서도 보거나 듣거나 하는 인식대상에 집착해버리기 때문이다. 좋은 것이든 나쁜 것이든 집착한다는 것은 번뇌를 가져온다.

무분별지를 얻지 않은 상태에서는 구제활동이나 보시 등과 같은 선행에서 오히려 집착이 생겨날 수 있다. 집착이 나쁘게 작용하면 상대방을 낮추어 보거나 불쌍하게 여기는, 말하자면, 차별심에 의한 구제활동이나 보시가 될 수도 있다. 또 때로는 손해나 이익을 따져 보거나 스스로에 대한 평가를 기대하여 이러한 활동을 하게 될 수도 있다.

한편으로는 이러한 사실을 알고 있다고 자부하는 사람에게조차도 마찬가지 분별심이 일어날 수 있다. 왜냐하면, '인간의 마음에는 번뇌가 늘 있다', 혹은 '인간은 자기중심적이다' 라고 하는 것을 나는 알고 있다고 생각하는 그 자체도 분별이 되어버리기 때문이다. 그렇게 되면, '나는 이러이러한 인간의 속성을 알고 있기 때문에 날마다 수행을 한다. 많은 사람들은 이러한 것도 모르고 수행을 하지 않는다' 고 하는 분별이 생겨 알게 모르게 자신과 남을 차별하게 된다.

수행을 많이 했다고 하는 사람 중에 상당히 오만하고 차가운 느낌을 주는 경우가 더러 있는데, 그것은 아마 그 사람의 이러한 차별심이 알게 모르게 작용했기 때문일 것이다. 즉, '나는 다른 사람보다 진리에 대하여 많은 것을 알고 있다, 그리고 나는 이런 것들을 실천하기 때문에 뛰어난 자이다'라고 하는 분별심이 자기도 모르게 생기고, 그것에 집착함으로써 오만하고 도도하며 접근하기 어려운 느낌을 주는 것이라고 볼 수 있다.

집착이라는 것은 허망분별이며 헤아림으로부터 생기는 마음이다. 여러 가지 선행은 당연히 좋은 것이며, 그것을 권장하여도 불교에서는 거기에 이러한 분별과 집착의 함성이 있다는 것을 지적하고 있다.

사실은 우리가 선행이다, 아니다, 혹은 바른 것이다, 그른 것이다 구분하는 것도 언어에 의한 분별이다. 이처럼 우리가 보고 듣고 느끼고 생각하는 모든 대상에는 분별이라는 것이 작용하며 따라서 온갖 집착이 따라다닌다. 우리는 보고 듣고 느끼는 실제적 대상에 대해서 뿐만 아니라 보이지 않는 것에 대해서도 분별하고 집착을 한다. 이런 것이 나에게 있었으면 하고 집착을 하기도 하고, 혹은 진리라든가 평화, 정의 등과 같은 개념적인 것에 대해서도 우리는 분별을 하고 집착을 하게 된다.

예를 들면, 우리가 진리라고 하여도 그것에 집착하게 되면 자기 스스로 진리인 것과 진리 아닌 것을 분별하게 된다. 그렇게 되면 진리를 추구한다고 하면서도 또 하나의 집착을 만들어내는 결과를 가져온다. 집착이 생기면 번뇌가 따라오고 거기에 따라 괴로움이 생긴다. 진리나 선, 혹은 정의, 평화 등과 같은 것은 좋은 개념이지만 거기에 집착하게 되면 그것은 돈이나 명예, 혹은 다른 것에 집착하는 것과 마찬가지로 괴로움이 발생하게 된다. 이렇게 보면 악이다, 나쁘다고 하는 것이 원래부터 존재하는 구체적인 것이라기보다는 집착의 대상이 어느 정도이며, 그러한 집착에 의하여 얼마나 큰 폐단이 생기고 좋지 않은 결과를 가져오는가에 따라 결정된다고 할 수 있다.

종교나 신앙에 대한 것도 그렇다. 선을 행하기 위하여 종교를 가지고 신앙을 가지는 것이 너무 지나쳐 집착이 되어 버리면 이것이 도리어 자신과 이웃을 괴롭히는 악행이 되어버리기도 한다. 이런 것이 극단적으로 치닫게 되면 종교전쟁으로 발전해서 큰 비극을 불러오기도 한다.

불교에서는 이러한 폐단을 경계하여 분별을 가지지 말라고 하는 것이며 집착을 놓아버리라고 하는 것이다. 그렇기 때문에 이런 분별을 끊는 무분별지를 얻어 궁극적으로는 번뇌를 단멸하여 참된 행복과 안락에 이르도록 하는 것이 불교의 가르침이다. 그것이 바로 지혜를 완성하는 반야바라밀이라는 것이다.

어리석은 사람의 신앙은 무조건 믿으며 거기에 집착한다. 그렇기 때문에 열심히 믿으면 믿을수록 배타적이고 자기중심적이 되어버린다. 그러나 불교는 지혜의 종교이기 때문에 항상 이러한 맹목적 신앙의 폐단을 경계하고 바른 지혜를 얻도록 하고 있다.

여기에서 한 가지 주의할 것은 분별하지 않는다, 혹은 집착하지 않는다고 하는 것이 상대를 의식하지 않거나 무시한다는 의미가 아니라는 것을 알아야 한다. 상대를 보지 않는다든가 무시한다는 것 또한 역설적으로 상대를 무시한다, 보지 않는다라고 하는 또 하나의 집착이 되어버리기 때문이다.

그렇기 때문에, 불교에서는 집착하지 않는 것을 매우 중시하지만, 또한 집착하지 않는다고 하는 것에도 집착하지 말아야 한다고 하고 있다. 즉, 집착하면 안 된다고 하는 것에도 집착하다가 보면 거기에서도 번뇌가 따르기 때문이다. 집착하지 않는다고 하는 것에는 그것이 진리이든 선이든 예외가 없다는 말이 된다.

이것은 다시 말하면, 우리의 마음이 어떤 것에도 구속받지 않고 참으로 자유롭게 되는 것을 말한다. 그것이 해탈이고 열반이다. 불교에서는 이와 같이 집착하지 않는 것, 즉, 해탈 혹은 열반을 목표로 수행하고 있다. 이러한 해탈이나 열반의 경지가 곧 무분별지의 세계이다.

| 2) 지혜의 완성 |

그러면 이러한 지혜는 어떻게 해야 얻을 수 있는지를 살펴보자. 우리 인간들에게는 미약하기는 하지만 태어날 때부터 지혜가 있다. 이것을 생득(生得)의 지혜라고 한다. 물론 그 지혜는 유루의 지혜로서 완벽하지 못하다. 그래서 번뇌를 끊기에는 그 힘이 미약하기 때문에 수행을 통해서 그러한 지혜를 키워나간다. 그러한 수행이 바로 계·정·혜의 삼학이다.

그런데 깨달음을 얻기 위한 지혜를 키워나가는 방법을 특히 지혜의 획득 방법에 따라 세 가지 단계로 나눌 수 있다. 각 단계에서 얻게 되는 지혜를 문혜(聞慧), 사혜(思慧), 수혜(修慧)라고 한다. 이것을 간단하게 문·사·수의 삼혜(三慧)라고 하는데, 앞에서 언급한 우리가 태어날 때부터 지니고 있는 생득의 지혜와 합하여 사혜(四慧)라고 한다.

먼저 문혜라는 것은 듣는 것에 의하여 생겨나는 지혜를 말한다. '문이라는 말은 꼭 듣는 것만 아니라 견문이라는 뜻이 있다. 우리가 생득의 지혜를 가지고 부처님의 말씀을 듣고 경전을 읽고 공부하여 얻게 되는 지혜를 말한다. 즉, 학습이나 공부를 통하여 얻게 되는 지혜를 문혜라고 할 수 있다.

불교를 닦는 것은 우선 가르침을 배우고 듣는 것에서부터 시작된다. 그것은 부처님의 말씀을 담은 경전을 읽고 공부하는 것이 주가 될 것이고, 훌륭한 스승으로부터 부처님의 가르침을 배우는 것도 한 방법일 것이다. 부처님의 가르침이 아닌 것, 즉, 불교 이외의 것을 듣고 배우는 것은 문혜로 치지 않는다. 그러한 것은 지식은 넓힐지 모르지만 궁극적으로 참다운 지혜를 개발하기에는 부족한 것으로 보기 때문이다.

사혜라는 것은 문혜에 의하여 얻은 가르침의 내용을 사색을 통하여 얻게 되는 지혜를 말한다. 이것은 부처님의 가르침을 듣고 배우는 것에서 더 나아가 그 내용을 구체적으로 사색함으로써 얻게 되는 지혜이다. 듣고 배운다는 지식의 차원이 아니라 철학적 사색에 의하여 듣고 배운 것을 자기 것으로 소화하는 것이라고 할 수 있다.

수혜라는 것은 실천에 의하여 얻게 되는 지혜를 말한다. 이때의 실천이라는 것은 선정을 비롯한 불교의 모든 실천법을 말한다. 사색에 의하여 얻은 지혜를 실천에 의하여 스스로 체득하는 것이다. 아무리 많이 보고 듣고 배워도 스스로 사색해 보는 것이 없으면 그 가르침은 자기의 것이 되지 않는다. 참다운 지혜가 될 수 없다는 말이다. 배우기만 하고 생각하지 않으면 어리석다고 했다. 그리고 배우지 않고 생각만 해서는 독단적이 되기 쉽다. 열심히 듣고 배우면서 스스로 사색하여 소화해야만 비로소 참다운 자기 것이 될 수 있다. 그리고 이것만으로도 부족하며 자기 스스로 그것을 체득해 보아야 한다. 수혜는 특히 선정을 통하여 그러한 지혜를 스스로 경험해 보는 것이다. 아무리 부처님의 말씀을 많이 듣고 배워도 그 말씀을 음미하여 스스로 사색해 보지 않고는 그 깊은 뜻을 모른다. 그리고 실천해 보지 않고서는 불도를 제대로 행한다고 할 수가 없다. 수혜는 이처럼 실천에 의하여 얻는 지혜로서, 이때에 비로소 지혜가 완성되는 것이다. 이렇게 해서 지혜가 체득될 때에 이것을 깨달음의 지혜라고 한다.

생득의 지혜와 문혜, 사혜, 수혜는 각각 떨어져 있는 것이 아니다. 생득의 지혜를 통하여 부처님의 말씀을 알아듣는 문혜가 생기고, 문혜를 닦은 다음 사혜를 닦으며, 또 더 나아가서 수혜를 통하여 참된 지혜를 얻게 된다.

우리가 불교를 공부하여 지혜를 얻게 되는 과정도 이러한 순서를 밟아 나간다. 처음에는 부처님의 말씀을 배우기 위하여 불교서적도 사 보고 경전도 읽어 본다. 그리고 훌륭한 스승을 찾아 법문도 들어 보고 가르침을 받으면서 자기의 알음알이를 점차 넓혀간다. 그러다가 어느 시기가 되면 자기가 배운 것에 대하여 생각을 해본다. 경전의 이 말씀이 과연 무엇을 뜻하는지, 저 법사님의 말씀은 정말 맞는 것인지 사색을 통하여 자기가 배운 것을 확인도 해보고 의심나는 것은 스스로 해결해 가기도 한다. 그러면서 한편으로는 수행을 병행하면서 자기가 배우고 생각했던 것들을 실천해본다. 그러다 보면 '이게 이런 것이구나' 하고 스스로 체득이 된다. 문·사·수의 삼혜는 이러한 과정을 지혜의 획득

면에서 설명한 것이다. 즉, 언어를 통하여 문혜와 사혜를 기른 다음에는 수혜를 통하여 언어를 초월한 진리를 깨닫는 것이다. 그것이 무분별지이고 무루지이다.

혜학의 완성으로서 계·정·혜의 삼학은 완성되는 것인데, 이것은 궁극적으로 무루지와 무분별지를 얻는 것이라고 할 수 있다. 어떠한 분별도 없고 집착도 없으며 번뇌가 없는 지혜가 무루지와 무분별지인데, 이러한 지혜에 의하여 괴로움을 완전히 단멸하고 열반을 얻을 수가 있다.

우리가 비록 선행을 한다고 할지라도 거기에는 나와 남이라는 것이 구분되고 집착이 일어난다. 즉, 번뇌가 남아 있는 유루선이라고 할 수 있다. 그럼에도 불구하고 우리는 이러한 사실을 자각하고 항상 여기에 주의를 기울여야 한다. 선을 행하던 수행을 하던 항상 분별과 집착이 따른다는 것을 알고 이것을 초월하도록 해야 한다. 분별하지 않는다는 것이 모든 것을 무시하고 뭉뚱그려 생각하는 것이 아니다. 분별하지 않는다는 것은 중도를 실천하는 것이다. 분별하지 않는다는 그 자체에도 집착하지 말아야 한다는 이 말이 모순된 것 같지만, 중도의 입장에서 생각하면 어느 정도 이해될 것이다.

이상과 같이 계·정·혜 삼학을 순서대로 설명을 했지만, 실제로는 차례대로 이루어지는 것이 아니라 항상 이 세 가지는 병행하여 상호보완적으로 작용한다. 계가 없는 혜학이 있을 수 없고, 혜가 없는 정학이 있을 수 없다. 계를 지키는 데에도 지혜가 있어야 하며, 혜학의 완성을 위해서는 정학이 있어야 한다. 우리가 불교의 궁극적 목적인 해탈과 열반을 얻기 위해서는 항상 이 세 가지가 동시적으로 운용되어야 한다는 것을 반드시 명심해야 한다.

《해탈도론(解脫度論)》에 보면 계, 정, 혜에 대하여 이렇게 설하고 있다.

> 계, 정, 혜를 해탈의 길이라고 한다. 계는 위의(威儀)의 뜻이요, 정은 산란하지 않는다는 뜻이요, 혜는 깨쳐 안다는 뜻이요, 해탈은 속박에서 벗어난다는 뜻이다. 또 계는 악업의 때를 없애고, 정은 얽매임의 때를 없애고, 혜는 잘못된 소견의 때를 없앤다.
>
> 또 세 가지 선으로 구별하자면 계는 초선(初善)이요, 정은 중선(中善)이요, 혜는 후선(後善)이다. 계를 초선이라고 하는 것은 정진하고 계행을 지키는 사람은 퇴전하지 않고, 퇴전하지 않기 때문에 기쁘며, 기쁘기 때문에 즐겁고, 즐겁기 때문에 마음이 선정이 되므로 초선이라 한다. 정을 중선이라고 하는 것은 선정으로써 일체를 실상 그대로 보고 아는 까닭이며, 혜를 후선이라고 하는 것은 이미 실상 그대로 보고 아는 까닭에 미혹되지 않고, 미혹되지 않는 까닭에 탐욕을 버리고, 탐욕을 버린 까닭에 해탈하기 때문이다.

이와 같이 계·정·혜 삼학은 불교의 궁극적 목적인 해탈에 이르는 길이다. 그렇기 때문에 불교의 실천방법은 모두 이 계·정·혜 삼학의 범위를 벗어나지 않는다는 것을 알 수 있다.

부처님께서는 《잡아함경》에서 삼학을 공부하는 것을 이렇게 비유하셨다. 즉, 농부가 씨를 뿌려 놓고 가꾸노라면 자연히 곡식이 열매를 맺듯이, 혹은 닭이 알을 품고 있으면 자연히 병아리가 나오듯이 삼학을 닦으면 자연히 해탈을 얻을 것이라고 말씀하셨다.

이와 같이 비구는 계학, 정학, 혜학, 이 세 가지 공부를 수시로 잘하면 '오늘 중으로 모든 번뇌를 끊고 마음이 잘 해탈했으면, 또는 내일이나 훗날에 번뇌를 끊고 마음이 잘 해탈했으면' 하고 걱정할 필요가 없다. 그 비구가 그렇게 생각하지 않더라도 자연히 오늘이나 내일, 혹은 훗날에 모든 번뇌를 끊고 마음이 잘 해탈할 것이다. 그가 수시로 계학, 정학, 혜학을 부지런히 닦아 때가 이르면 자연히 모든 번뇌를 일으키지 않고 마음이 잘 해탈할 것이다.

이와 같이, 불교의 모든 실천수행 방법은 계·정·혜 삼학에 포함되지 않는 것이 없다. 그렇기 때문에 계·정·혜 삼학에 의하여 불도의 수행이 완성되는 것이다.

제7장 불교의 실천수행법

1. 37가지 수행법

불교가 다른 종교나 철학, 사상 등과 확연하게 구분되는 것은 실천수행에 대한 방법이 뚜렷하다는 것이다. 어느 종교이든 나름대로의 실천세계는 다 가지고 있다. 그러나 불교만큼 체계적이고 논리정연하며, 또 실제 생활에서 응용할 수 있는 구체적인 방법을 지니고 있는 종교는 거의 없다. 철학이나 사상은 나름대로의 논리체계는 가지고 있지만, 그러한 것을 실천하기 위한 방법론의 제시에 있어서는 상당히 취약한 면이 있다.

불교는 고도의 철학이면서도 그것을 실천할 수행방법이 다양하게 설정되어 있어 자기의 근기에 맞게 선택할 수가 있다. 불교의 수행체계를 크게 보면 앞에서 설명한 계·정·혜의 삼학으로 나타내 보일 수가 있지만, 세부적으로 들어가면 여러 가지 수행법이 있다.

그 가운데에서 근본불교의 수행법으로서 삼십칠조도품(三十七助道品)이라는 것이 있다. 이것은 다른 말로는 삼십칠보리분(三十七菩提分)이라고도 한다. 즉, 깨달음에 이르는 37가지 방법이라는 뜻이다.

우선 이 37가지의 수행법을 크게 나누어 보면 사념처(四念處), 사정근(四正勤), 사여의족(四如意足), 오근(五根), 오력(五力), 칠각지(七覺支), 팔정도로 구분할 수 있다. 이것을 모두 더하면 37가지가 된다. 그래서 37가지의 도를 이루는 방법이라고 하여 삼십칠조도품이라고 하는 것이다. 이제 삼십칠조도품의 하나하나를 살펴보자.

먼저, 사념처는 팔정도 가운데의 정념에 해당하는 것인데, 사념주(四念住)라고도 한다. 이것은 몸과 감수작용, 마음, 법이라는 신(身)·수(受)·심(心)·법(法) 네 가지를 올바르게 생각하여 잊지 않는 것을 말한다. 즉, 몸은 부정한 것이며, 느낌은 괴로운 것이고, 마음은 무상한 것이며, 법이 무아인 것을 늘 생각하고 잊지 않는 것이다. 《염처경(念處經)》에서 부처님께서는 사념처의 공덕에 대해 이렇게 말씀하셨다.

> 중생들을 깨끗하게 하고, 근심과 두려움을 건너게 하며, 괴로움과 번뇌를 멸하게 하고, 울음을 그치게 하며, 바른 법을 얻게 하는 한 가지 도가 있으니, 이른바 사념처이다.

그리고 과거와 현재와 미래의 모든 부처님께서도 이 사념처를 닦아 위없는 바른 깨달음을 얻는다고 하셨다. 사념처만 잘 닦아도 무상정등정각(無上正等正覺)을 얻을 수 있다는 것이다. 그러면 사념처가 어떤 것인지를 살펴보자.

신념처(身念處)에 대해서 부처님께서는 이렇게 말씀하셨다.

어떻게 하는 것이 몸을 있는 그대로 관찰하여 그 생각에 머무는 것인가?
비구는 다니면 다니는 줄 알고 머물면 머무는 줄 알며 앉으면 앉는 줄 알고 누우면 눕는 줄 알며 잠자면 잠자는 줄 알고 깨면 깨는 줄 알며 자거나 깨면 자거나 깨는 줄 알아야 한다.
비구가 이와 같이 몸의 안과 밖을 있는 그대로 관찰하고 생각을 일으켜 몸에 두어서 알고 보는 바가 있고 지혜가 밝아 참모습에 통달한 것을 일러 비구가 몸을 있는 그대로 관찰하는 것이라고 한다.

즉, 자기의 몸을 한 순간도 놓치지 않고 세밀하게 관찰해야 하는데, 그 방법으로 생각으로써 자기의 몸 상태와 행위하고 있는 것을 관찰하는 것뿐만 아니라, 호흡법을 통하여 몸을 관찰하기도 한다. 그렇게 계속 관찰해 나가다가 나중에는 자기의 몸이 온갖 더러운 것으로 가득 차 있다고 관찰한다. 즉, 가죽과 털, 뼈와 내장, 피와 고름, 골수 등 우리 몸을 구성하고 있는 모든 요소를 관찰하여 온갖 더러운 것으로 자기의 몸이 만들어져 있다고 생각하는 것이다. 그리고 자기의 몸은 지·수·화·풍의 사대와 허공, 분별의식의 이른바 육대로써 이루어져 있다고 관찰한다. 그런 다음 자기 몸이 썩어 문드러지는 것을 생각하여 자기의 몸이라는 것이 얼마나 더러운 것인가를 관찰한다.

《염처경》에서는 이러한 과정을 매우 세밀하게 묘사하고 있는데, 실제 경전에 의거하여 자기의 몸을 관찰해 보면 정말 하찮은 것이고 더럽기 짝이 없다는 것을 실감할 수 있다. 이렇게 해서 몸이 부정한 것을 관찰하여 그 생각에 머무는 것을 신념처라고 한다.

또 수념처(受念處)에 대해서는 이렇게 설하셨다.

어떻게 하는 것이 감수작용을 있는 그대로 관찰하여 그 생각에 머무는 것인가? 비구는 즐거움을 느끼면 즐거움을 느낀다고 알고 괴로움을 느끼면 괴로움을 느낀다고 알고 즐겁지도 괴롭지도 않은 느낌은 즐겁지도 괴롭지도 않다고 알아야 한다.

이와 같이 몸의 즐거움, 몸의 괴로움, 몸의 즐겁지도 괴롭지도 않음, 마음의 즐거움, 마음의 괴로움, 마음의 즐겁지도 괴롭지도 않음, 먹는 것의 즐거움, 먹는 것의 괴로움, 먹는 것의 즐겁지도 괴롭지도 않음, 먹지 않는 즐거움, 먹지 않는 괴로움, 먹지 않음을 즐거워도 괴로워도 하지 않음, 욕구를 즐거워 함, 욕구를 괴로워 함, 욕구를 즐거워도 괴로워도 않음, 욕심 없는 느낌을 즐거워 함, 욕심 없는 느낌을 괴로워 함, 욕심 없는 느낌을 즐거워도 괴로워도 않음을 느끼면 그렇게 느낀다는 것을 알아야 한다.

비구가 이와 같이 감수작용의 안과 밖을 있는 그대로 관찰하고 생각을 일으켜 감수작용에 두어서 알고 보는 바가 있고 지혜가 밝아 참 모습에 통달한 것을 일러 비구가 몸을 있는 그대로 관찰하는 것이라고 한다. 비구, 비구니가 이와 같이 감수작용을 있는 그대로 관찰하면 그것을 일러 감수작용을 있는 그대로 관찰하여 그 생각에 머무는 것이라고 한다.

이와 같이 수념처는 우리의 몸과 마음을 통하여 느껴지는 모든 감각을 있는 그대로 관찰하여 그것이 결국은 괴로움이라는 것을 알고 그 생각에 머무는 것이다. 그렇게 함으로써 느낌에 집착하게 되는 번뇌를 벗어날 수 있게 된다.

이와 같은 방법으로 심념처의 수행도 마음의 작용을 세밀하게 관찰하여 놓치지 않고 그 마음이 결국은 무상한 것을 생각하여 거기에 머무르는 것이다.

법념처(法念處)도 모든 사물과 현상이 발생하는 것을 세밀하게 관찰하여 결국은 모든 사물과 현상의 발생은 연기에 의한 것임을 알고 그 가운데에 실체라고 할 만한 것이 없다는 것을 깨달아 그것에 머무는 것이다. 《염처경》에서는 마음을 일으켜 사념처에 바르게 머물게 되면 짐낀 동안이라도 현세에 구경지라는 위없는 지혜를 얻게 되고 아나함과를 얻을 수 있다고 하고 있다.

사정근(四正勤)은 사정단(四正斷)이라고도 한다. 이것은 팔정도 가운데의 정정진에 해당하는 것이다. 아직 일어나지 않은 선은 일어나게 하고, 이미 일어난 선은 더욱 자라나게 하며, 아직 일어나지 않은 악은 생기지 않게 하고, 이미 생긴 악은 멸하도록 노력하는 것을 말한다.

다음으로 사여의족(四如意足)이라고 하는 것이 있다. 이것은 사신족(四神足)이라고도 하는데 욕여의족(欲如意足), 정진여의족(精進如意足),

심여의족(心如意足), 사유여의족(思惟如意足)의 네 가지를 말한다. 여기에서의 '족'이라는 것은 신통이 일어나는 기틀이 된다는 뜻이다.

욕여의족은 뛰어난 선정을 얻으려고 간절히 원하는 것이다. 정진여의족은 뛰어난 선정을 얻기 위해 쉬지 않고 한결같이 정진하는 것이며, 심여의족은 마음을 고요히 하여 뛰어난 선정을 얻는 것을 말한다. 사유여의족은 마음을 한곳에 모아 면밀히 사유하는 것이다. 즉, 이상에 대한 올바른 욕구를 지니고 끊임없이 정진하며 마음을 고요히 하여 선정에 들도록 하고 면밀한 사유를 통하여 지혜가 뜻대로 자재하게 작용하도록 하는 것이 사여의족이다.

오근(五根)은 오승근(五勝根)이라고도 하는데, 신근(信根), 정진근(精進根), 염근(念根), 정근(定根), 혜근(慧根)의 다섯 가지를 말한다. 여기에서의 '근'이라고 하는 것은 자유자재하게 작용하는 능력으로서 불·법·승 삼보에 대한 믿음인 신(信)과 부지런히 노력하는 정진, 바르게 생각하여 잊지 않는 염, 그리고 선정과 지혜가 깨달음이라는 이상을 향하여 자유자재하게 작용하는 능력을 말한다. 즉, 이 오근이 있어야 미혹의 상태에서 깨달음의 상태로 나아갈 수가 있다.

《잡아함경》에서는 신근은 부처님께 대하여 일으킨 믿음이 견고하여 그 누구도 무너뜨릴 수 없는 것을 말한다고 했다. 정진근은 아직 일어나지 않은 선은 일어나게 하고 이미 일어난 선은 더욱 자라나게 하며, 아직 일어나지 않은 악은 생기지 않게 하고 이미 생긴 악은 멸하도록 노력하는 사정단을 뜻한다. 염근은 사념처 수행을 가리킨다. 정근은 색계 사선을 성취하는 것을 말한다. 그리고 마지막의 혜근은 사성제의 진리를 바르게 아는 것이라고 했다.

오력(五力)은 오근이 실제로 작용하는 구체적인 힘으로서 믿음, 정진, 기억, 선정, 지혜를 말한다. 《잡아함경》에서는 오력을 이렇게 설명하고 있다.

> 어떤 것이 오력인가? 신력, 정진력, 염력, 정력, 혜력이다. 신력이란 불·법·승·계에 대한 무너지지 않는 깨끗한 믿음인 사불괴정이요, 정진력이란 사정단이며, 염력이란 사념처요, 정력이란 사선정이며, 혜력이란 사성제임을 알아야 한다. 그러므로 비구들이여, 신력, 정진력, 염력, 정력, 혜력을 성취하리라는 마음으로 공부하라.

오력은 오근과 유사한 덕목인데, 그것보다는 진전된 수행단계라고 할 수 있다. 즉, 오근이 해탈이라는 이상으로 향하게 하는 능력을 가리키는데 대해서, 오력은 해탈을 달성하게 하는 실세로 작용하는 구체적인 힘이라고 볼 수 있다.

다음으로 칠각지(七覺支)라는 것이 있다. 칠각지는 깨달음에 이르는 7가지 요소라는 뜻이다. 이것을 칠각분(七覺分)이라고도 한다. 여기에는 염각지(念覺支), 택법각지(擇法覺支), 정진각지(精進覺支), 희각지(喜覺支), 경안각지(輕安覺支), 정각지(定覺支), 사각지(捨覺支)가 있다.

염각지는 자기의 언행을 주의 깊게 생각하는 것으로 사념처에 대해 사유하는 것도 여기에 해당된다.

택법각지는 그러한 것을 바른 지혜로써 더욱 잘 사유하는 것이다. 그렇게 하여 바른 것과 바르지 않은 것을 살필 줄 아는 지혜인데, 진리인 법을 판별하고 사유하는 지혜라고 할 수 있다.

정진각지는 사정단을 말하는 것으로 선을 기르고 악을 제거하기 위해 노력하는 것이다.

희각지는 이렇게 하여서 마음에 기쁨이 생기는 것이다.

경안각지는 의각지(猗覺支)라고도 하는데, 희각지에서 얻어진 기쁨으로 인하여 심신이 경쾌하고 명랑한 것을 말한다.

정각지는 여기에서 더 나아가 마음이 편안해지고 통일되는 것이다.

사각지는 여러 가지 감정을 떠나서 어떤 일에도 마음이 기울거나 흔들리지 않는 것을 말한다. 사념처의 수행에서 시작하여 칠각지의 수행이 완성되면 깨달음의 지혜가 얻어지고 해탈에 이르게 된다.

《잡아함경》에 부처님께서 칠각분을 닦는 요령에 대해 말씀하신 것이 있다.

비구들이여, 마음이 무력하여 망설여질 때는 경안각분, 정각분, 사각분을 닦아서는 안 된다. 왜냐하면 무력한 마음이 생겨 망설여질 때 이 수행법들은 무력감을 더하기 때문이다. 비유하면 꺼져 가는 불을 살리고자 하면서도 재를 끼얹는 것과 같다.

이럴 때에는 택법각분, 정진각분, 희각분을 닦아야 불을 더 타오르게 하고자 땔감을 대주는 것처럼 갖가지 가르침을 받고 인도되어서 기뻐하게 된다고 하셨다.

또 마음이 들뜰 때는 택법각분, 정진각분, 희각분을 닦지 말고 의각분, 정각분, 사각분을 닦아야 불을 끄려고 재를 끼얹는 것과 마찬가지로 들뜬 마음을 가라앉힐 수 있다고 하셨다.

그리고 삼십칠조도품의 마지막은 팔정도인데, 여기에 대해서는 앞에서 자세하게 설명했기 때문에 생략한다.

이상과 같이 사념처, 사정단, 사여의족, 오근, 오력, 칠각지, 팔정도를 모두 합하여 해탈에 이르게 하는 37가지 방법이라고 한다. 이러한 일곱 가지 항복의 하나하나는 독립된 수행체계를 이루고 있다고 볼 수 있다.

예를 들면, 사념처만 하더라도 신·수·심·법의 관찰을 통하여 몸의 부정을 관찰하고 수를 통하여 고를 깨닫고 마음의 관찰을 통하여 무상을 깨달으며 법의 관찰을 통하여 무아를 사유함으로써 불교의 핵심을 파악하여 열반에 이를 수가 있는 것이다. 사정단이나 사여의족, 오근, 오력 등도 그 사체로써 열반에 이를 수가 있다.

그리고 사념처에서 팔정도에 이르는 7가지 분류는 서로 중복된 개념이 많기 때문에 전체를 차례대로 밟아 올라간다거나 어느 것이 더 높은 경지라고 할 수는 없다. 그렇기 때문에 삼십칠조도품 모두를 다 닦을 필요는 없다. 이 가운데에서 어느 한 가지만 완성하여도 해탈에 이를 수가 있다는 말이다. 즉, 각자의 근기에 따라 어느 한 가지를 선택하여 수행해도 된다는 의미이다. 예를 들면, 오근이나 오력은 신(信)을 앞에 두고 있기 때문에 초보자에게 적합한 것이고 사념처나 칠각지 등은 정(定)에 비중이 많이 있기 때문에 어느 정도 수행이 된 사람에게 적합하다.

불교의 수행체계를 보면 어느 한 가지 방법만을 선택하여 처음부터 끝까지 수행하는 경우도 있고 또 점차적으로 단계를 높여 가는 방법도 있다. 예를 들면, 오온이나 삼법인, 사성제의 관찰은 초보자에게나 경지가 높은 사람에게나 한결같이 필요한 것이다. 그리고 팔정도도 초보자에게나 아라한과를 얻기 직전의 성자에게나 한결같이 필요한 수행덕목이다.

　여기에 반해서 처음에는 시론, 계론, 생천론 등의 삼론에 의하여 불심을 키우고 그런 다음 점차로 사제, 팔정도의 이치를 깨쳐 가는 방법도 있다. 혹은 처음에는 수식관을 통하여 마음을 안정시키고 여기에 따라 색계사선, 무색계선, 멸진정 등으로 나아가는 단계적인 수행법도 있다. 그러나 실제에 있어서는 이러한 방법들이 병용되는 경우가 많다.

　그러나 불교의 모든 수행법은 크게 나누어 보면 계 · 정 · 혜의 삼학에 포함되는 것이고, 또 팔정도의 범위를 벗어나는 것이 없다고 할 수 있다. 부파불교에 가면 매우 세분하여 수행법을 구분하기도 하지만 그 근본은 삼학과 팔정도에 있으며 범위를 넓게 잡는다고 하여도 삼십칠조도품을 벗어나지 않는다고 볼 수 있다.

2. 재가자의 실천

| 1) 재가자의 수행법과 보시 |

　　　　　삼십칠조도품과 같은 수행법은 너무 전문적으로 세분되

어 있기 때문에 아무래도 출가자 위주의 수행법이라고 할 수 있다. 재가자도 여건만 되면 출가자와 같은 수행을 해도 무방하지만 일상생활에서 오는 번뇌가 출가자보다 많기 때문에 이러한 전문적인 수행을 하는 것이 쉽지가 않다.

　재가신자에게 설해진 수행법은 앞에서도 설명한 것처럼 시론, 계론, 생천론의 삼론에 의하여 보시를 베풀고 자비행을 행하며 재가자로서의 계율을 지키고 도덕을 준수하는 것이다. 이러한 실천을 통하여 불교도로서의 올바른 세계관과 인생관이 확립되고 사성제의 진리를 이해할 수 있게 된다.

　그밖에도 재가자의 수행법으로서 사불괴정(四不壞淨)을 들고 있다. '불괴정'이라고 하는 것은 어떠한 것에도 허물어지지 않는 확실한 믿음이라는 뜻이다. 사불괴정이라고 하는 것은 불·법·승 삼보와 성계(聖戒)에 대한 무너지지 않는 믿음이다. 이것을 다른 말로는 사증상심(四增上心)이라고도 한다.

　재가자들에게는 믿음이라는 것이 무엇보다도 중요하다. 재가신도는 아직 깨닫지 못한 자이기 때문에 깨달은 분이신 부처님과 부처님의 가르침, 그리고 부처님의 가르침을 전달해주고 가르쳐 주는 승가에 대한 믿음으로부터 신행생활이 시작되는 것이다.

　사불괴정을 얻게 되면, 불교적인 세계관과 인생관에 투철한 것이 되어 어떠한 경우에도 물러남이 없게 된다. 그렇게 되면 사성제의 진리를 확립하여 견도를 얻는 것과 마찬가지가 된다. 즉, 사불괴정을 얻게 되면 견도를 얻어 사향팔배의 최하위의 성자인 사다함이 될 수 있다고 한다.

《잡아함경》에 부처님께서 재가불자란 어떤 사람인가에 대해서 이렇게 설하고 계신다. 이것은 부처님께서 카필라성 근처의 니구율 동산에 머무르실 때 석가족의 마하남이라는 사람이 부처님께 우바새란 어떤 것이냐고 여쭈었던 것에 대한 대답이다.

집에서 청정하게 수행하고 청정하게 살면서 남자의 풍모를 갖추고 '나는 지금부터 목숨이 다하도록 부처님과 부처님의 가르침, 그리고 부처님의 가르침을 따르는 출가제자들에게 귀의하여 우바새가 되겠으니, 저를 인정해 주십시오'라고 말하는 것을 일러 우바새라고 한다.

즉, 불·법·승 삼보에 귀의하는 것에 의해서 재가신자가 될 수 있다는 말씀이다. 그리고 불괴정을 갖추는 것에 대해 이렇게 설하셨다.

세존이시여, 어떤 것을 일러 우바새가 믿음을 완전히 갖춘 것이라고 합니까?

세존께서 대답하셨다.

여래에 대한 믿음을 근본으로 하되 흔들림 없이 견고하여 출가수행자·사제·천자들·마(魔)·범(梵)과 그 밖의 세상 사람들이 그 믿음을 무너뜨릴 수 없는 것을 일러 우바새가 믿음을 완전히 갖춘 것이라고 한다.

이어서 이러한 믿음을 바탕으로 계를 안전히 갖춘 것을 우바새라고 하셨는데 계의 내용으로 살생, 도둑질, 사음, 거짓말, 음주를 행하지 않는 오계를 말씀하셨다. 이어서 우바새가 가르침을 듣는 것에 대해 이렇게 말씀하셨다.

세존이시여, 어떤 것을 일러 우바새가 가르침을 완전히 갖춘 것이라 합니까?

세존께서 대답하셨다.

우바새가 가르침을 완전히 갖춘 것이란 들은 것을 받아 지니며 들은 것을 모으는 것이다. 즉, 여래의 설법은 처음도 좋고 중간도 좋고 끝도 좋으며, 이치에 맞고 맛도 좋으며, 순수하고 청정하며 맑은 청정행을 갖춘 것이니, 이를 다 받아 지니는 것을 일러 우바새가 가르침을 완전히 갖춘 것이라고 한다.

부처님의 가르침은 그야말로 처음도 좋고 중간도 좋으며 끝도 좋고 이치에 맞는 말씀이며 완벽하다. 부처님의 가르침은 매우 논리적이고 합리적이라고 언급한 것처럼 이 말씀에도 그러한 것이 나타나 있다.

불교의 가르침은 기적을 바라거나 신에게 의존하는 것이 아니다. 우리가 지금까지 공부해 온 것처럼 불교의 가르침은 비약적인 것이 없다. 항상 원인과 결과를 중시하며 우리가 노력한 만큼 얻어진다는 것을 가르치고 있다. 우리가 노력하지 않았는데 어떤 것을 얻는다면 그것이 기적이다. 그러나 그런 것은 현실에서는 없다. 기적을 가르치는 다른 종교와 노력을 가르치는 불교는 근본적으로 다르다.

부처님께서는 언제나 지혜를 강조하시고 그 지혜는 노력 정진에 의해서만 얻어질 수 있다고 하셨다. 재가신자는 이러한 부처님의 말씀을 추호도 의심하지 말고 믿으며 실천해야 한다. 이렇게 믿는 것을 백정신심(白淨信心)이라고 한다. 티없이 깨끗한 믿음을 말한다. 이러한 신심의 바탕 위에서 부처님의 말씀을 듣되 받아 지녀서 실천해야 한다.

다음으로 부처님께서는 재가신자로서 보시를 게을리하지 말아야 한다고 하셨다.

> 세존이시여, 어떤 것을 일러 우바새가 보시를 완전히 갖춘 것이라고 합니까?

세존께서 대답하셨다.

> 인색한 번뇌에 얽매이면 그 번뇌를 여의고 집을 떠나 살면서 걸림없는 보시[해탈시], 부지런한 보시[勤施], 늘 하는 보시[常施]를 닦고 재물을 즐겨 베풀며 평등하게 보시하는 것을 일러 우바새가 보시를 완전히 갖춘 것이라 한다.

재가신자의 실천덕목 가운데에 보시는 매우 중요하다. 보시는 다나(dāna)라고 하는데, 한문으로는 단나(檀那), 혹은 단이라고도 한다. 그리고 옛날에는 재가신도를 '보시하는 사람', 혹은 '은혜를 베푸는 사람'이라는 의미에서 단월(檀越; dāna-pati)이라고 부르기도 했다. 보시는 어려운 사람에게 필요한 것을 공급해 주는 것이다. 그리고 불교를 위하여 보시함으로써 부처님의 가르침이 널리 퍼질 수 있도록 하는 것도 보시이다.

보시는 반드시 물질적인 것뿐만 아니라 정신적인 것도 포함된다. 그러나 일반적으로는 물질적인 보시가 위주가 된다. 재가자의 일상생활은 늘 재물과 관련이 있다. 특히 요즘은 물질위주의 시대가 되어 모든 것을 돈으로 해결하려고 한다. 이 사회가 이렇게 살기 어려워진 것도 모두 베푸는 마음이 없이 가지려고만 하기 때문이다. 필요 이상으로 많은 것을 가지려고 하기 때문에 한정된 공간에서 한정된 물자를 놓고 다툼이 벌어지는 것이다.

우리의 행복은 양에 있는 것이 아니다. 우리는 자기가 바라는 것이 충족되면 그것으로 행복해질 수 있다고 착각한다. 우리 범부 중생들은 평생을 이렇게 사느라 잠시도 행복함을 느끼지 못한다. 우리의 행복은 결코 재물의 많고 적음에 있지 않다. 베푸는 마음으로 살면 그 순간 행복이 찾아온다.

보시에 힘쓰게 되면 탐심을 다스리게 되어 마음이 편안해진다. 탐심으로 인해서 가지고 싶은 것을 가지지 못하면 괴롭고 화가 난다. 이것이 번뇌이다. 보시는 탐심을 다스리기 위해 욕구를 충족하려고 드는 것이 아니라 남을 위해 오히려 재물을 베풂으로써 탐심을 없애는 것이다. 탐심이 없어지면 괴롭고 화날 일도 없다. 시론, 계론, 생천론의 삼론에서도 보듯이 보시는 재가자들이 가장 손쉽게 할 수 있는 수행이며 불도에 입문하는 첫걸음에 해당된다.

인색하고 탐하는 마음을 가지고는 어떠한 선행도 할 수가 없다. 욕심 내는 마음을 버릴 때에 집착에서 벗어나고 마음이 편안해질 수 있다. 이와 같이 보시는 남을 위하는 길이면서도 동시에 자신을 위하는 길이기도 하다. 보시는 부처님 당시부터 권장되는 재가자들의 덕목이었지만 대승불교로 오면서 바라밀행이 강조될 때 보시바라밀은 가장 먼저 실천해야 할 덕목의 하나가 되었다.

| 2) 보시의 종류와 방법 |

보시의 종류로는 보통 삼종시(三種施)라고 하여 재시, 법시, 무외시의 세 가지를 든다. 재시(財施)라는 것은 글자 그대로 재물로써 보시하는 것이다. 법시(法施)라는 것은 불교의 가르침을 설하는 것이다. 이것은 일반적으로 출가자가 일반인에게 부처님의 말씀을 가르쳐 주고 뜻을 풀이해 주며 불도로 이끌어 주는 모든 행위가 여기에 들어간다고 할 수 있다. 그렇기 때문에 계를 베푸는 것도 법시에 포함된다. 그러나 출가와 재가를 막론하고 누구한테든지 불교의 진리를 가르쳐 주는 것은 법시라고 할 수 있다. 《현자오복경(賢者五福經)》에는 법시의 다섯 가지 공덕에 대해 이렇게 설하고 있다.

만약 고통이 있는 사람을 보고 현자(賢者)가 반드시 법을 설하여 내 법을 믿게 하면 그 인연으로 법을 설한 사람에게 다섯 가지 복덕이 있다.

첫째는 살생하는 이에게 살생하지 아니하도록 인도한 까닭에 장수하게 될 것이요,

둘째는 도적질하는 사람에게 도적질하지 않게 하고 보시하도록 한 까닭에 크게 부유해질 것이요,

셋째는 법을 듣는 이가 온화한 안색으로 기쁜 마음을 내게 하는 까닭에 단정함을 얻을 것이요,

넷째는 법을 듣는 사람으로 하여금 불·법·승을 공경하여 받들도록 하는 까닭에 명예가 멀리 드러나며,

다섯째는 법을 듣는 이가 매우 깊은 법과 미묘한 지혜를 깨치도록 하는 까닭에 총명하고 큰 지혜를 얻게 된다.

이와 같이 법시를 베풀면 많은 공덕이 있기 때문에 출가와 재가를 막론하고 법시 베풀기를 힘써야 할 것이다. 특히 우리나라와 같이 불교의 힘이 미약한 곳에서는 모든 불자들이 적극적으로 법시 베풀기를 힘써야 한다.

무외시(無畏施)라는 것은 두려움을 없애준다는 의미이다. 재난이나 기아, 질병, 전쟁, 폭력 등에 시달리는 모든 중생들을 이러한 두려움으로부터 벗어나게 해 주는 것을 무외시라고 한다. 무외시는 인간에게만 해당되는 것이 아니라 모든 살아 있는 생명들을 두려움에서 벗어나게

해 주는 것도 포함된다. 이렇게 보면 인간생활의 전 분야에서 타인을 위하는 모든 행위가 보시라고 할 수 있다. 즉, 중생구제의 모든 행위가 보시라고 할 수 있는 것이다.

그런데 보시를 하는 데에도 반드시 지혜가 필요하다. 즉, 복밭이 될 곳에 씨를 뿌려야 한다는 의미이다. 농사를 짓는 데에도 터를 잘 보고 씨를 뿌려야지 터무니없는 자갈밭에 씨를 뿌려 봐야 싹이 나오지 않는 것처럼 보시를 하는 데에도 복전을 가려서 해야 한다. 보시를 하느라고 하는데 그것이 상대방의 의뢰심만 길러 주고 게으름만 조장해서 그 사람을 도리어 망치게 된다면 그런 보시는 하지 않는 것만 못하다.

절에 가서 하는 보시도 마찬가지이다. 신도들이 보시한 것이 불교 발전을 위해서 쓰이지 않고 엉뚱한 일에 쓰이거나 그것 때문에 사찰의 분규를 가져온다면 그것은 어리석은 보시이고 도리어 죄업을 짓는 결과만을 가져온다. 이런 것을 잘 살펴보고 내가 하는 보시가 잘 쓰일 수 있을지 지혜의 눈으로 살펴보고 보시를 한다면 그 공덕이 더욱 수승할 것이다.

우리가 보시를 실천하는 데 삼륜청정(三輪淸淨)이라는 것이 있다. 이것을 삼륜공적(三輪空寂)이라고도 하는데 보시를 하는 자와 보시를 받는 자, 그리고 보시물에 집착하지 말고 실천해야 한다는 것이다. 즉, 내가 보시했다는 생각을 가지지 않고 보시하는 것을 가장 이상적인 보시의 실천자세로 보고 있다. 말하자면, 보시하는 당사자와 보시를 받는 대상, 그리고 보시물이라는 이 삼륜이 청정해야 한다는 것이다.

왜냐하면, 나라는 잘난 사람이 이렇게 좋은 물건을 저런 어려운 사람을 도와준다고 의식하게 되면 거기에 분별과 집착이 생기게 된다. 그렇게 되면 그것은 또 하나의 번뇌를 가져 오는 결과가 되기 때문에 보시의 본래 목적인 탐심을 제거하여 번뇌를 없애려는 것과는 반대의 결과를 가져 올 수가 있다. 이렇게 되면 오히려 독선과 오만한 마음을 기르게 되어 또 다른 괴로움에 빠질 수가 있기 때문에 내가 보시를 한다는 생각도, 어떤 물건을 가지고 보시한다는 생각도, 그리고 보시를 받는 사람이 어떠해야 한다는 것에도 집착하지 말라는 것이다. 보시를 하는 당사자도 깨끗한 마음으로 해야 하지만 보시물도 정정한 것이어야 한다. 훔쳐온 물건이나 부정한 물건을 보시해서는 복이 되지 않는다.

'빈녀(貧女)의 일등(一燈)'이라는 경전의 이야기가 있다. 가난한 여인이 마지막 남은 한 닢의 동전으로 부처님을 위해 등불을 밝혔더니 새벽까지 꺼지지 않았다는 이야기처럼 보시는 재물의 양에 있는 것이 아니라 마음이 깃들고 정성이 깃든 보시물이라야 공덕이 크다는 것을 알아야 한다.

참된 보시는 재물의 많고 적음에 달려 있는 것도 아니고 또 반드시 재물에 의한 보시라야 되는 것도 아니다. 첫째는 보시를 행하는 사람의 마음이 가장 중요하다. 다음으로는 반드시 재물이 아니더라도 사람들을 도우며 기쁘게 할 수 있는 것이면 무엇이든지 보시물이 될 수 있다. 법시나 무외시와 같은 정신적인 보시가 그런 경우이다. 그리고 신시(身施)라는 것이 있다. 이것은 자기의 몸을 던져 남을 위해 봉사하는 것이다. 불교의 보시는 끝이 없다. 남을 위해 베푸는 것이면 물질적인 것이든 정신적인 것이든, 혹은 자기의 몸으로써 봉사하는 것이든 모두 보시가 될 수 있다. 모든 이타행이 보시가 될 수 있다는 의미이다.

불교에서는 '무재(無財)의 칠시(七施)'라고 하여 물질이 아니더라도 보시할 수 있는 대표적인 방법 7가지를 들고 있다.

첫째는 안시(眼施)라는 것이다. 따뜻한 눈으로 사람들을 바라보는 것으로 눈의 표정에 의한 보시라고 할 수 있다. 사람들을 대할 때 사나운 눈빛보다는 온화하고 사랑이 담긴 표정으로 바라보는 것만으로도 보시가 될 수 있다는 것이다.

다음으로 화안열색시(和顔悅色施)라는 것이 있다. 이것은 표정에 의한 보시인데, 사람을 대할 때에 부드럽고 온화한 표정을 보임으로써 사람들의 마음을 편안하게 하는 것이다. 불교에서는 이러한 것도 보시로써 권장하고 있다.

세 번째는 언어시(言語施)라는 것이 있다. 이것은 말에 의한 보시로서 거칠고 상스러운 말을 쓰지 않고 부드러운 말을 사용하여 상대를 편안하게 하는 것이다.

다음으로는 신시(身施)가 있다. 이것은 앞에서 설명한 신시와는 약간 다른데 상대에 대해 존경하고 예의를 갖춘 태도를 보여서 상대방을 즐겁고 편안하게 하는 것으로서 몸으로 하는 보시라고 할 수 있다.

그리고 심시(心施)가 있다. 착한 마음을 가지는 것만으로도 보시가 된다는 것이다. 앞에서 설명한 안시나 화안열색시, 언어시, 신시 등은 모두 착한 마음인 심시가 바탕이 되어야 나올 수 있는 보시이다. 이것을 거꾸로 말하면 아무리 좋은 얼굴을 하고 좋은 말을 한다고 해도 착한 마음이 없으면 모두 겉으로 꾸며서 드러내는 것이 되기 때문에 참된 보시가 될 수 없다는 말과도 같다.

다음으로 상좌시(床座施)라는 것이 있다. 이것은 다른 사람에게 자리를 양보하여 상대를 편안하게 하는 것이다. 얼핏 보면 쉬운 것 같지만 이것 또한 쉬운 일이 아니다. 특히 우리나라 사람들은 자리를 어디에 앉느냐에 따라 자기의 지위가 정해진다고 생각해서 자리지키는 것에 연연해하는 경우가 많다. 이런 것에 연연해하지 않고 편안하고 좋은 자리를 남에게 권하는 것이 보시라는 것이다.

그리고 마지막으로 방사시(房舍施)라는 것이 있다. 자기의 잠자리를 남에게 보시하는 것인데, 현대생활에서는 실천하기가 좀 어려운 것이라고 볼 수 있다. 그러나 반드시 자기의 잠자리를 남에게 주지 않더라도 어려운 사람에게 숙소를 마련해 주는 것도 넓은 의미의 방사시가 될 수 있을 것이다.

경전에서는 이와 같이 재물이 없어도 할 수 있는 무재의 칠시를 들고 있는데 보시만 잘 하여도 미래에 부처님과 같은 깨달음을 얻을 수 있다고 하고 있다.

불교의 보시는 이것만이 아니다. 즉 재시를 하려고 해도 재물이 없고 몸으로 보시를 하려고 해도 거동이 불편해서 하지 못하는 사람이라도 다른 사람이 보시하는 것을 보며 기뻐하는 것만으로도 보시의 공덕을 얻을 수 있다고 말한다. 이것을 수희공덕(隨喜功德)이라고 한다. 그리고 이 수희공덕은 실제로 보시하는 것과 공덕이 같다고 한다.

다른 사람이 보시하는 것을 보고 기뻐한다는 것은 언뜻 보면 쉬운 것 같지만 절대로 쉬운 일이 아니다. 많은 사람들은 다른 사람의 선행을 보고 입으로는 칭찬해도 질투를 느끼기도 하고 자기도 그 정도의 보시는 할 수 있다고 자만하면서 깎아내리기도 한다.

이와 같이 보시라는 것은 보시를 하는 사람의 마음가짐이 어떠냐가 더 중요시된다. 그렇기 때문에 달마대사에게 수양제가 자기는 많은 절을 짓고 탑을 세웠는데 공덕이 어떠냐고 물었을 때 달마대사가 "무(無)"라고 대답했던 것은 이런 의미에서이다. 즉, 나는 보시를 많이 했다고 자만하는 그 마음은 벌써 보시의 공덕을 잃은 것이나 마찬가지이기 때문이다.

그런데 우리가 보시를 하는 것은 마음의 탐욕과 집착을 버림으로써 괴로움을 벗어나는 것에 목적이 있지만 참된 보시는 이러한 생각을 모두 떠나고 그야말로 삼륜청정의 보시를 해야 하지만 거기에는 반드시 지혜가 따라야 한다는 것을 잊지 말아야 한다.

부처님께서는 재가자의 실천 방도로서 보시를 강조하셨다. 그러나 참된 불자가 되려면 보시도 중요하지만 먼저 불교의 진리를 잘 이해해야 한다. 언젠가 마하남이라는 제자가 부처님께 재가자의 완전한 지혜는 어떤 것이냐고 여쭈었을 때, 부처님께서는 "사성제의 진리를 진실 그대로 아는 것이 완전한 지혜이다"라고 하셨다. 사성제는 이와 같이 불교의 실천에 있어서 가장 핵심이 되는 것이고, 사성제의 완성은 곧 불도의 완성이라고 부처님께서는 재가자들에 대해서도 강조를 하신 것이다.

이상에서 살펴 본 것처럼, 참된 재가불자란 삼보에 대한 믿음을 지니고, 계율을 준수하며, 부처님의 가르침을 잘 듣고 실천하는 사람이다.

한마디로 삼보를 공경하고 보시에 힘쓰며 사성제의 진리를 바르게 알고 실천하는 사람이 참된 불자라고 할 수 있다.

3. 불교의 중흥과 재가자의 역할

현대의 불교는 재가불자들의 역할이 더욱 크다. 출가승에만 의지해서 불교를 바라보던 시대는 이제 지났다. 우리의 일상생활과 격리된 산중불교는 이제 더 이상 필요하지 않다. 일상생활에서 실천되는 불교라야 한다. 진정한 출가정신이 퇴색하고 출가환경이 예전과 같지 않은 지금의 시대는 부처님의 말씀을 일상생활에서 실천하는 생활불교라야 한다. 불교의 바른 이해를 통하여 '불교를 생활화하고 생활을 불교화' 하도록 재가불자들이 더욱 노력 정진하여야 한다.

경전의 구성을 보면 내체로 '여시아문(如是我聞)'으로 시작된다. '이와 같이 내가 들었다. 부처님께서 어디어디에 계실 때 누구누구와 함께 하시며……' 하는 식으로 경전이 서술된다. 그리고 마지막에 가서는 '모두 부처님의 말씀을 듣고는 크게 기뻐하며 신수봉행(信受奉行)하였다'고 끝을 맺고 있다. 믿고 받아들여서 받들어 행하는 것을 '신수봉행'이라고 한다. 우리나라 불교는 여시아문한 사람은 많은데 참으로 신수봉행하는 사람이 드물다.

재가신자들 뿐만 아니라 불교를 지도하고 가르치는 분들도 '여시아문'만 찾을 것이 아니라 반드시 신수봉행을 염두에 두고 실천에 힘써야 참다운 불제자라고 할 수 있다. 물론 여시아문조차도 제대로 되지 않는 것이 지금의 우리 불교계의 현실이다.

　지금까지 공부해 온 것처럼 부처님 말씀은 그렇게 어려운 말씀이 없다. 부처님께서는 누구나 다 알아들을 수 있는 말을 하셨고 또 많은 사람들이 부처님 말씀을 잘 이해했다. 단지 부처님 말씀이 한문으로 번역되는 과정에서 어려운 용어가 생기고 또 그에 따라 여러 가지 오해가 생겨 어려운 것으로 느껴지지만 잘 새겨들으면 누구나 이해할 수 있는 수준이다. 이렇게 대중들과 가까운 불교가 어느 사이엔가 너무 멀어져 버렸다. 이러한 점은 우리 모두가 각성해야 할 부분이다. 특히 불교를 이끌고 있는 많은 분들은 이러한 점을 명심하여 불교가 대중들과 좀 더 친숙해질 수 있도록 불교의 현대화 작업에 힘써야 할 것이다.

　출가와 재가를 막론하고 지금 우리나라의 불교는 큰 위기에 처해 있다. 불교가 이 땅에 전래되고부터 1600년 동안 우리나라의 정신적 지주로서 찬란한 문화를 꽃피웠던 지난날의 불교역사를 생각할 때 이러한 현상은 참으로 서글픈 현실이다. 지혜와 자비를 역설하는 불교가 제대로 대접을 받지 못하고 구시대의 유물로 전락해 버린다면 인류의 정신적 발전에 크나큰 손실이 아닐 수 없다.

　모든 불자들은 이러한 점을 각성하여 신심을 더욱 돈독히 하고 부처님의 말씀을 제대로 이해하려는 노력을 게을리하지 말아야 하겠다. 아울러 그러한 노력을 통하여 불교를 널리 알림으로써 자비와 평화가 가득 찬 불국정토를 건설하는 것이 또한 불자들의 책무이다.

　특히 재가불자 중심의 오늘날 불교에서는 일반신도들의 불교에 대한 수준이 제고되어야 불교지도자들도 교학면에서나 수행면에서 더욱 노력정진하게 된다. 불자들이 기복에만 매달려 불상 앞에 절만하는 불교가 되어서는 진정한 불교의 발전은 기대하기가 어렵다. 승직자들 또한 기복에만 의지하여 안이한 생활을 할 것이 아니라 뼈와 살을 깎는 노력으로 자신의 인격도야는 물론 불자들을 정도(正道)로 이끌도록 해야 한다. 그렇게 해서 승속이 일심동체가 되어 불교중흥에 이바지함으로써 이 땅에 다시금 불교의 찬란한 광명이 드리워지도록 하는 것이 불은(佛恩)에 보답하는 길이며 이 나라를 살리는 길이라고 할 수 있다.

【 찾아보기 】

【 ㄱ 】

가지기도(加持祈禱) · 99, 100
갈마아사리(羯磨阿闍梨) · 430, 432
감로(甘露) · 140, 344
개차법(開遮法) · 446
건도 · 429
견도(見道) · 336, 337, 339, 340, 357, 511
견뢰(堅牢) · 342, 343
견취견(見取見) · 336
견혹(見惑) · 336, 338, 339, 340
결계(結界) · 432
결집(結集) · 111, 112, 113, 114, 115, 165
경안각지(輕安覺支) · 507, 508
계(戒) · 383, 415, 423, 424, 425, 426, 428, 429, 430, 432
계금취(戒禁取) · 256
계금취견(戒禁取見) · 336
계단(戒壇) · 432
계사(戒師) · 430, 432, 433
계율(戒律) · 90, 104, 112, 113, 147, 167, 257, 336, 338, 383, 421, 425, 426, 427, 428, 429, 432, 433, 434, 435, 443, 446, 447, 448, 451, 458, 476, 511, 522
계차별관(界差別觀) · 471, 473, 474, 479
계체(戒體) · 435, 436, 437, 438, 439
계체발득(戒體發得) · 436
계학(戒學) · 421, 423, 484, 500

계화상(戒和尙) · 430
고고(苦苦) · 290, 291, 297, 319, 321, 323
고멸도성제(苦滅道聖諦) · 307, 308, 350
고성제(苦聖諦) · 143, 307, 308, 313, 314, 315, 316, 318, 320, 321, 322, 327, 328, 349, 373, 382, 386, 394, 400, 408, 415
고제(苦諦) · 143, 307, 309, 311, 321, 415, 416, 417
고타마 싯다르타 · 81, 127, 174, 200
공무변처정(空無邊處定) · 160, 411, 412, 455, 466, 467
공집(空執) · 211
관(觀) · 410, 412, 453
관상염불(觀像念佛) · 480
괴고(壞苦) · 290, 291, 297, 319, 321, 323
교상판석(敎相判釋) · 102
교수아사리(敎授阿闍梨) · 430, 432
구극(究極) · 342, 343
구부득고(求不得苦) · 308, 320, 323, 326
구족계(具足戒) · 428, 430, 431, 432, 433, 436, 444, 447
구차제정(九次第定) · 412, 456, 469
권교(權敎) · 98, 102
권전(勸轉) · 415, 416, 417, 418
극난견(極難見) · 342, 343
극묘(極妙) · 342, 345
근본무분별지(根本無分別智) · 491

근본불교 · 89, 90, 91, 92, 106, 121, 151, 269, 275, 502
근본정(根本定) · 456, 463, 464, 469, 471
근본지(根本智) · 491
근분정(近分定) · 464
기어(綺語) · 256, 365, 367, 372, 373, 385

【ㄴ】

난행도(難行道) · 101
남방불교 · 96, 97, 98, 106, 163, 275, 428, 444, 447, 480
녹야원(鹿野苑) · 138, 141, 144, 305, 310, 350, 415
니르바나 · 71, 298

【ㄷ】

다라니(陀羅尼) · 101, 370, 371, 408
단견(斷見) · 208
단나(檀那) · 515
단단(斷斷) · 390, 391
단선근(斷善根) · 441
단식(段食) · 230, 231, 247
단월(檀越) · 47, 515
대기설법(對機說法) · 107, 110
대승불교 · 56, 73, 74, 81, 86, 87, 89, 90, 92, 93, 94, 95, 96, 97, 98, 99, 100, 106, 107, 115, 120, 151, 173, 204, 213, 214, 215, 266, 269, 275, 276, 288, 299, 348, 433, 434, 447, 516
대일여래(大日如來) · 85, 86, 100

대중부(大衆部) · 91, 92, 93, 113, 114
도거악작(掉擧惡作) · 458, 459, 477
도제(道諦) · 143, 307, 309, 311, 414, 416, 418
독각승(獨覺乘) · 99
돈교(頓敎) · 98, 102
등각(等覺) · 142, 306, 350, 351
등지(等持) · 402, 449
딴뜨라 밀교 · 96

【ㄹ】

라훌라 · 134, 135, 147
룸비니 · 128, 130

【ㅁ】

마가다 · 111, 136, 137, 145, 146, 149, 164, 165
마경(魔境) · 483
만다라(曼茶羅) · 101
망분별(妄分別) · 488
망어(妄語) · 256, 365, 372, 373, 375, 385, 426
멸수상정(滅受想定) · 469
멸제(滅諦) · 143, 307, 309, 311, 416, 418
멸진정(滅盡定) · 161, 411, 412, 455, 456, 469, 470, 510
명색(名色) · 230, 231, 232, 248, 249, 250, 253, 261, 263, 264, 268
명행족(明行足) · 86
목건련 · 145, 149, 164
무루지(無漏智) · 485, 498
무명(無明) · 20, 36, 99, 186, 249, 252,

찾아보기 527

260, 300
무분별지(無分別智)·485, 490, 491, 492, 494, 495, 498
무분별후득지(無分別後得智)·491
무상사(無上士)·86
무상정등정각(無上正等正覺)·72, 139, 310, 502
무색계(無色界)·258, 329, 340, 411, 412, 455, 456, 466, 467, 468, 469, 479
무색계정(無色界定)·412, 461, 463, 465, 467, 468, 469, 482
무색유(無色有)·257, 265
무소득(無所得)·215
무소유처정(無所有處定)·140, 411, 412, 413, 453, 455, 466, 467, 468
무심무사정(無尋無伺定)·460, 461
무심유사정(無尋有伺定)·460, 461
무에각(無恚覺)·359, 361, 363, 364
무여열반(無餘涅槃)·298, 299, 341
무연대자, 동체대비(無緣大慈, 同體大悲)·41, 194
무외시(無畏施)·516, 517, 519
무위(無爲)·342, 343
무위법(無爲法)·186, 197, 277, 285, 343
무유애(無有愛)·256, 328
무장애(無障碍)·342, 344
무재(無災)·342, 345
무재법(無災法)·342, 345
무주처열반(無住處涅槃)·299, 301, 348
무표색(無表色)·227
무표업(無表業)·332, 333, 435, 436, 453
무학(無學)·339, 340
문혜(聞慧)·495, 496, 497, 498

미증유(未曾有)·342, 345
미지정(未至定)·464
밀교(密敎)·74, 85, 86, 90, 94, ·95, 96, 98, 99, 100, 101, 106, 151, 173, 269, 275, 301, 348, 370, 450, 481

【ㅂ】

바라이(波羅夷)·432
반야(般若)·275, 485
반야바라밀(般若波羅蜜)·485, 494
반열반(般涅槃)·154, 299
발고여락(拔苦與樂)·41
방비지악(防非止惡)·429
방사시(房舍施)·521
백골관(白骨觀)·472
백사갈마(白四羯磨)·432
백정신심(白淨信心)·514
범계(犯戒)·435, 440
법(法)·39, 81, 82, 171, 253, 254, 502
법경(法境)·236, 237, 239, 240, 243
법공(法空)·214, 215
법념처(法念處)·391, 400, 401, 505
법랍(法臘)·431
법무아(法無我)·214
법수(法數)·319
법시(法施)·516, 517, 519
법신불·84, 85, 100
법인(法印)·275
변견(邊見)·336
보리회향(菩提廻向)·335
보살승(菩薩乘)·99, 102
본유(本有)·258
부파불교(部派佛敎)·89, 90, 91, 92, 93, 97, 98, 114, 173, 178, 214, 215, 263, 267, 275, 298, 464, 510

북방불교 96, 98, 102, 164, 275, 428, 447, 480
분위연기(分位緣起) · 267, 268
불(佛) · 39, 80, 81, 84
불가무관청계(不歌舞觀聽戒) · 444, 446
불가설(不可說) · 342, 343, 344
불간탐계(不慳貪戒) · 433
불고주계(不酤酒戒) · 433
불괴(不壞) · 342, 343
불도계(不盜戒) · 433
불도식향만계(不塗飾香鬘戒) · 444, 446
불방삼보계(不謗三寶戒) · 433
불비시식계(不非時食戒) · 444
불사음계(不邪淫戒) · 446
불살계(不殺戒) · 433
불설과죄계(不說過罪戒) 433
불음계(不淫戒) · 427, 433, 444, 446
불좌고광대상계(不坐高廣大牀戒) · 444
불축금은보계(不畜金銀寶戒) · 444, 446
불타법(不墮法) · 338
불해각(不害覺) · 359, 363, 364
불환(不還) · 339, 340
불희론(不戲論) · 342, 344
브라만 · 129, 161, 176, 285, 286, 292
비구(比丘) · 44, 54, 83, 108, 111, 112, 113, 133, 134, 142, 143, 144, 150, 151, 152, 153, 156, 159, 160, 161, 163, 166, 167, 185, 231, 249, 250, 279, 280, 283, 309, 310, 313, 314, 315, 350, 351, 389, 415, 418, 424, 246, 427, 428, 429, 432, 475, 479
비구니(比丘尼) · 54, 83, 159, 426, 428, 429, 443, 444, 504

비나야 · 425
비상비비상처정(非想非非想處定) · 159, 411, 412, 413, 453, 455, 466, 470
쁘라사다 · 39

【 ㅅ 】

사(捨) · 255, 461
사각지(捨覺支) · 507, 508
사견(邪見) · 208, 304, 336
사계(捨戒) · 438
사념주(四念住) · 400, 502
사념처(四念處) · 390, 391, 400, 401, 502, 505, 506, 507, 508, 509
사다함과(斯陀含果) · 339, 340
사다함향(斯陀含向) · 339, 340
사리불 · 145, 149, 164
사마타 · 412, 449, 453, 462
사무색정(四無色定) · 258, 411, 412, 464, 466
사문(沙門) · 123, 125, 126, 155, 156, 306, 424, 440, 451
사미(沙彌) · 83, 428, 443, 444, 446
사미니(沙彌尼) · 83, 443, 444, 446
사법인(四法印) · 275, 276, 290, 302, 304
사부대중(四部大衆) · 83
사불괴정(四不壞淨) · 39, 507, 511
사사명(四邪命) · 386
사사식(四邪食) · 386
사선정(四禪定) · 256, 409, 410, 412, 454, 455, 456, 457, 461, 507
사성제(四聖諦) · 142, 143, 144, 150, 151, 153, 178, 252, 304, 305, 307, 308, 309, 310, 311, 312, 313, 314,

찾아보기 529

317, 327, 328, 331, 337, 339, 352, 356, 357, 395, 400, 407, 409, 414, 420, 506, 510, 511, 522, 523
사신족(四神足)·505
48경계(輕戒)·433
사여의족(四如意足)·502, 505, 506, 509
사유(四有)·258
사유수(思惟修)·402
사유여의족(思惟如意足)·506
사의단(四意斷)·389
사이업(思已業)·333, 334
사정근(四正勤)·389, 502, 505
사정단(四正斷)·389, 390, 505, 506, 507, 508, 509
사정려(四靜慮)·409, 455
사제(四諦)·244, 307, 309, 311, 314, 417, 418, 510, 512
사증상심(四增上心)·511
사진제(四眞諦)·307
사행상(四行相)·417
사향사과(四向四果)·339, 357
삼계(三界)·257, 258, 313, 329
삼과(三科)·220, 222, 224
삼귀의계(三歸依戒)·83, 430, 443, 446
삼도(三道)·329
삼독(三毒)·17, 328, 330, 331, 332, 335, 342, 347, 473
삼륜공적(三輪空寂)·518
삼륜청정(三輪淸淨)·518, 522
삼마지(三摩地)·402, 449
삼매(三昧)·390, 402, 405, 408, 449, 450, 482
삼밀유가(三密瑜伽)·450
삼밀행(三密行)·74, 99, 100, 370
삼법인(三法印)·178, 275, 276, 277,
290, 302, 303, 304, 319, 327, 409, 420, 510
삼보(三寶)·36, 39, 83, 84, 144, 252, 337, 430, 506, 511, 512, 522, 523
삼보귀의(三寶歸依)·81
삼사칠증(三師七證)·430, 434
삼사화합(三事和合)·224, 233, 235, 254, 261
삼선각(三善覺)·359, 361
삼세양중인과설(三世兩重因果說)·263, 264, 266
삼십이상(三十二相)·120
삼십칠보리분(三十七菩提分)·502
삼십칠조도품(三十七助道品)·319, 502, 509, 510
삼장(三藏)·92, 97, 104, 105, 106, 114, 115
삼전십이행법륜(三轉十二行法輪)·417
삼전십이행상(三轉十二行相)·415, 417, 418, 420
삼종시(三種施)·516
삼종회향(三種廻向)·335
삼취정계(三聚淨戒)·433, 434, 436, 447
삼학(三學)·388, 415, 421, 422, 423, 447, 449, 451, 485, 495, 498, 499, 500, 501, 510
삼혜(三慧)·495, 497
상(想)·221, 228, 466, 469
상견(常見)·209
상의상관(相依相關)·177, 182,
상일주재(常一主宰)·286, 287
상좌부(上座部)·91, 92, 97, 98, 106, 113
상좌부불교(上座部佛敎)·97
상좌시(床座施)·521

색(色)·142, 220, 226, 252, 253, 254
색계(色界)·227, 258, 329, 340, 409, 412, 413, 454, 455, 456, 458, 460, 463
색계정(色界定)·461, 463, 465, 466
색유(色有)·257, 265
생(生)·250, 258
생공(生空)·214
생유(生有)·258
석존(釋尊)·85, 87, 90, 91, 93, 94, 99, 111, 119, 123, 127, 128, 131, 133, 135, 137, 138, 140, 148, 309
선(禪)·402, 403
선나(禪那)·402, 450
선서(善逝)·86, 342
선인낙과(善人樂果)·334, 335
선정(禪定)·56, 403
섭률의계(攝律儀戒)·433, 434,
섭선법계(攝善法戒)·433, 434
섭중생계(攝衆生戒)·433, 434
성계(性戒)·445
성도문(聖道門)·101
성문승(聲聞乘)·93, 99, 102
성불(成佛)·40, 65, 73, 74, 75, 81, 82, 84, 99, 100, 177, 181, 301, 306, 309, 310, 311, 340, 348, 362, 414, 441
세간해(世間解)·86
세속고(世俗苦)·326
수(受)·143, 221, 250, 254, 469, 502
수계·429, 431, 432, 433, 434, 435, 436, 437, 439
수념처(受念處)·391, 400, 504, 505
수다원과(須陀洹果)·339, 340
수다원향(須陀洹向)·339, 340, 357
수단(修斷)·390
수도(修道)·336, 337, 339, 340, 341

수범수제(隨犯隨制)·426, 428
수식관(數息觀)·471, 474, 475, 476, 477, 478, 479, 483, 510
수연제계(隨緣制戒)·426
수혜(修慧)·495, 496, 497, 498
수호단(隨護斷)·390, 391
수혹(修惑)·336, 337, 338, 339, 340, 341
수희공덕(隨喜功德)·521
승가(僧伽)·36, 39, 82, 84, 106, 153, 159, 160, 431, 511
승단(僧團)·81, 82, 83, 97, 104, 113, 145, 147, 152, 426, 428, 429, 431, 434, 435, 438, 443
승의고(勝義苦)·326
식(識)·143, 221, 228, 249, 253
식무변처정(識無邊處定)·411, 412, 455, 466, 467
식차마나(式叉摩那)·443, 444
신견(身見)·336
신근(信根)·228, 506
신념처(身念處)·391, 400, 503, 504
신수(身受)·255
신시(身施)·519, 520
실어(實語)·367
실제회향(實際廻向)·335
심수(心受)·255
심시(心施)·520
심여의족(心如意足)·506
심일경성(心一境性)·449, 459, 460, 462
십선계(十善戒)·433
십악참회(十惡懺悔)·365
십이연기(十二緣起)·186, 220, 238, 241, 248, 252, 257, 259, 265, 266, 267, 268, 269, 273, 274, 309, 310, 311, 325, 328, 331, 421, 472, 473

찾아보기 531

십이처 · 218, 220, 221, 222, 223, 225, 227, 232, 233, 236, 237, 238, 249, 273, 317
십중대계(十重大戒) · 433
십팔계 · 218, 220, 221, 222, 223, 225, 227, 232, 233, 236, 237, 249, 319

【ㅇ】

아공(我空) · 214
아나함과(阿那含果) · 339, 340, 479, 505
아나함향(阿那含向) · 339, 340
아눗다라삼먁삼보리 · 139, 455
아라한과(阿羅漢果) · 339, 340, 469, 483, 510
아뢰야연기(阿賴耶緣起) · 268
아소카왕 · 97, 114, 128, 129, 167
아어취(我語取) · 256
아트만 124, 285, 286, 292
악구(惡口) · 256, 365, 368, 372, 373, 374, 385
악인고과(惡人苦果) · 334
악취공(惡取空) · 211, 212, 289
안나반나염(安那般那念) · 474, 475, 479
안시(眼施) · 520
안온(安穩) · 342, 345, 346
앙구식(仰口食) · 386
애별리고(愛別離苦) · 308, 320, 322, 323, 324, 326
애어(愛語) · 368
애진(愛盡) · 342, 345
야쇼다라 · 134, 135
양설(兩舌) · 256, 365, 367, 368, 372, 373, 374, 385

언어시(言語施) · 520
업(業) · 124, 154, 208, 234, 235, 253, 259, 264, 265, 266, 328, 332, 333, 334, 343, 345, 357, 383, 385, 421, 422, 480, 487, 489
업감연기(業感緣起) · 178, 268
업처(業處) · 480, 481
여래(如來) · 85, 86, 101, 142, 151, 152, 156, 157, 158, 161, 205, 350, 351, 512, 513
여실지견(如實知見) · 344
여여(如如) · 197, 300
역관 · 268, 270, 473
연(緣) · 175, 178, 186, 249
연각승(緣覺乘) · 99, 102
연기(緣起) · 47, 54, 55, 153, 173, 174, 175, 177, 178, 179, 180, 181, 182, 183, 184, 185, 186, 187, 193, 194, 195, 196, 197, 198, 199, 200, 201, 202, 203, 204, 205, 206, 207, 208, 209, 210, 211, 219, 220, 222, 223, 229, 238, 244, 246, 247, 249, 250, 251, 252, 269, 270, 271, 272, 273, 277, 278, 287, 288, 289, 296, 309, 310, 332, 337, 339, 420, 459, 473, 505
연기(緣起)의 법칙 · 53, 55, 56, 171, 174, 181, 186
연박연기(連縛緣起) · 267
연생(緣生) · 174, 185, 186
연이생(緣已生) · 185
열반(涅槃) · 31, 40, 65, 67, 71, 72, 73, 74, 81, 111, 142, 144, 153, 154, 157, 158, 159, 163, 165, 166, 171, 200, 201, 209, 211, 213, 215, 216, 217, 218, 299, 300, 301, 302, 303, 306, 316, 317, 321, 326, 338, 340,

341, 342, 343, 344, 345, 346, 347,
348, 349, 350, 402, 409, 414, 416,
420, 422, 424, 448, 452, 453, 470,
486, 495, 498, 509
열반적정(涅槃寂靜) · 275, 277, 293,
298, 300, 302, 311, 335, 336
염각지(念覺支) · 507
염근(念根) · 506
염불관(念佛觀) · 479, 480
예류(預流) · 339
오개(五蓋) · 457, 458, 459, 475, 477
오견(五見) · 336
오계(五戒) · 375, 425, 428, 436, 437,
439, 443, 444, 445, 446, 447, 513
오근(五根) · 47, 226, 228, 231, 236,
237, 239, 240, 243, 269, 502, 506,
507, 509
오력(五力) · 502, 507, 509
오승근(五勝根) · 506
오온(五蘊) · 143, 214, 215, 218, 220,
221, 222, 223, 225, 226, 227, 229,
230, 232, 236, 237, 243, 244, 245,
246, 247, 249, 257, 265, 266, 268,
273, 283, 284, 289, 292, 317, 320,
322, 324, 325, 326, 473, 510
오온관(五蘊觀) · 230
오음성고(五陰盛苦) · 324
오정심관(五停心觀) · 471, 472, 479,
480, 482
오취온고(五取蘊苦) · 308, 320, 324
욕계(欲界) 257, 329
욕애(欲愛) · 256, 328
욕여의족(欲如意足) · 505, 506
욕유(欲有) · 257, 265
욕취(欲取) · 256
욕탐 · 244, 245, 247, 248, 249, 255,
265, 271, 300, 324, 458, 475, 487

원속연기(遠續緣起) · 267
원시불교(原始佛敎) · 90
원증회고(怨憎會苦) · 308, 320, 322,
323, 324, 326
유(有) · 186, 250, 251, 257
유가(瑜伽) · 449, 450
유가행(瑜伽行) · 94, 125
유루지(有漏智) · 485
유분별지(有分別智) · 485, 491
유심유사정(有尋有伺定) · 460, 461
유아론취(有我論取) · 257
유애(有愛) · 150, 256, 328, 379
유여열반(有餘涅槃) · 298, 341
유위법(有爲法) · 186, 197, 202, 223,
277, 285, 343
유전문(流轉門) · 250
유전연기(流轉緣起) · 250, 311
육경(六境) · 221, 232, 233, 234, 235,
237, 238, 240, 241, 243, 244, 253,
254, 261
육근(六根) · 221, 228, 232, 233, 234,
235, 237, 238, 240, 241, 243, 244,
254, 261, 391, 475, 476
육내입처(六內入處) · 221, 232, 233,
237, 238, 241, 243, 254, 264
육도(六道) · 66, 67, 84, 297, 320, 329
육법계(六法戒) · 444, 445, 447
육사외도(六師外道) · 123, 124, 125
육식(六識) · 221, 233, 235, 243, 244,
253, 254, 376, 377, 437, 442, 446
육외입처(六外入處) · 221, 232, 233,
237, 238, 241, 243, 254, 264
육재일(六齋日) · 446
육처(六處) · 241, 250, 254, 261, 263,
264, 268
윤회설(輪廻說) · 123, 124
율(律) · 92, 97, 105, 112, 165, 166,

167, 245, 426, 434, 438
율의단(律儀斷) · 390
응병여약(應病與藥) · 108
응용업처(應用業處) · 481
의(疑) · 336, 458, 459
의근(意根) · 228, 236, 237, 239, 240, 243
의념처(意念處) · 391, 401
이공(二空) · 214
이찬티카 · 441
인(因) · 74, 175, 187
인공(人空) · 214, 215
인과응보(因果應報) · 334
인무아(人無我) · 214
인법이공(人法二空) · 214
인연관(因緣觀) · 471, 472, 473
인연법(因緣法) · 179
인연생(因緣生) · 179
인연생기(因緣生起) · 175, 179
일래(一來) · 339
일백삼갈마(一白三羯磨) · 432
일실상인(一實相印) · 276
일천제(一闡提) · 441, 442
일체개고(一切皆苦) · 276, 277, 290, 291, 292, 295, 297, 302, 320, 324, 336
일체업처(一切業處) · 481
일체지지(一切智智) · 72
일체행고(一切行苦) · 290

【 ㅈ 】

자각각타(自覺覺他) · 74, 81
자내증(自內證)의 법문 · 309
자등명, 법등명(自燈明 法燈明) · 155
자력교(自力教) · 98, 101

자비관(慈悲觀) · 471, 472, 473
자서수계(自誓授戒) · 434
자성청정열반(自性淸淨涅槃) · 299, 300
자업자득(自業自得) · 17, 334
작선계(作善戒) · 429
작지계(作持戒) · 429
잡구식(雜口食) · 386, 387
재시(財施) · 516, 521
적정(寂靜) · 142, 162, 270, 298, 306, 342, 344, 350, 351
전계아사리(傳戒阿闍梨) · 430
전륜성왕(轉輪聖王) · 121, 130, 131, 133, 164
전식득지(轉識得智) · 245
점교(漸敎) · 98, 102
정(定) · 382, 402, 415, 423, 449, 509
정각지(定覺支) · 507, 508
정근(定根) · 506
정념(正念) · 142, 308, 350, 351, 389, 397, 398, 399, 400, 401, 402, 404, 415, 461, 462, 478, 502
정려(靜慮) · 402, 450
정명(正命) · 142, 308, 350, 351, 383, 385, 386, 388, 389, 415
정변지(正遍知) · 86
정복(淨福) · 342, 345
정사(正思) · 142, 358
정성결정(定性決定) · 338
정어(正語) · 142, 308, 350, 365, 367, 371, 372, 383, 385, 388, 389, 415
정업(正業) 142, 308, 374, 375, 377, 378, 381, 382, 383, 385, 415
정정(正定) · 142, 308, 350, 351, 389, 397, 402, 403, 404, 409, 414, 415, 454, 456
정정진(正精進) 142, 308, 350, 351,

389, 395, 396, 397, 415, 505
정정취(正定聚) · 338
정진(精進) · 54, 56, 64, 74, 108, 125, 151, 158, 159, 160, 208, 392, 393, 396, 404, 470, 499, 506, 507, 514, 523
정진각지(精進覺支) · 507, 508
정진근(精進根) · 506
정진여의족(精進如意足) · 505, 506
정학(定學) · 421, 449, 482, 484, 498, 500
정학녀(正學女) · 82, 444
제법무아(諸法無我) · 275, 277, 285, 287, 288, 289, 290, 302, 304, 331
제사선(第四禪) · 160, 161, 409, 410, 411, 412, 413, 414, 454, 455, 456, 461, 462, 463, 464, 470, 479, 483
제삼선(第三禪) · 160, 410, 411, 454, 461, 462, 464, 465, 479
제이선(第二禪) · 160, 410, 411, 454, 459, 460, 461, 464, 465, 479
제행개고(諸行皆苦) · 290
제행무상(諸行無常) 223, 229, 275, 277, 279, 281, 285, 290, 302, 304, 331, 469
조어장부(調御丈夫) · 86
좌도밀교(左道密敎) · 96
중간정(中間定) · 461
중도(中道) · 139, 142, 173, 177, 202, 203, 204, 205, 207, 208, 209, 210, 211, 212, 215, 216, 251, 289, 305, 306, 307, 350, 351, 383, 388, 392, 396, 414, 498
중도실상(中道實相) · 205
중생회향(衆生廻向) · 335
중성점기설(衆聖點記說) · 129
중중제망(重重帝網) · 184

즉신성불(卽身成佛) · 74, 100, 301
증상연(增上緣) · 188, 189
증전(證轉) · 415, 416, 417, 418
증지(證智) · 142, 306, 350, 351
지(止) · 412, 453, 490
지계(持戒) · 56, 372, 434, 435, 439, 448
지관균등(止觀均等) · 412, 414, 452, 454, 456, 457, 483
지관쌍운(止觀雙運) · 413, 454, 456
지말(支末) · 92
지악계(止惡戒) · 429
지지계(止持戒) · 429
진공묘유(眞空妙有) · 210, 246, 289
진에(瞋恚) · 255, 298, 328, 330, 458
진제(眞諦) · 342, 343
집(集) · 327
집제(集諦) · 143, 307, 309, 311, 416, 418

【ㅊ】

차계(遮戒) · 445
찰나연기(刹那緣起) · 267
천인사(天人師) · 86
체공(體空) · 213, 214
초기불교 · 73, 89, 90, 91, 434
초선(初禪) · 160, 161, 409, 410, 411, 455, 457, 458, 459, 460, 461, 464, 479, 499
초전법륜(初轉法輪) · 141, 144, 310
촉식(觸食) · 230, 231, 247
최승설법(最勝說法) · 311
취(取) · 250, 256, 330
칠각분(七覺分) · 507, 508
칠각지(七覺支) · 502, 507, 508, 509

칭념염불(稱念念佛) · 480

【 ㅋ 】

카필라바스투 · 127, 146, 150, 165
칸다카 · 429

【 ㅌ 】

타력교(他力敎) · 98, 101
택법각지(擇法覺支) · 507
테라바다 부디즘 · 97

【 ㅍ 】

파계 · 434, 435, 437, 438, 439, 440, 441
팔고(八苦) · 320, 324
팔등지(八等至) · 469
팔성도(八聖道) · 352
팔십종호(八十種好) · 120
팔재계(八齋戒) · 446, 447
팔정도(八正道) · 56, 142, 178, 273, 307, 319, 330, 350, 351, 352, 357, 382, 389, 396, 397, 414, 415, 416, 419, 420, 454, 456, 502, 505, 509, 510
팔정행(八正行) · 352
팔지성도(八支聖道) · 308, 350
팔직도(八直道) · 352
팔진도(八眞道) · 352
표업(表業) · 332, 333, 435
피안(彼岸) · 92, 342, 343

【 ㅎ 】

하구식(下口食) · 386
해탈(解脫) · 31, 38, 40, 53, 54, 65, 67, 68, 71, 72, 73, 139, 143, 162, 171, 174, 178, 200, 201, 208, 210, 213, 218, 269, 283, 284, 285, 286, 305, 309, 311, 316, 318, 350, 357, 358, 401, 453, 470, · 471, 482, 484, 495, 498, 499, 500, 507, 508, 509
행(行) · 143, 221, 223, 249, 253, 277
행고(行苦) · 290, 291, 297, 319, 320, 321, 323
행선(行善) · 429, 434
허망분별(虛妄分別) · 238, 488, 493
현교(顯敎) · 98, 99, 100
혜근(慧根) · 506
혜학(慧學) · 421, 485, 498, 500
혼침수면(惛沈睡眠) · 458
화안열색시(和顏悅色施) · 520
화타(化他)의 법문 · 310
화합중(和合衆) · 82
환멸문(還滅門) · 251
환멸연기(還滅緣起) · 251, 311
회신멸지(灰身滅智) · 342, 346
회향(廻向) · 74, 335
후득지(後得智) · 491
희각지(喜覺支) · 507, 508
희유(稀有) · 342, 345